AÑO 2019: TU HORÓSCOPO PERSONAL

Joseph Polansky

Año 2019:
Tu horóscopo personal

Previsiones mes a mes
para cada signo

Kepler

Argentina – Chile – Colombia – España
Estados Unidos – México – Perú – Uruguay

Título original: *Your Personal Horoscope 2019*
Editor original: Aquarium, An Imprint of HarperCollins Publishers
Traducción: Camila Velasco Díaz

Copyright © 2018 by Star Data, Inc.
73 Benson Avenue
Westwood, NJ 07675
U.S.A.
www.stardata-online.com
info@stardata-online.com
© 2018 *by* Ediciones Urano, S.A.U.
Plaza de los Reyes Magos 8, piso 1.º C y D – 28007 Madrid
www.edicioneskepler.com

ISBN: 978-84-16344-29-1
E-ISBN: 978-84-17312-32-9
Depósito Legal: B-14.179-2018

Fotocomposición: Ediciones Urano, S.A.U.
Impreso por Romanyà-Valls, S.A. – Verdaguer, 1 – 08786 Capellades (Barcelona)

Impreso en España – *Printed in Spain*

Índice

Introducción

He escrito este libro para todas aquellas personas que deseen sacar provecho de los beneficios de la astrología y aprender algo más sobre cómo influye en nuestra vida cotidiana esta ciencia tan vasta, compleja e increíblemente profunda. Espero que después de haberlo leído, comprendas algunas de las posibilidades que ofrece la astrología y sientas ganas de explorar más este fascinante mundo.

Te considero, lector o lectora, mi cliente personal. Por el estudio de tu horóscopo solar me doy cuenta de lo que ocurre en tu vida, de tus sentimientos y aspiraciones, y de los retos con que te enfrentas. Después analizo todos estos temas lo mejor posible. Piensa que lo único que te puede ayudar más que este libro es tener tu propio astrólogo particular.

Escribo como hablaría a un cliente. Así pues, la sección correspondiente a cada signo incluye los rasgos generales, las principales tendencias para el 2019 y unas completas previsiones mes a mes. He hecho todo lo posible por expresarme de un modo sencillo y práctico, y he añadido un glosario de los términos que pueden resultarte desconocidos. Los rasgos generales de cada signo te servirán para comprender tu naturaleza y la de las personas que te rodean. Este conocimiento te ayudará a tener menos prejuicios y a ser más tolerante contigo y con los demás. La primera ley del Universo es que todos debemos ser fieles a nosotros mismos; así pues, las secciones sobre los rasgos generales de cada signo están destinadas a fomentar la autoaceptación y el amor por uno mismo, sin los cuales es muy difícil, por no decir imposible, aceptar y amar a los demás.

Si este libro te sirve para aceptarte más y conocerte mejor, entonces quiere decir que ha cumplido su finalidad. Pero la astrología tiene otras aplicaciones prácticas en la vida cotidiana: nos explica hacia dónde va nuestra vida y la de las personas que nos rodean. Al leer este libro comprenderás que, si bien las corrientes cósmicas no nos obligan, sí nos impulsan en ciertas direcciones. Las secciones «Horóscopo para el año 2019» y «Previsiones mes a mes» están destinadas a orientarte a través de los movimientos e influencias de los planetas, para que te resulte más fácil dirigir tu vida en la dirección deseada y sacar el mejor partido del año que te aguarda. Estas previsiones abarcan orientaciones concretas en los aspectos que más nos interesan a todos: salud, amor, vida familiar, profesión, situación económica y progreso personal. Si en un mes determinado adviertes que un compañero de trabajo, un hijo o tu pareja está más irritable o quisquilloso que de costumbre, verás el porqué cuando leas sus correspondientes previsiones para ese mes. Eso te servirá para ser una persona más tolerante y comprensiva.

Una de las partes más útiles de este libro es la sección sobre los mejores días y los menos favorables que aparece al comienzo de cada previsión mensual. Esa sección te servirá para hacer tus planes y remontar con provecho la corriente cósmica. Si programas tus actividades para los mejores días, es decir, aquellos en que tendrás más fuerza y magnetismo, conseguirás más con menos esfuerzo y aumentarán con creces tus posibilidades de éxito. De igual modo, en los días menos favorables es mejor que evites las reuniones importantes y que no tomes decisiones de peso, ya que en esos días los planetas primordiales de tu horóscopo estarán retrógrados (es decir, retrocediendo en el zodiaco).

En la sección «Principales tendencias» se indican las épocas en que tu vitalidad estará fuerte o débil, o cuando tus relaciones con los compañeros de trabajo o los seres queridos requerirán un esfuerzo mayor por tu parte. En la introducción de los rasgos generales de cada signo, se indican cuáles son sus piedras, colores y aromas, sus necesidades y virtudes y otros elementos importantes. Se puede aumentar la energía y mejorar la creatividad y la sensación general de bienestar de modo creativo, por ejemplo usando los aromas, colores y piedras del propio signo, decorando la casa con esos colores, e incluso visualizándolos alrededor de uno antes de dormirse.

Es mi sincero deseo que *Año 2019: Tu horóscopo personal* mejore tu calidad de vida, te haga las cosas más fáciles, te ilumine el camino, destierre las oscuridades y te sirva para tomar más conciencia de tu conexión con el Universo. Bien entendida y usada con juicio, la astrología es una guía para conocernos a nosotros mismos y comprender mejor a las personas que nos rodean y las circunstancias y situaciones de nuestra vida. Pero ten presente que lo que hagas con ese conocimiento, es decir, el resultado final, depende exclusivamente de ti.

Glosario de términos astrológicos

Ascendente

Tenemos la experiencia del día y la noche debido a que cada 24 horas la Tierra hace una rotación completa sobre su eje. Por ello nos parece que el Sol, la Luna y los planetas salen y se ponen. El zodiaco es un cinturón fijo que rodea la Tierra (imaginario pero muy real en un sentido espiritual). Como la Tierra gira, el observador tiene la impresión de que las constelaciones que dan nombre a los signos del zodiaco aparecen y desaparecen en el horizonte. Durante un periodo de 24 horas, cada signo del zodiaco pasará por el horizonte en un momento u otro. El signo que está en el horizonte en un momento dado se llama ascendente o signo ascendente. El ascendente es el signo que indica la imagen de la persona, cómo es su cuerpo y el concepto que tiene de sí misma: su yo personal, por oposición al yo espiritual, que está indicado por su signo solar.

Aspectos

Los aspectos son las relaciones angulares entre los planetas, el modo como se estimulan o se afectan los unos a los otros. Si dos planetas forman un aspecto (conexión) armonioso, tienden a estimularse de un modo positivo y útil. Si forman un aspecto difícil, se influyen mutuamente de un modo tenso, lo cual provoca alteraciones en la influencia normal de esos planetas.

Casas

Hay doce signos del zodiaco y doce casas o áreas de experiencia. Los doce signos son los tipos de personalidad y las diferentes maneras que tiene de expresarse un determinado planeta. Las casas indican en qué ámbito de la vida tiene lugar esa expresión (véase la lista de más abajo). Una casa puede adquirir fuerza e importancia, y convertirse en una casa poderosa, de distintas maneras: si contiene al Sol, la Luna o el regente de la carta astral, si contiene a más de un planeta, o si el regente de la casa está recibiendo un estímulo excepcional de otros planetas.

Primera casa: cuerpo e imagen personal.
Segunda casa: dinero y posesiones.
Tercera casa: comunicación.
Cuarta casa: hogar, familia y vida doméstica.
Quinta casa: diversión, creatividad, especulaciones y aventuras amorosas.
Sexta casa: salud y trabajo.
Séptima casa: amor, romance, matrimonio y asociaciones.
Octava casa: eliminación, transformación y dinero de otras personas.
Novena casa: viajes, educación, religión y filosofía.
Décima casa: profesión.
Undécima casa: amigos, actividades en grupo y deseos más queridos.
Duodécima casa: sabiduría espiritual y caridad.

Fases de la Luna

Pasada la Luna llena, parece como si este satélite (visto desde la Tierra) se encogiera, disminuyendo poco a poco de tamaño hasta volverse prácticamente invisible a simple vista, en el momento de la Luna nueva. A este periodo se lo llama fase *menguante* o Luna menguante.

Pasada la Luna nueva, nuestro satélite (visto desde la Tierra) va creciendo paulatinamente hasta llegar a su tamaño máximo en el momento de la Luna llena. A este periodo se lo llama fase *creciente* o Luna creciente.

Fuera de límites

Los planetas se mueven por nuestro zodiaco en diversos ángulos en relación al ecuador celeste (si se prolonga el ecuador terrestre hacia el Universo se obtiene el ecuador celeste). El Sol, que es la influencia más dominante y poderosa del sistema solar, es la unidad de medida que se usa en astrología. El Sol nunca se aparta más de aproximadamente 23 grados al norte o al sur del ecuador celeste. Cuando el Sol llega a su máxima distancia al sur del ecuador celeste, es el solsticio de invierno (declinación o descenso) en el hemisferio norte y de verano (elevación o ascenso) en el hemisferio sur; cuando llega a su máxima distancia al norte del ecuador celeste, es el solsticio de verano en el hemisferio norte y de invierno en el hemisferio sur. Si en cualquier momento un planeta sobrepasa esta frontera solar, como sucede de vez en cuando, se dice que está «fuera de límites», es decir, que se ha introducido en territorio ajeno, más allá de los límites marcados por el Sol, que es el regente del sistema solar. En esta situación el planeta adquiere más importancia y su poder aumenta, convirtiéndose en una influencia importante para las previsiones.

Karma

El karma es la ley de causa y efecto que rige todos los fenómenos. La situación en la que nos encontramos se debe al karma, a nuestros actos del pasado. El Universo es un instrumento tan equilibrado que cualquier acto desequilibrado pone inmediatamente en marcha las fuerzas correctoras: el karma.

Modos astrológicos

Según su modo, los doce signos del zodiaco se dividen en tres grupos: *cardinales, fijos* y *mutables.*

El modo *cardinal* es activo e iniciador. Los signos cardinales (Aries, Cáncer, Libra y Capricornio) son buenos para poner en marcha nuevos proyectos.

El modo *fijo* es estable, constante y resistente. Los signos fijos (Tauro, Leo, Escorpio y Acuario) son buenos para continuar las cosas iniciadas.

El modo *mutable* es adaptable, variable y con tendencia a buscar el equilibrio. Los signos mutables (Géminis, Virgo, Sagitario y Piscis) son creativos, aunque no siempre prácticos.

Movimiento directo

Cuando los planetas se mueven hacia delante por el zodiaco, como hacen normalmente, se dice que están «directos».

Movimiento retrógrado

Los planetas se mueven alrededor del Sol a diferentes velocidades. Mercurio y Venus lo hacen mucho más rápido que la Tierra, mientras que Marte, Júpiter, Saturno, Urano, Neptuno y Plutón lo hacen más lentamente. Así, hay periodos durante los cuales desde la Tierra da la impresión de que los planetas retrocedieran. En realidad siempre avanzan, pero desde nuestro punto de vista terrestre parece que fueran hacia atrás por el zodiaco durante cierto tiempo. A esto se lo llama movimiento retrógrado, que tiende a debilitar la influencia normal de los planetas.

Natal

En astrología se usa esta palabra para distinguir las posiciones planetarias que se dieron en el momento del nacimiento (natales) de las posiciones por tránsito (actuales). Por ejemplo, la expresión Sol natal hace alusión a la posición del Sol en el momento del nacimiento de una persona; Sol en tránsito se refiere a la posición actual del Sol en cualquier momento dado, que generalmente no coincide con la del Sol natal.

Planetas lentos

A los planetas que tardan mucho tiempo en pasar por un signo se los llama planetas lentos. Son los siguientes: Júpiter (que permanece alrededor de un año en cada signo), Saturno (dos años y medio), Urano (siete años), Neptuno (catorce años) y Plutón (entre doce y treinta años). Estos planetas indican las tendencias que habrá durante un periodo largo de tiempo en un determinado ámbito de la vida, y son importantes, por lo tanto, en las previsiones a largo plazo. Dado que estos planetas permanecen tanto tiempo en un signo, hay periodos durante el año en que contactan con los planetas rápidos, y estos activan aún más una determinada casa, aumentando su importancia.

Planetas rápidos

Son los planetas que cambian rápidamente de posición: la Luna (que sólo permanece dos días y medio en cada signo), Mercurio (entre veinte y treinta días), el Sol (treinta días), Venus (alrededor de un mes) y Marte (aproximadamente dos meses). Dado que estos planetas pasan tan rápidamente por un signo, sus efectos suelen ser breves. En un horóscopo indican las tendencias inmediatas y cotidianas.

Tránsitos

Con esta palabra se designan los movimientos de los planetas en cualquier momento dado. En astrología se usa la palabra «tránsito» para distinguir un planeta natal de su movimiento actual en los cielos. Por ejemplo, si en el momento de tu nacimiento Saturno estaba en Cáncer en la casa ocho, pero ahora está pasando por la casa tres, se dice que está «en tránsito» por la casa tres. Los tránsitos son una de las principales herramientas con que se trabaja en la previsión de tendencias.

Aries

El Carnero
Nacidos entre el 21 de marzo y el 20 de abril

Rasgos generales

ARIES DE UN VISTAZO

Elemento: Fuego

Planeta regente: Marte
  Planeta de la profesión: Saturno
  Planeta del amor: Venus
  Planeta del dinero: Venus
  Planeta del hogar y la vida familiar: la Luna
  Planeta de la riqueza y la buena suerte: Júpiter

Colores: Carmín, rojo, escarlata
  Colores que favorecen el amor, el romance y la armonía social:
    Verde, verde jade
  Color que favorece la capacidad de ganar dinero: Verde

Piedra: Amatista

Metales: Hierro, acero

Aroma: Madreselva

Modo: Cardinal (= actividad)

Cualidad más necesaria para el equilibrio: Cautela

Virtudes más fuertes: Abundante energía física, valor, sinceridad, independencia, confianza en uno mismo

Necesidad más profunda: Acción

Lo que hay que evitar: Prisa, impetuosidad, exceso de agresividad, temeridad

Signos globalmente más compatibles: Leo, Sagitario

Signos globalmente más incompatibles: Cáncer, Libra, Capricornio

Signo que ofrece más apoyo laboral: Capricornio

Signo que ofrece más apoyo emocional: Cáncer

Signo que ofrece más apoyo económico: Tauro

Mejor signo para el matrimonio y/o las asociaciones: Libra

Signo que más apoya en proyectos creativos: Leo

Mejor signo para pasárselo bien: Leo

Signos que más apoyan espiritualmente: Sagitario, Piscis

Mejor día de la semana: Martes

La personalidad Aries

Aries es el activista por excelencia del zodiaco. Su necesidad de acción es casi una adicción, y probablemente con esta dura palabra la describirían las personas que no comprenden realmente la personalidad ariana. En realidad, la «acción» es la esencia de la psicología de los Aries, y cuanto más directa, contundente y precisa, mejor. Si se piensa bien en ello, este es el carácter ideal para el guerrero, el pionero, el atleta o el directivo.

A los Aries les gusta que se hagan las cosas, y suele ocurrir que en su entusiasmo y celo pierden de vista las consecuencias para ellos mismos y los demás. Sí, ciertamente se esfuerzan por ser diplomáticos y actuar con tacto, pero les resulta difícil. Cuando lo hacen tienen la impresión de no ser sinceros, de actuar con falsedad. Les cuesta incluso comprender la actitud del diplomático, del creador de consenso, de los ejecutivos; todas estas personas se pasan la vida en interminables reuniones, conversaciones y negociaciones, todo lo cual parece una gran pérdida de tiempo cuando hay tanto trabajo por hacer, tantos logros reales por alcanzar. Si se le explica, la persona Aries es capaz de comprender que las conversaciones y negociaciones y la armonía social conducen en último término a acciones mejores y más eficaces. Lo interesante es que un Aries rara vez es una persona de mala voluntad o malévola, ni siquiera cuando está librando una guerra. Los Aries luchan sin sentir odio por sus contrincantes. Para ellos todo es una amistosa diversión, una gran aventura, un juego.

Ante un problema, muchas personas se dicen: «Bueno, veamos de qué se trata; analicemos la situación». Pero un Aries no; un Aries piensa: «Hay que hacer algo; manos a la obra». Evidentemente ninguna de estas dos reacciones es la respuesta adecuada siempre. A veces es necesario actuar, otras veces, pensar. Sin embargo, los Aries tienden a inclinarse hacia el lado de la acción, aunque se equivoquen.

Acción y pensamiento son dos principios totalmente diferentes. La actividad física es el uso de la fuerza bruta. El pensamiento y la reflexión nos exigen no usar la fuerza, estar quietos. No es conveniente que el atleta se detenga a analizar su próximo movimiento, ya que ello sólo reducirá la rapidez de su reacción. El atleta debe actuar instintiva e instantáneamente. Así es como tienden a comportarse en la vida las personas Aries. Son rápidas e instintivas para tomar decisiones, que tienden a traducirse en acciones casi de inmediato. Cuando la intuición es fina y aguda, sus actos son poderosos y eficaces. Cuando les falla la intuición, pueden ser desastrosos.

Pero no vayamos a creer que esto asusta a los Aries. Así como un buen guerrero sabe que en el curso de la batalla es posible que reciba unas cuantas heridas, la persona Aries comprende, en algún profundo rincón de su interior, que siendo fiel a sí misma es posible que incurra en uno o dos desastres. Todo forma parte del juego. Los Aries se sienten lo suficientemente fuertes para capear cualquier tormenta.

Muchos nativos de Aries son intelectuales; pueden ser pensadores profundos y creativos. Pero incluso en este dominio tienden a ser pioneros y francos, sin pelos en la lengua. Este tipo de Aries suele elevar (o sublimar) sus deseos de combate físico con combates intelectuales y mentales. Y ciertamente resulta muy convincente.

En general, los Aries tienen una fe en sí mismos de la que deberíamos aprender los demás. Esta fe básica y sólida les permite superar las situaciones más tumultuosas de la vida. Su valor y su confianza en sí mismos hacen de ellos líderes naturales. Su liderazgo funciona más en el sentido de dar ejemplo que de controlar realmente a los demás.

Situación económica

Los Aries suelen destacar en el campo de la construcción y como agentes de la propiedad inmobiliaria. Para ellos el dinero es menos importante de por sí que otras cosas, como por ejemplo la acción, la aventura, el deporte, etc. Sienten la necesidad de apoyar a sus socios y colaboradores y de gozar de su aprecio y buena opinión. El dinero en cuanto medio para obtener placer es otra importante motivación. Aries funciona mejor teniendo su propio negocio, o como directivo o jefe de departamento en una gran empresa. Cuantas menos órdenes reciba de un superior, mucho mejor. También trabaja más a gusto al aire libre que detrás de un escritorio.

Los Aries son muy trabajadores y poseen muchísimo aguante; pueden ganar grandes sumas de dinero gracias a la fuerza de su pura energía física.

Venus es su planeta del dinero, lo cual significa que necesitan cultivar más las habilidades sociales para convertir en realidad todo su potencial adquisitivo. Limitarse a hacer el trabajo, que es en lo que destacan los Aries, no es suficiente para tener éxito económico. Para conseguirlo necesitan la colaboración de los demás: sus clientes y colaboradores han de sentirse cómodos y a gusto. Para tener éxito, es necesario tratar debidamente a muchas personas. Cuando los Aries desarrollan estas capacidades, o contratan a alguien que se encargue de esa parte del trabajo, su potencial de éxito económico es ilimitado.

Profesión e imagen pública

Se podría pensar que una personalidad pionera va a romper con las convenciones sociales y políticas de la sociedad, pero este no es el caso de los nacidos en Aries. Son pioneros dentro de los marcos convencionales, en el sentido de que prefieren iniciar sus propias empresas o actividades en el seno de una industria ya establecida que trabajar para otra persona.

En el horóscopo solar de los Aries, Capricornio está en la cúspide de la casa diez, la de la profesión, y por lo tanto Saturno es el planeta que rige su vida laboral y sus aspiraciones profesionales. Esto nos dice algunas cosas interesantes acerca del carácter ariano. En primer lugar nos dice que para que los Aries conviertan en realidad todo su potencial profesional es necesario que cultiven algunas cualidades que son algo ajenas a su naturaleza básica. Deben ser mejores administradores y organizadores. Han de ser capaces de manejar mejor los detalles y de adoptar una perspectiva a largo plazo de sus proyectos y de su profesión en general. Nadie puede derrotar a un Aries cuando se trata de objetivos a corto plazo, pero una carrera profesional es un objetivo a largo plazo, que se construye a lo largo del tiempo. No se puede abordar con prisas ni «a lo loco».

A algunos nativos de Aries les cuesta mucho perseverar en un proyecto hasta el final. Dado que se aburren con rapidez y están continuamente tras nuevas aventuras, prefieren pasarle a otra persona el proyecto que ellos han iniciado para emprender algo nuevo. Los Aries que aprendan a postergar la búsqueda de algo nuevo hasta haber terminado lo viejo, conseguirán un gran éxito en su trabajo y en su vida profesional.

En general, a las personas Aries les gusta que la sociedad las juzgue por sus propios méritos, por sus verdaderos logros. Una reputación basada en exageraciones o propaganda les parece falsa.

Amor y relaciones

Tanto para el matrimonio como para otro tipo de asociaciones, a los Aries les gustan las personas pasivas, amables, discretas y diplomáticas, que tengan las habilidades y cualidades sociales de las que ellos suelen carecer. Nuestra pareja y nuestros socios siempre representan una parte oculta de nosotros mismos, un yo que no podemos expresar personalmente.

Hombre o mujer, la persona Aries suele abordar agresivamente lo que le gusta. Su tendencia es lanzarse a relaciones y matrimonios. Esto es particularmente así si además del Sol tiene a Venus en su signo. Cuando a Aries le gusta alguien, le costará muchísimo aceptar un no y multiplicará los esfuerzos para vencer su resistencia.

Si bien la persona Aries puede ser exasperante en las relaciones, sobre todo cuando su pareja no la comprende, jamás será cruel ni rencorosa de un modo consciente y premeditado. Simplemente es tan independiente y está tan segura de sí misma que le resulta casi imposible comprender el punto de vista o la posición de otra persona. A eso se debe que Aries necesite tener de pareja o socio a alguien que tenga muy buena disposición social.

En el lado positivo, los Aries son sinceros, personas en quienes uno se puede apoyar y con quienes siempre se sabe qué terreno se pisa. Lo que les falta de diplomacia lo compensan con integridad.

Hogar y vida familiar

Desde luego, el Aries es quien manda en casa, es el Jefe. Si es hombre, tenderá a delegar los asuntos domésticos en su mujer. Si es mujer, querrá ser ella quien lleve la batuta. Tanto los hombres como las mujeres Aries suelen manejar bien los asuntos domésticos, les gustan las familias numerosas y creen en la santidad e importancia de la familia. Un Aries es un buen miembro de la familia, aunque no le gusta especialmente estar en casa y prefiere vagabundear un poco.

Para ser de naturaleza tan combativa y voluntariosa, los Aries saben ser sorprendentemente dulces, amables e incluso vulnerables con su pareja y sus hijos. En la cúspide de su cuarta casa solar, la del hogar y la familia, está el signo de Cáncer, regido por la Luna. Si en su carta natal la Luna está bien aspectada, es decir, bajo influencias favorables, la persona Aries será afectuosa con su familia y deseará tener una vida familiar que la apoye y la nutra afectivamente. Tanto a la mujer como al hombre Aries le gusta llegar a casa después de un arduo día en el campo de batalla de la vida y encontrar los brazos comprensivos de su pareja, y el amor y el apoyo incondicionales de su familia. Los Aries piensan que fuera, en el mundo, ya hay suficiente «guerra», en la cual les gusta participar, pero cuando llegan a casa, prefieren la comodidad y el cariño.

Horóscopo para el año 2019*

Principales tendencias

Uno de los principales titulares de este año es la salida de Urano de tu signo, donde ha estado los siete años pasados, y su entrada en Tauro; esto ocurre el 7 de marzo. Durante años has enfrentado cambios personales repentinos; te has liberado de limitaciones relacionales y personales. Ya has aprendido estas lecciones, y ahora, a partir del 7 de marzo, vas a hacer más experimentos en la faceta financiera. La vida financiera se pone interesante, pero es insegura e inestable. Volveremos a este tema.

Júpiter está en tu novena casa y continúa en ella casi todo el año, hasta el 3 de diciembre. Está en su signo y casa, por lo tanto en una posición fuerte. Este es, pues, un año para viajes al extranjero; es especialmente bueno en el caso de que solicites la admisión en una universidad o ya estés en una; indica éxito en estos asuntos. Si tienes pendiente algún asunto legal o jurídico, pleito o algo de ese tipo, deberías tener las mejores posibilidades de éxito.

Estás en un año profesional muy fuerte pues tienes a Saturno y a Plutón en tu décima casa, la de la profesión, y el 3 de diciembre entra en ella Júpiter. Trabajarás arduo y te lo tomarás muy en serio. Y si pones el trabajo, habrá éxito. Volveremos a este tema.

Neptuno, tu planeta de la espiritualidad (y también el planeta genérico de la espiritualidad), pasa el año en su signo y casa, tu casa doce; es poderoso en esta casa. Por lo tanto este año es también muy espiritual. Esto lleva unos años y la tendencia continúa. Más adelante volveremos a esto.

Marte y Venus, dos planetas muy importantes en tu carta, hacen movimiento directo todo el año. Esto indicaría progreso o avance en el amor, en las finanzas y en los asuntos personales. Indica seguridad y confianza en estos asuntos.

---

* Las previsiones de este libro se basan en el Horóscopo Solar y todos los signos que derivan de él; tu Signo Solar se convierte en el Ascendente, y las casas se numeran a partir de él. Tu horóscopo personal, el trazado concretamente para ti (según la fecha, hora y lugar exactos de tu nacimiento) podrían modificar lo que decimos aquí. Joseph Polansky

Normalmente en un año hay dos eclipses solares; este año tenemos tres; esto afecta a los hijos o figuras filiales de tu vida; indica más cambio y drama en sus vidas, más de lo habitual.

Tus intereses más importantes este año son: el cuerpo y la imagen (hasta el 7 de marzo); las finanzas (a partir del 7 de marzo y muchos años por venir); la religión, la filosofía, la educación superior y viajes al extranjero (hasta el 3 de diciembre); la profesión; la espiritualidad.

Los caminos hacia tu mayor satisfacción o realización este año son: el hogar y la familia; la religión, la filosofía, la educación superior y viajes al extranjero (hasta el 3 de diciembre) la profesión (después del 3 de diciembre).

Salud

(Ten en cuenta que esta es una perspectiva astrológica de la salud, no una médica. Antaño no había ninguna diferencia, ambas eran idénticas, pero en esta época podrían diferir muchísimo. Para una perspectiva médica, por favor, consulta a tu médico o a otro profesional de la salud.)

Este año no está poderosa tu sexta casa, la de la salud, por lo tanto la tendencia será dar por descontada la buena salud y no hacer caso de las cosas; esto sería un error, pues dos poderosos planetas lentos, Saturno y Plutón, están en alineación desfavorable contigo. El 3 de diciembre Júpiter se reunirá con ellos en esta alineación adversa. Así pues, es necesario que prestes más atención a tu salud.

Lo bueno es que es mucho lo que puedes hacer para mejorar tu salud y evitar que surjan problemas. Presta más atención a las siguientes zonas, que son las vulnerables en tu carta.

La cabeza, la cara y el cuero cabelludo. Estas zonas son siempre importantes para Aries y este año no es diferente. Masajes periódicos en el cuero cabelludo y la cara deberían formar parte de tu programa de salud; se dice que la terapia sacro-craneal es buena para la cabeza.

La musculatura. Esta también es siempre importante para Aries. Si bien no hace falta que seas un Arnold Schwarzenegger, sí necesitas un buen tono muscular. Un músculo débil o flojo podría causar desalineación en la columna y esqueleto y esto sería causa de todo tipo de otros problemas. Así pues, te irá bien hacer ejercicio físico vigoroso (de acuerdo a tu edad y fase en la vida).

Las suprarrenales. Es importante evitar la rabia y el miedo, las dos emociones que sobrecargan de trabajo a estas glándulas. Se dice que el ginsén es bueno para las suprarrenales. Irán bien sesiones de reflexología para trabajar los puntos reflejos.

El corazón. Este órgano ha adquirido importancia los últimos años, y después del 3 de diciembre lo será más aún. Irá bien trabajar los puntos reflejos. Muchos terapeutas espirituales afirman que la ansiedad y la preocupación son las principales causas de los problemas cardiacos; así pues, evítalas, reemplázalas por fe.

Los pulmones, los brazos, los hombros, el intestino delgado y el sistema respiratorio. Estos son siempre importantes para ti, pues Mercurio, el planeta que rige estas zonas, es tu planeta de la salud. También conviene trabajar los puntos reflejos de los pulmones. Irán bien masajes periódicos en los brazos y hombros, en especial los hombros; en ellos tiende a acumularse tensión y es necesario aflojarla.

Siendo Mercurio tu planeta de la salud, para ti buena salud también significa buena salud mental. Te conviene ejercitar el cuerpo, como hemos dicho, pero igual de importante es ejercitar la mente, darle buen cuidado y alimento. El intelecto necesita alimento (ideas de sabiduría y verdad), ejercicio, digestión y expresión. Lee, pues, buenos libros de buenos escritores; digiérelos y luego exprésalos, ya sea de palabra o por escrito. Llevar un diario es bueno para la salud mental.

La pureza intelectual es buena en sí misma, pero en ti podría ser un asunto de salud; la mejor cura para el error es la luz; invócala con frecuencia.

Aprende a desconectar la mente cuando no la estés usando; una mente hiperactiva gasta energía que el cuerpo necesita para otras cosas. La meditación es muy útil para esto.

Como saben nuestros lectores, la primera línea de defensa es siempre la energía elevada: un aura fuerte; esta es nuestro sistema inmunitario espiritual. Un aura fuerte repele los gérmenes, microbios y otros invasores oportunistas. Así pues, procura descansar lo suficiente.

Mercurio, como saben nuestro lectores, es un planeta de movimiento muy rápido; sólo la Luna lo supera en rapidez. Así, en un año transita por todos los signos y casas del horóscopo (este año transitará dos veces por algunos). Por lo tanto ciertas terapias dan buen resultado o no según dónde esté Mercurio en un determinado momento. Estas tendencias es mejor tratarlas en las previsiones mes a mes.

Hogar y vida familiar

Cuando la cuarta casa no está fuerte normalmente no es mucho lo que ocurre en el hogar y la familia; las cosas tienden a continuar como están. Pero para ti las cosas son distintas; este año hay dos eclipses lunares, y cada uno de ellos trastorna los asuntos familiares y domésticos de diversas maneras. Además, el 2 de julio hay un eclipse solar que ocurre en tu cuarta casa, y también causa trastornos. A veces hay drama en la vida de familiares, dramas personales; a veces salen a la luz defectos en la casa que estaban ocultos y es necesario hacer reparaciones. Esto lo trataremos con más detalles en las previsiones mes a mes.

No es muy probable que haya mudanza este año, aunque no hay nada en contra.

Este año es más profesional que familiar. La mayoría de los planetas lentos (cuatro, de cinco) están en la mitad superior de tu carta, en el lado día. El lado noche de tu carta no estará nunca totalmente dominante, aunque habrá periodos en que estará más fuerte, eso sí. Por lo tanto, si surgiera algún problema, se deberá a falta de atención; así pues, si surge un problema, presta más atención.

Habrá drama en la vida de padres y figuras parentales. Si están casados, su matrimonio pasará por duras pruebas; si están en una relación, esta pasará por pruebas también; además podría haber operaciones quirúrgicas o experiencias de casi muerte. Hay tres eclipses en tu décima casa, la que rige a una de tus figuras parentales (si eres mujer, rige a la madre; si eres hombre, rige al padre); así pues, hay mucho drama en sus vidas; es necesario también estar mas atento a la salud de este progenitor o figura parental.

Este año hay excelentes perspectivas laborales para un progenitor o figura parental; y hacia fin de año mejorará su vida social. No se ven probabilidades de mudanza para esta persona.

Entre los hijos o figuras filiales hay muchos cambios en la profesión; experimentan más en esta faceta. No hay probabilidades de mudanza para ellos. Al parecer están más interesados en el amor que en la profesión, pero es posible que encuentren el amor cuando están trabajando en sus objetivos profesionales. Trabajan arduo, tienen muchas oportunidades laborales, por lo menos tres, pero también se divierten; trabajan mucho y se divierten mucho. Los que están en edad de concebir son más fértiles.

Si tienes nietos de la edad apropiada, también se ven más fértiles. Una mudanza les irá mejor después del 3 de diciembre. Tendrán un año próspero.

Si tienes pensado hacer reparaciones, renovaciones u obras de construcción importantes en la casa, del 16 de mayo al 23 de julio es un buen periodo para hacerlas. Si deseas embellecer la casa o comprar objetos bellos, del 3 al 27 de julio es buen periodo.

La Luna es tu planeta de la familia, el mejor que se puede tener pues este es su dominio natural. Pero la Luna es el más rápido de todos los planetas, en un mes transita por todas las casas del horóscopo. Por lo tanto, hay muchas tendencias de corto plazo en la vida familiar, que es mejor tratar en las previsiones mes a mes.

Profesión y situación económica

Este año hay novedades muy importantes en las finanzas. El año pasado tuviste un anticipo de esto cuando Urano coqueteó con tu casa del dinero; el 7 de marzo Urano entra en ella para quedarse varios años. Así pues, en la faceta financiera espera lo inesperado. Cuando Urano termine su trabajo contigo, dentro de siete años, estarás en una situación financiera totalmente diferente a la actual. Además, será mucho mejor. Para que tus oraciones reciban respuesta es necesario sacudir las cosas, es necesario eliminar los obstáculos; es necesario resolver las inseguridades que produce el cambio.

Urano es el planeta de la innovación y la experimentación. Así pues, arrojas a la basura todos los libros de reglas, todos los métodos probados, y descubres lo que te da resultado personalmente. A veces los experimentos fracasan, pero estas son cosas temporales; aprendes de ellos. Pero muchas veces los experimentos tienen éxito y entonces las ganancias se disparan de modos increíbles. El dinero y las oportunidades de ganancia pueden llegar de modos inesperados, como caídos de la nada, muchas veces cuando las cosas parecen más negras.

Urano es el planeta de los extremos. Las alturas pueden ser superaltas y las bajuras superbajas. Procura, pues, ahorrar dinero en los tiempos de altura para tener cobertura para los tiempos de bajura. Urano favorece lo nuevo, por lo tanto te atraen las empresas recién creadas e incluso las industrias nuevas.

Urano rige el mundo de la alta tecnología, ordenadores, programas informáticos, el mundo de Internet. Rige las empresas relacionadas con inventos e innovaciones. Todas estas cosas te atraen y tienes buena comprensión de ellas. Podrías involucrarte en tecnologías que aún no se han inventado.

En todo caso, sea cual sea tu trabajo, tu pericia tecnológica es importante. Invierte en tecnología, por supuesto; compra lo más moderno en ordenadores, programas y aplicaciones informáticos. Tus amistades se ven ricas y me parece que te apoyan y te ofrecen oportunidades financieras.

Urano rige las ciencias y la astrología. Por lo tanto la astrología podría ser importante en tus ingresos, tal vez a modo de consulta o de inversión.

Venus, como saben nuestros lectores (este es nuestro año 25) es planeta de movimiento rápido, no tanto como la Luna o Mercurio, pero más rápido que los demás. En un año transita por todos los signos y casas del horóscopo (este año hace una vuelta y un tercio por tu carta, avanza más rápido de lo habitual); así pues, los ingresos y las oportunidades de ingresos pueden presentarse de diferentes maneras, según dónde esté Venus y de los aspectos que reciba. Estas tendencias de corto plazo es mejor tratarlas en las previsiones mes a mes.

Lo bueno es que Venus hace movimiento directo todo el año: un extra financiero. Indica progreso, avance.

La profesión es extraordinariamente activa este año. Tu décima casa no sólo es la más fuerte del horóscopo sino que además es el escenario de tres eclipses. Esto significa que hay mucho cambio en esta faceta. Teniendo a Saturno y a Plutón en tu décima casa todo el año, trabajas mucho y con método; hay una bella concentración unidireccional en tus objetivos, y esto es el 90 por ciento del éxito; la tuya no es una carta de éxito «de la noche a la mañana» sino del éxito que se produce metódicamente mediante trabajo constante, perseverante; es el éxito que se consigue por puro mérito, no por ningún otro motivo. Sencillamente debes ser el mejor en lo que haces; esto podría parecer lento y aburrido, pero vendrán los eclipses y eliminarán los obstáculos. Y, de repente, te encuentras donde deseas estar.

Saturno en tu décima casa indica que los jefes podrían ser más estrictos y exigentes, difíciles de complacer. El modo cósmico de sobrellevar esto es darles más de lo que piden; coge la carga y haz el trabajo extra. A fin de año, cuando Júpiter entre en tu décima casa, puedes esperar ascenso (oficial o no oficial) y reconocimiento. Indica éxito.

Amor y vida social

Este no es un año especialmente fuerte en la vida amorosa y social; algunos años son así; el dinero y la profesión son mucho más importantes. La séptima casa vacía indica falta de atención, falta de enfoque; normalmente esto tiende a que las cosas continúen como están; estás más o menos satisfecho con las cosas como están y no sientes la necesidad de hacer cambios.

En la carta no hay nada en contra del amor y el romance, pero tampoco hay nada que los favorezca.

Ya sea que estés casado o casada, o soltero o soltera, tiendes a continuar como estás.

Venus cumple una doble función en tu carta: es tu planeta del dinero y tu planeta del amor; esto significa que para ti el amor y el dinero van juntos. Cuando las finanzas van bien, el amor tiende a ir bien; cuando el amor va bien las finanzas tienden a ir bien. Muchas veces los problemas en el amor indican problemas financieros.

Lo bueno es que este año tu planeta del amor avanza extraordinariamente rápido; normalmente Venus transita por las doce casas en un año; este año transita por las doce casas y luego por cuatro más (avanza un tercio más rápido de lo habitual). Esto indica confianza social; indica a la persona que recorre muchísimo terreno social. Si estás soltero o soltera esto indica cierta inconstancia o volubilidad en el amor; necesitas y deseas cambios constantes en el amor; una persona que te atrae un mes podría no atraerte el mes siguiente.

Así pues, si estás soltero o soltera veo muchas citas, pero no un romance duradero. Difruta de la vida amorosa tal como se presenta; me parece que va de adquirir experiencia.

Dado que Venus avanza tan rápido, hay muchas tendencias de corto plazo según dónde está y los aspectos que recibe; estas tendencias es mejor tratarlas en las previsiones mes a mes.

La otra novedad importante es la salida de Urano de tu signo. Vas a ser más estable en el amor; habrá menos rebelión, menos necesidad de cambio; esto es buen augurio para el amor en el futuro. Te conviertes en una persona más «asentada».

Otro tipo de actividad social, la amistad, se ve más activa. Las amistades no sólo son buenas de por sí sino que también favorecen la vida económica; tu gusto en la amistad se ve más estable que en el romance. Te gusta que sean personas ricas y fiables; relacionarte con amistades y participar en actividades de grupo favorece decididamente las finanzas. También te conviene participar en organizaciones profesionales o comerciales; estas no sólo favorecen tus finanzas sino que también favorecen tu profesión (en especial después del 7 de marzo). Después del 3 de diciembre, cuando Júpiter comienza a formar aspectos hermosos a Urano, tu planeta de las amistades, entran nuevas e importantes amistades en el cuadro.

Como hemos dicho, las relaciones conyugales de padres y figuras parentales pasan por duras pruebas; esto mejorará hacia fines del año, a partir del 3 de diciembre.

Se ve amor serio para hermanos o figuras fraternas de tu vida; una boda no sería una sorpresa.

Los hijos y figuras filiales están muy concentrados en el amor, y esto es el 90 por ciento del secreto del éxito; tienen oportunidades amorosas cuando están trabajando en sus objetivos profesionales o con personas relacionadas con su profesión; hay probabilidades de amor serio a partir del 3 de diciembre, y el próximo año también.

Los nietos (si los tienes) tienen un año sin cambios ni novedades en el amor, pero se ven muy felices.

Progreso personal

Como hemos dicho, la vida espiritual es muy activa y fuerte en este periodo; Neptuno lleva varios años en tu casa doce y continuará en ella muchos años más. Es muy posible que ya estés en un camino espiritual, y si esto aún no ha ocurrido (improbable) ocurrirá. Si estás en el camino haces mucho progreso.

Neptuno es el planeta de la trascendencia; da la capacidad de «elevarse» por encima de las condiciones y circunstancias terrenales para ver las cosas desde una perspectiv más amplia y elevada. Podría parecer que esto no es mucho, pero es muy potente. Es como mirar las cosas desde un satélite que recorre una órbita alrededor de la Tierra, y no desde un coche. Vemos mucho más; vemos el alcance amplio de las cosas; medimos y juzgamos las cosas de forma diferente. Cosas que parecen «malas» en un espacio corto de tiempo (normalmente es algo desagradable) se ven buenas cuando se comprende el cuadro completo, más amplio.

Mucho de lo que hemos hablado en años pasados continúa válido este año. El tránsito de un planeta lento como Neptuno no es un «acontecimiento» sino un proceso duradero, de largo plazo. Es una serie de muchos acontecimientos, y todos llevan a una cosa. Así pues, la vida onírica es muy activa y deberás prestarle atención ya que los sueños serán importantes, reveladores. Las facultades de percepción extrasensorial se hacen más y más fuertes; este año la intuición es mucho más fiable que en años pasados ya que Neptuno recibe mejores aspectos de otros planetas. Después del 3 de diciembre verás aún más progreso. Sin este elemento intuitivo la literatura sagrada no rinde mucho; la literatura sacra debe leerse tanto con el corazón como con la mente. Muchas veces el intelecto no logra abarcar ciertos pasajes, pero la intuición revela su verdadero significado. Este año tendrás muchas experiencias de tipo sobrenatural (hay quienes las llaman experiencias sincrónicas o coincidencias significativas).

Uno de los desafíos espirituales este año viene del poder de tu décima casa, la de la profesión. Este tiende a llevarte en una dirección mundana; a la necesidad de triunfar en el mundo y en los objetivos externos. Muchas veces esto entra en conflicto con los valores espirituales; en el mundo hay una competición inescrupulosa o egoísta, se trata de trepar a la cima como sea. Así pues, será necesario resolver esta lucha interior; no hay reglas para esto. Algunas personas unen los dos deseos llevando una profesión mundana y participando en obras benéficas o haciendo trabajo voluntario. Algunas personas eligen una profesión de tipo espiritual, o bien un trabajo pastoral o trabajo no lucrativo o una empresa que provee estas cosas. Otras personas tienen su profesión mundana pero procuran hacerlo de una manera espiritual correcta. Cada persona encuentra su propia solución.

El otro reto espiritual que enfrentas tiene que ver con la entrada de Urano en tu casa del dinero. Esto, como hemos dicho, produce cambios repentinos en la vida financiera. Los altibajos podrían ser muy extremos. Es necesario llevar la inestabilidad financiera de una manera correcta en el plano espiritual. Finalmente aprenderás esto: Urano es un genio que sabe hacer su trabajo.

La meditación sobre la riqueza de Dios será una inmensa ayuda. En medio de todos los cambios y retos no cesa jamás la corriente divina de abundancia, nunca se debilita. Poner la mente en esto, desarrollar la fe en esto, te hará pasar por todo y salir triunfante. La fe es un músculo que necesita desarrollarse igual que cualquier otro músculo.

Previsiones mes a mes

Enero

Mejores días en general: 2, 3, 12, 13, 21, 22, 30, 31
Días menos favorables en general: 5, 6, 19, 20, 25, 26
Mejores días para el amor: 1, 12, 13, 21, 22, 25, 26, 30, 31
Mejores días para el dinero: 1, 2, 3, 12, 13, 15, 16, 21, 22, 30, 31
Mejores días para la profesión: 5, 6, 15, 16, 23, 24

Este es un mes desmadrado y difícil, Aries; no hay ni un solo momento aburrido. De todos modos, se ve exitoso; simplemente trabajas más. Comienzas el año en medio de una cima profesional anual. Está muy poderosa tu décima casa, la de la profesión; el 50 por ciento de los planetas están en ella o transitan por ella. Además, el eclipse solar del 6 (el 5 en Estados Unidos), ocurre en esta casa. Este es el primero de los tres que ocurren ahí este año. No puedes ocuparte de los asuntos familiares y domésticos en este periodo; tienes que centrar la atención en la profesión, las exigencias son fuertes.

El eclipse solar produce cambios en la profesión y estos pueden adoptar muchas formas. Una posibilidad es que la persona cambie de camino profesional. Pero normalmente indica cambios en la empresa o industria; por ejemplo, el gobierno cambia las leyes o las reglamentaciones y cambian las reglas del juego. A veces el eclipse produce dramas en la vida de padres, figuras parentales, jefes y figuras de autoridad (últimamente han estado con dificultades). Normalmente el cambio no es agradable mientras ocurre, pero es bueno cuando se mira pasado un tiempo. Un progenitor o figura parental tiene que hacer importantes cambios en sus finanzas. Todos los eclipses solares afectan a los hijos y figuras filiales de tu vida, y este no es diferente. Hasta el 20 te conviene reducir tus actividades, pero especialmente en el periodo del eclipse. Además, los hijos deben evitar actividades peligrosas o arriesgadas.

Y el 21 tenemos un eclipse lunar; este también afecta a los hijos y figuras filiales pues ocurre en tu quinta casa; también deben guardarse de actividades arriesgadas en este periodo. Como el eclipse solar, también afecta a las finanzas de un progenitor o figura parental; esta persona debe tomar medidas correctivas; su estrategia y planteamientos no han sido realistas, como lo demostrarán los acontecimientos o circunstancias producidos por el eclipse. Todos los eclipses lunares afectan al hogar y la familia; tal vez es necesario hacer una reparación importante en la casa, o un familiar experimenta un drama. El eclipse saca a la luz defectos en la casa, que estaban ocultos, de los que no te habías percatado, y así tienes la oportunidad de corregirlos. La vida onírica tenderá a ser hiperactiva en este periodo, pero no hay que darle mucho peso a los sueños; el plano emocional de todo el planeta está turbulento (e incluso los animales están inquietos). Estos sueños son más bien «productos de desechos psíquicos» agitados por el eclipse. Quítatelos del organismo y continúa con tu vida. Deberás tener más paciencia con los familiares; las emociones están exaltadas.

El otro titular del mes es la salud; hasta el 20 debes estar más atento; procura descansar lo suficiente (esto es siempre lo principal); centra la atención en lo esencial y deja estar las trivialidades. Del 5 al 24 te serán muy útiles masajes en la espalda y las rodillas.

Febrero

Mejores días en general: 8, 9, 10, 17, 18, 26, 27
Días menos favorables en general: 1, 2, 15, 16, 21, 22, 28
Mejores días para el amor: 11, 19, 20, 21, 22, 28
Mejores días para el dinero: 9, 10, 11, 12, 17, 18, 19, 20, 26, 27, 28
Mejores días para la profesión: 1, 2, 11, 12, 19, 20, 28

Este mes mejora mucho la salud, pero deberás continuar atento; hasta el 10 fortalécela con masajes en las pantorrillas y los tobillos; después con masajes en los pies. Marte ha estado en tu signo desde noviembre del año pasado y continuará ahí hasta el 14 de este mes. Aries siempre tiende a las prisas, pero ahora más aún; las prisas pueden llevar a discusiones y accidentes, así que ten más cuidado en el plano físico; pon un cuidado especial en no actuar con precipitación del 11 al 14, cuando Marte viaja con Urano. Las amistades también deben tener cuidado con esto.

Este mes hay novedades interesantes y felices en las finanzas. Venus, tu planeta del dinero, cruza tu medio cielo el 3; el medio cielo es tal vez el punto más poderoso del horóscopo; es el más elevado de la carta; por lo tanto ahí ejerce más influencia; esto significa mayores ingresos. Marte, el señor de tu horóscopo y siempre tu amigo, entra en tu casa del dinero el 14; esto indica una gran atención a las finanzas. Cuentas con el favor financiero de jefes, mayores, padres y figuras parentales; podría haber aumento de suelo, oficial o no oficial. Gastas más en ti; adoptas la imagen de la prosperidad; así se te ve y se te considera. Tu buena fama profesional aumenta los ingresos. Otra cosa que me gusta es que a partir del 3 Venus está en Capricornio; esto indica buen juicio financiero y una estrategia prudente; las decisiones financieras tendrían que ser buenas. Te irá muy bien ahora fijar presupuestos y hacer planes de ahorro e inversión (y atenerte a ellos). Este es un periodo para forjar riqueza a largo plazo.

Venus en tu medio cielo es un aspecto bueno para la vida amorosa también; indica que las oportunidades amorosas y sociales se te presentan cuando estás atendiendo a tus objetivos profesionales, y tal vez con personas relacionadas con tu profesión. El amor es una de tus prioridades este mes; tal como en las finanzas, eres más cauteloso en los asuntos del corazón. Si estás soltero o soltera, te inclinas por personas poderosas, de éxito, por personas que pueden ayudarte en tu profesión, y conoces a este tipo de personas. En este periodo podrías sentir la tentación de tener una relación de conveniencia; el amor se ve muy práctico. Entre el 17 y el 18 hay una oportunidad romántica o social con un jefe o superior.

El estricto Saturno está en tu décima casa desde el año pasado, por lo tanto adelantas en la profesión por puro mérito; pero este mes no te hará ningún daño aumentar el factor «simpatía»; esta no sustituye al mérito, pero es útil.

El 19 el Sol entra en tu espiritual casa doce y sigue en ella el resto del mes; por lo tanto será un buen periodo para dar más atención a tu práctica espiritual; este es un periodo en que son más probables las revelaciones o descubrimientos espirituales.

Tu creatividad es muy inspirada en este periodo.

Marzo

Mejores días en general: 8, 9, 17, 18, 25, 26
Días menos favorables en general: 1, 2, 15, 16, 21, 22, 27, 28, 29
Mejores días para el amor: 3, 4, 15, 16, 21, 22, 23, 24
Mejores días para el dinero: 3, 4, 8, 9, 10, 11, 15, 16, 17, 18, 23,
    24, 25, 26
Mejores días para la profesión: 1, 2, 10, 11, 19, 20, 27, 28, 29

Este es un mes feliz, Aries, que lo disfrutes. Es un mes para hacer progreso espiritual, sea cual sea el camino en que estés. El crecimiento espiritual y una buena intuición no sólo son buenos de suyo sino que además compensan creativamente, en tu capacidad para entenderte con los hijos, tu capacidad para gozar de la vida y, después del 26, en lo financiero y lo social también.

Todo el mes será de progreso y revelaciones espirituales, pero en especial el 15 y 16 y a partir del 24. Si estás en el mundo de las artes creativas, el 15 y 16 estás especialmente inspirado. Del 24 al 31, tu planeta de la salud, Mercurio, hace una pausa, «acampa», muy cerca de Neptuno, tu planeta de la espiritualidad. Esto es fabuloso para la curación espiritual. Si te sientes indispuesto, consulta con un terapeuta de orientación espiritual.

La salud es buena este mes, aunque no olvides que dos planetas lentos siguen en alineación adversa contigo. De todos modos, comparada con la de enero, la salud es excelente; como el mes pasado, fortalécela con masajes en los pies y con técnicas de tipo espiritual: meditación, oración, reiki, imposición de las manos y manipulación de las energías sutiles. Mercurio, tu planeta de la salud, hace movimiento retrógrado del 5 al 28, así que en este periodo evita hacer cambios importantes en tu programa de salud; estos cambios necesitan más análisis y reflexión. Si eres estudiante aún no universitario, procura estar atento, concentrarte; podrías ser propenso a dejar volar la mente en sueños, por «otros mundos».

El poder planetario está llegando a su posición oriental máxima; como saben nuestros lectores, esto significa que los planetas avanzan hacia ti, no alejándose; te encuentras en un periodo de independencia máxima, y esta es más fuerte aún después del 20. Por lo tanto, este es un periodo para asumir la responsabilidad de tu felicidad y condiciones; si las condiciones son irritantes, haz los cambios necesarios (antes del 5 y después del 28 son los mejores periodos). No tienes para qué complacer al mundo; si eres feliz hay mucho menos sufrimiento en el mundo. El interés propio no es malo, y la abnegación o sacrificio no es necesariamente santidad; todo depende del ciclo en que estás.

Tu planeta del amor pasa la mayor parte del mes en Acuario, tu casa once; así pues, este periodo es más de «amistad» que romántico. Es posible que te sientas más atraído por la «idea» del amor que por el amor propiamente tal; y también es posible que atraigas a personas que sienten o piensan lo mismo. Este aspecto favorece los grupos, las organizaciones y el mundo online de redes sociales; y en estos ambientes y actividades podrían presentarse oportunidades románticas. En lo que sea que trabajes necesitas más que una presencia online.

El 26 Venus entra en Piscis, tu casa doce; esta es la posición más fuerte de Venus (en el plano celeste); por lo tanto, aumentan muchísimo el magnetismo social y el financiero; la intuición te guiará en el amor y en las finanzas.

Abril

Mejores días en general: 4, 5, 13, 14, 22, 23
Días menos favorables en general: 11, 12, 17, 18, 24, 25
Mejores días para el amor: 2, 3, 11, 12, 17, 18, 21
Mejores días para el dinero: 2, 3, 4, 5, 6, 7, 8, 11, 12, 13, 14, 21, 22, 23
Mejores días para la profesión: 7, 8, 15, 16, 24, 25

Otro mes feliz, Aries. El 20 del mes pasado el Sol entró en tu signo y comenzaste una de tus cimas anuales de placer personal, y continúas en ella hasta el 20. Ya se han presentado oportunidades de ocio y hay más en camino. Hay más entendimiento y unión con los hijos (o la figuras filiales de tu vida); te manifiestan su cariño. Tú tienes algo de niño o niña en este periodo, y por eso te llevas bien con ellos. Si eres mujer y estás en edad de concebir, eres más fértil hasta el 20. Tu apariencia es fabulosa; tu imagen se ve radiante. A Aries jamás le falta confianza en sí mismo, pero en este periodo esta está más fuerte que nunca.

El 20 Venus entra en tu signo y esto trae felicidad en el amor y en las finanzas. Las oportunidades amorosas y románticas te buscan; no puedes escapar. Si estás soltero o soltera sólo tienes que ocuparte de tus asuntos diarios y disfrutar de la vida; el amor te encontrará. Si estás casado o casada o en una relación seria, recibes más atenciones y cariño del ser amado. En las finanzas ocurren cosas similares; el dinero te busca, que no a la inversa; llegan beneficios inesperados. Las personas adineradas de tu vida te demuestran su afecto.

La salud es excelente este mes. Claro que todavía hay dos planetas lentos en alineación desfavorable contigo, pero los planetas rápidos les restan poder. Hasta el 17 siguen siendo importantes los pies y las técnicas espirituales de curación; después pasa la atención a las zonas normalmente imporantes para ti: la cabeza y el cuero cabelludo, los músculos, los brazos, los hombros y las suprarrenales. Te conviene hacer ejercicio físico; la terapia sacro-craneal es especialmente buena después del 17. Repasa lo que hablamos sobre esto en las previsiones para el año.

La «independencia» fue fuerte el mes pasado y este mes lo es más aún; así pues, ejerce tu independencia y haz esos cambios que es necesario hacer. Más adelante será difícil, pues se debilita el poder del sector oriental.

Del 21 al 23 los hijos y figuras filiales tienen excelentes oportunidades sociales y románticas.

El 20 entra el Sol en tu casa del dinero y tú comienzas una cima financiera anual, que será hermosa, teniendo a Venus, tu planeta del dinero, en tu primera casa. Esto significa mucha energía financiera. Las amistades y contactos sociales se ven muy colaboradoras. Ganas y gastas el dinero de modos felices.

La profesión es importante todo el año y este mes no es una excepción, aunque ocurre que este mes, a partir del 20, estará más fuerte el lado noche, la mitad inferior de tu carta; no estará dominante, pero sí en su posición más fuerte del año. Así pues, pasa más tiempo con la familia y trabaja en tu bienestar emocional.

Mayo

Mejores días en general: 1, 2, 3, 10, 11, 19, 20, 29, 30
Días menos favorables en general: 8, 9, 15, 16, 21, 22
Mejores días para el amor: 2, 3, 14, 15, 16, 21, 31
Mejores días para el dinero: 2, 3, 4, 5, 10, 11, 14, 19, 20, 21, 29, 30, 31
Mejores días para la profesión: 4, 5, 13, 14, 21, 22, 31

Este mes hay otro motivo para desatender un poco la profesión (aunque esta sigue siendo importante). Tu planeta de la profesión, Saturno, inicia movimiento retrógrado el 2, por lo tanto muchos asuntos sólo se resolverán con el tiempo. La profesión sigue yendo bien, pero las cosas van más lentas. Mientras tanto te conviene poner en orden la vida familiar, doméstica y emocional, y me parece que lo haces. El 16 entra Marte en tu cuarta casa y pasa el resto del mes en ella. Este será un buen periodo para hacer obras importantes de renovación o reparación en la casa.

Marte, que es el señor de tu horóscopo y muy importante en tu carta, está «fuera de límites» desde el 21 del mes pasado y continuará así todo el mes. Esto significa que sales de tu esfera normal; tal vez no encuentras las soluciones que buscas en el ambiente en que te encuentras o frecuentas y tienes que «alejarte» de estos para encontrarlas; este es un periodo más aventurero para ti (y a Aries le gusta la aventura).

Otro planeta importante, Mercurio, estará «fuera de límites» del 28 al 31. Esto podría indicar diversas cosas. Tal vez lees libros sobre temas sobre los que no lees habitualmente; o tu trabajo te lleva fuera de tu ambiente o esfera normal; o tal vez consultas a un terapeuta o profesional de la salud que no sigue la medicina ortodoxa o la más solicitada.

Este mes es extraordinariamente próspero; el dinero entra a raudales. Hasta el 21 continúas en tu cima financiera anual. En tus objetivos financieros cuentas con el apoyo de mayores, jefes y figuras de autoridad, hijos y figuras filiales. Puede que el progreso profesional vaya lento, pero no así el financiero. El 15 Venus entra en tu casa del dinero y pasa el resto del mes en ella; ahí está en su signo y casa y es más poderosa para ti; esto indica ingresos extras, un poder adquisitivo más fuerte. Del 17 al 19 Venus viaja con Urano; a veces esto trae beneficios financieros repentinos e inesperados; a veces no trae dinero sino objetos materiales caros. El cónyuge, pareja o ser amado actual te apoya económicamente y te ofrece oportunidades. Sigues en un periodo de mucha independencia (la cual va disminuyendo día a día), pero en las finanzas es muy importante el buen talante social.

La vida amorosa también es feliz este mes. Venus, que tiene una doble función en tu carta, como planeta del amor y planeta del dinero, sigue en tu primera casa hasta el 15; por lo tanto, como dijimos el mes pasado, no es necesario que hagas nada especial en la faceta amor. Venus en tu signo, desde el mes pasado, indica amor instantáneo, impetuoso, significa la persona que se enamora pronto. Esto cambia después del 15; eres más lento en hacer las cosas; te inclinas por personas ricas; te excitan cosas materiales, regalos materiales; encuentras oportunidades amorosas cuando estás atendiendo a tus objetivos financieros y tal vez con personas relacionadas con tus finanzas. A las personas adineradas de tu vida les gusta hacer de casamenteras en este periodo.

Junio

Mejores días en general: 7, 8, 15, 16, 25, 26
Días menos favorables en general: 5, 6, 11, 12, 18, 19
Mejores días para el amor: 1, 11, 12, 20, 21
Mejores días para el dinero: 1, 7, 8, 11, 15, 16, 20, 21, 25, 26, 27, 28, 29
Mejores días para la profesión: 1, 9, 10, 18, 19, 27, 28, 29

Mercurio sigue «fuera de límites» hasta el 16, así que repasa lo que dijimos sobre esto el mes pasado. Marte, que ha estado «fuera de límites» desde el 21 de abril, vuelve a sus límites normales el 12 de este mes; se acaba tu periodo de «vagabundeo e incertidumbre o sorpresa».

Sales de dos meses muy fuertes en las finanzas. El 9, cuando Venus sale de tu casa del dinero, los objetivos económicos disminuyen en importancia, has conseguido al menos los objetivos de corto plazo y puedes pasar la atención a otra cosa. Tu tercera casa, la de la comunicación y los intereses intelectuales, se hizo fuerte el 21 del mes pasado y este mes está más fuerte aún. Por lo tanto, la mente está aguda y las dotes de comunicación más fuertes de lo habitual. Si eres estudiante aún no universitario podría convenirte aprovechar esto y asistir a una escuela de verano; el aprendizaje es rápido y mejor. Si no eres estudiante podría convenirte convertirte en uno este mes. Te irá muy bien asistir a charlas y seminarios y tomar clases en algún tema que te interese. También harás bien en ponerte al día en tus lecturas. Tu don de palabra y conocimientos intelectuales serán útiles para tus finanzas, es posible que gastes más en proyectos, intereses o actividades intelectuales.

Hasta el 9 el amor es materialista y práctico. En este periodo eres «la chica o el chico material». Las oportunidades amorosas y sociales siguen presentándose cuando estás atendiendo a tus objetivos financieros y con personas relacionadas con tus finanzas. Después del 9 cambian los lugares para el romance; las oportunidades se presentan en tu barrio y tal vez con personas vecinas; otros lugares para el romance serán funciones en el colegio o de tipo educacional, charlas y seminarios, la librería y la biblioteca. Una cita romántica podría ser en una charla o clase y no una salida de diversión nocturna. Mientras Venus está en Tauro (15 de mayo al 9 de este mes) te atrae la riqueza. Lo que te atrae después del 9 es la mente y la verba de la persona; te gustan personas con las que es fácil conversar, con las que puedes intercambiar ideas; en astrología diríamos personas con las que hay armonía entre los cuerpos mentales.

La salud continúa buena, pero después del 21 necesita más atención. Como siempre, procura descansar lo suficiente; no te permitas cansarte demasiado; la energía baja es la enfermedad primordial. Después del 21 el 50 por ciento de los planetas están en alineación desfavorable. Así pues, da más atención a tu salud y en especial a tu salud emocional. Del 4 al 27 podría ser importante la dieta; cambios sencillos en la dieta pueden producir mucho bienestar; pero estas cosas hay que consultarlas con un profesional. Las hidroterapias son potentes en este periodo también: tienes buena conexión con los poderes del agua estos días; báñate o nada en el mar, un río o lago; pasa más tiempo cerca del agua; si esto no es práctico siempre puedes darte largos baños en la bañera.

Este mes aumenta mucho la actividad retrógrada; aún no llegamos a la máxima del año, pero estamos cerca (será el mes que viene). A Aries le resulta difícil aceptar esto. El camino rápido, el atajo, podría no ser el más rápido. Paciencia, paciencia, paciencia.

Julio

Mejores días en general: 4, 5, 13, 14, 22, 23, 24, 31
Días menos favorables en general: 2, 3, 8, 9, 15, 16, 29, 30
Mejores días para el amor: 1, 8, 9, 10, 11, 20, 21, 31
Mejores días para el dinero: 1, 4, 5, 10, 11, 13, 14, 20, 21, 22, 23, 24, 25, 26, 31
Mejores días para la profesión: 6, 7, 15, 16, 25, 26

La salud es asunto importante este mes. No sólo tenemos el 50 (y a veces el 60) por ciento de los planetas en alineación desfavorable contigo, sino que también hay dos eclipses que te afectan de modo adverso. Así pues, centra la atención en la salud; como siempre, procura descansar lo suficiente; si es posible, pasa más tiempo en algún balneario de salud o programa más sesiones de masaje o de otro tratamiento. Pon la mente en lo esencial y no pierdas el tiempo en trivialidades; fortalece la salud de las maneras explicadas en las previsiones para el año. El mesaje en el pecho es potente todo el mes, pero en especial hasta el 19. Después de esta fecha cuida más los asuntos dietéticos. Después del 21 mejorará la salud pero tendrás que continuar atento.

Con ciertas diferencias, los dos eclipses son casi repeticiones de los eclipses de enero. El eclipse solar del 2 ocurre en tu cuarta casa, la del hogar y la familia. Por lo tanto, podría haber dramas en la casa, tal vez sea necesaria alguna reparación; hay drama en la vida de familiares, en especial de un progenitor o figura parental; esta persona pasa por una crisis financiera y debe hacer cambios drásticos (esto ocurrirá a lo largo de los próximos seis meses); es necesario hacer cambios en las finanzas de la familia en su conjunto; la estrategia y los planteamientos no han sido realistas, como lo demostrarán los acontecimientos o circunstancias producidos por el eclipse. Todos los eclipses solares afectan a los hijos y figuras filiales (a los que rige el Sol en tu carta); conviene, pues, que reduzcan sus actividades durante el periodo del eclipse; preocúpate de evitar que se pongan en situaciones de riesgo, peligro o daño.

El eclipse lunar del 16 ocurre en tu décima casa, la de la profesión; este es el segundo de los tres eclipses que ocurren en esta casa este año. Habrá, pues, más cambios y trastornos en la profesión. Hay reorganización en la jerarquía de la empresa y la industria en que trabajas. Hay drama en la vida de jefes, padres y figuras parentales, las figuras de autoridad de tu vida; estas personas pasan por pruebas en sus matrimonios (esto también ocurrió con el eclipse solar del 2). También podría ser necesario hacer reparaciones en la casa. Las emociones son explosivas en la familia y tal vez se produzca una crisis. Los hermanos y figuras fraternas pasan por una crisis financiera y deben hacer cambios drásticos en sus finanzas.

La actividad retrógrada llega a su punto máximo del año. A partir del 7 el 50 por ciento de los planetas estarán en movimiento retrógrado. Claro que será necesario hacer cambios y tomar decisiones, pero antes analiza y estudia detenidamente las cosas.

Una vez que se ha asentado el polvo de los eclipses, comienzas una cima anual de placer personal, el 21. Relájate, despreocúpate, y disfruta de la vida. Haz frente a las dificultades o retos, pero hazte tiempo para la diversión.

Agosto

Mejores días en general: 1, 9, 10, 19, 20, 28, 29
Días menos favorables en general: 4, 5, 11, 12, 26, 27
Mejores días para el amor: 1, 4, 5, 9, 10, 20, 21, 30, 31
Mejores días para el dinero: 1, 9, 10, 19, 20, 21, 22, 28, 29, 30, 31
Mejores días para la profesión: 2, 3, 11, 12, 21, 22, 30, 31

La actividad retrógrada continúa intensa este mes, aunque menos que el mes pasado. El 2 Mercurio retoma el movimiento directo; el 11 lo retoma Júpiter, pero el 12 inicia movimiento retrógrado Urano. O sea que este mes sólo bajamos a un 40 por ciento de actividad retrógrada. Nuevamente, paciencia, paciencia. Con tantos planetas en movimiento retrógrado el Cosmos te incita a ser más perfecto en todo lo que haces; errores pequeños pueden retardar aún más las cosas. Ve a paso lento, parejo, y haciendo las cosas a la perfección; este es en definitiva el camino más rápido hacia tus objetivos.

Desde el 21 del mes pasado estás en una de tus cimas anuales de placer personal, que continúa hasta el 23. Ahora no es irresponsabilidad divertirte; en realidad la diversión aumentará tus ingresos y te llevará al amor. También tendrá un efecto positivo en tu salud y bienestar. El Cosmos suele actuar contrariamente a lo que diría la intuición.

Este mes se ve próspero. Es una buena prosperidad, una prosperidad feliz. Tu planeta del dinero, Venus, está en tu quinta casa hasta el 21; esto indica suerte en las especulaciones, sobre todo del 8 al 9; estos son días de fuerte aumento en los ingresos; indica dinero que se gana de modos felices, dichosos; indica que disfrutas de la riqueza que tienes, gastas en actividades de ocio y diversión, actividades felices. Si estás en el mundo de las artes creativas ves que tu trabajo es más comerciable. Los hijos y figuras filiales te apoyan, y es posible que gastes más en ellos también. Un problema podría ser que gastas demasiado; ganas y gastas con igual facilidad; eres gastador impulsivo. Pero esto cambia después del 21, cuando Venus entra en Virgo, tu sexta casa; entonces tendrás más cautela en las finanzas; obtendrás valor por tu dinero; serás menos especulador y más práctico; ganarás por tu trabajo y servicio productivo. En el caso de que busques trabajo, tienes éxito a partir del 23; se presentan muchas oportunidades de trabajo; y en el caso de que ya tengas trabajo, tendrás oportunidades para hacer trabajos secundarios u horas extras.

El amor también es feliz este mes. El 8 y el 9 no sólo hay aumento en los ingresos sino también felices oportunidades y encuentros amorosos. El amor no se ve muy serio en este periodo; favorece más las aventuras amorosas que la relación seria, comprometida. Sólo deseas divertirte y es probable que atraigas a personas con esos mismos deseos. Hasta el 21 las oportunidades amorosas se presentan en los lugares habituales: fiestas, balnearios, teatro y lugares de diversión. Después del 21 el lugar de trabajo se convierte en lugar para el romance; pero también puede presentarse el amor cuando estás atendiendo a tus objetivos de salud o con personas involucradas en tu salud. Uno de los problemas de Venus en Virgo es la actitud exageradamente perfeccionista y crítica. Haz todo lo posible para evitar esto, incluso de pensamiento.

Septiembre

Mejores días en general: 5, 6, 15, 16, 24, 25
Días menos favorables en general: 1, 2, 7, 8, 9, 22, 23, 28, 29
Mejores días para el amor: 1, 2, 8, 9, 20, 28, 29
Mejores días para el dinero: 5, 6, 8, 9, 15, 16, 17, 18, 19, 20, 24, 25, 28, 29
Mejores días para la profesión: 7, 8, 9, 17, 18, 19, 26, 27

El 3 de julio comenzó a hacerse poderoso el sector occidental o social de tu carta; esto significa que el poder planetario se va alejando de ti y avanza en dirección a los demás; este mes los planetas se están acercando a su posición occidental máxima; esto quiere decir que desde el 3 de julio tienes menos independencia; ha sido necesario pulir las dotes sociales para conseguir las cosas por consenso, que no por acción directa. Este es un periodo para dejar que los demás hagan su voluntad (mientras esto no sea destructivo) y dejar que tu bien te llegue a través de los demás. Es un periodo para tomarte unas vacaciones de ti y anteponer a los demás. Como hemos dicho, esto no significa ser santo, simplemente se trata del ciclo en que te encuentras. Ahora es más complicado cambiar las condiciones que te fastidian; será mejor que tomes nota de ellas y hagas los cambios más adelante, cuando estés en un ciclo de más independencia. Si bien en este periodo disminuye la independencia, es un periodo fabuloso para tu vida social y amorosa; aunque la independencia es maravillosa, no es muy buena para el amor. El 23, cuando el Sol entra en Libra, tu séptima casa, entras en una cima amorosa y social anual. Así pues, hay romance en el ambiente, se huele; estás de ánimo y receptivo para él.

El solsticio de Venus, del 15 al 18, es el anuncio de cambios en lo social; se detiene en el firmamento (en su movimiento latitudinal) y luego cambia de dirección. Y esto es lo que te ocurre a ti; haces una pausa en lo social y luego cambias de dirección.

Mientras tanto, estando muy fuerte tu sexta casa, la de la salud y el trabajo, te conviene hacer todas esas tareas aburridas, detallistas, que normalmente detestas hacer; estás de ánimo y tendrían que resultarte más fáciles y rápidas. Te conviene centrar la atención en la salud, ya que esta atenciòn y cuidado te mantendrá en buen pie después del 23, cuando la salud pasa a ser un problema.

Después del 23, el 50 (y a veces el 60) por ciento de los planetas estarán en alineación desfavorable contigo; tu energía normal, superabundante, no está a la altura habitual. Si te sientes cansado, echa una siesta o una cabezada; recarga las pilas. Ningún coche puede correr sin gasolina en el depósito. Trabaja con más ritmo y cambia de actividades. Deja estar las trivialidades, centra la atención en lo verdaderamente importante. Hasta el 14, fortalece la salud con masajes en los puntos reflejos del intestino delgado; después, de las maneras explicadas en las previsiones para el año; también da más atención a los riñones y las caderas; da masajes periódicos a las caderas; también podría convenirte una limpieza de los riñones con infusión de hierbas. Lo bueno es que la buena salud social (me parece que la tienes) se reflejará positivamente en tu salud.

Además, el 14 Venus entra en tu séptima casa, la del amor; es poderosa ahí, en su signo y casa. Por lo tanto, las finanzas deberían ir bien; el buen talante social y la simpatía siempre son importantes en tu vida financiera, pero en este periodo lo son más aún. Podría formarse una sociedad de negocios o una empresa conjunta.

Octubre

Mejores días en general: 2, 3, 4, 12, 13, 21, 22, 30, 31
Días menos favorables en general: 5, 6, 19, 20, 26, 27
Mejores días para el amor: 10, 11, 19, 20, 26, 27, 28, 29
Mejores días para el dinero: 2, 3, 4, 10, 11, 12, 13, 15, 16, 19, 20, 21, 22, 28, 29, 30, 31
Mejores días para la profesión: 5, 6, 15, 16, 23, 24

Tu séptima casa, la del amor, está más fuerte aún que el mes pasado. El 4 entra en ella Marte, el señor de tu horóscopo y muy importante en tu carta; ahí se reúne con el Sol y Venus. Dos de tres de los planetas más importantes de tu carta (el Sol y el señor de tu horóscopo) estarán en tu séptima casa; esto significa mucho poder social, por lo que tu cima anual en el amor y lo social es más fuerte aún. Tu popularidad está en su punto más fuerte; estás presente para los demás y ellos lo notan y lo valoran; eres buen amigo en este periodo; también eres más romántico. Si estás soltero o soltera, tienes muchas oportunidades amorosas.

La salud sigue problemática este mes, en especial hasta el 23; ten presente lo que hablamos el mes pasado; este mes el problema es que el 4, con la salida de Marte, tu sexta casa queda vacía; por lo tanto es posible que no le prestes la atención debida a la salud, y debes hacerlo. Fortalécela de las maneras explicadas en las previsiones para el año. Después del 3 da más atención al colon, la vejiga y los órganos sexuales; es posible que tiendas a ser hiperactivo sexualmente; más te vale moderarte; no te prives, pero tampoco te excedas. Podría convenirte una limpieza del colon con infusión de hierbas; además, respondes bien a los regímenes de desintoxicación.

Después del 23 mejorarán la salud y la energía; se reduce enormemente la presión planetaria.

Marte, el señor de tu horóscopo, tiene su solsticio del 4 al 11; hace una pausa en el firmamento (en su movimiento latitudinal) y luego cambia de dirección. Es interesante que esto ocurra cuando cambia de signo y casa, cuando sale de tu sexta casa y entra en la séptima. Para ti esto es un cambio de marcha; te vuelves más sociable.

Pero Marte también anuncia otro cambio: pasa de la mitad inferior de tu carta (el lado noche) a la mitad superior (el lado día). Ahora la mitad superior es totalmente dominante; el 80 (y a veces el 90) por ciento de los planetas están ahí, casi todos; entonces la profesión se vuelve absorbente. El 18 del mes pasado tu planeta de la profesión, Saturno, retomó el movimiento directo, después de muchos meses de movimiento retrógrado. Las cosas comienzan a avanzar en tu profesión y estás preparado para aprovechar esto; todos los sistemas están en marcha. Tienes éxito, pero aún no has tocado tu cima.

Noviembre

Mejores días en general: 8, 9, 10, 18, 19, 26, 27
Días menos favorables en general: 1, 2, 16, 17, 22, 23, 28, 29, 30
Mejores días para el amor: 8, 9, 18, 19, 22, 23, 29
Mejores días para el dinero: 8, 9, 10, 11, 12, 18, 19, 26, 27, 29
Mejores días para la profesión: 1, 2, 11, 12, 20, 21, 28, 29, 30

La mitad superior de tu carta (el lado día) está fuerte no sólo en cantidad (el 80 y a veces el 90 por ciento de los planetas están ahí), sino también en calidad; dos de tres de los planetas más importantes para ti (el Sol y Marte) pasan el mes ahí, y la Luna (otro planeta muy importante) pasa periodos ahí, del 1 al 7 y del 22 a fin de mes. Tu décima casa, la de la profesión, fuerte todo el año, se hace aún más fuerte el 26, cuando entra Venus en ella. En cambio tu cuarta casa, la del hogar y la familia, está prácticamente vacía; sólo la Luna transita por ella los días 16 y 17. Todo esto quiere decir que el poder y la energía del Cosmos está en tu profesión y tus objetivos externos. Trabaja en ellos; cuentas con mucha ayuda.

Tu octava casa se hizo poderosa el 23 del mes pasado y continúa fuerte este mes; por lo tanto, la libido está más fuerte que de costumbre, y las cosas irán bien mientras no te excedas en esto. El cónyuge, pareja o ser amado actual tiene un mes fabuloso en las finanzas; me parece que tú te involucras en esto, en especial a partir del 19. Una octava casa fuerte favorece los regímenes de desintoxicación de todo tipo, no sólo físicos; favorece la desintoxicación de la mente y las emociones, la purga de hábitos, sentimientos y pensamientos negativos; favorece la desintoxicación de posesiones; sientes la necesidad de despejar el entorno, de liberarte de posesiones que no necesitas ni usas; véndelas o dónalas a una organización benéfica. Va bien para hacer un régimen de adelgazamiento si lo necesitas; la buena salud física suele ser asunto de liberar al al cuerpo de lo que no le corresponde estar en él (no de añadirle cosas). Y lo mismo vale para la salud mental y emocional. Este es un buen mes para planificar el pago de impuestos y hacer planes testamentarios (si estás en la edad); es bueno para pagar deudas o refinanciar préstamos.

Este mes es próspero también. Venus pasa casi todo el mes, hasta el 26, en Sagitario, tu novena casa; esta es una casa afortunada. Aumentan los ingresos; hay optimismo financiero. Personas extranjeras podrían tener un importante papel en tu vida financiera. Hay viaje al extranjero relacionado con trabajo o negocio.

Del 15 al 30 Venus está «fuera de límites»; esto quiere decir que eres más aventurero en el amor y en las finanzas. Las soluciones que buscas no están en tu ambiente normal y debes salir de él para encontrar lo que deseas; y me parece que tienes suerte. Del 22 al 24 Venus viaja con Júpiter; esto significa un agradable día de paga. Si estás soltero o soltera esto indica también un importante encuentro romántico.

El 26 Venus cruza tu medio cielo por segunda vez en el año; en el plano terrenal el medio cielo es la posición más poderosa para cualquier planeta; esta es otra buena señal de prosperidad; debería traer un bonito día de paga.

La salud mejora mucho comparada con la del mes pasado; continúa fortaleciéndola con regímenes de desintoxicación, más atención al colon y la vejiga y moderación sexual.

Diciembre

Mejores días en general: 6, 7, 15, 16, 24, 25
Días menos favorables en general: 13, 14, 19, 20, 26, 27
Mejores días para el amor: 8, 9, 17, 18, 19, 20, 28, 29
Mejores días para el dinero: 8, 9, 17, 18, 26, 28, 29
Mejores días para la profesión: 8, 9, 17, 18, 26, 27

El principal titular este mes es la profesión. ¡Y qué titular! Has trabajado arduo y diligentemente los dos años pasados; has progresado paso a paso, lenta y metódicamente. Ahora llega la recompensa. El 3 entra Júpiter en tu décima casa y de repente eres tremendamente popular. Pero eso no es todo. Tu décima casa ha estado poderosa todo el año, pero este mes el 60, y a veces el 70 por ciento de los planetas o están en ella o transitan temporalmente por ella; casi todos. Genios cósmicos poderosos apoyan tu elevación y éxito. Si logras mantener bien la salud (un reto a partir del 22) estás en la cima del mundo. Muchas personas de tu vida también tienen éxito este mes y te ayudan en tu profesión.

El 22 inicias una cima profesional anual; según cuál sea tu edad, podría ser una cima de toda la vida; el mensaje del horóscopo es: cumple con tu deber, realiza lo que has venido a realizar, pon en buen orden tus objetivos externos, y todo lo demás de tu vida irá bien; tendrás prosperidad, creatividad, amor y buena salud.

Ten presente lo que hemos hablado sobre la salud los meses pasados. No podrás evitar trabajar arduo ni eludir las exigencias de tu profesión, pero puedes imponerte un paso o ritmo mejor; descansa cuando estés cansado; deja estar las cosas que no son esenciales y delégalas a otras personas; programa más masajes u otros tratamientos; pasa más de tu tiempo libre en un balneario de salud; hasta el 9 continúa con el régimen de desintoxicación; del 9 al 24 fortalece la salud con masajes en los muslos y cuida más el hígado. La oración también es medicina potente. Después del 24 serán potentes los masajes en la espalda y las rodillas. También te conviene repasar la sección salud de las previsiones para el año.

El 26 tenemos un eclipse solar que ocurre en tu décima casa, la de la profesión; este es el tercer eclipse del año en esta casa. Me parece que es positivo, aun cuando cause trastornos; las cosas buenas pueden trastornar tanto como las malas. Lleva tiempo adaptarse. Debes, como sea, reducir tus actividades durante el periodo de este eclipse. Lo bueno es que ocurre justo después de Navidad; es posible que ese día no trabajes. Pero no es aconsejable viajar en ese periodo; será bueno pasar un tiempo tranquilo en casa. Lo mismo vale para los hijos, figuras filiales, padres y figuras parentales. Este eclipse ocurre muy cerca de Júpiter, así que te afecta si eres estudiante universitario o estás a punto de entrar en una universidad; podrías cambiar tus planes educacionales, o cambiar de facultad o de asignatura principal.

Venus, tu planeta del dinero continúa «fuera de límites» hasta el 13; como dijimos el mes pasado, esto indica que sientes la necesidad de salir de tu ambiente normal para hacer realidad tus objetivos financieros y amorosos.

Tauro

El Toro

Nacidos entre el 21 de abril y el 20 de mayo

Rasgos generales

TAURO DE UN VISTAZO

Elemento: Tierra

Planeta regente: Venus
   Planeta de la profesión: Urano
   Planeta del amor: Plutón
   Planeta del dinero: Mercurio
   Planeta de la salud: Venus
   Planeta de la suerte: Saturno

Colores: Tonos ocres, verde, naranja, amarillo
   Colores que favorecen el amor, el romance y la armonía social: Rojo violáceo, violeta
   Colores que favorecen la capacidad de ganar dinero: Amarillo, amarillo anaranjado

Piedras: Coral, esmeralda

Metal: Cobre

Aromas: Almendra amarga, rosa, vainilla, violeta

Modo: Fijo (= estabilidad)

Cualidad más necesaria para el equilibrio: Flexibilidad

Virtudes más fuertes: Resistencia, lealtad, paciencia, estabilidad, propensión a la armonía

Necesidades más profundas: Comodidad, tranquilidad material, riqueza

Lo que hay que evitar: Rigidez, tozudez, tendencia a ser excesivamente posesivo y materialista
Signos globalmente más compatibles: Virgo, Capricornio
Signos globalmente más incompatibles: Leo, Escorpio, Acuario
Signo que ofrece más apoyo laboral: Acuario
Signo que ofrece más apoyo emocional: Leo
Signo que ofrece más apoyo económico: Géminis
Mejor signo para el matrimonio y/o las asociaciones: Escorpio
Signo que más apoya en proyectos creativos: Virgo
Mejor signo para pasárselo bien: Virgo
Signos que más apoyan espiritualmente: Aries, Capricornio
Mejor día de la semana: Viernes

La personalidad Tauro

Tauro es el más terrenal de todos los signos de tierra. Si comprendemos que la tierra es algo más que un elemento físico, que es también una actitud psicológica, comprenderemos mejor la personalidad Tauro.

Los Tauro tienen toda la capacidad para la acción que poseen los Aries. Pero no les satisface la acción por sí misma. Sus actos han de ser productivos, prácticos y generadores de riqueza. Si no logran ver el valor práctico de una actividad, no se molestarán en emprenderla.

El punto fuerte de los Tauro está en su capacidad para hacer realidad sus ideas y las de otras personas. Por lo general no brillan por su inventiva, pero sí saben perfeccionar el invento de otra persona, hacerlo más práctico y útil. Lo mismo puede decirse respecto a todo tipo de proyectos. A los Tauro no les entusiasma particularmente iniciar proyectos, pero una vez metidos en uno, trabajan en él hasta concluirlo. No dejan nada sin terminar, y a no ser que se interponga un acto divino, harán lo imposible por acabar la tarea.

Muchas personas los encuentran demasiado obstinados, conservadores, fijos e inamovibles. Esto es comprensible, porque a los

Tauro les desagrada el cambio, ya sea en su entorno o en su rutina. ¡Incluso les desagrada cambiar de opinión! Por otra parte, esa
es su virtud. No es bueno que el eje de una rueda oscile. Ha de
estar fijo, estable e inamovible. Los Tauro son el eje de la rueda de
la sociedad y de los cielos. Sin su estabilidad y su supuesta obstinación, las ruedas del mundo se torcerían, sobre todo las del comercio.

A los Tauro les encanta la rutina. Si es buena, una rutina tiene
muchas virtudes. Es un modo fijado e idealmente perfecto de cuidar de las cosas. Cuando uno se permite la espontaneidad puede
cometer errores, y los errores producen incomodidad, desagrado
e inquietud, cosas que para los Tauro son casi inaceptables. Estropear su comodidad y su seguridad es una manera segura de irritarlos y enfadarlos.

Mientras a los Aries les gusta la velocidad, a los Tauro les gusta la lentitud. Son lentos para pensar, pero no cometamos el error
de creer que les falta inteligencia. Por el contrario, son muy inteligentes, pero les gusta rumiar las ideas, meditarlas y sopesarlas.
Sólo después de la debida deliberación aceptan una idea o toman
una decisión. Los Tauro son lentos para enfadarse, pero cuando
lo hacen, ¡cuidado!

Situación económica

Los Tauro son muy conscientes del dinero. Para ellos la riqueza es
más importante que para muchos otros signos; significa comodidad, seguridad y estabilidad. Mientras algunos signos del zodiaco
se sienten ricos si tienen ideas, talento o habilidades, los Tauro
sólo sienten su riqueza si pueden verla y tocarla. Su modo de pensar es: «¿De qué sirve un talento si no se consiguen con él casa,
muebles, coche y piscina?»

Por todos estos motivos, los Tauro destacan en los campos de
la propiedad inmobiliaria y la agricultura. Por lo general, acaban
poseyendo un terreno. Les encanta sentir su conexión con la tierra. La riqueza material comenzó con la agricultura, labrando la
tierra. Poseer un trozo de tierra fue la primera forma de riqueza
de la humanidad; Tauro aún siente esa conexión primordial.

En esta búsqueda de la riqueza, los Tauro desarrollan sus capacidades intelectuales y de comunicación. Como necesitan comerciar con otras personas, se ven también obligados a desarrollar cierta flexibilidad. En su búsqueda de la riqueza, aprenden el valor práctico del intelecto y llegan a admirarlo. Si no fuera por esa búsqueda de la riqueza, tal vez no intentarían alcanzar un intelecto superior.

Algunos Tauro nacen «con buena estrella» y normalmente, cuando juegan o especulan, ganan. Esta suerte se debe a otros factores presentes en su horóscopo personal y no forma parte de su naturaleza esencial. Por naturaleza los Tauro no son jugadores. Son personas muy trabajadoras y les gusta ganarse lo que tienen. Su conservadurismo innato hace que detesten los riesgos innecesarios en el campo económico y en otros aspectos de su vida.

Profesión e imagen pública

Al ser esencialmente terrenales, sencillos y sin complicaciones, los Tauro tienden a admirar a las personas originales, poco convencionales e inventivas. Les gusta tener jefes creativos y originales, ya que ellos se conforman con perfeccionar las ideas luminosas de sus superiores. Admiran a las personas que tienen una conciencia social o política más amplia y piensan que algún día (cuando tengan toda la comodidad y seguridad que necesitan) les gustará dedicarse a esos importantes asuntos.

En cuanto a los negocios, los Tauro suelen ser muy perspicaces, y eso los hace muy valiosos para la empresa que los contrata. Jamás son perezosos, y disfrutan trabajando y obteniendo buenos resultados. No les gusta arriesgarse innecesariamente y se desenvuelven bien en puestos de autoridad, lo cual los hace buenos gerentes y supervisores. Sus cualidades de mando están reforzadas por sus dotes naturales para la organización y la atención a los detalles, por su paciencia y por su minuciosidad. Como he dicho antes, debido a su conexión con la tierra, también pueden realizar un buen trabajo en agricultura y granjas.

En general, los Tauro prefieren el dinero y la capacidad para ganarlo que el aprecio y el prestigio públicos. Elegirán un puesto que les aporte más ingresos aunque tenga menos prestigio, antes que otro que tenga mucho prestigio pero les proporcione menos ingresos. Son muchos los signos que no piensan de este modo, pero Tauro sí, sobre todo si en su carta natal no hay nada que modifique este aspecto. Los Tauro sólo buscarán la gloria y el prestigio si están seguros de que estas cosas van a tener un efecto directo e inmediato en su billetero.

Amor y relaciones

En el amor, a los Tauro les gusta tener y mantener. Son de los que se casan. Les gusta el compromiso y que las condiciones de la relación estén definidas con mucha claridad. Más importante aún, les gusta ser fieles a una sola persona y esperan que esa persona corresponda a su fidelidad. Cuando esto no ocurre, el mundo entero se les viene abajo. Cuando está enamorada, la persona Tauro es leal, pero también muy posesiva. Es capaz de terribles ataques de celos si siente que su amor ha sido traicionado.

En una relación, los Tauro se sienten satisfechos con cosas sencillas. Si tienes una relación romántica con una persona Tauro, no hay ninguna necesidad de que te desvivas por colmarla de atenciones ni por galantearla constantemente. Proporciónale suficiente amor y comida y un techo cómodo, y será muy feliz de quedarse en casa y disfrutar de tu compañía. Te será leal de por vida. Hazla sentirse cómoda y, sobre todo, segura en la relación, y rara vez tendrás problemas con ella.

En el amor, los Tauro a veces cometen el error de tratar de dominar y controlar a su pareja, lo cual puede ser motivo de mucho sufrimiento para ambos. El razonamiento subyacente a sus actos es básicamente simple. Tienen una especie de sentido de propiedad sobre su pareja y desean hacer cambios que aumenten la comodidad y la seguridad generales de ambos. Esta actitud está bien cuando se trata de cosas inanimadas y materiales, pero puede ser muy peligrosa cuando se aplica a personas, de modo que los Tauro deben tener mucho cuidado y estar alertas para no cometer ese error.

Hogar y vida familiar

La casa y la familia son de importancia vital para los Tauro. Les gustan los niños. También les gusta tener una casa cómoda y tal vez elegante, algo de que alardear. Tienden a comprar muebles sólidos y pesados, generalmente de la mejor calidad. Esto se debe a que les gusta sentir la solidez a su alrededor. Su casa no es sólo su hogar, sino también su lugar de creatividad y recreo. La casa de los Tauro tiende a ser verdaderamente su castillo. Si pudieran elegir, preferirían vivir en el campo antes que en la ciudad.

En su hogar, un Tauro es como un terrateniente, el amo de la casa señorial. A los nativos de este signo les encanta atender a sus visitas con prodigalidad, hacer que los demás se sientan seguros en su casa y tan satisfechos en ella como ellos mismos. Si una persona Tauro te invita a cenar a su casa, ten la seguridad de que recibirás la mejor comida y la mejor atención. Prepárate para un recorrido por la casa, a la que Tauro trata como un castillo, y a ver a tu amigo o amiga manifestar muchísimo orgullo y satisfacción por sus posesiones.

Los Tauro disfrutan con sus hijos, pero normalmente son estrictos con ellos, debido a que, como hacen con la mayoría de las cosas en su vida, tienden a tratarlos como si fueran sus posesiones. El lado positivo de esto es que sus hijos estarán muy bien cuidados y educados. Tendrán todas las cosas materiales que necesiten para crecer y educarse bien. El lado negativo es que los Tauro pueden ser demasiado represivos con sus hijos. Si alguno de ellos se atreve a alterar la rutina diaria que a su padre o madre Tauro le gusta seguir, tendrá problemas.

Horóscopo para el año 2019[*]

Principales tendencias

El año pasado, Urano, el planeta del cambio revolucionario y repentino, hizo una incursión temporal en tu signo y luego se retiró; esto fue un breve anticipo de lo que va a venir. Si naciste en la primera parte del signo (del 20 al 24 de abril) lo sentiste más fuerte. El 7 de marzo de este año Urano entra en tu signo para quedarse en él los próximos siete años más o menos. Esto afectará finalmente a todos los nativos de Tauro, pero si naciste en los primeros días, lo sentirás más fuerte. Abróchate el cinturón de seguridad pues este va a ser un tránsito muy movido, ¡de siete años! El cambio será el orden del día. La lección será aprender a arreglártelas, y a sentirte cómodo, con el cambio repentino y con la inestabilidad personal. Esto no es fácil para Tauro.

---

[*] Las previsiones de este libro se basan en el Horóscopo Solar y todos los signos que derivan de él; tu Signo Solar se convierte en el Ascendente, y las casas se numeran a partir de él. Tu horóscopo personal, el trazado concretamente para ti (según la fecha, hora y lugar exactos de tu nacimiento) podrían modificar lo que decimos aquí. Joseph Polansky

Sales de un año excelente en el amor y en lo social. Este año las relaciones se ponen a prueba debido a la presencia de Urano en tu signo. Volveremos a este tema.

Júpiter pasa casi todo el año (hasta el 3 de diciembre) en tu octava casa; esto indica un año de vida sexual activa y en el que van bien los proyectos de transformación y reinvención personal.

Saturno y Plutón pasan el año en tu novena casa, la de la religión, la filosofía y la educación superior; también incluye viajes al extranjero. Este no es un año especialmente fabuloso para viajar al extranjero, a no ser que debas. Si eres universitario tienes que trabajar más arduo, ser más disciplinado en tus estudios. Este año hay tres eclipses en tu novena casa y esto indica mucho cambio y trastornos en estas facetas. Pasan por pruebas las creencias religiosas y filosóficas, un control de realidad. Tendrás que descartar algunas creencias y modificar otras.

Neptuno lleva muchos años en tu casa once y estará en ella todo el año. Eso indica que atraes a amistades de tipo espiritual y tal vez participas en actividades de grupo, espirituales o benéficas.

Este año deberías tener mucho éxito en la profesión; es importante para ti, más que el simple dinero. Se te presentan muchas oportunidades profesionales felices. Volveremos a este tema.

Los intereses más importantes para ti este año son: la espiritualidad (hasta el 7 de marzo); el cuerpo y la imagen (a partir del 7 de marzo); la sexualidad, la muerte y el renacimiento, la transformación y la reinvención personales (hasta el 3 de diciembre); la religión, la filosofía, la educación superior y viajes al extranjero; las amistades, los grupos y las actividades de grupo.

Los caminos para tu mayor satisfacción o realización son: la comunicación y los intereses intelectuales; la sexualidad, la muerte y el renacimiento, la transformación y la reinvención personales (hasta el 3 de diciembre); la religión, la filosofía, la educación superior y viajes al extranjero (a partir del 3 de diciembre).

Salud

(Ten en cuenta que esta es una perspectiva astrológica de la salud, no una médica. Antaño no había ninguna diferencia, ambas eran idénticas, pero en esta época podrían diferir muchísimo. Para una perspectiva médica, por favor, consulta a tu médico o a otro profesional de la salud.)

Este año hay una muy buena noticia en el campo de la salud. No hay ningún planeta lento en alineación adversa contigo. Esto quiere decir que la salud será buena. Claro que a lo largo del año habrá periodos en que no lo será tanto; esto se deberá a los tránsitos de los planetas rápidos, pero estas son tendencias temporales, no para el año. Cuando acaba el tránsito volverán naturalmente tu buena salud y energía.

Urano estará en tu signo a partir del 7 de marzo. Esto no indica problemas de salud sino la tendencia a poner a prueba los límites del cuerpo, a experimentar con el cuerpo; si esto se hace de modo imprudente, sin cuidado, puede llevar a lesiones. Así pues, si bien es bueno poner a prueba los límites del cuerpo (a veces ponemos límites arbitrarios que no están justificados), esto debe hacerse con supervisión y sin riesgos. Modos de experimentación sin riesgos son las artes marciales, el yoga y el tai chi.

Tu sexta casa vacía es otra señal positiva de buena salud; indica que no le prestas atención exagerada; más o menos das por descontada la salud, no necesitas darle demasiada atención.

Dado que los aspectos son tan buenos y cuentas con más energía cósmica, si has tenido algún problema de salud deberías notar mejoría; es posible que el trastorno se haya curado o esté inactivo.

Por buena que sea tu salud siempre puedes mejorarla. Da atención especial a las siguientes zonas, las más vulnerables para Tauro.

El cuello y la garganta. Estas zonas son siempre importantes para ti. Te irán bien sesiones de reflexología para trabajar sus puntos reflejos. Masajes periódicos en el cuello deben formar parte de tu programa normal de salud; en la nuca suele acumularse tensión y es necesario aflojarla; la terapia sacro-craneal es excelente para esto.

Las caderas y los riñones. Estas zonas también son siempre importantes para Tauro. También irán bien sesiones de reflexología; masajes periódicos en las caderas serán maravillosos; estos no sólo fortalecen las caderas y los riñones sino también la parte inferior de la espalda. Podría convenirte una limpieza de los riñones con infusiones de hierbas de vez en cuando (si te sientes indispuesto).

Venus tiene una doble función en tu carta. Este planeta es a la vez señor de tu horóscopo y señor de tu sexta casa, tu planeta de la salud. El señor del horóscopo se puede comparar con tu «entrenador personal», mientras el señor de la sexta casa se puede comparar con tu «médico personal»; sus papeles son similares pero distintos. Al entrenador personal le interesan más los asuntos estéticos, la apariencia física; al médico personal le interesa la salud general. Que el mismo planeta realice las dos funciones indica que para ti buena salud también significa «verte bien»; indica que el estado de tu salud determina la apariencia física (más que el sinfín de lociones y pociones). Mantente sano y te verás bien.

Venus, como saben nuestros lectores, es planeta de movimiento rápido (este año avanza aún más rápido que de costumbre). En un año transita por todos los sectores del horóscopo (este año transita dos veces por algunos). Por lo tanto hay muchas tendencias de corto plazo en la salud, según dónde esté Venus y los aspectos que recibe. Estas es mejor tratarlas en las previsiones mes a mes.

Hogar y vida familiar

Tu cuarta casa, la del hogar y la familia, no es casa de poder este año. Como saben nuestros lectores, esto significa que las cosas tienden a continuar como están; estás fundamentalmente satisfecho con las cosas como están y no tienes ninguna necesidad de hacer cambios importantes.

De todos modos, pese a esto, este año habrá cambios y trastornos. Todos los años hay dos eclipses solares que afectan al hogar y la familia; este año serán tres los eclipses (muy inusual). Y no sólo eso, el 21 de enero hay un eclipse lunar que ocurre en tu cuarta casa, produciendo más trastorno. Habrá dramas en la familia y en la vida de familiares. Podría ser necesario hacer reparaciones importantes en la casa. De esto hablaremos con más detalles en las previsiones mes a mes.

La presencia de Urano en tu signo no indica necesariamente una mudanza. Indica un enorme desasosiego, necesidad de libertad. Podríamos decir que sientes pasión por la libertad y cierto deseo de no tener ninguna responsabilidad. A veces este aspecto indica a una persona que viaja mucho, que vive en diferentes lugares durante largos periodos, una persona nómada. Incluso podrías residir oficialmente en tu casa pero eres nómada.

Tu planeta de la familia, el Sol, es uno de los planetas de movimiento más rápido; cambia de signo y casa cada mes. Por lo tanto en la faceta hogar y familia hay muchas tendencias que dependen de dónde está el Sol y de los aspectos que recibe. Estas tendencias es mejor tratarlas en las previsiones mes a mes.

Siendo el Sol tu planeta del hogar y la familia, deseas que tu casa tenga belleza y prestigio; te gusta una casa que exprese tu calidad de astro.

Un progenitor o figura parental te manifiesta mucho cariño este año. Tendría que hacerte una larga visita. Esta persona podría mudarse de casa a fines de año, después del 3 de diciembre; antes no es aconsejable una mudanza. Esta persona se ve muy temperamental este año, más propensa a cambios de humor.

Los hermanos o figuras fraternas de tu vida tienen un año social fabuloso; alguno de los solteros podría casarse, pero no hay probabilidades de mudanza para ellos (aunque no hay nada en contra).

Para los hijos o figuras filiales sí hay probabilidades de mudanza, y estas se ven felices; los que están en edad de concebir son más fértiles.

Entre los nietos (si los tienes) ha habido mucha mudanza o traslado estos últimos años; este año se ven más establecidos.

Si tienes planes para hacer obras importantes de reparación o renovación en la casa, o construir una, del 1 de julio al 23 de agosto es buen periodo. Si deseas hacer cambios estéticos, de redecoración, o comprar objetos bellos para la casa, del 27 de julio al 21 de agosto es buen periodo; tendrás buen gusto. Pero del 7 de julio al 1 de agosto Mercurio estará en movimiento retrógrado, así que evita hacer estas cosas en ese periodo.

Profesión y situación económica

Aunque siempre te interesan las finanzas, estos últimos años han sido menos importantes que de costumbre; tu casa del dinero no está poderosa. Por lo general esto indica satisfacción con las cosas como están; no tienes ninguna necesidad urgente de hacer cambios importantes ni de prestar demasiada atención a esta faceta. Este es un año sin novedades ni cambios. Sin embargo, si surgiera algún problema financiero, la casa del dinero vacía podría ser el motivo; no le prestas la atención suficiente; debes poner más atención a tus finanzas.

Tu planeta del dinero es Mercurio, uno de los planetas más rápidos (sólo la Luna lo supera en velocidad). En un año transita por todas los signos y casas del horóscopo; además su movimiento suele ser irregular, a veces surca veloz el firmamento, a veces lleva una velocidad moderada, a veces se detiene (para comenzar un movimiento retrógrado) y a veces retrocede. Sus movimientos describen bastante bien tu vida económica. Esto indica la necesidad de ser flexible y ágil si quieres conseguir tus objetivos financieros. Debes (tienes la capacidad) aprovechar las tendencias de corto plazo en el mercado para obtener beneficios. Mercurio favorece el comercio, las ventas al por mayor y al por menor, la mercadotecnia, la publicidad y las relaciones públicas; también favorece la docencia y el periodismo, pero en estas actividades es mejor el ojo comercial que la pericia profesional.

Sea cual sea tu profesión o trabajo, son muy importantes la buena mercadotecnia y las buenas relaciones públicas.

Dada la rapidez de movimiento de Mercurio hay muchas tendencias de corto plazo en las finanzas, que dependen de dónde está este planeta y de los aspectos que recibe. Estas tendencias es mejor tratarlas en las previsiones mes a mes.

Como hemos dicho, Júpiter pasa la mayor parte del año en tu octava casa; esto nos da muchos mensajes. El dinero podría proceder de pagos de seguro o de devolución de impuestos. En general, una buena planificación y eficiencia en el pago de impuestos favorece la economía y es necesario que prestes atención a esto. Indica que el cónyuge, pareja o ser amado actual tiene un muy buen año en las finanzas; esta persona debería ser más generosa contigo. A veces este aspecto indica herencia. Es de esperar que no muera nadie, pero alguien podría nombrarte en su testamento o se te asigna un puesto administrativo en alguna propiedad. Personas relacionadas con asuntos de propiedades podrían ser importantes en tu vida financiera. Si estás en edad es probable que hagas planes testamentarios, o hagas cambios en tu testamento. Además, este aspecto es excelente para solicitar préstamos o pagar deudas (de acuerdo a tu necesidad). Indica buen acceso a «capital ajeno». Si tienes buenas ideas, hay inversores dispuestos a respaldarte.

Pero el principal titular este año es la profesión. Se ve muy bien. Tu planeta de la profesión, Urano, entra en tu signo el 7 de marzo. Esto significa que se te presentan felices oportunidades profesionales y no es mucho lo que tienes que hacer para atraerlas; ellas te encontrarán; tú simplemente dedícate a tus asuntos diarios. Indica que cuentas con el favor de los «superiores» de tu vida: jefes, mayores, padres y figuras parentales. Claro que este favor podría ser una espada de dos filos; te favorecen, pero también desean ejercer más control o dominio. De todos modos, te ofrecen oportunidades.

La presencia de tu planeta de la profesión en tu signo nos da otros mensajes también. Tienes la imagen del éxito; te vistes para dar esta imagen. Se te considera próspero, exitoso. También indicaría que tu apariencia y actitud o comportamiento en general es un importante factor en la profesión (tal vez por eso te vistes y adornas así).

En todo el año se ve éxito, pero este aumenta después del 3 de diciembre, cuando Júpiter entra en aspecto hermoso con tu planeta de la profesión. Puedes esperar ascenso (sea oficial o no oficial), más honores y reconocimiento. Se eleva tu categoría profesional, y esto continúa el año que viene.

Normalmente al éxito profesional lo acompaña el éxito financiero; me parece que este año esto no será así; es probable que los frutos financieros lleguen más adelante.

La presencia del planeta de la profesión en tu signo favorece una profesión en inmobiliaria, agricultura y productos agrícolas, minas de cobre o industrias relacionadas con el cobre, o empresas relacionadas con accesorios personales. Te veo mucho más cómodo en tu camino profesional de lo que te has sentido desde hace años.

Amor y vida social

Como hemos dicho, este año la faceta vida amorosa y social no es prominente en el horóscopo. En general, las cosas tienden a continuar como están. Es probable que estés satisfecho con las cosas como están; la pregunta es si lo está tu cónyuge, pareja o ser amado actual.

En realidad no tienes la culpa de esta complicación; estás bajo la influencia de Urano (en especial si naciste en los primeros días del signo). La influencia de un planeta se puede comparar con la influencia de una droga o medicamento. Es como si hubieras tomado «píldoras de libertad» o «píldoras de rebelión». Podría ser que no te des cuenta en absoluto de lo que emanas; pero tu pareja sí se da cuenta.

La libertad es algo maravilloso, estimulante. Pero normalmente no favorece una relación comprometida, que por definición limita la libertad personal. ¿Esto significa que va a acabar la relación actual? No necesariamente; pero sí puede hacerla pasar por duras pruebas. Junto con tu pareja tendrás que trabajar más en mantener la unión. La persona relacionada románticamente con una Tauro debe comprender qué ocurre y darle el máximo de libertad, siempre que esto no sea destructivo. Este es el primer paso. El segundo es hacer actividades diferentes, nuevas, juntos como pareja. Esto va a apaciguar un tanto la necesidad de cambio y libertad que siente Tauro. Es necesario inyectar más emoción y cambio en la relación.

Si estás soltero o soltera y sin compromiso, no es aconsejable el matrimonio en este periodo. En primer lugar, es probable que conozcas personas a las que no les interesa una relación de larga duración. En segundo lugar, estás mejor teniendo romances en serie, con los que puedes tener el cambio que anhelas, que en una relación amorosa comprometida, que es posible que no dure.

Este año Saturno viaja con tu planeta del amor, Plutón, lo que también indica pruebas en las relaciones amorosas.

La tercera complicación en el amor también tiene que ver con la presencia de Urano en tu signo. Esta indica una redefinición constante, de nunca acabar, del yo y la imagen. La vas modernizando o actualizando tal como actualizas los programas informáticos. No bien te estableces en una imagen o una definición de ti cuando te viene otra idea o refinamiento y vuelves a cambiar. Entonces, si eres diferente, también tienes otros gustos y preferencias. Una persona que satisfacía a tu «antiguo yo» podría no satisfacer a tu «nuevo yo». Al revés ocurre lo mismo; la persona relacionada con Tauro 1 tiene que tratar con Tauro 2 o 3; ¿seguirá sintiendo lo mismo?

En mi trabajo he visto que a veces estas cosas resultan. Esto no ocurre con frecuencia, pero cuando ocurre es fruto de mucho, mucho trabajo.

Tu planeta del amor, Plutón, lleva ya muchos años en Capricornio, tu novena casa, y continuará en ella este año y los siguientes. Así pues, las oportunidades románticas se presentan en otros países o con personas extranjeras, en ambientes de tipo religioso o educacional. El lugar de culto es tan propicio para el romance (tal vez más) como la sala de fiestas o club nocturno de la localidad. Lo mismo podemos decir de las funciones o reuniones en la universidad. A una parte de ti le gusta el tipo de relación tradicional, pero a otra parte le gusta lo no convencional. Por lo tanto, tratándose del amor tienes dos mentalidades, y estas discuten entre sí. Es muy difícil satisfacer a las dos.

Progreso personal

Por naturaleza, Tauro es persona conservadora. Las personas a las que no les cae bien la llaman tozuda, obstinada. Las personas a las que sí les cae bien dicen que tiene «tenacidad». La perseverancia es una cualidad de Tauro, cualidad que tiene a montones. Muchas veces esta cualidad define la diferencia entre el éxito y el fracaso de un proyecto. La flexibilidad para el cambio no es punto fuerte de Tauro, pues le encanta la rutina. Un Tauro diría: «¿Para qué voy a probar este nuevo restaurante o un nuevo plato si sé que que el lugar al que voy o lo que como normalmente es bueno? ¿Para qué aventurarme?».

Este año Urano entra en tu signo y continúa en él los próximos siete años más o menos. El cambio y el trastorno de la rutina serán el orden del día. ¿Cómo vas a llevar esto? Será una lección espiritual; otros signos lo llevan mejor, para ti será un reto.

El primer paso es aceptar el cambio en lugar de rechazarlo; reconocer que en definitiva es un bien, que lo es, y fluir con él. Cuando dejas de resistirte descubres que todo fluye bien. El cambio no tiene por qué tener las terribles consecuencias que temes. Haz del cambio tu amigo y aliado, no tu oponente.

Es normal que cuando hay un cambio repentino se produzca una sensación de inseguridad, incluso de miedo. Escribe tus sentimientos en un papel (con lápiz), una frase corta que resuma lo que sientes. Podrías resumirlo en unas cuatro o cinco frases. Luego toca el papel y suéltalo, vuelve a tocarlo y lo sueltas. Repite esto durante unos quince minutos. Con esto descargas los sentimientos negativos que tienes. En un sentido psicológico, esto es como hacer un movimiento de vientre, sólo que no descargas el excremento sobre otras personas sino que lo haces sin dañar a nadie. Haz esto cada vez que surjan estos sentimientos. Comenzarás a sentirte mucho mejor y tendrás más despejada la mente. Comenzarán a llegarte soluciones. Las soluciones ya estaban ahí, sólo que no podías recibirlas debido a tu perturbación emocional. Convierte esto en una práctica y las cosas se te harán mucho más fáciles.*

A algunas personas les gusta escribir lo que sienten. Pon quince minutos en un temporizador y escribe los sentimientos nega-

---

* Esta técnica se explica con más detalles en mi libro *Technique for meditation*.

tivos que te vengan a la cabeza. No te reprimas, escríbelo todo. Pasados los quince minutos rompe el papel y tira los trozos a la papelera. Al hacer esto afirma: «Ya he tirado estos sentimientos negativos».

Los siete años pasados Urano ha estado en tu casa doce, la de la espiritualidad. Has hecho experimentos en tu vida espiritual. Es posible que hayas sido como los santos de antaño, pasando de un maestro a otro, de una enseñanza a otra, de un libro a otro, de una filosofía a otra. Todo esto estaba en el orden cósmico; es una fase natural en el camino espiritual. Pero ahora estás más estable en lo espiritual; ya tienes establecido un camino, sólo falta que camines por él.

Como hemos dicho, Neptuno lleva muchos años en tu casa once. Esto indica mucha relación con grupos espirituales y con amistades de tipo espiritual (en realidad, las amistades que haces deberían ser personas espirituales, no tienes para qué perder el tiempo con otras). Estos grupos espirituales pueden serte de gran ayuda y apoyo en los próximos años.

Previsiones mes a mes

Enero

Mejores días en general: 5, 6, 15, 16, 23, 24
Días menos favorables en general: 7, 8, 21, 22, 27, 28
Mejores días para el amor: 1, 5, 6, 12, 13, 15, 16, 21, 22, 23, 24, 27, 28, 30, 31
Mejores días para el dinero: 2, 3, 4, 5, 12, 13, 15, 16, 17, 18, 21, 22, 25
Mejores días para la profesión: 3, 4, 7, 8, 13, 14, 22, 31

El año comienza con una explosión; los fuegos artificiales no terminaron la víspera del Año Nuevo; dos eclipses sacuden las cosas este mes. Esto es un símbolo de lo que ocurrirá este año.

El eclipse solar del 6 (el 5 en Estados Unidos) ocurre en tu novena casa; esta casa está muy fuerte este mes así que sería natural que sintieras el impulso de viajar al extranjero, pero tal vez sea más prudente reprogramarlo; si debes viajar, pues debes, el eclipse no te lo impedirá, pero puedes programarlo antes o después del periodo del eclipse. Este eclipse no sólo ocurre en tu novena casa sino que también hace impacto en Saturno, el señor de esta casa; por lo tanto, es más potente de lo habitual. Te afecta con fuerza si eres estudiante universitario; indica trastornos en el colegio, trastorno en los planes educacionales, cambio de asignatura principal y tal vez cambio de facultad; lo bueno es que la novena casa está tan poderosa que hay éxito en esto; los cambios son útiles. Todos los eclipses solares afectan al hogar y la familia (el Sol es tu planeta de la familia); hay pues, dramas en la casa y en la vida de familiares, los padres o figuras parentales parecen especialmente afectados; podría ser necesario hacer reparaciones en la casa, salen a la luz defectos o imperfecciones que es necesario arreglar; muchas veces esto no ocurre rápido, podría llevar meses resolverlos del todo. Los hermanos y figuras fraternas se ven obligados a hacer cambios importantes en sus finanzas; normalmente esto se debe a un trastorno o conmoción. Este es el primero de los tres eclipses que ocurren en tu novena casa este año.

El eclipse lunar del 21 es casi (no exactamente) una repetición del eclipse solar. Ocurre en tu cuarta casa, la del hogar y la familia, e indica que aún no se han resuelto los problemas de familiares y de un progenitor o figura parental. Todos los eclipses lunares afectan a los hermanos y figuras fraternas y este no es diferente. Nuevamente deben hacer cambios importantes en sus finanzas. Este eclipse te afecta si eres estudiante aún no universitario; podrías cambiar de colegio o de planes educacionales; podría haber trastornos en el colegio. Muchas vece este tipo de eclipse indica cambios en el barrio, obras importantes de construcción y similares. Hay drama en la vida de personas vecinas.

A pesar de todos estos dramas, el mes es próspero y exitoso. El 20 entra el Sol en tu décima casa y comienzas una cima profesional anual. Esta se ve más fuerte que otras cimas; el 90 y a veces el 100 por ciento de los planetas están sobre el horizonte de tu carta este mes. El poder planetario (casi todos los planetas) apoya tus actividades externas; incluso tu familia te apoya en esto; tu éxito lo consideran un «proyecto familiar».

Febrero

Mejores días en general: 1, 2, 11, 12, 19, 20, 28
Días menos favorables en general: 3, 4, 5, 17, 18, 24, 25

Mejores días para el amor: 1, 2, 11, 12, 19, 20, 24, 25, 28
Mejores días para el dinero: 3, 4, 9, 10, 13, 14, 15, 16, 17, 18, 24, 25, 26, 27
Mejores días para la profesión: 3, 4, 5, 10, 18, 27

El mes pasado fue próspero y este también lo es. Mercurio, tu planeta del dinero, entró en Acuario el 24 del mes pasado y estará ahí hasta el 10. En esta posición Mercurio es fuerte en el sentido celeste (está en el signo de su exaltación) y terrenal (en la cima de la carta, la décima casa); por lo tanto es extraordinariamente fuerte tu poder adquisitivo, tu magnetismo financiero. El dinero se gana con facilidad, los objetivos se consiguen pronto y con relativa facilidad. Todos los planetas están en movimiento directo este mes, así que el progreso general es rápido.

El 10 Mercurio entra en el espiritual signo Piscis, con lo que se agudiza tu intuición financiera, en especial los días 18 y 19; presta atención a tus sueños estos días pues tenderán a contener importante orientación financiera. A Mercurio le gusta la casa once y se siente cómodo en ella, así que las finanzas se ven cómodas. Las actividades online, participar en actividades de grupo y organizaciones son útiles para tus finanzas. También lo son tus conexiones sociales. Te conviene gastar en equipo de alta tecnología en este periodo, me parece una buena inversión y puedes ganar con ello. El 2 y el 3 Mercurio le forma hermosos aspectos a Júpiter, y esto también debería producir mayores ingresos; a veces trae oportunidades.

La salud es fundamentalmente buena, pero necesita más atención hasta el 19. No hay nada grave, simplemente energía baja; a partir del 3 fortalece la salud con masajes en la espalda y las rodillas; también podría convenirte un ajuste en la alineación de la columna de tanto en tanto.

El 14 entra Marte en tu signo. Esto nos da muchos mensajes. Por el lado positivo, eres más activo, más osado, y realizas las cosas con más rapidez que de costumbre; y dado que Marte es tu planeta de la espiritualidad, indica una buena capacidad para modelar el cuerpo por medios espirituales: meditación, visualización y afirmaciones. Ten presente que el cuerpo no tiene voluntad propia; tiene apetitos y hábitos (impulsos kármicos), pero no voluntad independiente; es totalmente dócil al espíritu, y este mes comprenderás el cómo; se te enseñarán las técnicas. El lado negativo de este aspecto son la precipitación o prisas y la agresividad.

Las prisas pueden llevar a accidentes y lesiones; la agresividad (aunque sea inconsciente) puede llevar a peleas. Así pues, sé más cuidadoso en el plano físico.

El amor se ve feliz este mes. Venus pasa casi todo el mes (desde el 3) en la feliz novena casa. El 22-23 comienza a viajar con Plutón, tu planeta del amor; si estás soltero o soltera, esto te trae felices oportunidades románticas.

Marzo

Mejores días en general: 1, 2, 10, 11, 19, 20, 27, 28, 29
Días menos favorables en general: 3, 4, 17, 18, 23, 24, 30, 31
Mejores días para el amor: 1, 2, 3, 4, 10, 11, 15, 16, 19, 20, 23, 24, 28, 29
Mejores días para el dinero: 5, 6, 7, 8, 9, 13, 14, 17, 15, 16, 18, 23, 24, 25, 26
Mejores días para la profesión: 1, 3, 4, 10, 19, 27, 30, 31

El principal titular de este mes, como hemos dicho en las previsiones para el año, es la entrada de Urano en tu signo el 7. Abróchate el cinturón de seguridad y prepárate para cambios dinámicos y repentinos. Este mes sólo notarás esto si naciste en los primeros días del signo (20 a 22 de abril), pero lo notarás más adelante (y en los años futuros); todos los nativos de Tauro lo notaréis. La presencia de Urano en tu signo tiene muchos puntos positivos. Eres una persona más interesante, tu compañía entusiasma; no eres el Tauro conservador de siempre; eres más un «espíritu libre». Las personas de tu entorno te consideran exitoso; tienes la imagen del éxito, de persona de elevada posición, prominente. Te llegan oportunidades profesionales y no es mucho lo que tienes que hacer para atraerlas; estas oportunidades te encontrarán dondequiera que estés (no te puedes esconder de los planetas). Hay muchos cambios en tu imagen y personalidad. Esto es una tendencia de largo plazo.

El amor podría ser un problema en este periodo; puede que tú no lo notes, pero sí lo nota tu cónyuge, pareja o ser amado actual; le das la impresión de estar más rebelde, imprevisible; podría dudar de tu lealtad. Tendrás que hacer un esfuerzo especial para apaciguar esta impresión o dudas.

La salud es esencialmente buena. Pero estando Urano en tu signo eres más experimental con tu cuerpo, pones a prueba sus límites; Marte en tu signo todo el mes refuerza esto. Es bueno experimentar pero hazlo de modo cuidadoso, prudente, no de formas temerarias. Puedes fortalecer tu salud ya buena con masajes en las pantorrillas y los tobillos; me parece que haces más ejercicio y esto podría causar excesiva tensión en los músculos de la pantorrilla. El 26 tu planeta de la salud entra en Piscis, así que entonces da más atención a los pies; también obtendrás buenos resultados con técnicas espirituales de curación.

Las finanzas van bien, pero algo más complicadas, y tal vez las cosas van más lentas. Mercurio hace movimiento retrógrado del 5 al 28; como saben nuestros lectores, este no es un periodo para hacer compras ni tomar decisiones importantes en las finanzas; es un periodo para revisar y hacer balance; conseguir claridad mental en las finanzas es lo más importante en este periodo. Del 24 al 31 Mercurio hace una pausa muy inusual, «acampa» sobre Neptuno; estos días el espíritu da importantes mensajes acerca de las finanzas; pon atención a tus sueños; la información financiera también podría llegarte a través de un vidente, un lector de tarot, astrólogo o canalizador espiritual. O tal vez podrías estar leyendo el diario y una frase te salta a la vista y te envía un mensaje.

Abril

Mejores días en general: 6, 7, 8, 15, 16, 24, 25
Días menos favorables en general: 13, 14, 19, 20, 26, 27
Mejores días para el amor: 2, 3, 7, 8, 11, 12, 15, 16, 19, 20, 21, 24, 25
Mejores días para el dinero: 2, 3, 4, 5, 9, 10, 13, 14, 22, 23
Mejores días para la profesión: 6, 15, 24, 26, 27

Este mes los planetas son amables contigo, no hay ninguno en aspecto desfavorable (a excepción de la Luna, y sólo en periodos cortos). La salud y la energía serán buenas. Con buena salud se hacen posibles muchas cosas que parecían imposibles. Y dado que el impulso planetario es principalmente de avance (hasta el 10 el 100 por ciento de los planetas están en movimiento directo; del 10 al 24 el 90 por ciento y después del 24 el 80 por ciento), deberías ver rápido progreso hacia tus objetivos.

Del 22 al 25 Venus tiene uno de sus solsticios; se detiene en el firmamento y luego cambia de dirección (en su movimiento latitudinal). Esta es una pausa que renueva; es posible que notes una pausa en tus asuntos en ese periodo; no es algo que deba preocupar; disfrútala.

Tu espiritual casa doce está poderosa hasta el 20; este es un periodo para crecimiento interior, para hacer meditación, práctica espiritual, estudiar las sagradas escrituras y partipar en proyectos o actividades idealistas. Tauro jamás olvida las cosas mundanas, pero en este periodo te conviene restarles un poquito de importancia. Siempre es saludable tomarse unas vacaciones de lo mundano. El crecimiento interior siempre precede al crecimiento exterior; las cosas, buenas o malas, tienen que ocurrir a través de ti para poder ocurrirte a ti. Cuando termina este periodo empieza la fiesta; el Sol entra en tu primera casa el 20 y comienzas una de tus cimas anuales de placer personal; es el periodo para mimar al cuerpo y satisfacer sus deseos lícitos, para darle buena comida, buen vino y postres. Es buen periodo para poner el cuerpo y la imagen en la forma que deseas. Más importante que estos placeres físicos son la seguridad en ti mismo, la autoestima, el aprecio propio (no el narcisismo) que llegan cuando el Sol entra en tu signo. El cuerpo resplandece, la apariencia tiene un brillo estelar (la apariencia tiene mucho que ver con el grado de energía de la persona), por lo tanto suele ser buena para la vida amorosa.

Los familiares te demuestran un afecto inusual, en especial los padres o figuras parentales; y parece que hay más armonía entre ellos también. Cuentas con buen apoyo familiar. Si los padres o figuras parentales están separados y solteros, tienen buenas oportunidades románticas del 21 al 23.

Marte, tu planeta de la espiritualidad, pasa el mes en tu casa del dinero; esto indica buena intuición financiera; la intuición es el atajo hacia la riqueza; un milisegundo de intuición vale muchos años de ardua labor. La intuición no niega la necesidad del trabajo, pero el trabajo es el efecto secundario, no la causa de la riqueza. Mercurio, tu planeta del dinero, estará en tu espiritual casa doce a partir del 17, reforzando todo esto.

Mayo

Mejores días en general: 4, 5, 13, 14, 21, 22, 31
Días menos favorables en general: 10, 11, 17, 18, 24, 25
Mejores días para el amor: 2, 3, 4, 5, 13, 14, 17, 18, 21, 22, 31

Mejores días para el dinero: 2, 3, 6, 7, 10, 11, 13, 14, 19, 20, 23, 24, 29, 30
Mejores días para la profesión: 4, 13, 21, 24, 25, 31

Desde el 21 del mes pasado Marte está «fuera de límites» y continuará así todo este mes. Esto indicaría en primer lugar que en tu vida y práctica espirituales sales de tu esfera normal; tal vez exploras alguna enseñanza exótica, de algún lugar lejano. No hay nada malo en esto, por cierto; la verdad es la verdad, y le damos la bienvenida venga de donde venga. Por lo general esto ocurre cuando la persona no encuentra las respuestas que busca en su esfera o ambiente normal; entonces debe salir a buscarlas en otra parte. Para esto hace falta valor y osadía. Este aspecto también indicaría que también en tu vida financiera sales de tu esfera normal, al menos en parte.

Hasta el 21 contiúas en una de tus cimas anuales de placer personal. El 21 el Sol entra en tu casa del dinero y comienzas una cima financiera anual. Las finanzas iban bien el mes pasado y continúan bien este mes, pero después del 21 van mejor aún. Tu planeta del dinero, Mercurio, entra en tu signo el 6 y continuá en él hasta el 21; esto trae beneficios repentinos e inesperados y oportunidades financieras casi sin esfuerzo; no es necesario hacer mucho, aparte de ir al banco. El 21 Mercurio se reúne con el Sol en tu casa del dinero. Mercurio en su signo y casa es más poderoso para tu bien. Todo esto indica mayores ingresos. Cuentas con buen apoyo familiar y es posible que gastes más en la casa y la familia también. El juicio financiero es bueno, sensato.

El amor va bien este mes y va mejor aún a partir del 15, cuando Venus entra en tu signo. Esto vendría a ser un mini periodo de placer personal; mejora la apariencia física, aporta belleza y gracia y elegancia a la imagen. Aumenta el magnetismo social. Del 17 al 19 Venus viaja con Urano; esto podría traerte oportunidades profesionales y laborales inesperadas. Teniendo a Venus en tu signo es buen periodo para comprar ropa, accesorios y adornos para el cuerpo; tendrás buen gusto. El único problema para el amor es el movimiento retrógrado de tu planeta del amor, Plutón, que lo inició el 24 del mes pasado. Esto no obstaculiza el amor, sólo enlentece un poco las cosas.

La salud continúa excelente. Como el mes pasado, no hay ningún planeta en alineación desfavorable contigo (muy extraordinario); sólo la Luna te forma aspectos desfavorables, pero por cortos periodos. Hasta el 15 puedes fortalecer tu salud ya buena con masajes en el cuero cabelludo y la cara, y después con masajes en el cuello.

Junio

Mejores días en general: 1, 9, 10, 18, 19, 27, 28, 29
Días menos favorables en general: 7, 8, 13, 14, 20, 21
Mejores días para el amor: 1, 9, 10, 11, 13, 14, 18, 19, 20, 21, 28, 29
Mejores días para el dinero: 2, 3, 4, 7, 8, 13, 14, 15, 16, 24, 25, 26, 30
Mejores días para la profesión: 1, 9, 17, 18, 20, 21, 27

Las cosas van lentas en el mundo; el 40 por ciento de los planetas están en movimiento retrógrado; pero para ti las cosas ocurren a tiempo y con buen orden.

La salud continúa maravillosa. Después del 27 sólo hay un planeta en alineación desfavorable, Mercurio, el que no da golpes fuertes. Así pues, tienes muchísimos energía e impulso. Hasta el 9 puedes fortalecer tu salud ya buena con masajes en el cuello, y después con masajes en los brazos y hombros.

Las finanzas son el principal titular del mes. Hasta el 21 continúas en tu cima financiera anual; Mercurio, tu planeta del dinero, avanza raudo este mes, transita por tres signos y casas del horóscopo. Esto indica confianza y progreso rápido; eres rápido para tomar decisiones financieras y estas tienden a ser buenas. El dinero y las oportunidades financieras llegan a través de diversas personas y de diversos modos. También vas a tender a gastarlo de diferentes formas, según dónde esté Mercurio. Hasta el 27 el dinero procede de buenas ventas, mercadotecnia y relaciones públicas; este aspecto también favorece las ventas, venta al detalle, el comercio en general; además favorece el sector inmobiliario y el ganar dinero desde tu casa. Es posible también que gastes más en proyectos de venta y mercadotecnia, y me parece que eso es buena inversión. El apoyo familiar es fuerte todo el mes. Las conexiones familiares también tienen un importante papel en tus finanzas.

Tu planeta del dinero, Mercurio, está «fuera de límites» del 1 al 16. Esto te hace más aventurero en las finanzas; pruebas nuevas ideas; sales de tu esfera normal en busca de riqueza.

El amor no se ve muy importante este mes; tu séptima casa está vacía y Plutón está en movimiento retrógrado; Plutón no recibe ningún aspecto especialmente bueno. Después del 21 tendrás que poner más esfuerzo y trabajo en tu relación actual.

Marte continúa «fuera de límites» hasta el 12. Esto afecta a tu vida espiritual, como hemos dicho, pero ahora que está en tu tercera casa también afecta a tus gustos en lectura; lees libros sobre temas que no sueles leer; es posible que hayas experimentado esto el mes pasado también, después del 16.

Tu tercera casa está fuerte todo el mes, pero en especial después del 21. Este es un aspecto excelente si eres estudiante aún no universitario: indica concentración y éxito; podría convenirte asistir a una escuela de verano. Si no eres estudiante también puedes beneficiarte de cursos en temas que te interesen. Si eres inversor, aumentan tus ingresos producidos por inversiones.

Julio

Mejores días en general: 6, 7, 15, 16, 25, 26
Días menos favorables en general: 4, 5, 10, 11, 17, 18, 19
Mejores días para el amor: 1, 6, 7, 10, 11, 15, 16, 20, 21, 25, 26, 31
Mejores días para el dinero: 1, 4, 5, 13, 14, 21, 22, 23, 24, 27, 28, 29, 30, 31
Mejores días para la profesión: 6, 15, 17, 18, 19, 25

Las cosas han sido bastante fáciles para ti estos últimos meses; ha sido un periodo plácido. Para evitar que caigas en un letargo, este mes el Cosmos te presenta ciertos retos y estímulos. Para empezar, hay dos eclipses, que más o menos garantizan cambio y conmoción. Pero también vemos (por primera vez desde enero-febrero) un grupo de planetas rápidos en aspecto adverso para ti; por lo tanto debes estar más atento a la salud este mes, en especial a partir del 23. Hasta el 3 fortalece la salud con masajes en los brazos y hombros; del 3 al 28 da más atención al estómago; la dieta podría ser un problema en este periodo; después del 28 da más atención al corazón. Lo más importante, como saben nuestros lectores, es mantener elevada la energía; procura descansar lo suficiente.

El eclipse solar del 2 ocurre en tu tercera casa. Esto afecta a los estudiantes Tauro aún no universitarios: podrían cambiar de colegio o de planes educacionales. Hay dramas en la vida de hermanos y figuras fraternas, y también de vecinos. Además, hay trastornos en la vida financiera de hermanos y figuras fraternas, y se ven obligados a hacer cambios importantes en sus finanzas. Podría haber trastornos en tu barrio. Pasa por pruebas el equipo de comunicación, a veces es necesario reemplazarlo. Las personas adineradas de tu vida se ven obligadas a hacer cambios importantes en sus finanzas. Todos los eclipses solares afectan al hogar y la familia, y este no es diferente. Hay drama en la vida de familiares y de una de las figuras parentales; podría ser necesario hacer reparaciones en la casa. Lo bueno es que la faceta hogar y familia es una importante prioridad este mes y estás atento; los resultados serán exitosos.

El eclipse lunar del 16 ocurre en tu novena casa; este es el segundo del año en esta casa. También afecta a los estudiantes Tauro en general; indica trastornos o reorganización en la administración del colegio; indica cambios importantes en sus planes educacionales. También hay trastornos o reorganización en tu lugar de culto. Nuevamente hay drama en la vida de hermanos y figuras fraternas. Las personas adineradas de tu vida siguen en necesidad de hacer cambios en sus finanzas. Este eclipse hace impacto en Plutón, tu planeta del amor, por lo tanto hay drama en la vida del cónyuge, pareja o ser amado actual; pasa por pruebas la relación.

La profesión es importante todo el año; tu planeta de la profesión, Urano, está en tu signo. Pero en este periodo puedes desatenderla un poco y dar más atención al hogar y la familia. El bienestar emocional paga buenos dividendos a la profesión más adelante.

Agosto

Mejores días en general: 2, 3, 11, 12, 21, 22, 30, 31
Días menos favorables en general: 1, 7, 8, 14, 15, 28, 29
Mejores días para el amor: 1, 2, 3, 7, 8, 9, 10, 11, 12, 20, 21, 22, 30, 31
Mejores días para el dinero: 1, 8, 9, 10, 19, 20, 23, 24, 25, 28, 29, 30
Mejores días para la profesión: 2, 11, 14, 15, 21, 30

Este mes debes continuar atento a la salud. Después del 23 verás mejoría; esto es una racha temporal de baja energía causada por los tránsitos de los planetas rápidos. El 23 ya estarán todos los planetas en alineación armoniosa contigo; mientras tanto fortalece la salud con una buena dieta y cultivando una buena salud emocional; te conviene divertirte un poco también. Evita la depresión (otro nombre para la baja energía) como a la peste. La meditación es una de las mejores maneras naturales de controlar la vida emocional.

Este mes está dominante el lado noche (la mitad inferior) de tu carta; puedes, entonces, desatender un poco la profesión; cuando el lado noche está fuerte, es bueno trabajar en los objetivos profesionales con los métodos nocturnos: sueños, visualización y meditación; más adelante, cuando cambie de posición el poder planetario, estas cosas comenzarán a hacerse realidades. A partir del 23 verás una importante mejoría en la profesión, pero de todos modos durante un tiempo tu atención debe estar en tu familia, en especial en los hijos.

Cuando está tan fuerte la cuarta casa (el mes pasado también lo estuvo) es buen periodo para hacer psicoterapia. Si ya estás en eso, verás mucho progreso, más del habitual. Habrá revelaciones.

Hay más cambios en camino. El 23 del mes pasado el poder planetario comenzó a trasladarse del sector oriental de tu carta al sector occidental, del sector del yo al sector de los demás. Este mes continúa el traslado. Ahora hay menos independencia, y tal vez menos necesidad de ella. Es el periodo para adaptarte a las situaciones, que no para cambiarlas. Tu bien te llega a través de otras personas y de su buena voluntad, y no tanto por tu iniciativa personal. El poder planetario avanza alejándose de ti y en dirección a los demás. También tú deberías hacer eso. Antepón a los demás, mientras eso no sea destructivo; tu manera podría no ser la mejor en este periodo.

Las finanzas, siempre importantes para ti, van bien este mes; Mercurio avanza raudo; la confianza financiera es buena; hay progreso rápido. Las cosas van más lentas en el mundo (el 40 por ciento de los planetas están en movimiento retrógrado) pero me parece que esto no afecta a tus finanzas. La familia y las conexiones familiares son un factor importante en tus finanzas. Después del 28 el dinero llega de formas agradables y es probable que gastes más en actividades de ocio. Tauro no es especialmente especulador, pero después del 28 lo eres un poco.

A partir del 23 mejora inmensamente la vida amorosa.

Septiembre

Mejores días en general: 7, 8, 9, 17, 18, 19, 26, 27
Días menos favorables en general: 3, 4, 10, 11, 24, 25, 30
Mejores días para el amor: 3, 4, 8, 9, 18, 19, 20, 26, 27, 28, 29, 30
Mejores días para el dinero: 5, 6, 8, 9, 15, 16, 20, 21, 24, 25, 28, 29
Mejores días para la profesión: 7, 10, 11, 17, 26

El 23 del mes pasado iniciaste una de tus cimas anuales de placer personal, que continúa hasta el 23 de este mes. Tu quinta casa, la de la diversión, los hijos y la creatividad, está llena de planetas, la mayoría benéficos, amistosos. Estás, pues, en un periodo para divertirte y disfrutar de la vida; descubrirás que al hacerlo mejoran también tu salud y tus finanzas. Todos los gurús hablan de la importancia de «relajarse». Tómate unas vacaciones de tus problemas y objetivos personales y disfruta de la maravillosa vida que se te ha dado; cuando vuelvas a tus problemas verás que muchos se han resuelto o atenuado; estás en uno de esos periodos de «relajación».

Desde el 18 del mes pasado hay un hermoso gran trígono en signos de tierra. La tierra es tu elemento nativo, así que las cosas te resultan muy cómodas, agradables. Tu juicio financiero, siempre bueno, está súper en este periodo, como también tus dotes de administración. Captas lo que da buen resultado en el plano físico y material; tienes una capacidad especial para hacer realidad, para materializar, tus sueños e ideas. El gran trígono en tierra tiende a la prosperidad, y estará en vigor todo el mes, aunque después del 23 se debilita un poco.

Plutón, tu planeta del amor, continúa en movimiento retrógrado, pero la vida amorosa es maravillosa este mes; tal vez las cosas van más lentas de lo habitual; no hay ninguna necesidad de programar una boda ni de tomar decisiones importantes en el amor, pero se ve feliz tal como es; va bien todo el mes, aunque después del 14 podría necesitar más trabajo y esfuerzo.

La salud es maravillosa todo el mes; no hay ningún planeta en aspecto desfavorable contigo, sólo la Luna y ocasionalmente. La salud es otra forma de riqueza y debería considerársela un factor de prosperidad. Hasta el 14 puedes fortalecer tu salud ya buena divirtiéndote, y después dando más atención a las caderas y los riñones; te irán bien masajes periódicos en las caderas y de vez en cuando una limpieza de los riñones con infusiones de hierbas. Una vida amorosa feliz hace mucho en fortalecer la salud también; si surgiera algún problema en la relación amorosa (improbable) restablece la armonía lo más pronto posible.

Mercurio, tu planeta del dinero, está en movimiento directo pero avanza algo más lento que el mes pasado; así pues, las finanzas avanzan. Hasta el 14 hay dinero feliz, dinero que se gana (y se gasta) de modos felices; hay suerte en las especulaciones también. El campo de la salud (enorme campo) es atractivo si eres inversor. Pero después del 14 el dinero procede del trabajo; esto no es problema para Tauro. Te gusta trabajar.

Octubre

Mejores días en general: 5, 6, 15, 16, 23, 24
Días menos favorables en general: 1, 7, 8, 21, 22, 28, 29
Mejores días para el amor: 1, 5, 6, 10, 11, 15, 16, 19, 20, 23, 24, 28, 29
Mejores días para el dinero: 2, 3, 4, 10, 11, 12, 13, 17, 18, 19, 20, 21, 22, 28, 29, 30, 31
Mejores días para la profesión: 5, 7, 8, 14, 15, 23

El 23 del mes pasado se hizo poderosa tu sexta casa, la del trabajo, y sigue poderosa hasta el 23 de este mes. Así pues, en el improbable caso de que estuvieras sin empleo (cosa rara para un Tauro) hay muchas oportunidades de trabajo, y buenas. Y si estás empleado, hay oportunidades para hacer horas extras y trabajos secundarios. Estás con ánimo para trabajar en este periodo y los empleadores captan esto.

También hay mucha atención a la salud desde el 23 del mes pasado; dado que no hay ningún planeta en alineación desfavorable contigo esto podría ser «exceso» de atención; guárdate de hacer problemas grandes de malestares pequeños. Por el lado positivo, este aspecto es bueno para atenerse a un programa diario de salud o de naturaleza preventiva. Esto te servirá más avanzado el mes, cuando los aspectos para la salud y la energía serán algo desfavorables. Después del 23 procura descansar lo suficiente; cosas que hacías sin ningún problema los últimos meses ahora podrían resultarte más difíciles. Hasta el 8 fortalece la salud con masajes en las caderas y más atención a los riñones (como el mes pasado). Después del 8 responden bien a regímenes de desintoxicación; da más atención al colon, la vejiga y los órganos sexuales; el sexo seguro y la moderación sexual son más importantes después de esta fecha.

El amor es el principal titular este mes. Hay unas cuantas novedades positivas; en primer lugar, Plutón, tu planeta del amor, retoma el movimiento directo el 3, después de muchos meses de movimiento retrógrado. Ya tienes más claridad respecto al amor, a tu relación y a cuáles son tus necesidades. El 23 tu séptima casa ya está poderosa por primera vez este año. Esto ocurre poco a poco; el 3 entra en ella Mercurio, el 8 entra Venus, el 23 entra el Sol y entonces comienzas una cima amorosa y social anual. La vida amorosa y social se vuelve muy activa. Asistes a muchas reuniones sociales relacionadas con negocio o trabajo; a partir del 3 tienes los aspectos de la persona a la que le gusta hacer negocio con amigos, y de la persona a la que le gusta hacer vida social con personas con las que hace negocio. No hay clara distinción entre amistad y negocio; una cosa se fusiona con la otra. También hay más reuniones con familiares. A los familiares les gusta hacer de casamenteros en este periodo. Además, te atraen profesionales de la salud o personas relacionadas con tu salud. Si centras la atención en tus objetivos financieros, familiares y de salud, la vida amorosa cuidará de sí misma.

Después del 23 la profesión es más problemática; simplemente tienes que trabajar más; parte del problema es tu atención a la vida social, que te distrae. Pero esta es una buena distracción este mes.

Noviembre

Mejores días en general: 1, 2, 11, 12, 20, 21, 28, 29, 30
Días menos favorables en general: 3, 4, 5, 18, 19, 24, 25
Mejores días para el amor: 1, 2, 8, 9, 11, 12, 18, 19, 20, 21, 24, 25, 28, 29, 30
Mejores días para el dinero: 6, 7, 8, 9, 10, 13, 14, 16, 17, 18, 19, 26, 27
Mejores días para la profesión: 1, 3, 4, 5, 11, 20, 28

La salud va mejorando, pero hasta el 22 sigue siendo necesario estar atento. Marte en tu casa de la salud hasta el 19 indica que obtienes buenos resultados de terapias espirituales: meditación, imposición de las manos, reiki y manipulación de las energías sutiles. Si sientes alguna indisposición consulta con un terapeuta de orientación espiritual. También se ve bueno el ejercicio de tipo espiritual: yoga, tai chi, chi kung, etcétera. Hasta el 26 también te conviene dar más atención al hígado y muslos; irán bien masajes en los muslos; después del 26 serán potentes los masajes en la espalda y las rodillas.

Tu planeta de la salud está «fuera de límites» a partir del 15; esto significa que, en asuntos de salud, exploras cosas nuevas o desconocidas; no encuentras soluciones en tu esfera normal, así que debes buscarlas en otras partes. Tu trabajo también podría llevarte fuera de tu esfera normal.

Venus viaja con Júpiter casi todo el mes, pero en especial del 22 al 24; este es un aspecto feliz; produce éxito en el trabajo y tal vez oportunidades laborales felices; también trae oportunidades amorosas y sexuales. Además, trae buenas noticias en el frente salud.

Hasta el 22 continúas en una cima amorosa y social anual; pero después continuará tu actividad social; Mercurio está en tu séptima casa todo el mes, y el 19 entra Marte en ella. La entrada de Marte en tu casa del amor indica relaciones sociales con personas espirituales. Son importantes la riqueza y las conexiones familiares, pero hay un anhelo de conexión espiritual; estar en la misma onda espiritual, en ideales y práctica, será una gran ayuda en el amor. Funciones espirituales o benéficas son también lugares de oportunidades románticas.

Ahora está muy dominante el lado día de tu horóscopo; el 80, y a veces el 90, por ciento de los planetas están en la mitad superior de tu carta (el lado día). Por lo tanto este es un periodo para avanzar en tu profesión y ambiciones externas; tu planeta de la profesión sigue en movimiento retrógrado, pero esto no impide tu progreso, sólo enlentece un poco las cosas.

Las finanzas se ven más complicadas este mes. Tu planeta del dinero, Mercurio, hace movimiento retrógrado del 2 al 20. Así pues, debes poner más cuidado al hacer compras o inversiones importantes (nos referimos a artículos caros, no a los alimentos cotidianos). Tu juicio financiero, normalmente bueno, no está a la altura habitual; así pues, aprovecha este periodo de movimiento retrógrado para conseguir claridad mental respecto a tus finanzas; cuando la tengas, estarás preparado para avanzar con seguridad y confianza.

Diciembre

Mejores días en general: 8, 9, 17, 18, 26, 27
Días menos favorables en general: 1, 2, 15, 16, 21, 22, 28, 29
Mejores días para el amor: 8, 9, 17, 18, 21, 22, 26, 27, 28, 29
Mejores días para el dinero: 6, 7, 8, 11, 12, 15, 16, 17, 25, 26
Mejores días para la profesión: 1, 2, 8, 17, 26, 28, 29

A pesar del eclipse solar del 26, el mes se ve feliz y novedoso. Este eclipse, el tercero del año en tu novena casa (ha recibido una buena paliza), nuevamente te afecta si eres estudiante universitario; hay más trastornos en la universidad y más cambios en tus planes educacionales (los eclipses no te dejarán en paz hasta que lo tengas bien). También hay más trastornos en tu lugar de culto. Con los dos eclipses anteriores pasaron por severas pruebas tus creencias religiosas, y esto continúa. Esto es bueno, aunque no agradable. Algunas de estas creencias son poco más que supersticiones y deben arrojarse por la borda; otras podrían necesitar ciertas modificaciones. Los cambios en las creencias influyen fuertemente en todos los demás aspectos de la vida; en realidad, las creencias nos controlan la vida. Además, este eclipse hace impacto en Júpiter, el planeta de la religión y la filosofía, lo que refuerza lo dicho. No es prudente viajar durante el periodo del eclipse, aunque sea fuerte el deseo. Si puedes evitarlo, fantástico; si no, programa los vuelos unos días antes o unos días después del eclipse. El impacto en Júpiter indica que hay trastornos en las finanzas del cónyuge, pareja o ser amado actual, y que esto llevará a cambios importantes. Los hermanos y figuras fraternas también tienen que hacer importantes cambios financieros. Todos los eclipses solares afectan al hogar, la familia y a uno de los progenitores o figuras parentales; por lo tanto también hay drama en esta faceta. Lo positivo es que tu salud es buena; tienes muchísima energía para hacer frente a los retos.

El 3 Júpiter hace un importante tránsito, entra en tu novena casa, y estará en ella hasta bien avanzado el año que viene. Si eres universitario, puede que hagas cambios, pero estos serán afortunados; tienes éxito en tus estudios.

Este mes tu poderosa novena casa (ha estado fuerte todo el año) te da un intenso interés por la religión, la filosofía, la teología y la educación superior. Una jugosa conversación sobre teología es más interesante que una salida de diversión noctur-

na; un sermón es más interesante que un concierto de rock; esta
será también la tendencia en 2020. Este mes entre el 60 y el 70
por ciento de los planetas o están instalados en tu novena casa
o transitan por ella. Así pues, estos intereses son extraordinariamente fuertes.

La profesión también va bien. Claro que necesitas pisar con
cuidado y hay muchas cosas que aún no están claras, pero hay
progreso. El 20 Venus cruza tu medio cielo por segunda vez este
año. Esto indica éxito personal; estás en la cumbre de tu mundo;
todos te admiran; también indica que tu buena ética laboral es
valorada por los superiores.

Marte, tu planeta de la espiritualidad, sigue en tu séptima casa
este mes; por lo tanto, necesitas a una persona espiritual en tu
vida; la buena compatibilidad espiritual es ultraimportante.

Géminis

Los gemelos
Nacidos entre el 21 de mayo y el 20 de junio

Rasgos generales

GÉMINIS DE UN VISTAZO

Elemento: Aire

Planeta regente: Mercurio
   Planeta de la profesión: Neptuno
   Planeta de la salud: Plutón
   Planeta del amor: Júpiter
   Planeta del dinero: la Luna

Colores: Azul, amarillo, amarillo anaranjado
   Colores que favorecen el amor, el romance y la armonía social:
      Azul celeste
   Colores que favorecen la capacidad de ganar dinero: Gris, plateado

Piedras: Ágata, aguamarina

Metal: Mercurio

Aromas: Lavanda, lila, lirio de los valles, benjuí

Modo: Mutable (= flexibilidad)

Cualidad más necesaria para el equilibrio: Pensamiento profundo
   en lugar de superficial

Virtudes más fuertes: Gran capacidad de comunicación, rapidez y agilidad de pensamiento, capacidad de aprender rápidamente

Necesidad más profunda: Comunicación

Lo que hay que evitar: Murmuración, herir con palabras mordaces, superficialidad, usar las palabras para confundir o malinformar

Signos globalmente más compatibles: Libra, Acuario

Signos globalmente más incompatibles: Virgo, Sagitario, Piscis

Signo que ofrece más apoyo laboral: Piscis

Signo que ofrece más apoyo emocional: Virgo

Signo que ofrece más apoyo económico: Cáncer

Mejor signo para el matrimonio y/o las asociaciones: Sagitario

Signo que más apoya en proyectos creativos: Libra

Mejor signo para pasárselo bien: Libra

Signos que más apoyan espiritualmente: Tauro, Acuario

Mejor día de la semana: Miércoles

La personalidad Géminis

Géminis es para la sociedad lo que el sistema nervioso es para el cuerpo. El sistema nervioso no introduce ninguna información nueva, pero es un transmisor vital de impulsos desde los sentidos al cerebro y viceversa. No juzga ni pesa esos impulsos; esta función se la deja al cerebro o a los instintos. El sistema nervioso sólo lleva información, y lo hace a la perfección.

Esta analogía nos proporciona una indicación del papel de los Géminis en la sociedad. Son los comunicadores y transmisores de información. Que la información sea verdadera o falsa les tiene sin cuidado; se limitan a transmitir lo que ven, oyen o leen. Enseñan lo que dice el libro de texto o lo que los directores les dicen que digan. Así pues, son tan capaces de propagar los rumores más infames como de transmitir verdad y luz. A veces no tienen muchos escrúpulos a la hora de comunicar algo, y pueden hacer un gran bien o muchísimo daño con su poder. Por eso este signo es el de los Gemelos. Tiene una naturaleza doble.

Su don para transmitir un mensaje, para comunicarse con tanta facilidad, hace que los Géminis sean ideales para la enseñanza, la literatura, los medios de comunicación y el comercio. A esto contribuye el hecho de que Mercurio, su planeta regente, también rige estas actividades.

Los Géminis tienen el don de la palabra, y ¡menudo don es ese! Pueden hablar de cualquier cosa, en cualquier parte y en cualquier momento. No hay nada que les resulte más agradable que una buena conversación, sobre todo si además pueden aprender algo nuevo. Les encanta aprender y enseñar. Privar a un Géminis de conversación, o de libros y revistas, es un castigo cruel e insólito para él.

Los nativos de Géminis son casi siempre excelentes alumnos y se les da bien la erudición. Generalmente tienen la mente llena de todo tipo de información: trivialidades, anécdotas, historias, noticias, rarezas, hechos y estadísticas. Así pues, pueden conseguir cualquier puesto intelectual que les interese tener. Son asombrosos para el debate y, si se meten en política, son buenos oradores.

Los Géminis tienen tal facilidad de palabra y de convicción que aunque no sepan de qué están hablando, pueden hacer creer a su interlocutor que sí lo saben. Siempre deslumbran con su brillantez.

Situación económica

A los Géminis suele interesarles más la riqueza del aprendizaje y de las ideas que la riqueza material. Como ya he dicho, destacan en profesiones como la literatura, la enseñanza, el comercio y el periodismo, y no todas esas profesiones están muy bien pagadas. Sacrificar las necesidades intelectuales por el dinero es algo impensable para los Géminis. Se esfuerzan por combinar las dos cosas.

En su segunda casa solar, la del dinero, tienen a Cáncer en la cúspide, lo cual indica que pueden obtener ingresos extras, de un modo armonioso y natural, invirtiendo en propiedades inmobiliarias, restaurantes y hoteles. Dadas sus aptitudes verbales, les encanta regatear y negociar en cualquier situación, pero especialmente cuando se trata de dinero.

La Luna rige la segunda casa solar de los Géminis. Es el astro que avanza más rápido en el zodiaco; pasa por todos los signos y casas cada 28 días. Ningún otro cuerpo celeste iguala la velocidad de la Luna ni su capacidad de cambiar rápidamente. Un análisis de la Luna, y de los fenómenos lunares en general, describe muy bien las actitudes geminianas respecto al dinero. Los Géminis son versátiles y flexibles en los asuntos económicos. Pueden ganar dinero de muchas maneras. Sus actitudes y necesidades en este sentido parecen variar diariamente. Sus estados de ánimo respecto al dinero son cambiantes. A veces les entusiasma muchísimo, otras apenas les importa.

Para los Géminis, los objetivos financieros y el dinero suelen ser solamente medios para mantener a su familia y tienen muy poco sentido en otros aspectos.

La Luna, que es el planeta del dinero en la carta solar de los Géminis, tiene otro mensaje económico para los nativos de este signo: para poder realizar plenamente sus capacidades en este ámbito, han de desarrollar más su comprensión del aspecto emocional de la vida. Es necesario que combinen su asombrosa capacidad lógica con una comprensión de la psicología humana. Los sentimientos tienen su propia lógica; los Géminis necesitan aprenderla y aplicarla a sus asuntos económicos.

Profesión e imagen pública

Los Géminis saben que se les ha concedido el don de la comunicación por un motivo, y que este es un poder que puede producir mucho bien o un daño increíble. Ansían poner este poder al servicio de las verdades más elevadas y trascendentales. Este es su primer objetivo: comunicar las verdades eternas y demostrarlas lógicamente. Admiran a las personas que son capaces de trascender el intelecto, a los poetas, pintores, artistas, músicos y místicos. Es posible que sientan una especie de reverencia sublime ante las historias de santos y mártires religiosos. Uno de los logros más elevados para los Géminis es enseñar la verdad, ya sea científica, histórica o espiritual. Aquellas personas que consiguen trascender el intelecto son los superiores naturales de los Géminis, y estos lo saben.

En su casa diez solar, la de la profesión, los Géminis tienen el signo de Piscis. Neptuno, el planeta de la espiritualidad y el altruismo, es su planeta de la profesión. Si desean hacer realidad su más elevado potencial profesional, los Géminis han de desarrollar su lado trascendental, espiritual y altruista. Es necesario que comprendan la perspectiva cósmica más amplia, el vasto fluir de la evolución humana, de dónde venimos y hacia dónde vamos.

Sólo entonces sus poderes intelectuales ocuparán su verdadera posición y Géminis podrá convertirse en el «mensajero de los dioses». Es necesario que cultive la facilidad para la «inspiración», que no se origina «en» el intelecto, sino que se manifiesta «a través» de él. Esto enriquecerá y dará más poder a su mente.

Amor y relaciones

Los Géminis también introducen su don de la palabra y su locuacidad en el amor y la vida social. Una buena conversación o una contienda verbal es un interesante preludio para el romance. Su único problema en el amor es que su intelecto es demasiado frío y desapasionado para inspirar pasión en otra persona. A veces las emociones los perturban, y su pareja suele quejarse de eso. Si estás enamorado o enamorada de una persona Géminis, debes comprender a qué se debe esto. Los nativos de este signo evitan las pasiones intensas porque estas obstaculizan su capacidad de pensar y comunicarse. Si adviertes frialdad en su actitud, comprende que esa es su naturaleza.

Sin embargo, los Géminis deben comprender también que una cosa es hablar del amor y otra amar realmente, sentir el amor e irradiarlo. Hablar elocuentemente del amor no conduce a ninguna parte. Es necesario que lo sientan y actúen en consecuencia. El amor no es algo del intelecto, sino del corazón. Si quieres saber qué siente sobre el amor una persona Géminis, en lugar de escuchar lo que dice, observa lo que hace. Los Géminis son muy generosos con aquellos a quienes aman.

A los Géminis les gusta que su pareja sea refinada y educada, y que haya visto mucho mundo. Si es más rica que ellos, tanto mejor. Si estás enamorado o enamorada de una persona Géminis, será mejor que además sepas escuchar.

La relación ideal para los Géminis es una relación mental. Evidentemente disfrutan de los aspectos físicos y emocionales, pero si no hay comunión intelectual, sufrirán.

Hogar y vida familiar

En su casa, los nativos de Géminis pueden ser excepcionalmente ordenados y meticulosos. Tienden a desear que sus hijos y su pareja vivan de acuerdo a sus normas y criterios idealistas, y si estos no se cumplen, se quejan y critican. No obstante, se convive bien con ellos y les gusta servir a su familia de maneras prácticas y útiles.

El hogar de los Géminis es acogedor y agradable. Les gusta invitar a él a la gente y son excelentes anfitriones. También son buenos haciendo reparaciones y mejoras en su casa, estimulados por su necesidad de mantenerse activos y ocupados en algo que les agrada hacer. Tienen muchas aficiones e intereses que los mantienen ocupados cuando están solos. La persona Géminis comprende a sus hijos y se lleva bien con ellos, sobre todo porque ella misma se mantiene joven. Dado que es una excelente comunicadora, sabe la manera de explicar las cosas a los niños y de ese modo se gana su amor y su respeto. Los Géminis también alientan a sus hijos a ser creativos y conversadores, tal como son ellos.

Horóscopo para el año 2019[*]

Principales tendencias

Este año hay novedades muy importantes, Géminis. Uno de los principales titulares es la vida amorosa y social. Esta faceta se ve muy feliz y activa. Júpiter estará en tu séptima casa, la del amor, casi todo el año, hasta el 3 de diciembre. Si estás soltero o soltera, hay amor en el ambiente, eso seguro. Volveremos a este tema.

Urano tu planeta de la religión y la filosofía, hace un tránsito importante, sale de tu casa once y entra en tu casa doce, la de la espiritualidad. El año pasado coqueteó con tu casa doce y tuviste un breve anticipo de lo que va a venir. Este año, el 7 de marzo, entra en esta casa para quedarse unos siete años. Esto va a producir un enorme cambio en tu vida espiritual; va a producir cambios importantes en organizaciones espirituales o benéficas a las que perteneces o con las que te relacionas. Hablaremos más sobre esto.

---

[*] Las previsiones de este libro se basan en el Horóscopo Solar y todos los signos que derivan de él; tu Signo Solar se convierte en el Ascendente, y las casas se numeran a partir de él. Tu horóscopo personal, el trazado concretamente para ti (según la fecha, hora y lugar exactos de tu nacimiento) podrían modificar lo que decimos aquí. Joseph Polansky

Tu octava casa ya estaba poderosa desde hace varios años, y desde la entrada de Saturno en ella a fines de 2017, está más poderosa aún. Así pues, desde hace unos años has tenido que enfrentar asuntos de vida y de muerte. Es posible que haya habido casos de muerte real o tal vez solamente has tenido encuentros con la muerte. Has sentido pasar al ángel negro, haciéndote saber que está presente. Esta tendencia continúa este año. Puedes colaborar con esta energía de modo positivo, trabajando en tu transformación y reinvención personales. Esto es una forma de muerte y satisfará al ángel; no es una muerte física sino una especie de muerte psíquica. Damos muerte a nuestros viejos yoes.

Tu planeta de la profesión, Neptuno, está en tu décima casa desde hace muchos años y continuará en ella muchos años más. Esto indica la necesidad, el deseo, de una profesión de tipo espiritual, algo idealista. Volveremos a este tema.

Hay otra observación interesante acerca del año que comienza. En la mitad superior de tu carta, el lado día, están todos los planetas lentos. Esto significa que la mitad inferior no va a dominar nunca este año. Habrá periodos en que estará más fuerte (y esto lo trataremos en las previsiones mes a mes) pero no dominante. Por lo tanto, en general, este es un año orientado a la profesión; el insomnio podría ser un problema.

Los intereses más importantes para ti este año son: el amor y el romance (hasta el 3 de diciembre); la sexualidad, los asuntos de vida y muerte, la transformación y la reinvención personales; la profesión; las amistades, los grupos y las actividades de grupo (hasta el 7 de marzo); la espiritualidad (a partir del 7 de marzo).

Los caminos hacia tu mayor satisfacción o realización este año son: las finanzas; el amor y el romance (hasta el 3 de diciembre); la sexualidad, los asuntos de vida y muerte, la transformación y la reinvención personales.

Salud

(Ten en cuenta que esta es una perspectiva astrológica de la salud, no una médica. Antaño no había ninguna diferencia, ambas eran idénticas, pero en esta época podrían diferir muchísimo. Para una perspectiva médica, por favor, consulta a tu médico o a otro profesional de la salud.)

La salud tendría que ser buena este año; sólo dos planetas lentos, Júpiter y Neptuno, están en alineación desfavorable contigo, lo que es una enorme mejoría sobre los años pasados. Y hacia fines de año, cuando Júpiter entre en Capricornio, sólo habrá un planeta lento en posición desfavorable. Hay mucha mejoría en la salud y la energía. Además, tu sexta casa vacía indica que tu atención no está centrada en la salud, lo que considero buena señal; no tienes necesidad de prestarle atención, tu salud es fundamentalmente buena.

Sin duda a lo largo del año habrá periodos en que la salud esté menos buena de lo habitual, y de esto hablaremos en las previsiones mes a mes, pero estas son cosas temporales causada por los tránsitos de los planetas rápidos, no son tendencias para el año.

Puedes mejorar aún más tu salud. Da más atención a las siguientes zonas, que son las vulnerables en tu carta.

Los pulmones, los brazos, los hombros y el sistema respiratorio. Estas zonas son siempre importantes para Géminis. Te irán bien sesiones de reflexología para trabajar los puntos reflejos. Masajes periódicos en los brazos y hombros deberán formar parte de tu programa de salud. En los hombros suele acumularse tensión y es necesario aflojarla.

El colon, la vejiga y los órganos sexuales. Estos órganos también son siempre importantes para ti. Te irá bien trabajar sus puntos reflejos. Hay terapeutas espirituales que dicen que todas las enfermedades comienzan en el colon; así pues, te conviene mantenerlo limpio. Lavativas con infusiones de hierbas te irán bien si te sientes indispuesto. También es siempre importante el sexo seguro y la moderación sexual.

La columna, las rodillas, la dentadura, la piel y la alineación esquelética general. Estas zonas adquirieron importancia desde que tu planeta de la salud, Plutón, entró en Capricornio. Este año son más importantes aún (como el año pasado) dado que Saturno (el planeta que las rige) viaja con Plutón. Son buenos los masajes en la espalda y las rodillas; usa un buen filtro solar cuando estés al aire libre. Hazte controles y limpiezas dentales periódicos. Protege bien las rodillas cuando hagas ejercicio.

La vesícula biliar. Este órgano también es importante sólo en los últimos años. Te irá bien trabajar sus puntos reflejos.

Plutón, tu planeta de la salud, es el regente genérico de las operaciones quirúrgicas, y lleva muchos años en tu octava casa, la de la cirugía. Y no sólo eso, además, el planeta que rige la cirugía en tu carta, Saturno, también está en tu octava casa, viajando con Plutón. Así pues, es probable que hayas pasado por intervenciones quirúrgicas en los últimos años; la tendencia es fuerte. Tal vez te la recomendarán. A veces son necesarias estas cosas, pero es bueno explorar también los regímenes de desintoxicación; estos mismos planetas indican que respondes bien a ellos. En muchos casos la desintoxicación hace lo mismo, aunque tarda más tiempo.

Tu planeta de la salud en el conservador signo Capricornio indica que en asuntos de salud eres conservador; te inclinas por la medicina ortodoxa, y aun en el caso de que optaras por alguna terapia alternativa elegirías aquella que sea antigua y establecida, la que ha resistido a las pruebas del tiempo.

Saturno y Plutón rigen la sexualidad en tu carta. Plutón es el regente genérico y Saturno el señor de tu octava casa, que rige la sexualidad. Los dos están en el signo Capricornio. Esto sugiere la necesidad de moderar la actividad sexual, de centrarse más en la calidad que en la cantidad. Menos de alta calidad es preferible a más de baja calidad. Si estás atento a tu cuerpo sabrás cuándo has tenido suficiente.

Hogar y vida familiar

Aunque normalmente esto no se sabe, el hogar y la familia son siempre importantes para Géminis; en realidad Géminis no tiene fama de esto; es más famoso por su mente brillante y sus dotes de comunicación. Ten presente que el señor de tu horóscopo, planeta muy importante, es también tu planeta de la familia, el señor de tu cuarta casa.

Importantes como son el hogar y la familia, este año lo son un poco menos; tu cuarta casa no está poderosa; la atención está más enfocada en el amor y la profesión. Como saben nuestros lectores, con este aspecto las cosas tienden a continuar como están. Estás más o menos satisfecho con las cosas como están y no sientes la necesidad de hacer cambios importantes.

Esto también indica otras cosas; si surgieran problemas familiares (no lo quiera Dios) es probable que se deba a falta de atención; para corregir los problemas tendrás que prestar más atención.

Un progenitor o figura parental podría mudarse este año o hacer renovaciones importantes en su casa; o podría hacer una afortunada venta o compra de una casa; esto se ve feliz. Si esta persona es madre y está en edad de concebir, está más fértil. El otro progenitor o figura parental deberá tener más cuidado con el alcohol y las drogas; su cuerpo está más sensible, más espiritualizado, y podría reaccionar exageradamente a estas cosas. Este año un progenitor o figura parental se beneficia de técnicas espirituales de curación, en especial a partir del 7 de marzo; esta persona deberá leer todo lo posible acerca de este tema.

Me parece que un hijo, hija o figura filial hace reparaciones importantes en su casa; a fin de año podría mudarse, después del 3 de diciembre, aunque esto se ve estresante y complicado; podría haber muchos contratiempos o retrasos.

Los hermanos o figuras fraternas tienen un año sin novedades ni cambios; no hay nada en contra de una mudanza, pero tampoco hay nada que la favorezca. Me parece que el 2020 es mejor que este año para una mudanza. Estas personas tienen muchas oportunidades laborales todo el año, en especial después del 3 de diciembre.

Entre los nietos (si los tienes) podría haber mucha mudanza; se ven inestables, vagabundos. Esta tendencia continúa muchos años.

Si tienes pensado hacer obras importantes de reparación o construcción en la casa, o construir una, del 13 de agosto al 4 de octubre es buen periodo. Si quieres redecorar o comprar objetos de arte para la casa, del 21 de agosto al 14 de septiembre es buen periodo.

En las finanzas familiares no se ven cambios; más o menos continúan como estaban el año pasado. Las finanzas de un progenitor o figura parental comienzan a estabilizarse este año; han sido irregulares durante muchos años.

Tu planeta de la familia, Mercurio, es de movimiento rápido y a veces errático (no es casualidad que se dé este sentido a la palabra «mercurial»). A veces surca veloz el firmamento, a veces modera la velocidad, a veces se detiene, y a veces retrocede. Esta es de buena descripción de tu vida familiar y emocional; hay muchas vueltas y giros. Debido a esto, hay muchas tendencias de corto plazo que afectan a la vida familiar, según dónde esté Mercurio y los aspectos que reciba. Estas tendencias es mejor tratarlas en las previsiones mes a mes.

Profesión y situación económica

Este año está vacía tu casa del dinero; esto significa que las cosas tienden a continuar como están. Esto lo considero bueno; estás más o menos satisfecho con las cosas como están y no tienes necesidad de prestarles mucha atención.

Pero debido a los dos eclipses lunares de este año, el 21 de enero y el 16 de julio, habrá cambios, trastornos y medidas correctivas en las finanzas. Siempre es bueno tomar medidas correctivas periódicamente, y los eclipses brindan la oportunidad. Los cambios serán buenos, pero por lo general no son muy agradables mientras ocurren.

La falta de poder en la casa del dinero podría indicar falta de atención y enfoque; por lo tanto, si (no lo permita Dios) surgiera un problema financiero, es probable que se deba a esto; la solución es dar más atención a las finanzas.

Habiendo dicho esto, considero que el año será próspero; el nodo norte de la Luna (no es un planeta sino un importante punto abstracto) pasa el año en tu segunda casa. El nodo norte denota exceso, así que tu problema podría ser exceso de dinero, no falta (y es fabuloso tener este problema).

Saturno y Plutón pasan el año en tu octava casa; esto indica diversas cosas. Me parece que el cónyuge, pareja o ser amado actual pasa por dificultades financieras; esta persona ha asumido cargas económicas extras, o se ha visto obligada a asumirlas. Por lo tanto hay sensación de carencia; es necesario reorganizar las finanzas, hacer un cambio ahí, otro allí. Y si hace esto descubrirá que tiene los recursos que necesita; su situación financiera mejorará enormemente después del 3 de diciembre, cuando Júpiter entra en su casa del dinero.

Si tienes asuntos pendientes de propiedades o seguro, se ven complicados, con muchos retrasos o contratiempos; los impuestos son una carga pesada también. Además, este año se ve más complicado conseguir préstamos y acceder a capital ajeno; hay muchos retrasos; tal vez sea mejor no solicitar préstamo, a no ser que se presente una urgencia. Después del 3 de diciembre será mucho más fácil acceder a capital ajeno; si necesitas inversores para tus proyectos, esto también irá mejor después de esta fecha.

La Luna es tu planeta del dinero. Como saben nuestros lectores, es el planeta de movimiento más rápido; mientras los otros planetas rápidos (el Sol, Mercurio y Venus) transitan por todas las casas del horóscopo en un año, la Luna hace esto cada mes. Hay, entonces, muchas tendencias de corto plazo en las finanzas, las cuales es mejor tratar en las previsiones mes a mes.

En general, podemos decir que el poder adquisitivo será más fuerte con la Luna nueva y la Luna llena, y cuando la Luna está en fase creciente (aumentando su fuerza).

La profesión ha sido importante desde hace muchos años y lo es este año también. Siguen en vigor muchas de las tendencias en la profesión de las que hemos hablado en años pasados. Neptuno, el más espiritual de los planetas, es tu planeta de la profesión y está en tu décima casa, la de la profesión. Está, pues, en su signo y casa, y ahí es poderoso. Esto tiende al éxito, aunque hay complicaciones.

Neptuno en la décima casa indica la necesidad de más idealismo en el camino profesional; favorece el trabajo en obras benéficas, organizaciones espirituales o de actividades altruistas. Es posible que esto ya haya ocurrido, pero si no, todavía podría ocurrir. Sientes la necesidad de pensar que tu profesión «cuenta con la bendición de lo alto», que ha sido «ordenada por lo Divino», que es tu verdadera misión en la vida. Tener éxito sólo por el éxito, para gratificar al ego, no te satisface. Necesitas sentir que estás «salvando al planeta» o «salvando al mundo», que estás mejorando las condiciones o circunstancias de toda la gente.

Indicaría que tus jefes también son así; parecen altruistas e idealistas (o se representan o describen así).

En un plano más mundano, indicaría que en la profesión ocurren cosas ocultas, maquinaciones secretas. Podría haber revelaciones desagradables. También indicaría la necesidad de reflexionar o analizar más los asuntos profesionales, dado que lo que parece obvio no es la realidad.

Amor y vida social

Y hemos llegado a uno de los principales titulares del año. El 8 de noviembre del año pasado Júpiter entró en tu casa del amor y transitará por ella casi todo este año, hasta el 3 de diciembre. Esto es señal clásica de amor, romance y relación seria.

Pero este tránsito de Júpiter es más fuerte que de costumbre, pues está en su signo y casa, donde se siente más a gusto y es más poderoso. Recibe bastantes buenos aspectos; y resulta que es tu planeta del amor. Así pues, tu buen talante y magnetismo sociales son extraordinariamente potentes. Si estás soltero o soltera esto indica romance serio, una relación amorosa seria; puede que no signifique boda (aunque es probable) pero sí una relación parecida al matrimonio.

Después de dos años de tener a Saturno en tu séptima casa, años en que las relaciones amorosas pasaron por severas pruebas y la vida social en general era limitada, este es un muy bienvenido cambio. El amor es doblemente feliz en este periodo; te lo mereces.

Si estás casado o casada, si tu matrimonio sobrevivió a esos dos años, este tránsito indica más romance en la relación conyugal y más actividad social en general. Como pareja vais a conocer a personas importantes; vais a asistir a más bodas y fiestas; se ensancha vuestra esfera social.

Si estás soltero o soltera también vas a experimentar algo de esto; aparte del romance, se ensancha la esfera social en general.

El tránsito de Júpiter por tu séptima casa también indica la posibilidad de formación de sociedades de negocios, que también son «como matrimonio».

En los dos años y medio pasados se han disuelto muchos matrimonios, y este año son excelentes las perspectivas para un segundo matrimonio. En el caso de que estés con miras a un tercer matrimonio las perspectivas mejoran después del 7 de marzo; pero aun en el caso de que no haya boda, tendrás una vida social feliz.

Teniendo a Júpiter en su signo y casa (hasta el 3 de diciembre) se magnifican inmensamente tus tendencias naturales en el amor. Te atraen personas extranjeras y muy cultas y refinadas. Siempre has tenido la tendencia de enamorarte del profesor, pastor o mentor, y este año esta tendencia aumenta. Te atraen personas de las que puedes aprender.

La compatibilidad religiosa y filosófica es aún más importante que de costumbre. Aunque todo lo demás vaya bien, si hay algún problema en esto la relación estará en dificultades. No te hace falta estar de acuerdo en todos los detallitos filosóficos o religiosos, pero sí necesitas estar en la misma onda, de acuerdo en las cosas básicas.

Las oportunidades amorosas y sociales se presentan en otros países, en el lugar de culto, en funciones de tipo religioso o educacional (funciones del colegio o universidad).

Un viaje a un lugar exótico no sólo puede llevar a romance sino también mejorar una relación ya existente.

La vida amorosa de hijos y figuras filiales ha sido inestable desde hace muchos años; es posible que haya habido divorcios.

Después del 7 de marzo comienza a estabilizarse su vida amorosa.

Los hermanos y figuras fraternas tienen un buen periodo social hasta el 7 de marzo.

Progreso personal

Tu planeta de la profesión es Neptuno, el más espiritual de los planetas, y está transitando por su signo y casa, donde es más poderoso de lo habitual. Esto ya lleva muchos años y continuará muchos años más. Hemos hablado de las consecuencias o ramificaciones mundanas de esto, pero el verdadero mensaje es «manténte bien espiritualmente y la profesión irá bien», será satisfactoria y armoniosa. Podría no ser fácil, rara vez lo es, pero te dará satisfacción. Será algo que eres capaz de hacer. Lo mejor que puedes hacer por tu profesión es alinearte con la Divinidad que llevas en tu interior (o cual sea el nombre que le des o el concepto que tengas); podríamos decir que tu práctica espiritual, tu camino espiritual «es» tu verdadera profesión en este periodo, porque todo fluye de eso.

Este año ocurren otras cosas, cosas importantes, en tu vida espiritual. Urano hace un tránsito importante, sale de tu casa once y entra en tu casa doce, la de la espiritualidad; esto ocurre el 7 de marzo, como hemos dicho. Tu vida y tus actividades espirituales van a ser muy interesantes, emocionantes, y esto continuará muchos años. Es posible que tengas repentinas experiencias espirituales, incluso experiencias cumbres. Pasarán por pruebas muchos de tus conceptos y actitudes respecto al espíritu, y tendrás que revisarlos y tal vez descartar muchos. El espíritu te enseñará qué es qué.

Si eres principiante en el camino espiritual te asemejarás al sanniasi de antaño,* que vagaba yendo de un gurú o maestro a otro en busca de la sabiduría y la luz. Pero yo no me tomaría esto muy literalmente. Los tiempos han cambiado. Rara vez la gente vaga por los bosques en busca de gurús; actualmente vagan por las librerías, asisten a talleres y seminarios. Se unen a diferentes grupos espirituales durante un tiempo, buscando,

---

* En el hinduismo, sanniasi es la persona de casta superior que se encuentra en la cuarta etapa de su vida, la de renunciación a la vida material. (*N. de la T.*)

buscando. No hay nada malo en esto, por cierto; es una fase natural en el camino.

Si estás en una fase más avanzada, indica que adoptas una visión más científica y racional de la espiritualidad. Hay una ciencia de la espiritualidad; es aconsejable que la explores en los próximos años. Comprender la ciencia te servirá para mantener la estabilidad sean cuales sean tu humor del momento o tus circunstancias externas. Caminos interesantes y útiles son, por ejemplo, la gnosis (o gnosticismo), la ciencia hermética, la cábala, el yoga ñana y la astrología esotérica (el lado espiritual de la astrología).

Es posible que tires todas las viejas normas y veas lo que te da resultado mediante ensayo y error. Se dice que «cada persona es su propio camino único hacia lo Divino». Y esto es sin duda así para ti en este periodo.

Urano es tu planeta de la religión. Su posición en tu casa doce (por muchos años) indica la necesidad de explorar el lado místico de la religión en que naciste. Toda religión tiene su lado místico y la tuya no es una excepción. En realidad, toda religión es simplemente el producto de la experiencia mística de su fundador. Esta exploración te será provechosa.

No hace ninguna falta viajar lejos en busca de experiencias místicas y el conocimiento superior. Simplemente profundiza en lo que ya tienes.

Previsiones mes a mes

Enero

Mejores días en general: 7, 8, 17, 18, 25, 26
Días menos favorables en general: 2, 3, 10, 11, 23, 24, 30, 31
Mejores días para el amor: 1, 2, 3, 12, 13, 21, 22, 30, 31
Mejores días para el dinero: 2, 3, 5, 6, 12, 13, 16, 19, 20, 21, 22, 25
Mejores días para la profesión: 1, 10, 11, 19, 20, 27, 28

Acabas de salir de un mes muy fuerte en el amor y en lo social; pero tu vida social continúa activa. El poder planetario continúa en el sector occidental o social de tu carta, el sector de los demás. Tu séptima casa, la del amor, continúa muy fuerte, y el señor de tu horóscopo, Mercurio, está en ella hasta el 5. El 7 entra Venus en esta casa y comienza a viajar con Júpiter, tu planeta del amor. El amor sigue siendo muy feliz. Si estás soltero o soltera tienes poderosas oportunidades románticas, en especial del 21 al 23. La independencia personal es débil en este periodo, y tal vez esto es bueno; probablemente tu opción no es la mejor. Además, es mucho más agradable ser popular (y lo eres) que ser autosuficiente y estar solo. Deja que los demás se salgan con la suya mientras eso no sea destructivo; la seguridad en ti mismo y la autosuficiencia son buenas, pero no en este periodo; ya llegará el periodo para eso. Ahora es mejor que te adaptes a las condiciones; toma nota de lo que te irrita y dentro de unos meses, cuando cambie de posición el poder planetario, harás los cambios convenientes.

Este mes tenemos dos eclipses. El eclipse solar del 6 (el 5 en Estados Unidos) ocurre en tu octava casa, y hace impacto en el señor de esta casa. En esto vemos muchos mensajes. Hay un trastorno o conmoción en las finanzas del cónyuge, pareja o ser amado actual, y tiene que hacer cambios; esta persona tiene que enfrentar más de esto este año, pues hay otros dos eclipses en esta casa. Podría haber trastornos relacionados con impuestos, propiedades o pago de seguro. Además, la octava es la casa de la muerte, por lo tanto hay mucho que tiene que ver con esta, por lo general en el plano psíquico; en cierto modo, debes enfrentarla; a veces la persona sueña con la muerte; hay una necesidad de entenderla con más profundidad. Todos los eclipses solares afectan a los hermanos y figuras fraternas, por lo tanto estas personas experimentan dramas en su vida. Pasan por pruebas los coches y el equipo de comunicación, y muchas veces se hace necesario repararlos o reemplazarlos. La conexión con la octava casa aconseja que reduzcas tus actividades en el periodo del eclipse, y que evites las actividades que entrañan riesgo.

El eclipse lunar del 21 también afecta a los hermanos y figuras fraternas, a los coches y equipos de comunicación. Es casi una repetición (no del todo) del eclipse solar. Los dos eclipses afectan a los estudiantes Géminis aún no universitarios; podría haber problemas o reorganización en el colegio y cambios en sus planes educacionales o de colegio. Todos los eclipses lunares afectan a tus finanzas; esto se debe a que la Luna es tu planeta del dinero. Pasas por estas cosas dos veces al año; el eclipse te obliga a hacer cambios financieros apropiados, hace necesario tomar medidas correctivas. Normalmente esto no es agradable mientras ocurre pero el resultado final es bueno. Las personas adineradas de tu vida también deben hacer cambios en sus finanzas, por lo general debido a problemas o trastornos. Los dos eclipses indican esto.

Febrero

Mejores días en general: 3, 4, 5, 13, 14, 21, 22
Días menos favorables en general: 6, 7, 19, 20, 26, 27
Mejores días para el amor: 9, 10, 11, 17, 18, 19, 20, 26, 27, 28
Mejores días para el dinero: 3, 4, 9, 10, 14, 15, 16, 17, 18, 24, 26, 27
Mejores días para la profesión: 6, 7, 15, 16, 24, 25

Todos los planetas están sobre el horizonte de tu carta este mes; sólo la Luna ocupará el lado noche (la mitad inferior) del 13 al 25. Esto es muy insólito. Las potencias planetarias respaldan tu profesión y objetivos externos y en esto debes centrar la atención. Mercurio, el señor de tu horóscopo, entra en tu décima casa el 10, y esto indica éxito y elevación personal. Los días 18 y 19 Mercurio viaja con Neptuno, tu planeta de la profesión, y este aspecto produce aún más elevación; también te trae una feliz oportunidad profesional. Tu intuición es correcta acerca del dinero. El 19 entra el Sol en tu décima casa y comienzas una cima profesional anual. El mes debería ser de mucho éxito. Si tienes algún asunto o problema pendiente con tu jefe o con algún organismo gubernamental, el 18 y el 19 son buenos días para resolverlo.

La salud es buena este mes, pero después del 19 deberás estar más atento; no ocurre nada grave, simplemente es un periodo de energía baja; tal vez las exigencias de la profesión son agotadoras. Como siempre, procura descansar lo suficiente; fortalece la salud de las maneras explicadas en las previsiones para el año.

El amor continúa feliz este mes, sobre todo hasta el 19; tu planeta del amor recibe muy buenos aspectos. Después del 19 tendrás que esforzarte más; hay desacuerdo entre tú y el ser amado, y será necesario buscar la avenencia transigiendo en algo por ambas partes; este es un problema de corta duración. En general, la vida amorosa es súper este año.

Las finanzas no son muy importantes este mes; tu casa del dinero está vacía, sólo la Luna transita por ella los días 13 y 14. Esto significa que las cosas tienden a continuar como están; es probable que aún no veas los resultados financieros de tu éxito profesional, pero llegarán. En general, tu poder adquisitivo será más fuerte del 4 al 19, cuando tu planeta del dinero está en fase creciente; la Luna llena del 19 parece ser un día especialmente bueno en las finanzas; es una «súper Luna», una Luna llena que ocurre cuando está en su perigeo, su menor distancia con la Tierra. La Luna nueva del 4 será también un fuerte día financiero.

El ordenador y el equipo de alta tecnología podrían tener un funcionamiento irregular o raro del 11 al 14; haz copia de seguridad de todos tus documentos.

Los días 17 y 18 ten más paciencia con los hijos o figuras filiales; me parece que se sienten decepcionados, pesimistas.

Marzo

Mejores días en general: 3, 4, 13, 14, 21, 22, 30, 31
Días menos favorables en general: 5, 6, 7, 19, 20, 25, 26
Mejores días para el amor: 3, 4, 8, 9, 15, 16, 17, 18, 23, 24, 25, 26
Mejores días para el dinero: 8, 9, 15, 16, 17, 18, 25, 26
Mejores días para la profesión: 5, 6, 7, 15, 16, 23, 24

La profesión es el principal titular del mes. Tu décima casa, la de la profesión, está llena, entre el 40 y el 50 por ciento de los planetas o están instalados en ella o transitan por ella; en cambio tu cuarta casa, la del hogar y la familia, está vacía, sólo transita por ella la Luna, los días 21 y 22. Así pues, los asuntos familiares y domésticos no necesitan mucha atención. Este es un mes muy próspero y lucrativo. El señor de tu horóscopo, Mercurio, pasa el mes en tu décima casa, lo que indica elevación y éxito. El 6 hay Luna nueva y esta no sólo ocurre en tu décima casa sino también sobre Neptuno, el planeta que rige esta faceta; esto también te trae elevación y éxito. A medida que avanza el mes vas a aclarar los asuntos profesionales; te llegará, de modo natural y normal, toda la información que necesitas para tomar buenas decisiones profesionales.

Pero hay más. Del 24 al 31 Mercurio hace una pausa, «acampa» sobre Neptuno, tu planeta de la profesión; esto indica novedades positivas en la profesión.

La única complicación es que Mercurio hace movimiento retrógrado del 5 al 28; esto indica cierta incertidumbre en la profesión; aprovecha este periodo para aclarar más las cosas; estas no son lo que parecen.

Este mes debes estar más atento a la salud, en especial hasta el 20; estás ocupado en tu profesión, como debes, pero hazte un tiempo para descansar y rejuvenecerte. Deja estar los asuntos triviales y pon tu energía en las cosas importantes; fortalece la salud de las maneras explicadas en las previsiones para el año.

Tu atención a la profesión, que es lo correcto, complica la vida amorosa. Si estás soltero o soltera tal vez tienes menos citas; si estás casado o casada tal vez no das suficiente atención al ser amado; esto podría causar un sutil resentimiento; o el ser amado podría tener su propio drama personal. Pero este problema es de corta duración y el próximo mes se resolverá solo.

La Luna nueva del 6 y la Luna llena del 21 son días excelentes para las finanzas, aunque es probable que tengas que trabajar más por tus ingresos. La Luna llena del 21 es especialmente importante, pues ocurre dos días después de ser una súper Luna (el 19 la Luna está en su perigeo, es decir en su posición de menor distancia con la Tierra). Del 6 al 21 será más fuerte tu poder adquisitivo y tendrás más entusiasmo por las finanzas.

Abril

Mejores días en general: 9, 10, 17, 18, 26, 27
Días menos favorables en general: 1, 2, 3, 15, 16, 22, 23, 29, 30
Mejores días para el amor: 2, 3, 4, 5, 11, 12, 13, 14, 21, 22, 23
Mejores días para el dinero: 4, 5, 11, 12, 13, 14, 22, 23, 24
Mejores días para la profesión: 1, 2, 3, 11, 12, 19, 20, 29, 30

Este mes hay interesantes novedades. El 26 del mes pasado, cuando Venus entró en tu décima casa, el poder planetario pasó del sector occidental o social de tu carta al sector oriental o del yo. El 1 Marte entra en tu signo y continúa en él todo el mes. Con esto se hacen mucho más fuertes tu independencia y autosuficiencia; los demás son siempre importantes para ti, pero dependes menos de ellos. Es con tu iniciativa como consigues que se hagan las cosas. En los próximos meses será más fuerte tu independencia, pero ya lo es bastante; tienes el poder para hacer los cambios que es necesario hacer; no tienes por qué adaptarte a las condiciones, si estas te fastidian, pues las cambias.

Hay otras mejoras también. Ya has conseguido más o menos tus objetivos profesionales de corto plazo y tienes más tiempo para la vida social, en especial para las amistades. El amor y el romance van mucho mejor que el mes pasado, en especial después del 17. Además, el cónyuge, pareja o ser amado actual se siente mucho mejor y esto cambia las cosas. Júpiter, tu planeta del amor, inicia movimiento retrógrado el 10; esto no impide que llegue el amor, pero enlentece un poco las cosas. Si estás soltero o soltera y sin compromiso, actúas con más cautela en el amor, lo que es bueno; tu tendencia ha sido precipitarte a entablar una relación.

En lo que a amistad se refiere no es mucho lo que debes hacer; las amistades te buscan, sólo tienes que dedicarte a tus asuntos diarios.

La salud mejora mucho en relación con el mes pasado; la mayoría de los planetas están en alineación armoniosa contigo. Marte en tu signo te da energía, valor y capacidad para hacer las cosas rápido. Eres más osado en este periodo; como saben nuestros lectores, con Marte en tu signo tiendes a ser belicoso; la ira se enciende con mucha rapidez y esto puede ser causa de conflictos; así pues, sé fuerte, valiente y activo, pero controla la rabia.

Las finanzas no son muy importantes este mes; tu casa del dinero está prácticamente vacía, sólo transita por ella la Luna los días 11 y 12. Con este aspecto las cosas tienden a seguir como están. La Luna nueva del 5 y la Luna llena del 19 son buenos días en las finanzas. El poder adquisitivo será más fuerte del 4 al 19, cuando la Luna, tu planeta del dinero, está en fase creciente; esto te da más entusiasmo por las finanzas.

El 20 el Sol entra en tu espiritual casa doce y viaja con Urano del 21 al 23; esto trae felices experiencias sociales a los hermanos y figuras fraternas. Estos podrían ser fuente de información espiritual para ti, voluntariamente o sin darse cuenta; estimulan tu intuición.

Mayo

Mejores días en general: 6, 7, 15, 16, 24, 25
Días menos favorables en general: 13, 14, 19, 20, 26, 27
Mejores días para el amor: 2, 3, 10, 11, 14, 19, 20, 21, 29, 30, 31

Mejores días para el dinero: 2, 3, 4, 5, 8, 9, 10, 11, 13, 14, 19, 20, 24, 29, 30
Mejores días para la profesión: 8, 9, 17, 18, 26, 27

Marte está «fuera de límites» (lo que no ocurre con mucha frecuencia) desde el 21 del mes pasado y continuará así todo este mes. Esto lo podemos interpretar de varias maneras. Haces amistades fuera de tu círculo social normal, en sitios distintos a los que frecuentas habitualmente; estas personas podrían alejarte de tu esfera normal también. Exploras tecnologías que hasta el momento no te han interesado. Tal vez experimentas con tu cuerpo de modos no habituales. Los padres y figuras parentales salen de sus esferas normales en busca de beneficios e ingresos.

Este mes entras en tu periodo de máxima independencia; esta será fuerte el mes que viene también. Ten presente, pues, lo que dijimos sobre esto el mes pasado. Este es un periodo para asumir la responsabilidad de tu felicidad; esta depende de ti, nadie más es responsable. Si las condiciones te fastidian, cámbialas, tienes el poder. El poder planetario te respalda, el Cosmos se preocupa de tu bienestar personal. Tus intereses son tan importantes como los de los demás, y este mes son más importantes, al menos para ti.

Este es un mes feliz y próspero. El 21 entran en tu primera casa el Sol y Mercurio, dos de los tres planetas más importantes de tu carta. Comienzas entonces una de tus cimas anuales de placer personal. Es el periodo para mimar al cuerpo. Tu apariencia es fabulosa, radiante. Son fuertes la confianza en ti mismo y tu autoestima. Puedes hacer lo que sea que te propongas.

Marte continúa en tu signo hasta el 16; usa esta energía de modos positivos; haz cosas, haz más ejercicio (es probable que ya lo hagas); experimenta con los límites de tu cuerpo de forma prudente; evita la irritación, las rabietas y la precipitación; apresúrate pero con calma y cuidado.

El 16 Marte entra en tu casa del dinero y continúa en ella el resto del mes; este aspecto favorece la alta tecnología y el mundo de Internet. Sea cual sea tu trabajo o profesión, el buen uso de la alta tecnología y las actividades online dan impulso a las finanzas. Me parece que también cuentas con el apoyo financiero de amistades. El único problema de Marte en la casa del dinero es que puede hacerte demasiado especulador, temerario, en los asuntos monetarios; podrías precipitarte a hacer inversiones o gastos; reflexiona más, consulta más las cosas con la almohada. Puede que esto sea aburrido, pero es más seguro, menos arriesgado. En general, el poder adquisitivo será más fuerte del 4 al 18, cuando la Luna está creciente. La Luna nueva del 4 y la Luna llena del 18 deberían ser fuertes días financieros. También es bueno el 13, cuando la Luna está en su perigeo.

La salud es excelente todo el mes, pero en particular a partir del 21.

Junio

Mejores días en general: 2, 3, 11, 12, 20, 21, 30
Días menos favorables en general: 9, 10, 15, 16, 23, 24
Mejores días para el amor: 1, 7, 8, 11, 15, 16, 20, 21, 25, 26
Mejores días para el dinero: 2, 3, 5, 6, 7, 8, 11, 12, 15, 16, 22, 25, 26
Mejores días para la profesión: 5, 6, 18, 19, 23, 24

Este es otro mes feliz y beneficioso, Géminis, disfrútalo.

Hasta el 21 continúas en una de tus cimas anuales de placer personal y en el periodo de máxima independencia del año. Tu apariencia resplandece (una realidad poco conocida es que cuando hay más energía mejora la apariencia); el Sol ilumina tu cuerpo hasta el 21. El 9 entra Venus en tu signo y derrama sobre ti su gracia y belleza. Podríamos pensar que esto favorece el amor, pero este año no influye mucho; estos planetas están en oposición a Júpiter, tu planeta del amor; tú y el ser amado veis las cosas de modo opuesto; tu pareja hace lo suyo y tú lo tuyo; pareces más distanciado. El reto será salvar las diferencias; si es posible hacer esto, la relación será más fuerte que nunca. En astrología, el opuesto es la pareja natural. El opuesto se considera «complemento», compleción; la pareja está fuerte cuando tú estás débil, y tú estás fuerte cuando ella está débil. Esto fue el reto del mes pasado también. El cónyuge, pareja o ser amado actual deberá descansar y relajarse más en este periodo; su energía no está a la altura debida.

La profesión se ve más difícil este mes; simplemente tienes que trabajar más. Tal vez tus diversiones te distraen. También debes trabajar más en tu relación con un progenitor o figura parental (y tal vez la relación con tu jefe). Esto es un problema de corta duración que se acaba después del 21.

En general, la profesión se va haciendo menos importante. El 9 Venus pasa de la mitad superior de tu carta a la mitad inferior, el lado noche, y este lado se hace fuerte. Ha llegado el periodo para centrar la atención en el hogar, la familia y tu bienestar emocional. Además, Neptuno, tu planeta de la profesión, inicia movimiento retrógrado el 21. Por lo tanto, las cosas se enlentecen en la profesión; muchos asuntos sólo los resolverá el tiempo, no tus actos.

La prosperidad es ultrafuerte este mes. El 21 el Sol entra en tu casa del dinero y comienzas una cima financiera anual; pero esto lo sentirás antes de esta fecha; Marte está en esta casa todo el mes, y el 4 entra en ella Mercurio, el señor de tu horóscopo. Así pues, los ingresos serán fuertes; estás más concentrado en esto. Gastas en ti. Van bien los proyectos de venta y mercadotecnia, y, en general, todos los proyectos que entrañan escritura; además, como el mes pasado, el mundo online se ve amable contigo.

La salud es excelente; siempre puedes fortalecerla más de las maneras explicadas en las previsiones para el año.

Julio

Mejores días en general: 1, 8, 9, 17, 18, 19, 27, 28
Días menos favorables en general: 6, 7, 13, 14, 20, 21
Mejores días para el amor: 1, 4, 5, 10, 11, 13, 14, 20, 21, 22, 23, 24, 31
Mejores días para el dinero: 2, 3, 4, 5, 10, 11, 13, 14, 21, 22, 23, 24, 29, 30, 31
Mejores días para la profesión: 2, 3, 10, 11, 20, 21, 29, 30

Este mes hay dos eclipses que pondrán a prueba lo bien que has usado el poder de tu independencia y libre albedrío. Está bien si te desvías un poco de tu órbita; pero si te desvías demasiado, viene un eclipse y de devuelve a ella. Si estás alineado con lo que el Cosmos desea que hagas, no es mucho lo que hay que temer de un eclipse; este sacude o trastorna las cosas y al hacerlo te ayuda.

El eclipse solar del 2 ocurre en tu casa del dinero; no han sido buenos el planteamiento y la estrategia financieros y es necesario hacer cambios; los acontecimientos o circunstancias producidos por el eclipse te indicarán qué está mál. Este eclipse produce drama en la vida de hermanos y figuras fraternas; te afecta si eres estudiante aún no universitario; tal vez hay trastorno o reoganización en el colegio, y podrías cambiar tus planes educacionales, o cambiar de colegio. Pasan por pruebas los coches y el equipo de comunicación; podría ser necesario reperarlos o reemplazarlos.

El eclipse lunar del 16 ocurre en tu octava casa; es el segundo del año que ocurre en esta casa. Hay más cambios en tus finanzas y también los hay en las de tu cónyuge, pareja o ser amado actual. Este eclipse hace impacto en Plutón, tu planeta de la salud y el trabajo. Podría haber, entonces, cambios laborales, cambio de empleo o trastornos en el lugar de trabajo. Si eres empleador, podrías ver cambio de personal. Podría también haber un susto en la salud y la necesidad de hacer cambios en el programa de salud. Nuevamente, como en enero, hay enfrentamientos con la muerte, lo que normalmente ocurren en el plano psíquico; es necesario entender mejor la muerte.

Hay cambios financieros, sí, cambios drásticos, pero el mes es próspero. Hasta el 23 continúas en una cima financiera anual. El 3 Venus entra en tu casa del dinero y continúa en ella hasta el 28; esto indica la importancia de las conexiones sociales y de los hijos; los hijos te apoyan.

La salud es buena este mes, no perfecta pero buena; por lo tanto, el eclipse lunar del 16 podría producir un susto, pero no mucho más. Puedes fortalecer más la salud de las maneras explicadas en las previsiones para el año.

Después del 7 la actividad retrógrada llega a su punto máximo del año; el 50 por ciento de los planetas están en movimiento retrógrado; las cosas van lentas en el mundo. Puedes reducir al mínimo los retrasos (no los evitarás del todo) siendo más perfecto en todo lo que haces; el modo pausado, calmado, de avanzar, es en realidad el más rápido.

Agosto

Mejores días en general: 4, 5, 14, 15, 23, 24, 25
Días menos favorables en general: 2, 3, 9, 10, 16, 17, 30, 31
Mejores días para el amor: 1, 9, 10, 19, 20, 21, 28, 29, 30, 31
Mejores días para el dinero: 1, 9, 10, 19, 20, 26, 27, 28, 29, 30
Mejores días para la profesión: 7, 8, 16, 17, 26, 27

Este mes la acción y la atención están en tus casas tercera y cuarta. Hasta el 23 la tercera casa es con mucho la más poderosa del horóscopo. Esto es un aspecto feliz; la tercera casa es tu favorita; va toda de comunicación e intereses intelectuales; tus habilidades naturalmente buenas están mejor y más agudas; absorbes la información como una esponja; y te comunicas mejor que de costumbre. Este es un aspecto maravilloso si eres estudiante, profesor, escritor, llevas un blog, o trabajas en ventas o mercadotecnia. Tendrás un mes de mucho éxito si estás en cualquiera de estos campos (lo que es muy posible, siendo Géminis). Las personas adineradas de tu vida se hacen más ricas aún.

Las finanzas van bien este mes. Hasta el 11 está en tu casa del dinero Mercurio, el señor de tu horóscopo y siempre tu amigo. Esto indica atención, y la atención es el 90 por ciento del éxito. En la vida obtenemos aquello en que ponemos la atención. Después del 11 tu casa del dinero está prácticamente vacía; sólo la Luna transita por ella los días 26 y 27. Esto lo considero bueno; has conseguido tus objetivos de corto plazo y puedes centrar la atención en tu primer amor: la comunicación y los intereses intelectuales.

Hay también otros indicadores de prosperidad. En primer lugar, este mes tenemos Luna nueva dos veces, el 1 y el 30; esto ocurre rara vez. La Luna nueva tiende a ser para ti un día financiero potente. La Luna nueva del 1 es especialmente importante pues es una súper Luna nueva, ya que ocurre casi en la posición exacta de su perigeo (su distancia más corta a la Tierra), por lo que es mucho más poderosa. La Luna llena del 15 es otro buen día en las finanzas. En general el poder adquisitivo será más fuerte del 1 al 15 y el 30 y 31, cuando la Luna está en fase creciente.

El amor es feliz en la primera parte del mes; Júpiter, tu planeta del amor, retoma el movimiento el 11; Mercurio entra en Leo el 11 y comienza a formar buenos aspectos a Júpiter. Si estás soltero o soltera, tienes agradables oportunidades románticas; si estás casado o casada o estás en una relación, hay más armonía con tu pareja. Más avanzado el mes, después del 23, los planetas rápidos entran en aspecto desfavorable con tu planeta del amor, de modo que tendrás que poner más esfuerzo en tu relación; esto no impide el amor, pero exige más esfuerzo.

Este mes (y el próximo) los planetas rápidos están en su posición inferior máxima, en el lado noche de tu carta; tu planeta de la profesión, Neptuno, continúa en movimiento retrógrado. Por lo tanto, centra la atención en el hogar, la familia y tu bienestar emocional. En este periodo es mejor trabajar en los objetivos profesionales con los métodos de la noche, no con los del día: visualízalos, sueña despierto con ellos, ponte en la «sensación» del lugar en que deseas estar en tu profesión.

Septiembre

Mejores días en general: 1, 2, 10, 11, 20, 21, 28, 29
Días menos favorables en general: 5, 6, 12, 13, 14, 26, 27
Mejores días para el amor: 5, 6, 8, 9, 15, 16, 20, 24, 25, 28, 29
Mejores días para el dinero: 5, 6, 7, 8, 15, 16, 18, 19, 22, 23, 24, 25, 28
Mejores días para la profesión: 3, 4, 12, 13, 14, 22, 23, 30

A partir del 23 del mes pasado la salud está más delicada y continúa así hasta el 23 de este mes. Como siempre, descansa y relájate más; procura introducir más masajes u otros tratamientos en tu programa. Fortalece la salud de las maneras indicadas en las previsiones para el año. Después del 23 verás una mejoría espectacular.

También mejorará la vida amorosa después del 23. Antes está bien, pero se ve algo tormentosa, necesita más esfuerzo. Mercurio y Venus viajan juntos gran parte del mes; esto indica que tienes mucho magnetismo social; tu apariencia mejora mucho y pareces estar con ánimo para el amor.

Tu cuarta casa, la del hogar y la familia, estuvo muy poderosa el mes pasado y continúa poderosa hasta el 23. En la familia se ven exaltadas las emociones; mucho de esto tiene que ver con bagaje viejo, acontecimientos o experiencias del pasado que nunca se han resuelto del todo. Esto complica la comunicación con los familiares. Si tienes planes para hacer obras de renovación o reparación en la casa, este es un buen periodo.

Cuando está fuerte la cuarta casa, la persona se vuelve nostálgica; recuerda los buenos y los malos tiempos; se interesa más por la historia en general, personal y colectiva. Es posible que te encuentres con personas de tu pasado y reconectes con ellas por un tiempo; vienen sueños espontáneos con experiencias del pasado; estas cosas no ocurren al azar; es el sistema terapéutico de la Naturaleza que te incita a mirar experiencias pasadas desde tu actual estado de conciencia y comprensión. No reescribes la historia, los hechos siguen siendo los hechos, pero los interpretas de distinta manera; ahora tienen un significado distinto al que tuvieron cuando ocurrieron.

Una vez que se ha redimido tu cuota del pasado, comienzas una de tus cimas anuales de placer personal; esta comienza el 23. Es un periodo para la recreación y las actividades de ocio; un periodo para disfrutar de la vida. Es interesante que la palabra recreación proceda de recrear. Recreas tu vida en mejores condiciones mediante actividades placenteras. De esta manera se resuelven muchos problemas insolubles.

Las finanzas no son muy importantes este mes; tu casa del dinero está prácticamente vacía, sólo transita por ella la Luna, los días 22 y 23. De todos modos, la Luna nueva del 28 es otra súper Luna nueva, ya que ocurre cuando está en su perigeo (su distancia más corta con la Tierra); es un día financiero potente. La Luna llena del 14 es otro buen día en las finanzas. En general, el poder adquisitivo es más fuerte del 1 al 14 y del 28 al 30, cuando la Luna está en fase creciente.

Octubre

Mejores días en general: 7, 8, 17, 18, 26, 27

Días menos favorables en general: 2, 3, 4, 10, 11, 23, 24, 30, 31

Mejores días para el amor: 2, 3, 4, 10, 11, 12, 13, 19, 20, 21, 22, 28, 29, 30, 31

Mejores días para el dinero: 2, 3, 4, 7, 8, 12, 13, 17, 18, 19, 20, 21, 22, 28, 30, 31

Mejores días para la profesión: 1, 10, 11, 19, 20, 28, 29

Este mes sigues en un periodo de fiestas, que tal vez es más fuerte que el mes pasado. No ha de preocuparte el ser «irresponsable». Ya llegará el periodo para trabajar. Según la filosofía de la astrología, la quinta casa, la de la diversión, la creatividad y los hijos, es tan importante como la segunda (del dinero) y la décima (de la profesión); forma parte de la vida; las cosas no serían completas sin esto. Gozar de tu vida trae muchos beneficios como consecuencias secundarias. Te hace más popular, mejora tu espiritualidad; te sentirás mejor y mejorarán tus relaciones con los familiares; y aumentará tus habilidades intelectuales. Tal vez el beneficio más importante es que cuando estamos disfrutando olvidamos las preocupaciones. La preocupación (a la que al parecer se entrega todo el mundo) no te lleva al infierno, pero sí a sus puertas. Dejar de lado la preocupación es la solución para muchos problemas.

La salud es buena este mes. Hay mucho aire en el horóscopo a comienzos del mes, y esto es agradable y cómodo para ti. Eso sí, cuídate de tener la mente sobreestimulada, la que puede dar vueltas y vueltas sin conseguir nada; conviene desconectar la mente cuando no se está usando. Puedes fortalecer tu salud, ya buena, de las maneras explicadas en las previsiones para el año.

El periodo de fiesta va menguando lentamente. El 3 entra Mercurio en tu sexta casa; el 8 entra Venus, y el 23 entra el Sol. Es el periodo para trabajar. No hace falta que alguien te lo recuerde; lo notas, lo percibes. Plutón, tu planeta de la salud y el trabajo, retoma el movimiento directo el 3; después del 23 está ultrapoderosa tu sexta casa, la del trabajo. Por lo tanto, en el caso de que estés sin trabajo, tienes buena suerte. Y si estás empleado, tienes oportunidades para hacer horas extras o trabajos secundarios; un solo trabajo no te basta en este periodo.

El amor es feliz; Júpiter, tu planeta del amor, está en movimiento directo y recibe buenos aspectos. La Luna transita por tu séptima casa, Sagitario, más del doble de tiempo que el habitual, pasa tres días en ella, y esto también es bueno para las finanzas. El amor va bien este mes y será mejor aún el próximo.

Ahora el poder planetario está en el sector occidental o social de tu carta; esto comenzó el mes pasado y este mes es más fuerte. Se debilita mucho la independencia, pero el Cosmos te compensa con más popularidad y mejor talante social. Es el periodo para anteponer a los demás y tomarte unas vacaciones de ti mismo. Si las condiciones te irritan, adáptate a ellas lo mejor posible; el periodo para cambiarlas llegará el próximo año, cuando los planetas se trasladen a tu sector oriental.

Noviembre

Mejores días en general: 3, 4, 13, 14, 22, 23
Días menos favorables en general: 6, 7, 20, 21, 26, 27
Mejores días para el amor: 8, 9, 10, 18, 19, 26, 27, 29
Mejores días para el dinero: 6, 7, 8, 9, 10, 16, 17, 18, 19, 26, 27
Mejores días para la profesión: 6, 7, 16, 17, 24, 25

Si buscas trabajo, tienes buenas oportunidades este mes. Pero las ofertas de trabajo (o de contrato) necesitan más estudio y reflexión;

no son lo que parecen; investiga todos los detalles para resolver tus dudas. Este periodo sigue siendo excelente para hacer todas esas tareas aburridas y detallistas que es necesario hacer; estás con más ánimo para ellas y no tendrás ningún problema.

Mercurio hace movimiento retrógrado del 2 al 20; esto quiere decir que tu autoestima y confianza en ti mismo no están a la altura habitual; en cierto modo esto es bueno; no es necesario que seas demasiado fuerte ni seguro; dado que el sector occidental o social de tu carta se está haciendo más y más fuerte, te irá bien restar importancia a tu yo; deja que los demás hagan su voluntad mientras esto no sea destructivo; lo que cuenta es tu buen talante social, tu simpatía; el bien te llega a través de los demás.

La vida amorosa ha sido buena todo el año; es posible que ya estés en una relación romántica seria. Este mes los aspectos son mejores aún. Si continúas sin compromiso, es un buen periodo para cambiar las cosas. Júpiter ha estado en tu séptima casa todo lo que va de año; Venus está en ella hasta el 26; el Sol entra en esta casa el 22, y comienzas una cima amorosa y social. Del 22 al 24 Venus viaja con Júpiter; estos días son particularmente buenos para el romance; el amor es romántico, pero también juguetón; te atraen personas con las que puedas divertirte.

Del 15 al 30 Venus está «fuera de límites»; esto indica que en tu vida espiritual exploras enseñanzas exóticas, fuera de tu esfera normal. En tu esfera no encuentras las respuestas que buscas y te ves obligado a buscar en otra parte; este aspecto también indicaría que los hijos o figuras filiales de tu vida visitan lugares que normalmente no frecuentan.

A partir del 23 debes estar más atento a la salud; lo bueno es que tu sexta casa está fuerte y le prestas atención. Fortalece la salud de las maneras indicadas en las previsiones para el año; además, da más atención al corazón todo el mes; a partir del 19 da más atención a la cara y el cuero cabelludo, y después a las suprarrenales; también te irá bien hacer ejercicio después del 19.

Las finanzas no son muy importantes este mes; tu casa del dinero está vacía, sólo la Luna transita por ella los días 16 y 17. Eso sí, la Luna nueva del 26 y la Luna llena del 12 serán días financieros fuertes. El poder adquisitivo debería ser más fuerte del 1 al 12 y del 26 al 30, cuando la Luna está en fase creciente.

Diciembre

Mejores días en general: 1, 2, 11, 12, 19, 20, 28, 29
Días menos favorables en general: 3, 4, 5, 17, 18, 24, 25, 31
Mejores días para el amor: 8, 9, 17, 18, 24, 25, 26, 28, 29
Mejores días para el dinero: 6, 7, 8, 13, 14, 15, 16, 17, 26
Mejores días para la profesión: 3, 4, 5, 13, 14, 21, 22, 31

Júpiter ya ha hecho su trabajo en tu vida amorosa y ahora pasa a bendecir otra faceta de tu vida; el 3 entra en Capricornio, tu octava casa. De todos modos, continúas en una cima amorosa y social anual; esta podría ser para ti la cima amorosa y social de toda la vida.

La entrada de Júpiter en el conservador Capricornio indica cambios importantes en tu actitud hacia el amor. Hasta ahora ha sido pasión y diversión; ha sido algo espontáneo. Ahora el amor es más práctico. Si estás casado o casada o en una relación, acaba el periodo de luna de miel y entras en el lado más práctico, el de organizar la relación y distribuir las responsabilidades. Si estás soltero o soltera y sin compromiso, eres más cauteloso en el amor; ya no te enamoras a primera vista, como lo has hecho todo el año. Probablemente esto es bueno.

El amor va bien, y Júpiter en tu octava casa indica una vida sexual activa. No hace falta decir más.

El 26 tenemos un eclipse solar, el tercero del año; nuevamente ocurre en tu octava casa, es el tercero en esta casa este año. El cónyuge, pareja o ser amado actual prospera pero debe hacer cambios financieros importantes; no han sido realistas el planteamiento ni la estrategia. Dado que este eclipse hace impacto en Júpiter, esta persona debe reducir sus actividades durante el periodo del eclipse; le conviene evitar los viajes también. También este eclipse te afecta si eres estudiante, universitario o no universitario; podría haber más trastornos o reorganización en el colegio, cambio en los planes educacionales o cambio de colegio o facultad o de asignatura principal. Este eclipse también afecta a hermanos, figuras fraternas y vecinos; podría haber drama en sus vidas. También podría haber trastornos en el barrio. Pasan por pruebas los coches y equipos de comunicación por tercera vez este año; y también por tercera vez tienes enfrentamientos con la muerte; continúa la necesidad de entender esta en más profundidad; cuando entendemos la muerte, entendemos mejor la vida. De esto se trata.

Después del 22 mejoran la salud y la energía; este mes sigue siendo aconsejable el ejercicio físico; también serán buenos los masajes en la cara y el cuero cabelludo.

Como desde hace unos meses, las finanzas no son muy importantes. Las cosas tienden a continuar como están. Las finanzas del cónyuge, pareja o ser amado actual son más importantes para ti que las tuyas. La Luna llena del 12 y el perigeo de la Luna el 18 son buenos días en las finanzas. Además, los ingresos serán más fuertes cuando la Luna está creciente, del 1 al 12 y después del 26, pues tendrás más entusiasmo.

Cáncer

El Cangrejo
Nacidos entre el 21 de junio y el 20 de julio

Rasgos generales

CÁNCER DE UN VISTAZO

Elemento: Agua

Planeta regente: Luna
 Planeta de la profesión: Marte
 Planeta de la salud: Júpiter
 Planeta del amor: Saturno
 Planeta del dinero: el Sol
 Planeta de la diversión y los juegos: Plutón
 Planeta del hogar y la vida familiar: Venus

Colores: Azul, castaño rojizo, plateado
 Colores que favorecen el amor, el romance y la armonía social: Negro, azul índigo
 Colores que favorecen la capacidad de ganar dinero: Dorado, naranja

Piedras: Feldespato, perla

Metal: Plata

Aromas: Jazmín, sándalo

Modo: Cardinal (= actividad)

Cualidad más necesaria para el equilibrio: Control del estado de ánimo

Virtudes más fuertes: Sensibilidad emocional, tenacidad, deseo de dar cariño

Necesidad más profunda: Hogar y vida familiar armoniosos

Lo que hay que evitar: Sensibilidad exagerada, estados de humor negativos

Signos globalmente más compatibles: Escorpio, Piscis

Signos globalmente más incompatibles: Aries, Libra, Capricornio

Signo que ofrece más apoyo laboral: Aries

Signo que ofrece más apoyo emocional: Libra

Signo que ofrece más apoyo económico: Leo

Mejor signo para el matrimonio y/o las asociaciones: Capricornio

Signo que más apoya en proyectos creativos: Escorpio

Mejor signo para pasárselo bien: Escorpio

Signos que más apoyan espiritualmente: Géminis, Piscis

Mejor día de la semana: Lunes

La personalidad Cáncer

En el signo de Cáncer los cielos han desarrollado el lado sentimental de las cosas. Esto es lo que es un verdadero Cáncer: sentimientos. Así como Aries tiende a pecar por exceso de acción, Tauro por exceso de inacción y Géminis por exceso de pensamiento, Cáncer tiende a pecar por exceso de sentimiento.

Los Cáncer suelen desconfiar de la lógica, y tal vez con razón. Para ellos no es suficiente que un argumento o proyecto sea lógico, han de «sentirlo» correcto también. Si no lo sienten correcto lo rechazarán o les causará irritación. La frase «sigue los dictados de tu corazón» podría haber sido acuñada por un Cáncer, porque describe con exactitud la actitud canceriana ante la vida.

Sentir es un método más directo e inmediato que pensar. Pensar es un método indirecto. Pensar en algo jamás toca esa cosa.

Sentir es una facultad que conecta directamente con la cosa o tema en cuestión. Realmente la tocamos y experimentamos. El sentimiento es casi otro sentido que poseemos los seres humanos, un sentido psíquico. Dado que las realidades con que nos topamos durante la vida a menudo son dolorosas e incluso destructivas, no es de extrañar que Cáncer elija erigirse barreras de defensa, meterse dentro de su caparazón, para proteger su naturaleza vulnerable y sensible. Para los Cáncer se trata sólo de sentido común.

Si se encuentran en presencia de personas desconocidas o en un ambiente desfavorable, se encierran en su caparazón y se sienten protegidos. Los demás suelen quejarse de ello, pero debemos poner en tela de juicio sus motivos. ¿Por qué les molesta ese caparazón? ¿Se debe tal vez a que desearían pinchar y se sienten frustrados al no poder hacerlo? Si sus intenciones son honestas y tienen paciencia, no han de temer nada. La persona Cáncer saldrá de su caparazón y los aceptará como parte de su círculo de familiares y amigos.

Los procesos del pensamiento generalmente son analíticos y separadores. Para pensar con claridad hemos de hacer distinciones, separaciones, comparaciones y cosas por el estilo. Pero el sentimiento es unificador e integrador. Para pensar con claridad acerca de algo hay que distanciarse de aquello en que se piensa. Pero para sentir algo hay que acercarse. Una vez que un Cáncer ha aceptado a alguien como amigo, va a perseverar. Tendrías que ser muy mala persona para perder su amistad. Un amigo Cáncer jamás te abandonará, hagas lo que hagas. Siempre intentará mantener cierto tipo de conexión, incluso en las circunstancias más extremas.

Situación económica

Los nativos de Cáncer tienen una profunda percepción de lo que sienten los demás acerca de las cosas, y del porqué de esos sentimientos. Esta facultad es una enorme ventaja en el trabajo y en el mundo de los negocios. Evidentemente, es indispensable para formar un hogar y establecer una familia, pero también tiene su utilidad en los negocios. Los cancerianos suelen conseguir grandes beneficios en negocios de tipo familiar. Incluso en el caso de que no trabajen en una empresa familiar, la van a tratar como si lo fuera. Si un Cáncer trabaja para otra persona, entonces su jefe o jefa se convertirá en la figura parental y sus compañeros de trabajo en sus hermanas y hermanos. Si la persona Cáncer es el jefe o la jefa, entonces considerará a todos los empleados sus hijos. A los cancerianos les gusta la sensación de ser los proveedores de los demás. Disfrutan sabiendo que otras personas reciben su sustento gracias a lo que ellos hacen. Esta es otra forma de proporcionar cariño y cuidados.

Leo está en la cúspide de la segunda casa solar, la del dinero, de Cáncer, de modo que estas personas suelen tener suerte en la especulación, sobre todo en viviendas, hoteles y restaurantes. Los balnearios y las salas de fiesta son también negocios lucrativos para los nativos de Cáncer. Las propiedades junto al mar los atraen. Si bien básicamente son personas convencionales, a veces les gusta ganarse la vida de una forma que tenga un encanto especial.

El Sol, que es el planeta del dinero en la carta solar de los Cáncer, les trae un importante mensaje en materia económica: necesitan tener menos cambios de humor; no pueden permitir que su estado de ánimo, que un día es bueno y al siguiente malo, interfiera en su vida laboral o en sus negocios. Necesitan desarrollar su autoestima y un sentimiento de valía personal si quieren hacer realidad su enorme potencial financiero.

Profesión e imagen pública

Aries rige la cúspide de la casa diez, la de la profesión, en la carta solar de los Cáncer, lo cual indica que estos nativos anhelan poner en marcha su propia empresa, ser más activos en la vida pública y política y más independientes. Las responsabilidades familiares y el temor a herir los sentimientos de otras personas, o de hacerse daño a sí mismos, los inhibe en la consecución de estos objetivos. Sin embargo, eso es lo que desean y ansían hacer.

A los Cáncer les gusta que sus jefes y dirigentes actúen con libertad y sean voluntariosos. Pueden trabajar bajo las órdenes de un superior que actúe así. Sus líderes han de ser guerreros que los defiendan.

Cuando el nativo de Cáncer está en un puesto de jefe o superior se comporta en gran medida como un «señor de la guerra». Evidentemente sus guerras no son egocéntricas, sino en defensa de aquellos que están a su cargo. Si carece de ese instinto luchador, de esa independencia y ese espíritu pionero, tendrá muchísimas dificultades para conseguir sus más elevados objetivos profesionales. Encontrará impedimentos en sus intentos de dirigir a otras personas.

Debido a su instinto maternal, a los Cáncer les gusta trabajar con niños y son excelentes educadores y maestros.

Amor y relaciones

Igual que a los Tauro, a los Cáncer les gustan las relaciones serias y comprometidas, y funcionan mejor cuando la relación está claramente definida y cada uno conoce su papel en ella. Cuando se casan, normalmente lo hacen para toda la vida. Son muy leales a su ser amado. Pero hay un profundo secretillo que a la mayoría de nativos de Cáncer les cuesta reconocer: para ellos casarse o vivir en pareja es en realidad un deber. Lo hacen porque no conocen otra manera de crear la familia que desean. La unión es simplemente un camino, un medio para un fin, en lugar de ser un fin en sí mismo. Para ellos el fin último es la familia.

Si estás enamorado o enamorada de una persona Cáncer debes andar con pies de plomo para no herir sus sentimientos. Te va a llevar un buen tiempo comprender su profunda sensibilidad. La más pequeña negatividad le duele. Un tono de voz, un gesto de irritación, una mirada o una expresión puede causarle mucho sufrimiento. Advierte el más ligero gesto y responde a él. Puede ser muy difícil acostumbrarse a esto, pero persevera junto a tu amor. Una persona Cáncer puede ser una excelente pareja una vez que se aprende a tratarla. No reaccionará tanto a lo que digas como a lo que sientas.

Hogar y vida familiar

Aquí es donde realmente destacan los Cáncer. El ambiente hogareño y la familia que crean son sus obras de arte personales. Se esfuerzan por hacer cosas bellas que los sobrevivan. Con mucha frecuencia lo consiguen.

Los Cáncer se sienten muy unidos a su familia, sus parientes y, sobre todo, a su madre. Estos lazos duran a lo largo de toda su vida y maduran a medida que envejecen. Son muy indulgentes con aquellos familiares que triunfan, y están apegados a las reliquias de familia y los recuerdos familiares. También aman a sus hijos y les dan todo lo que necesitan y desean. Debido a su naturaleza cariñosa, son muy buenos padres, sobre todo la mujer Cáncer, que es la madre por excelencia del zodiaco.

Como progenitor, la actitud de Cáncer se refleja en esta frase: «Es mi hijo, haya hecho bien o mal». Su amor es incondicional. Haga lo que haga un miembro de su familia, finalmente Cáncer lo perdonará, porque «después de todo eres de la familia». La preservación de la institución familiar, de la tradición de la familia, es uno de los principales motivos para vivir de los Cáncer. Sobre esto tienen mucho que enseñarnos a los demás.

Con esta fuerte inclinación a la vida de familia, la casa de los Cáncer está siempre limpia y ordenada, y es cómoda. Les gustan los muebles de estilo antiguo, pero también les gusta disponer de todas las comodidades modernas. Les encanta invitar a familiares y amigos a su casa y organizar fiestas; son unos fabulosos anfitriones.

Horóscopo para el año 2019*

Principales tendencias

Este es un año de retos, Cáncer. Pero has pasado por épocas más difíciles aún; indiscutiblemente 2016 fue más difícil que el año que comienza. Lo pasaste y también pasarás este. Es importante comprender que el Universo nunca nos pide más de lo que podemos manejar; si nos pone dificultades significa que somos capaces de enfrentarlas. La dificultad es en sí la medida de nuestras capacidades. Hay que comprender también que los retos, las dificultades, no son algo malo; puede que no sean agradables, pero producen crecimiento y fuerza.

Hay algo bueno también; después del 7 de marzo las cosas serán, no exactamente fáciles, pero un poco más. En esta fecha Urano sale de su aspecto desfavorable contigo.

Este año es necesario estar más atento a la salud, y de esto hablaremos más adelante.

---

* Las previsiones de este libro se basan en el Horóscopo Solar y todos los signos que derivan de él; tu Signo Solar se convierte en el Ascendente, y las casas se numeran a partir de él. Tu horóscopo personal, el trazado concretamente para ti (según la fecha, hora y lugar exactos de tu nacimiento) podrían modificar lo que decimos aquí. Joseph Polansky

La vida amorosa se presenta difícil o complicada este año. Las relaciones serias pasan por pruebas. Si estás soltero o soltera no es probable que te cases. Después del 3 de diciembre las cosas mejoran en esta faceta pues el benévolo Júpiter entra en tu séptima casa, la del amor. Volveremos a este tema.

Júpiter pasa la mayor parte del año en tu sexta casa, así que lo tienes bien en el mercado laboral; se te presentan oportunidades muy felices.

Normalmente en un año tenemos dos eclipses solares; este año tenemos tres. Esto indica que en las finanzas habrá más cambios y trastornos de lo habitual. Tendrás que tomar más medidas correctivas. Volveremos a este tema.

Urano ha estado en tu décima casa los siete últimos años; esto ha sido causa de inestabilidad en la profesión y ha producido muchos cambios en esta faceta. El 7 de marzo sale de esta casa y entra en tu casa once, con lo que la profesión será más estable, con menos conmociones y sorpresas.

Neptuno lleva varios años en tu novena casa y continuará en ella muchos años más. Con esto se están «espiritualizando», refinando, tus creencias religiosas, teológicas y filosóficas. Vas a considerar la religión de un modo totalmente distinto. Más adelante volveremos a hablar de esto.

Los intereses más importantes para ti este año son: la salud y el trabajo (hasta el 3 de diciembre); el amor y el romance; la religión, la teología, la educación superior y viajes al extranjero; la profesión (hasta el 7 de marzo); las amistades, los grupos y las actividades de grupo (a partir del 7 de marzo).

Los caminos para tu mayor satisfacción o realización este año son: la salud y el trabajo (hasta el 3 de diciembre); el amor y el romance (a partir del 3 de diciembre); el cuerpo y la imagen.

Salud

(Ten en cuenta que esta es una perspectiva astrológica de la salud, no una médica. Antaño no había ninguna diferencia, ambas eran idénticas, pero en esta época podrían diferir muchísimo. Para una perspectiva médica, por favor, consulta a tu médico o a otro profesional de la salud.)

Como hemos dicho, este año será necesario prestar atención a la salud; tres planetas poderosos están en aspecto desfavorable contigo; después del 7 de marzo serán dos, pero estos dos, Saturno y Plutón, son planetas poderosos, potencias con las que no se puede jugar.

Lo bueno es que tu sexta casa está fuerte y esto significa atención, enfoque; estás al tanto de las cosas, te cuidas, estás receptivo a regímenes y estilos de vida sanos. Sería mucho más peligroso si la sexta casa estuviera vacía; indicaría falta de atención.

Los aspectos adversos no significan enfermedad; sólo significan mayor vulnerabilidad; se requiere más trabajo y esfuerzo para mantener la buena salud. Si pones el trabajo, y me parece que lo harás, evitarás muchos problemas.

Como siempre (y ya lo saben nuestros lectores), la primera línea de defensa es la energía elevada. Procura descansar lo suficiente; centra la atención en las cosas esenciales y deja estar las trivialidades y los asuntos secundarios. Usa la energía con mentalidad empresarial: invierte en ella para obtener buenos dividendos y no la malgastes.

Hay más cosas positivas; puedes fortalecer la salud dando más atención a las siguientes zonas, que son las vulnerables en tu carta.

El corazón. Este órgano ha sido importante desde hace unos años y este año lo es más aún. Te irán bien sesiones de reflexología para trabajar sus puntos reflejos. Lo importante para el corazón es evitar la preocupación y la ansiedad, las dos emociones que lo agotan (sobre este punto hay consenso entre los terapeutas espirituales). Cultiva la fe (la preocupación se podría definir como falta de fe).

El estómago y los pechos (si eres mujer). Estas zonas son siempre importantes para Cáncer. Te irá bien trabajar los puntos reflejos. La dieta siempre es importante para ti; lo que comes es importante, pero cómo comes tiene tal vez la misma importancia; haz lo posible por elevar el acto de comer, de elevarlo en vibraciones; considéralo un acto de culto; da las gracias por la comida, bendícela; a esto responderán tanto el alimento como tu sistema digestivo.

El hígado y los muslos. Estas zonas son siempre importantes para ti. Te conviene trabajar los puntos reflejos del hígado. Masajes periódicos en los muslos deberán formar parte de tu programa de salud; podría convenirte una limpieza del hígado con infusiones de hierbas, de vez en cuando y en especial cuando te sientas indispuesto.

La columna, las rodillas, la dentadura, la piel y la alineación esquelética general. Estas zonas serán importantes después del 3 de diciembre; en esta fecha Júpiter, tu planeta de la salud, entra en Capricornio, el signo que rige estas zonas. El masaje en los muslos no sólo fortalece el hígado sino también la parte inferior de la espalda. Te irán bien masajes periódicos en las rodillas. La buena higiene dental se hace más importante de lo habitual. Serán buenas terapias como la Técnica Alexander, el Rolfing y el Feldenkreis. El yoga y la gimnasia Pilates también son buenos para la columna.

Cuando la energía está baja (debido a efectos planetarios) suelen activarse trastornos ya existentes y parecen empeorar. Al cuerpo le falta la energía para controlarlos. Así pues, como hemos dicho, procura descansar lo suficiente.

Tu planeta de la salud, Júpiter, pasa la mayor parte del año en un signo de fuego, por lo tanto tienes buena conexión con el poder curativo del elemento fuego. El calor del sol es un tónico sanador; si te sientes indispuesto, sal a tomar el sol y absorber sus rayos. Las termoterapias son potentes este año, por ejemplo la sauna, salas de vapor y baños en agua caliente (todo lo caliente que soportes). Los clímas cálidos son mejores para la salud que los fríos. También son sanadoras las actividades que introducen fuego metafísico, como las ceremonias de fuego, las salas de vapor para sudar y las ceremonias con candelas encendidas.

Una cosa es tener a unos cuantos planetas lentos organizados en tu contra, pero si a estos se les unen los planetas rápidos, bueno, se intensifica la presión. Estos periodos exigen más descanso y más atención a la salud. Este año los periodos vulnerables son: del 1 al 20 de enero; del 20 de marzo al 19 de abril, y del 23 de septiembre al 22 de octubre. En las previsiones mes a mes hablaremos de esto con más detalle.

Hogar y vida familiar

El hogar y la familia son siempre importantes para Cáncer. De eso va la vida, de crear, cuidar, nutrir y proteger a la familia. Esto continúa siendo así (y lo será siempre) pero un poco menos. Incluso los intereses más fuertes tienen sus ritmos; crecen y menguan como la Luna, tu planeta regente. Este año, con tu cuarta casa prácticamente vacía (sólo transitan por ella los planetas rápidos, que entran y salen), estás en una fase hogar y familia menguante. En este periodo son mucho más importantes el matrimonio, la vida amorosa y las amistades.

La cuarta casa vacía se puede interpretar como algo bueno. Suele indicar satisfacción con las cosas como están; no tienes ninguna necesidad de hacer cambios drásticos; puedes hacerlos, si quieres, pero no hay necesidad. Las cosas tienden a continuar como están.

De todos modos, si surgiera un problema familiar, la causa podría ser la falta de atención, y entonces tendrás que comenzar a prestarle más atención.

Tu planeta de la familia, Venus, es de movimiento rápido. En un año transita por todos los signos y casas del horóscopo (este año avanza más rápido que de costumbre y transita dos veces por algunas casas). Esto significa que hay muchas tendencias de corto plazo en la faceta hogar y familia, según dónde esté Venus y los aspectos que reciba. Estas tendencias es mejor tratarlas en las previsiones mes a mes.

Siendo Venus tu planeta de la familia, la casa tiende a ser tanto un centro social como un hogar. Tiendes a organizar festivas reuniones en casa, con amistades y familiares. Venus no sólo es tu planeta de la familia sino también señor de tu casa once, la de las amistades, por lo tanto la tendencia es a considerar parte de la familia a las amistades y a tratarlas de esa manera.

Si tienes planes para hacer obras importantes de renovación o reparación (o construir una casa) del 4 de octubre al 19 de noviembre es buen periodo.

Si quieres mejorar la parte estética, decorar, dar una mano de pintura o comprar objetos de arte para adornarla, del 14 de septiembre al 23 de octubre es buen periodo.

Un progenitor o figura parental podría mudarse a fin de año; esto también podría ocurrir el año que viene; esta persona será muy próspera en 2020. El otro progenitor o figura parental va a gozar de éxito profesional después del 3 de diciembre; esta persona lleva unos años de desasosiego y parece que se va a estabilizar. Si el matrimonio de los padres o figuras parentales ha sobrevivido a los siete años pasados, será más estable.

Los hermanos o figuras fraternas tienen probabilidades de mudanza este año; también tienen buena suerte en la compra o venta de una casa. Si la hermana o figura fraterna está en edad de concebir será más fértil.

Los hijos o figuras filiales prosperan este año. En cuanto a mudanza, hay más probabilidades después del 3 de diciembre (o el próximo año) que antes.

Profesión y situación económica

Aunque esto no es bien sabido, las personas nativas de Cáncer tienden a la riqueza. Algunas de las personas más ricas han sido Cáncer (me viene a la cabeza John D. Rockefeller, el primer multi-multimillonario, pero hay muchos otros). Esto se debe a que vuestro planeta del dinero, el Sol, estaba en vuestro signo cuando nacisteis. Cáncer tiene excelentes habilidades e instintos en las finanzas. Por eso esta faceta es siempre importante para ti, aunque este año lo es menos; tu casa del dinero está prácticamente vacía.

Por lo general, la casa del dinero vacía es señal de satisfacción; no hay necesidad de hacer cambios drásticos en las finanzas. La tendencia es a dejar las cosas como están. Pero este año podría ser diferente. Como hemos dicho, tres eclipses solares sacudirán la vida financiera y producirán cambios drásticos. Además, el 21 de enero hay un eclipse lunar que ocurre en tu casa del dinero, por lo que también afecta a tus finanzas. Este año la vida financiera está sujeta a cuatro eclipses, el doble de lo normal.

En cierto modo esto es bueno (aunque no necesariamente agradable); el panorama financiero va a cambiar constantemente. Empresas en auge se derrumban muy pronto; la alta tecnología, las reglamentaciones gubernamentales y similares cambian las cosas. Las estrategias que eran buenas en ciertas circunstancias no son tan buenas en otras. Así pues, conviene y es necesario tomar medidas correctivas periódicas en la vida financiera. En tu caso, con su estricto afecto, el Cosmos te obliga a hacerlo. Este año las medidas correctivas son continuas.

Siendo el Sol tu planeta del dinero tienes una afinidad natural con los sectores inmobiliario residencial (el Sol estaba en tu signo cuando naciste), hoteles, restaurantes, empresas alimentarias y negocios familiares. También tienes afinidad con el oro, la plata, las compañías de electricidad, las de diversión, las industrias proveedoras para los jóvenes, todo interesante para ti.

Dado que el Sol es un planeta de movimiento rápido, en un año transita por todos los sectores del horóscopo, en las finanzas hay muchas tendencias de corto plazo que dependen de dónde está el Sol y de los aspectos que recibe. Estas es mejor tratarlas en las previsiones mes a mes.

En general, los periodos financieros fuertes para ti son del 20 de marzo al 19 de abril; del 23 de julio al 22 de agosto, y del 22 al 31 de diciembre.

Con la salida de Urano de tu décima casa el 7 de marzo, la profesión va a ser menos ajetreada y más estable; tal vez algo más aburrida. Pero el aburrimiento es el precio que pagamos por la estabilidad. Las figuras de autoridad de tu vida también se ven más estables. Este año la inestabilidad estará en sus vidas financieras.

Tu planeta de la profesión es Marte, es planeta de movimiento relativamente rápido, por lo que en la profesión hay muchas tendencias de corto plazo de las que es mejor hablar en las previsiones mes a mes.

Amor y vida social

Esta faceta es complicada y difícil este año, Cáncer. El año pasado fue la misma historia y la saga continúa. Saturno está en tu séptima casa, la del amor, desde el 21 de diciembre de 2017, y continuará en ella el resto del año. Plutón, el planeta de la muerte y el renacimiento lleva muchos años en tu séptima casa.

Por naturaleza, a Cáncer no le gusta el divorcio; la familia es sacrosanta. Si conoces a una persona Cáncer que se ha divorciado, puedes estar seguro de que las cosas iban muy mal, tremendamente mal. Cáncer haría cualquier cosa por continuar y mantener la unión. Sin embargo, en los últimos diez años ha habido divorcios (y tal vez viudas o viudedad). Y este año esto pasa por más pruebas en la relación conyugal.

El horóscopo nos muestra diversas posibilidades. Las relaciones existentes parecen ser las que están en más peligro. Pasan por la prueba del esfuerzo; a muchos productos mecánicos los hacen pasar por la prueba del esfuerzo, los hacen pasar por condiciones abrumadoras, más fuertes que las del uso normal; esto revela defectos ocultos que se pueden corregir. Y esto es lo que ocurre en las relaciones. Si la relación es fundamentalmente sólida, puede mejorar cuando se ven los defectos y se corrigen. Pero es probable que las relaciones no sólidas no pasen la prueba.

La prueba del esfuerzo tiene otras virtudes; cuando las cosas van bien, cuando predomina la armonía, no sabemos si el amor es verdadero. El amor es natural en esas situaciones; sólo ante situaciones difíciles conocemos la profundidad de nuestro amor.

Dado que el Cosmos desea lo mejor para ti, te pone la prueba del esfuerzo.

Como hemos dicho, las relaciones pasaron por pruebas también el año pasado. Pero este año las pruebas se ven más severas. Además de la presencia de Saturno en tu séptima casa, hay tres eclipses en esta casa. Esto aumenta el drama. Saturno en un signo se puede considerar como un largo eclipse de dos años. Pero ahora tres eclipses cortos aumentan la intensidad.

Si estás soltero o soltera no es aconsejable el matrimonio este año; vas a salir y tener citas, pero no tanto como de costumbre. Saturno te urge a preferir la calidad a la cantidad; mejor menos citas pero buenas que un montón de citas mediocres.

Tienes relaciones, pero no se ven felices ni románticas. Bueno, este año hay por lo menos tres; la tercera, que ocurre más avanzado el año, tiene posibilidades.

Uno de los problemas de tener a Saturno en la séptima casa es la tentación de entablar relaciones de conveniencia, no de verdadero amor. Sin duda tendrás este tipo de oportunidad si estás soltero o soltera y sin compromiso.

Este año las oportunidades sociales y románticas se presentan en los lugares habituales: fiestas, reuniones, balnearios y lugares de diversión. Te atraen personas mayores, establecidas, personas que puedan ofrecerte seguridad y estabilidad; las personas de tipo empresarial son las más atractivas.

La persona relacionada con un Cáncer debe cuidarse de no ser excesivamente controladora; Cáncer podría creerse controlado aun cuando no lo sea. Es necesario echarse atrás, también esforzarse en manifestar más amor y afecto.

En las amistades vemos una historia similar, aunque no tan severa. El 7 de marzo Urano entra en tu casa once y estará en ella muchos años; así pues, las amistades van a pasar por pruebas. Hay mucha inestabilidad social; será difícil hacer planes sociales con mucha anticipación pues no sabes quién estará disponible cuándo y ni siquiera sabes si esta o aquella persona seguirá siendo amiga en el futuro. Gran parte de esta inestabilidad no es por tu culpa; las amistades pasan por acontecimientos dramáticos, de aquellos que cambian la vida. El posible que alguno pase por una operación quirúrgica o tenga una experiencia de casi muerte. Las pruebas a la relación vienen de eso, no de ti. Lo bueno es que podrías hacer amistades nuevas de modo repentino e inesperado; esto puede ocurrir en cualquier momento y en cualquier lugar.

Las amistades que hagas serán personas no convencionales, personas interesantes, científicas, profesionales de alta tecnología, astrónomos, astrólogos e inventores. En realidad, en este periodo no te entusiasman las personas normales y corrientes.

Si estás con miras a un segundo matrimonio, lo tienes más fácil, pero en realidad el romance mejorará después del 3 de diciembre.

Progreso personal

Neptuno, el más espiritual de los planetas, lleva muchos años en tu novena casa y continuará en ella muchos años más. Estás pues pasando por un largo proceso en tus creencias religiosas y filosóficas, estas se están espiritualizando, elevando. Esto no puede producirse de la noche a la mañana, se produce a lo largo del tiempo, y esto es lo que está ocurriendo.

La novena casa se puede considerar la más importante del horóscopo; los hindúes la consideran así. Algunos la consideran más importante que el signo solar o el signo ascendente. En Occidente podríamos discrepar, pero de todos modos la novena casa es importante; indica nuestra religión y nuestra filosofía de la vida. La filosofía es más importante que la psicología, aunque al parecer la psicología está de moda.

¿Por qué?

La filosofía ocupa un estrato más elevado en los dominios de la causa. Si bien las emociones y los sentimientos son causales en relación al mundo físico, la filosofía es causal en relación al mundo emocional. Es nuestra filosofía la que determina nuestra visión del mundo y nuestras reacciones emocionales. La causa de las reacciones emocionales, estados de ánimo y sentimientos es la interpretación que da la persona a un acontecimiento o circunstancia. ¿Y qué determina esa interpretación? La filosofía.

Dos personas pueden experimentar el mismo hecho, incidente o circunstancia y tener reacciones emocionales totalmente distinta; esto se debe a su perspectiva filosófica de lo ocurrido. Para una la muerte de un amigo es un inmenso drama; para otra es causa de alegría, este amigo ya está con Dios y los ángeles, morando en la eternidad. Este es sólo un ejemplo; hay muchos.

En la vida experimentamos problemas. A veces están relacionados con el amor, o con las finanzas o con la salud. Pero estos problemas sólo son máscaras del verdadero problema que es siempre teológico. Ahí está la raíz. Estos problemas revelan deficiencias teológicas y para corregirlas en su raíz es necesario hacer modificaciones o ajustes en la teología.

Así pues, lo que ocurre en la novena casa, lo que te ocurre a ti, tendrá efectos profundos en todas las facetas de la vida. Se te llama a elevar y corregir tu teología, y esto es lo que está ocurriendo.

La presencia de Neptuno en tu novena casa indica la necesidad de explorar las tradiciones místicas de la religión con la que naciste. Toda religión tiene una tradición mística (muchas veces enterrada bajo montones de leyes y reglas creadas por el ser humano) y la tuya no es diferente. Conectar con esto es un interés importante en este periodo; producirá dividendos en muchas facetas de tu vida.

La otra lección espiritual importante es aprender a arreglártelas con la inestabilidad social, y no sólo a arreglártelas sino también a sentirte cómodo con ella. Este año Urano entra en tu casa once, la de las amistades, y estará en ella muchos años por venir. Acepta la inestabilidad, aprende a disfrutarla.

Previsiones mes a mes

Enero

Mejores días en general: 1, 10, 11, 19, 20, 27, 28
Días menos favorables en general: 5, 6, 12, 13, 25, 26
Mejores días para el amor: 1, 5, 6, 12, 13, 15, 16, 21, 22, 23, 24, 30, 31
Mejores días para el dinero: 2, 3, 5, 6, 16, 12, 13, 21, 22, 25
Mejores días para la profesión: 2, 12, 13, 21, 30, 31

Tu matrimonio o relación ha pasado por pruebas durante más de un año y ahora vuelve a pasar por ellas debido al eclipse solar del 6 (el 5 en Estados Unidos). Este eclipse es muy fuerte en ti y en tu cónyuge, pareja o ser amado actual. Así pues, los dos debéis tomaros las cosas con calma y reducir vuestras actividades. De todos modos necesitas reducir tus actividades pues este no es tu mejor periodo en la salud, pero es especialmente necesario durante el periodo del eclipse.

Este eclipse solar (como todos) te obliga a hacer cambios financieros importantes; esto no es algo que debas temer; lo vives dos veces al año (este año lo tendrás tres veces); es necesario tomar medidas correctivas en las finanzas; los acontecimientos o circunstancias provocados por el eclipse te indicarán qué estaba mal en tus planteamientos y estrategia.

Las pruebas en el amor podrían no deberse a la relación, sino a dramas en la vida del ser amado.

La salud necesita mucho cuidado y atención este mes; entre el 60 y el 70 por ciento de los planetas están en alineación desfavorable contigo. Y esto no es broma; tanto tu profesión como tu vida social son hiperactivas y te exigen mucha atención; son estresantes. Procura descansar lo suficiente; pon la mente en las cosas importantes y deja estar las que lo son menos; no debes ni tomar en cuenta las trivialidades. Fortalece la salud de las maneras explicadas en las previsiones para el año. Procura programar más sesiones de masaje o de tratamientos naturales. Después del 20 mejorará la salud pero seguirá necesitada de atención.

El eclipse lunar del 21 ocurre en tu casa del dinero y trae más cambios en las finanzas. Además, como todos los eclipses lunares, afecta a tu personalidad; te obliga a redefinirte y revaluarte y a decidir qué imagen deseas proyectar. Tampoco esto es algo para temer, pues te ocurre dos veces al año; es saludable redefinirse; somos seres en crecimiento, siempre cambiantes; nuestro concepto de nosotros mismos debe reflejar esto.

Marte pasa el mes en tu décima casa, lo que indica mucha actividad en tu profesión, y tal vez agresividad; podrías estar en una guerra, con competidores.

Tu planeta del dinero, el Sol, está en tu séptima casa, la del amor, hasta el 20; gran parte de tu vida social se relaciona con tu profesión o trabajo. Si estás soltero o soltera te atraen personas ricas, buenas proveedoras. Gastas más en asuntos sociales, pero puedes ganar de esto también. El 20 tu planeta del dinero entra en tu octava casa; usa el dinero extra para pagar deudas; este periodo también es bueno para refinanciar deudas o préstamos y para hacer los planes de pago de impuestos.

Febrero

Mejores días en general: 6, 7, 15, 16, 24, 25
Días menos favorables en general: 1, 2, 8, 9, 10, 21, 22, 28

Mejores días para el amor: 1, 2, 11, 12, 19, 20, 28
Mejores días para el dinero: 3, 4, 9, 10, 14, 17, 18, 24, 26, 27
Mejores días para la profesión: 8, 9, 10, 19, 28

La salud va mejor que el mes pasado y mejorará más después del 14, cuando Marte sale de su aspecto desfavorable para ti. Y después del 19 mejora más aún. Fortalece la salud de las maneras explicadas en las previsiones para el año.

El poder planetario sigue principalmente en el sector occidental o social de tu carta; continúas, pues, en un periodo social. La simpatía y buen talante social te llevará más lejos que tu iniciativa. Este es un periodo para cultivar tus dotes sociales. La entrada de Venus en tu séptima casa el 3 refuerza esto. Adáptate a las condiciones lo mejor posible; llegará el periodo, no falta mucho, en que será más fácil hacer cambios. La presencia de Venus en tu séptima casa es positiva para el amor, pero Saturno en esa casa recomienda cautela, la actitud «ve lento». En este periodo tienes una idea práctica del amor, y este mes esto es más acentuado. El amor no va tanto de pasión como de utilidad; esto es especialmente así el 17 y el 18; tú y tu pareja debéis inyectar pasión, poner algo de fuego en vuestra relación; da la impresión de que los dos hacéis lo que hay que hacer sin poner interés.

El Sol, tu planeta del dinero, está en tu octava casa hasta el 19; como el mes pasado, este es buen periodo para pagar deudas y planificar el pago de impuestos; también es bueno para refinanciar deudas en condiciones más favorables. Si tienes buenas ideas, este es buen mes para buscar inversores; es bueno para deshacerte de las posesiones que ya no usas, librarte de lo que ya no sirve y de otras cosas que sobran. ¿Tienes más de una cuenta bancaria? ¿O cuentas de inversión? Reduce estas cosas. También es bueno para anteponer los intereses financieros de los demás a los tuyos. Tu tarea es hacer ricas a otras personas; al hacerlo te llega la prosperidad de forma natural y normal, por la ley kármica.

El 19 tu planeta del dinero entra en tu novena casa, el espiritual Piscis. Esto indica buena intuición financiera. Favorece las inversiones en empresas extranjeras y en otros países; también favorece los sectores servicios de agua, transporte por mar y astilleros, petróleo y gas natural. Personas de estas industrias podrían ser importantes en tu vida financiera en este periodo.

Más importante que lo que acabo de decir es la necesidad y capacidad para profundizar en las dimensiones espirituales de la riqueza. Este es el camino hacia la verdadera independencia económica. Con esta comprensión no nos preocupamos de la economía en general ni del mercado de valores ni de la situación material. Accedemos al aprovisionamiento sobrenatural.

La vida onírica es particularmente activa los días 18 y 19; presta atención a tus sueños esos días pues tienen importancia espiritual.

Marzo

Mejores días en general: 5, 6, 7, 15, 16, 23, 24
Días menos favorables en general: 1, 2, 8, 9, 21, 22, 27, 28, 29
Mejores días para el amor: 1, 2, 3, 4, 10, 11, 15, 16, 19, 20, 23, 24, 27, 28, 29
Mejores días para el dinero: 8, 9, 17, 18, 25, 26
Mejores días para la profesión: 1, 2, 8, 9, 10, 11, 19, 20, 28, 29

Este mes el poder planetario está en su totalidad en la mitad superior de tu carta; sólo la Luna transitará por la mitad inferior del 15 al 26. Esto es muchísimo poder; favorece tu profesión y tus objetivos externos; el hogar y la familia pasan a un segundo plano por un tiempo, aun cuando los familiares apoyan tu profesión; no se sienten olvidados. El 20 el Sol entra en tu décima casa e inicias una cima profesional anual. Con el 90 por ciento de los planetas en movimiento directo, y a veces el 100 por ciento, deberías ver un rápido progreso hacia tus objetivos profesionales. El planeta del dinero en la décima casa indica prosperidad. El Sol está en su elevada posición de mediodía, brillando ardiente; esto indica aumento de sueldo, sea oficial o no oficial; indica el favor financiero de los superiores de tu vida: jefe, padres, figuras parentales y de autoridad. Es importante que mantengas tu buena fama profesional ya que esta promueve los ingresos. También puede llegar dinero de pagos de algún organismo gubernamental. Tu planeta de la profesión está en tu casa once todo el mes, así que te conviene participar en organizaciones profesionales y comerciales. Las amistades y la comunicación con ellos también te ayudan en la profesión.

Pero antes que ocurra todo esto, hasta el 20 está poderosa tu novena casa, la de la religión, la filosofía, la teología y la educación superior; la intuición financiera sigue siendo importante. Los días 15 y 16 traen orientación espiritual acerca de las finanzas; esto puede venir en sueños o a través de un vidente, lector de tarot, canalizador espiritual o pastor religioso. Como saben nuestros lectores, un milisegundo de verdadera intuición vale lo que muchos años de arduo trabajo. Este es un periodo fabuloso si eres universitario; te concentras en tus estudios y tienes éxito. Si tuvieras pendiente algún asunto legal o jurídico, también se ve exitoso el resultado.

Después del 20 deberás estar más atento a la salud; los aspectos no son tan desfavorables como lo fueron en enero, pero de todos modos hay más presión que antes del 20; así pues, como siempre, procura descansar lo suficiente. Fortalece la salud de las maneras indicadas en las previsiones para el año.

El amor continúa necesitado de esfuerzo o trabajo; ten presente lo que hablamos el mes pasado; hace falta «calentar» un poco las cosas.

Este es un mes para hacer progreso espiritual y religioso; tienes muchos planetas en tu novena casa, la de la religión; además, del 24 al 31, tu planeta de la espiritualidad, Mercurio, hace una pausa (algo inusual), acampa sobre Neptuno, el más espiritual de los planetas; así pues, está atento a tus sueños en este periodo, son importantes. El mundo invisible y sus habitantes te hacen saber que están presentes; tienen su manera de hacer esto.

Abril

Mejores días en general: 1, 2, 3, 11, 12, 19, 20, 29, 30
Días menos favorables en general: 4, 5, 17, 18, 24, 25
Mejores días para el amor: 2, 3, 7, 8, 11, 12, 15, 16, 21, 24, 25
Mejores días para el dinero: 4, 5, 13, 14, 22, 23, 24
Mejores días para la profesión: 1, 2, 4, 5, 10, 11, 19, 20, 28, 29

El poder continúa principalmente en la mitad superior de tu carta; entre el 80 y el 90 por ciento de los planetas están en esta mitad; tu décima casa, la de la profesión, está aún más fuerte que el mes pasado, mientras que tu cuarta casa, la del hogar y la familia, está prácticamente vacía, sólo la Luna transita por ella los días 17 y 18. Así pues, como el mes pasado, centra la atención en tu profesión y tus objetivos externos. Trabajas en tu profesión con los métodos del día, con actos; si en el ciclo noche pasado has visualizado tus objetivos, ahora es el periodo para actuar por ellos. En realidad no te desentiendes de tu familia (una persona Cáncer no hace esto jamás) ya que los familiares apoyan tus objetivos y tal vez participan activamente. Este mes se eleva de categoría la familia en su conjunto.

Tu planeta de la profesión, Marte, pasa el mes en tu espiritual casa doce; esto nos da diversos mensajes. Avanzas en tu profesión con actividades benéficas y altruistas; en estas actividades haces conexiones importantes. Tu comprensión espiritual, que viene de tu práctica, favorece la profesión. La orientación profesional te viene en sueños y en intuiciones; videntes, lectores de tarol, astrólogos, canalizadores espirituales y pastores religiosos tienen importante información profesional para ti. En un plano más profundo, tu práctica espiritual es tu profesión, es tu misión este mes. Ponte bien espiritualmente y las finanzas y la profesión cuidarán de sí mismas.

Hasta el 20 la salud se ve delicada; esto no significa enfermedad sino simplemente baja energía y mayor vulnerabilidad; debes prestarle más atención; esto no será fácil, estando tan ocupado en tu profesión y vida social; pero puedes. Como siempre, procura descansar lo suficiente, esto es siempre la primera línea de defensa. Fortalece la salud de las maneras indicadas en las previsiones para el año; programa más masajes u otros tratamientos; no gastes tiempo ni energía en las cosas no importantes; atente a lo que es importante para ti.

Las finanzas van bien. El Sol está en tu décima casa hasta el 20; ten presente, pues, lo que hablamos el mes pasado. El 20 el Sol entra en Tauro, tu casa once; esto es bueno, te hace menos arriesgado, más conservador, y el juicio financiero es mucho mejor que cuando el Sol estaba en el impulsivo Aries. Del 21 al 23 el Sol viaja con Urano; estos días podría haber gastos repentinos, inesperados, pero también el dinero para hacerlos. Es un buen periodo para pagar deudas o atraer inversores para tus proyectos. Me parece que tú y el ser amado estáis sincronizados en lo financiero; hay buena colaboración entre vosotros.

Mayo

Mejores días en general: 8, 9, 17, 18, 26, 27
Días menos favorables en general: 1, 2, 3, 15, 16, 21, 22, 29, 30
Mejores días para el amor: 2, 3, 4, 5, 13, 14, 21, 22, 31

Mejores días para el dinero: 2, 3, 4, 5, 10, 11, 13, 14, 19, 20, 24, 29, 30

Mejores días para la profesión: 1, 2, 3, 6, 7, 17, 26, 27, 29, 30

La salud va mejorando día a día; no es perfecta, pero mejora. Es increíble el efecto que pueden tener simples cambios en la energía planetaria; si ha habido alguna enfermedad o malestar, debería mejorar. Marte entra en tu signo el 16 y su presencia en él es similar a tomar elevadas dosis de anfetaminas: eleva la energía. Haces más; haces las cosas más rápido y, en general, eres más independiente.

Marte no es el único factor que estimula la independencia. Desde el mes pasado el poder planetario se está trasladando del sector occidental o social de tu carta al sector oriental o independiente. El dominio del sector oriental no ha llegado todavía a su punto máximo, lo que ocurrirá en los próximos meses, pero es un factor. Por lo tanto, tienes más poder (y disposición) para cambiar las condiciones y dejarlas como las quieres. Tienes más poder para crear tu felicidad; no dependes tanto de la buena voluntad de los demás; puedes lanzarte solo si lo deseas.

Marte en tu signo también indica otras cosas. Es tu planeta de la profesión, por lo tanto, las oportunidades profesionales te buscan, no has de hacer ningún esfuerzo. Tienes la imagen de persona de éxito, y tal vez te vistes para dar esa imagen. Jefes, padres y figuras parentales te demuestran afecto; cuentas con su favor. Es necesario, sin embargo, considerar con prudencia este afecto, podría indicar el deseo de controlarte.

Tu planeta del dinero, el Sol, que está en Tauro hasta el 21, continúa en aspecto armonioso contigo; esto es bueno para las finanzas; el juicio financiero es muy sensato y conservador. Tus conexiones sociales, en especial las amistades, son útiles en las finanzas. Es conveniente participar en grupos y organizaciones profesionales y comerciales ya que esto lleva a oportunidades de beneficio. También son muy útiles las actividades online. Este es buen mes para comprar equipo de alta tecnología o actualizar el que ya tienes.

El 21 el Sol entra en tu casa doce, la de la espiritualidad, con lo que se hace importante tu intuición financiera; serás más caritativo en este periodo; gastarás en cosas espirituales: libros, cedés, vídeos y similares. Participar en causas benéficas o altruistas beneficia a tus finanzas; normalmente esto ocurre por las conexiones que se hacen en estas actividades. La información financiera te llegará en sueños y a través de videntes, astrólogos, lectores de tarot, canalizadores espirituales o pastores religiosos. El espíritu está muy interesado en tu salud financiera; tiene su manera de ayudar, normalmente con intuiciones.

Marte en tu signo no es buen aspecto para el amor. Controla el genio. El exceso de osadía o de hacerte valer, a lo que eres propenso en este periodo, complica las cosas en el amor. La seguridad y afirmación de sí mismo son maravillosas, pero no tanto en lo social o romántico.

Junio

Mejores días en general: 5, 6, 13, 14, 23, 24
Días menos favorables en general: 11, 12, 18, 19, 25, 26
Mejores días para el amor: 1, 9, 10, 11, 18, 19, 20, 21, 28, 29
Mejores días para el dinero: 2, 3, 7, 8, 11, 12, 15, 16, 22, 25, 26
Mejores días para la profesión: 4, 5, 13, 14, 23, 24, 25, 26

Los planetas se están acercando a su posición oriental máxima del año; el próximo mes será más o menos igual. Sin la menor duda este es el periodo para hacer los cambios que es necesario hacer. Los planetas te respaldan; el Cosmos desea tu felicidad; cuando eres feliz hay mucho menos sufrimiento en el mundo. Es pues, el periodo para centrar la atención en tus intereses; el periodo para tener las cosas a tu manera; sabes lo que es mejor para ti. Si los demás no están de acuerdo (y eso parece) puedes lanzarte solo; esto no significa pisotear a los demás sino solamente que tiendes a satisfacer tus intereses. Dentro de unos meses, cuando los planetas comiencen nuevamente a trasladarse a tu sector occidental, será más difícil hacer los cambios que deseas hacer, así que aprovecha este periodo.

Marte continúa en tu signo y estará en él todo el mes; Mercurio se le reúne ahí el 4 y el Sol el 21. El 21 comienzas uno de tus periodos de placer personal, periodo para gozar de todos los placeres del cuerpo, para satisfacer tus deseos sensuales. También es bueno para poner en forma el cuerpo y la imagen.

Esta independencia complica la vida amorosa; aunque te ves bien y tu apariencia es radiante, el amor se ve difícil; la apariencia no tiene nada que ver con esto; tú y el ser amado parecéis estar en los polos opuestos; veis las cosas de diferente manera, no estáis de acuerdo, y esto genera tensión. Tu pareja tiene su atención en sus intereses y tú en los tuyos. Tiene que haber un terreno intermedio, y tendrás que encontrarlo. Si estás soltero o soltera y sin compromiso también lo tienes difícil, no estás de ánimo para el amor; no estás dispuesto a tomarte la molestia o hacer el esfuerzo por encontrar amor. Además, tu planeta del amor, Saturno, inició movimiento retrógrado el 2 del mes pasado y continuará en este movimiento unos cuantos meses; no tienes claros tus objetivos en el amor.

Marte, tu planeta de la profesión, está «fuera de límites» hasta el 12 (lo está desde el 21 de abril). Esto quiere decir que has salido de tu esfera normal en busca de la consecución de tus objetivos profesionales; también podría indicar que por motivos profesionales has debido frecuentar lugares desconocidos. Un progenitor o figura parental también ha estado fuera de su ambiente o esfera normal.

La salud es buena este mes, aunque no perfecta. Sigues teniendo dos poderosos planetas lentos, Saturno y Plutón, en alineación adversa. Pero recibes mucha ayuda de los planetas rápidos.

Las finanzas son excelentes este mes, aunque más después del 21 que antes. Tu planeta del dinero en tu signo trae beneficios y oportunidades financieros inesperados.

Julio

Mejores días en general: 2, 3, 10, 11, 20, 21, 29, 30
Días menos favorables en general: 8, 9, 15, 16, 22, 23, 24
Mejores días para el amor: 1, 6, 7, 10, 11, 15, 16, 20, 21, 25, 26, 31
Mejores días para el dinero: 4, 5, 13, 14, 21, 22, 23, 24, 29, 30, 31
Mejores días para la profesión: 4, 13, 14, 22, 23, 24, 31

Este mes hay dos eclipses y los dos tienen fuertes efectos en ti; lo bueno es que tienes muchísima energía para sobrellevar los trastornos que produzcan.

El eclipse solar del 2 ocurre en tu signo; esto indica que necesitas redefinirte y redefinir tu imagen. A veces, con este tipo de eclipse la persona se ve ante calumnias o insinuaciones equívocas. Por lo tanto es imperioso que te definas tú; si no, te definirán otras personas y eso no será agradable. Todos los eclipses solares te obligan a hacer cambios en las finanzas; tal vez tu estrategia o planteamiento no es realista y las circunstancias producidas por el eclipse te lo demuestran. En este determinado caso, es posible que hayas sido excesivamente pesimista en tu planificación: tus ingresos y poder adquisitivo son mayores de lo que crees. Estás en un mes muy próspero, y es probable que el eclipse lo haga aún más próspero, aunque tal vez mediante algunas conmociones.

El eclipse lunar del 16 también es muy fuerte en ti; no sólo es eclipsada la Luna, tu planeta regente, sino que además ocurre en alineación desfavorable contigo. Procura, pues, reducir tus actividades durante los periodos de los dos eclipses. Este eclipse ocurre en tu séptima casa, la del amor, y (como el de enero) pone a prueba el amor y la relación actual; estas pruebas ya llevan un tiempo y ahora son más intensas. Así pues, ten paciencia con el ser amado, que también pasa por dramas personales, y evita tomar decisiones importantes en el amor, ni en un sentido ni otro; tu planeta del amor, Saturno, continúa en movimiento retrógrado. Normalmente con este tipo de eclipse salen a la luz viejos agravios (reales o imaginados) para que se resuelvan, se limpien. Lo bueno es que ves el problema y así puedes hacer algo para resolverlo; antes estaba oculto.

Si estás soltero o soltera, un eclipse en la séptima casa indica matrimonio; esto no significa que te vas a casar (lo que no es aconsejable, por cierto) sino que podrías tomar ciertas decisiones al respecto, que se manifestarán más adelante.

Todos los eclipses lunares te afectan personalmente, en especial a tu cuerpo, imagen y concepto de ti mismo. En cierto modo este es una repetición del eclipse solar del 2; no hay manera de evitarlo: debes redefinirte tú. Dentro de unos meses presentarás una «nueva imagen» al mundo.

Este eclipse lunar también afecta a los hijos y figuras filiales de tu vida (hace impacto en Plutón, regente de tu quinta casa); también pasan por dramas personales, y también deben reducir sus actividades durante el periodo del eclipse; no deben ni pensar en actividades que entrañen riesgo o peligro.

Agosto

Mejores días en general: 7, 8, 16, 17, 26, 27
Días menos favorables en general: 4, 5, 11, 12, 19, 20

Mejores días para el amor: 1, 2, 3, 9, 10, 11, 12, 20, 21, 22, 30, 31
Mejores días para el dinero: 1, 9, 10, 19, 20, 28, 29, 30
Mejores días para la profesión: 1, 9, 10, 19, 20, 21, 30, 31

El poder planetario continúa principalmente en el sector oriental o independiente de tu carta, y esto cambiará el próximo mes. Así pues, si todavía hay algún cambio que necesites hacer, este es el momento. Más adelante será más difícil.

La actividad retrógrada sigue fuerte, aunque menos que el mes pasado; el 40 por ciento de los planetas están en movimiento retrógrado la mayor parte del mes. Muchos de los fenómenos de que hablamos el mes pasado podrían tener reacciones retardadas.

Continúas en una cima financiera anual; hasta el 23 tu casa del dinero es con mucho la más fuerte de tu carta. Así pues, centra la atención en las finanzas. Marte está en tu casa del dinero desde el 1 del mes pasado y continúa en ella hasta el 18 de este mes. Esto indica que cuentas con el favor financiero de los superiores de tu vida; me parece que intervienen activamente en tus finanzas (también un progenitor o figura parental). Venus en tu casa del dinero hasta el 21 indica buen apoyo social y familiar. Mercurio en tu casa del dinero del 11 al 29 indica buena intuición financiera, donaciones benéficas y la importancia de las ventas, mercadotecnia y relaciones públicas.

Más adelante, cuando el Sol entre en tu tercera casa, la de la comunicación, también son importantes la mercadotecnia y las relaciones públicas, dar a conocer tu producto o servicio. Este aspecto también favorece el comercio, la compraventa y la venta al detalle. Tu don de palabra es un gran activo en las finanzas. Las personas adineradas de tu vida tienen un mes financiero fabuloso a partir del 23; los ricos se hacen más ricos. El 29 y el 30 el Sol forma buenos aspectos a Urano; esto indica buena colaboración financiera con el cónyuge, pareja o ser amado actual; indica que te llega dinero de forma repentina e inesperada.

El poder de la tercera casa a partir del 23 es bueno si eres estudiante aún no universitario; indica concentración en los estudios y por lo tanto éxito. Pero aunque no seas estudiante deberías serlo en este periodo; haz cursos, asiste a charlas, seminarios y talleres acerca de temas que te interesan; tienes la mente más aguda y asimilas mejor la información.

La vida amorosa sigue difícil, pero después del 18 tendrías que ver mejoría; Saturno comienza a recibir aspectos armoniosos; el ser amado está de mejor humor y las cosas deberían ir mejor.

Del 15 al 17 conduce con más cuidado.

Septiembre

Mejores días en general: 3, 4, 12, 13, 14, 22, 23, 30
Días menos favorables en general: 1, 2, 7, 8, 9, 15, 16, 28, 29
Mejores días para el amor: 7, 8, 9, 17, 18, 19, 20, 26, 27, 28, 29
Mejores días para el dinero: 5, 6, 7, 8, 15, 16, 18, 19, 24, 25, 28
Mejores días para la profesión: 7, 8, 9, 15, 16, 17, 18, 19, 26, 27

La salud es claramente un problema este mes, en especial después del 23, cuando entre el 50 y el 60 por ciento de los planetas estarán en alineación desfavorable contigo. Por lo tanto, tómate las cosas con calma y procura descansar lo suficiente; pasa más tiempo en un balneario de salud e intenta programar más sesiones de masaje u otro tratamiento; los baños calientes relajan y rejuvenecen el cuerpo; pasa más tiempo al sol. También fortalece la salud de las maneras explicadas en las previsiones para el año.

Si cuidas bien tu salud, el mes se ve feliz. El poder planetario se está acercando a su posición inferior máxima, en la mitad inferior de tu carta, tu favorita. Puedes pasar a un segundo plano la profesión por un tiempo; el Cosmos te incita a hacer lo que más te gusta, ocuparte de la familia, centrar la atención en el hogar y, lo más importante, en tu bienestar emocional.

Si eres estudiante aún no universitario, este sigue siendo un mes excelente; tu tercera casa está poderosa todo el mes, pero especialmente hasta el 23; la mente está aguda y aumentadas las facultades de comunicación; hay éxito en los estudios. Y si no eres estudiante, este es un periodo fabuloso para ponerte al día en tus lecturas y asistir a clases sobre temas que te interesan. Esto no sólo es agradable sino que también te es útil en la profesión; tus dotes de comunicación te favorecen en la profesión.

Venus, tu planeta de la familia, tiene su solsticio del 15 al 18, es decir, hace una pausa (en su movimiento latitudinal) y luego cambia de dirección; así pues, hay una pausa en tu vida familiar y luego cambia de dirección.

El 23 el Sol entra en tu cuarta casa, la del hogar y la familia; Mercurio y Venus entran en ella el 14. Por lo tanto, esta faceta

es un centro de atención natural. Si estás haciendo psicoterapia, haces buen progreso; y aun cuando no estés en una terapia
formal, el Terapeuta Interior está trabajando arduo. Te enfrentarás a muchos recuerdos de experiencias pasadas, que se resolverán; las interpretarás y comprenderás de otra manera; esto es
la curación emocional de la Naturaleza. Además, a partir del
23 será más activa la vida onírica; los sueños tendrán importancia psíquica. Este es un periodo para acumular fuerzas para tu
próximo empuje profesional, que llegará a fin de año (y continuará el próximo).

El amor va bien hasta el 23 (esto es relativo, Saturno sigue en
tu séptima casa). Después del 23 se complican las cosas; es probable que esto no se deba a ti; el ser amado se encuentra ante retos
personales que influyen en estas cosas. Lo bueno es que Saturno,
tu planeta del amor, retoma el movimiento directo el 18. Entonces ya tienes más claridad en el amor, tus decisiones serán mucho
mejores.

Octubre

Mejores días en general: 1, 10, 11, 19, 20, 28, 29
Días menos favorables en general: 5, 6, 12, 13, 26, 27
Mejores días para el amor: 5, 6, 10, 11, 15, 16, 19, 20, 23, 24, 28,
    29
Mejores días para el dinero: 2, 3, 4, 7, 8, 12, 13, 17, 18, 21, 22,
    28, 30, 31
Mejores días para la profesión: 7, 12, 13, 17, 18, 26, 27

La salud sigue siendo un problema importante este mes; repasa lo
que hablamos acerca de esto el mes pasado. Después del 23 verás
cierta mejoría, pero seguirá siendo necesario estar atento.

Este mes sigue poderosa tu cuarta casa, la del hogar y la familia; el 4 entra Marte en ella. Esto indica que este mes el hogar y la
familia son la verdadera profesión, la misión. Si pones en orden la
base hogareña, si estás en armonía emocional, la profesión cuidará de sí misma.

Del 4 al 11 Marte tiene su solsticio, es decir, hace una pausa en
el firmamento, en su movimiento latitudinal, y luego cambia de
dirección; más o menos acampa en un lugar estos días. Por lo
tanto, corresponde hacer una pausa en la profesión, una pausa
que renueva, después habrá un cambio de dirección.

A partir del 4, con Marte en tu cuarta casa, es un periodo excelente para hacer obras de renovación o reparación en la casa; también es buen periodo para construir una casa, si es ese tu plan. También indica que has de trabajar en tu profesión con los métodos de la noche, no con la acción directa del día. Ponte en el ánimo o sensación del puesto o lugar en que deseas estar profesionalmente; vive esa sensación todo lo posible; a esto podríamos llamarlo sueño despierto controlado o meditación. Cuando los planetas pasen a la mitad superior de tu carta, podrás actuar para conseguir tus objetivos. En este periodo no es necesario pensar en los «cómo»; vive en la idea acabada; el cómo se te revelará más adelante.

El Sol, tu planeta del dinero, estará en tu cuarta casa hasta el 23; esto indica que gastas más en el hogar y la familia; también puedes ganar de ellos. La familia y las conexiones familiares son importantes en las finanzas; también favorece el ganar dinero desde la casa. El 23 el Sol entra en tu quinta casa, posición muy afortunada; indica «dinero feliz»; ganas el dinero de modo feliz, tal vez cuando estás en una fiesta o en un campo de deportes; tal vez cuando estás ofreciendo una buena comida a clientes o posibles clientes. Tiendes a ser más especulador. Gastas más en los hijos o figuras filiales, pero también puedes ganar gracias a ellos; mucho depende de la edad y fase en que están. Si son niños, te inspiran con ideas, o son la fuerza motivadora para hacer dinero; y con igual frecuencia, pueden ser una fuente directa de aprovisionamiento.

Cuando el Sol entra en tu quinta casa el 23 comienzas la segunda cima anual de placer personal. Es el periodo para gozar de la vida y recrearte. Tu creatividad será extraordinariamente fuerte entonces, y si has experimentado el flujo creativo sabes qué dicha es. Te llevas especialmente bien con los hijos y las figuras filiales de tu vida.

Noviembre

Mejores días en general: 6, 7, 16, 17, 24, 25
Días menos favorables en general: 1, 2, 8, 9, 10, 22, 23, 28, 29, 30
Mejores días para el amor: 1, 2, 8, 9, 11, 12, 18, 19, 20, 21, 28, 29, 30
Mejores días para el dinero: 6, 7, 8, 9, 10, 16, 17, 18, 19, 26, 27
Mejores días para la profesión: 3, 4, 5, 8, 9, 10, 17, 26

El 23 del mes pasado comenzó a mejorar la vida amorosa, y mejorará más aún después del 19. Sigue siendo necesario «calentar» las cosas en tu relación, mantener encendida la chispa del romance, pero ahora es más fácil. Si estás soltero o soltera no es probable que te cases (el año que viene será otra historia) pero tienes mejores oportunidades. Cualquier relación que haya durado hasta ahora durará pase lo que pase. Esto es sano. La entrada de Venus en tu séptima casa el 26 hace más dulce al ser amado, menos rígido, más romántico.

También está mejor la salud y después del 19 mejorará más todavía; aún está lejos de ser perfecta, pero está mejor. Continúa fortaleciéndola de las maneras indicadas en las previsiones para el año. Lo bueno es que le prestas atención a la salud.

Hasta el 22 sigues inmerso en una cima anual de placer personal; divertirte, olvidar las preocupaciones y cuidados, no sólo es saludable sino que también te es útil en las finanzas y la profesión.

Júpiter ha estado en tu sexta casa todo lo que va de año; Venus está en ella hasta el 26. El 23 entra el Sol en ella. Este es pues, un periodo excelente si buscas trabajo; todo el año has tenido buenos aspectos para el trabajo, pero este mes son especialmente buenos. Es muy probable que tengas empleo, y en este caso el poder de la sexta casa indica posibilidades de hacer horas extras o algún trabajo secundario. También es buen periodo para contratar personal, si eres empleador; tienes muchos solicitantes. Los hijos y figuras filiales han gozado de prosperidad todo el año, pero ahora, especialmente después del 23, prosperan más aún.

Tu prosperidad se ve fuerte este mes también. Hasta el 22 tu planeta del dinero está en la feliz y despreocupada quinta casa; gastas en actividades de ocio y puedes ganar en estas cosas también. Este aspecto favorece las inversiones en las industrias que proveen a la juventud, música, espectáculos y diversión. Las oportunidades financieras se te presentan en balnearios o lugares de diversión. El 22 tu planeta del dinero entra en Sagitario, signo de expansión; los objetivos financieros se elevan; se expanden los horizontes. Deberías ver un aumento de los ingresos; el gasto excesivo podría ser un problema. El planeta del dinero en la sexta casa indica que el dinero procede del trabajo, y es probable, como hemos dicho, que hagas horas extras y algún trabajo secundario.

Venus, tu planeta de la familia, y también de las amistades, está «fuera de límites» del 15 al 30. Así pues, los familiares salen de su esfera normal; las amistades también. Y en los asuntos psíquicos también tú te aventuras en terrenos desconocidos.

Diciembre

Mejores días en general: 3, 4, 5, 13, 14, 21, 22, G31
Días menos favorables en general: 6, 7, 19, 20, 26, 27
Mejores días para el amor: 8, 9, 17, 18, 26, 27, 28, 29
Mejores días para el dinero: 6, 7, 8, 15, 16, 17, 26
Mejores días para la profesión: 3, 4, 5, 6, 7, 13, 14, 21, 22, 31

La vida amorosa y social ha recibido una buena paliza este año; Saturno y Plutón en tu séptima casa han sido muy problemáticos; y has tenido dos eclipses en esta casa (y hay otro el 26). Sin embargo, ahora das la vuelta a la esquina, lo peor ya ha pasado. El 3 entra Júpiter, benévolo y expansivo, en tu casa del amor. Hay más optimismo, hay luz al final del túnel. Aumenta la actividad social; conoces a personas significativas; se expande tu círculo de amistades. Si estás soltero o soltera este aspecto indica que hay romance en el horizonte, tal vez incluso matrimonio o una relación seria; de todos modos, hay más probabilidades de matrimonio el próximo año, cuando Saturno salga de tu séptima casa.

El eclipse solar del 26 es muy fuerte en ti, así que tómate las cosas con calma y reduce tus actividades; evita las actividades arriesgadas. Este eclipse, combinado con la entrada de Júpiter en tu séptima casa, señala un cambio importante en tu vida amorosa. Cambia la actitud en el amor; hay que tomar decisiones importantes. Este eclipse también afecta al cónyuge, pareja o ser amado actual; también debe reducir sus actividades durante el periodo del eclipse; hay más dramas en su vida. También hay drama en la vida de personas amigas (amistades del corazón). Este eclipse hace impacto en Júpiter, tu planeta del trabajo; vienen, pues, cambios laborales; también debes hacer cambios en tu programa de salud. Si eres empleador, verás drama en la vida de empleados y tal vez haya cambios de personal. Además, como con todos los eclipses solares, hay cambios en las finanzas; este es el tercer eclipse que afecta a las finanzas.

La salud nuevamente es problema este mes, en especial después del 22. Tendrías que pasar bien el mes si adoptas las precauciones adecuadas: descansas lo suficiente, centras la atención en las cosas esenciales, y fortaleces la salud de las maneras explicadas en las previsiones para el año.

Aun cuando el eclipse causa trastornos en tu vida financiera, las finanzas van bien este mes. Hasta el 22 tu planeta del dinero, el Sol, está en el expansivo Sagitario. Esto da grandes ideas de riqueza, más grandes que los objetivos de la vida; sea que los consigas o no, el mes tiende a ser próspero. Tal vez eres más especulador y arriesgado en este periodo; podrías tender a gastar en exceso. Después del 22, cuando el planeta del dinero entra en el conservador Capricornio, mejora el juicio financiero; es más realista. El eclipse solar del 26 podría causar ciertas conmociones en las finanzas, pero tienes los medios para manejarlas. Del 26 al 28 el Sol viaja con Júpiter; estos son días de prosperidad. A partir del 22 las conexiones sociales tienen un papel imporatante en las finanzas; gastas más en la vida social, pero me parece que eso es buena inversión. Este es buen periodo para hacer presupuestos y planes de ahorro de largo plazo.

Leo

El León
Nacidos entre el 21 de julio y el 21 de agosto

Rasgos generales

LEO DE UN VISTAZO

Elemento: Fuego

Planeta regente: Sol
   Planeta de la profesión: Venus
   Planeta de la salud: Saturno
   Planeta del amor: Urano
   Planeta del dinero: Mercurio

Colores: Dorado, naranja, rojo
   Colores que favorecen el amor, el romance y la armonía social:
   Negro, azul índigo, azul marino
   Colores que favorecen la capacidad de ganar dinero: Amarillo,
   amarillo anaranjado

Piedras: Ámbar, crisolita, diamante amarillo

Metal: Oro

Aroma: Bergamota, incienso, almizcle

Modo: Fijo (= estabilidad)

Cualidad más necesaria para el equilibrio: Humildad

Virtudes más fuertes: Capacidad de liderazgo, autoestima y confianza en sí mismo, generosidad, creatividad, alegría

Necesidad más profunda: Diversión, alegría, necesidad de brillar

Lo que hay que evitar: Arrogancia, vanidad, autoritarismo

Signos globalmente más compatibles: Aries, Sagitario

Signos globalmente más incompatibles: Tauro, Escorpio, Acuario

Signo que ofrece más apoyo laboral: Tauro

Signo que ofrece más apoyo emocional: Escorpio

Signo que ofrece más apoyo económico: Virgo

Mejor signo para el matrimonio y/o las asociaciones: Acuario

Signo que más apoya en proyectos creativos: Sagitario

Mejor signo para pasárselo bien: Sagitario

Signos que más apoyan espiritualmente: Aries, Cáncer

Mejor día de la semana: Domingo

La personalidad Leo

Cuando pienses en Leo, piensa en la realeza; de esa manera te harás una idea de cómo es Leo y por qué los nativos de este signo son como son. Es verdad que debido a diversas razones algunos Leo no siempre expresan este rasgo, pero aun en el caso de que no lo expresen, les gustaría hacerlo.

Un monarca no gobierna con el ejemplo (como en el caso de Aries) ni por consenso (como hacen Capricornio y Acuario), sino por su voluntad personal. Su voluntad es ley. Sus gustos personales se convierten en el estilo que han de imitar todos sus súbditos. Un rey tiene en cierto modo un tamaño más grande de lo normal. Así es como desea ser Leo.

Discutir la voluntad de un Leo es algo serio. Lo considerará una ofensa personal, un insulto. Los Leo nos harán saber que su voluntad implica autoridad, y que desobedecerla es un desacato y una falta de respeto.

Una persona Leo es el rey, o la reina, en sus dominios. Sus subordinados, familiares y amigos son sus leales súbditos. Los Leo reinan con benevolente amabilidad y con miras al mayor bien para los demás. Su presencia es imponente, y de hecho son personas poderosas. Atraen la atención en cualquier reunión social. Destacan porque son los astros en sus dominios. Piensan que, igual que el Sol, están hechos para brillar y reinar. Creen que nacieron para disfrutar de privilegios y prerrogativas reales, y la mayoría de ellos lo consiguen, al menos hasta cierto punto.

El Sol es el regente de este signo, y si uno piensa en la luz del Sol, es muy difícil sentirse deprimido o enfermo. En cierto modo la luz del Sol es la antítesis misma de la enfermedad y la apatía. Los Leo aman la vida. También les gusta divertirse, la música, el teatro y todo tipo de espectáculos. Estas son las cosas que dan alegría a la vida. Si, incluso en su propio beneficio, se los priva de sus placeres, de la buena comida, la bebida y los pasatiempos, se corre el riesgo de quitarles su voluntad de vivir. Para ellos, la vida sin alegría no es vida.

Para Leo la voluntad humana se resume en el poder. Pero el poder, de por sí, y al margen de lo que digan algunas personas, no es ni bueno ni malo. Únicamente cuando se abusa de él se convierte en algo malo. Sin poder no pueden ocurrir ni siquiera cosas buenas. Los Leo lo saben y están especialmente cualificados para ejercer el poder. De todos los signos, son los que lo hacen con más naturalidad. Capricornio, el otro signo de poder del zodiaco, es mejor gerente y administrador que Leo, muchísimo mejor. Pero Leo eclipsa a Capricornio con su brillo personal y su presencia. A Leo le gusta el poder, mientras que Capricornio lo asume por sentido del deber.

Situación económica

Los nativos de Leo son excelentes líderes, pero no necesariamente buenos jefes. Son mejores para llevar los asuntos generales que los detalles de la realidad básica de los negocios. Si tienen buenos jefes, pueden ser unos ejecutivos excepcionales trabajando para ellos. Tienen una visión clara y mucha creatividad.

Los Leo aman la riqueza por los placeres que puede procurar. Les gusta llevar un estilo de vida opulento, la pompa y la elegancia. Incluso aunque no sean ricos, viven como si lo fueran. Por este motivo muchos se endeudan, y a veces les cuesta muchísimo salir de esa situación.

Los Leo, como los Piscis, son generosos en extremo. Muchas veces desean ser ricos sólo para poder ayudar económicamente a otras personas. Para ellos el dinero sirve para comprar servicios y capacidad empresarial, para crear trabajo y mejorar el bienestar general de los que los rodean. Por lo tanto, para los Leo, la riqueza es buena, y ha de disfrutarse plenamente. El dinero no es para dejarlo en una mohosa caja de un banco llenándose de polvo, sino para disfrutarlo, distribuirlo, gastarlo. Por eso los nativos de Leo suelen ser muy descuidados con sus gastos.

Teniendo el signo de Virgo en la cúspide de su segunda casa solar, la del dinero, es necesario que los Leo desarrollen algunas de las características de análisis, discernimiento y pureza de Virgo en los asuntos monetarios. Deben aprender a cuidar más los detalles financieros, o contratar a personas que lo hagan por ellos. Tienen que tomar más conciencia de los precios. Básicamente, necesitan administrar mejor su dinero. Los Leo tienden a irritarse cuando pasan por dificultades económicas, pero esta experiencia puede servirles para hacer realidad su máximo potencial financiero.

A los Leo les gusta que sus amigos y familiares sepan que pueden contar con ellos si necesitan dinero. No les molesta e incluso les gusta prestar dinero, pero tienen buen cuidado de no permitir que se aprovechen de ellos. Desde su «trono real», a los Leo les encanta hacer regalos a sus familiares y amigos, y después disfrutan de los buenos sentimientos que estos regalos inspiran en todos. Les gusta la especulación financiera y suelen tener suerte, cuando las influencias astrales son buenas.

Profesión e imagen pública

A los Leo les gusta que los consideren ricos, porque en el mundo actual la riqueza suele equivaler a poder. Cuando consiguen ser ricos, les gusta tener una casa grande, con mucho terreno y animales.

En el trabajo, destacan en puestos de autoridad y poder. Son buenos para tomar decisiones a gran escala, pero prefieren dejar los pequeños detalles a cargo de otras personas. Son muy respetados por sus colegas y subordinados, principalmente porque tienen el don de comprender a los que los rodean y relacionarse bien con ellos. Generalmente luchan por conquistar los puestos más elevados, aunque hayan comenzado de muy abajo, y trabajan muchísimo por llegar a la cima. Como puede esperarse de un signo tan carismático, los Leo siempre van a tratar de mejorar su situación laboral, para tener mejores oportunidades de llegar a lo más alto.

Por otro lado, no les gusta que les den órdenes ni que les digan lo que han de hacer. Tal vez por eso aspiran a llegar a la cima, ya que allí podrán ser ellos quienes tomen las decisiones y no tendrán que acatar órdenes de nadie.

Los Leo jamás dudan de su éxito y concentran toda su atención y sus esfuerzos en conseguirlo. Otra excelente característica suya es que, como los buenos monarcas, no intentan abusar del poder o el éxito que consiguen. Si lo llegan a hacer, no será voluntaria ni intencionadamente. En general a los Leo les gusta compartir su riqueza e intentan que todos los que los rodean participen de su éxito.

Son personas muy trabajadoras y tienen buena reputación, y así les gusta que se les considere. Es categóricamente cierto que son capaces de trabajar muy duro, y con frecuencia realizan grandes cosas. Pero no olvidemos que, en el fondo, los Leo son en realidad amantes de la diversión.

Amor y relaciones

En general, los Leo no son del tipo de personas que se casan. Para ellos, una relación es buena mientras sea agradable. Cuando deje de serlo, van a querer ponerle fin. Siempre desean tener la libertad de dejarla. Por eso destacan por sus aventuras amorosas y no por su capacidad para el compromiso. Una vez casados, sin embargo, son fieles, si bien algunos tienen tendencia a casarse más de una vez en su vida. Si estás enamorado o enamorada de un Leo, limítate a procurar que se lo pase bien, viajando, yendo a casinos y salas de fiestas, al teatro y a discotecas. Ofrécele un buen vino y una deliciosa cena; te saldrá caro, pero valdrá la pena y os lo pasaréis muy bien.

Generalmente los Leo tienen una activa vida amorosa y son expresivos en la manifestación de su afecto. Les gusta estar con personas optimistas y amantes de la diversión como ellos, pero acaban asentándose con personas más serias, intelectuales y no convencionales. Su pareja suele ser una persona con más conciencia política y social y más partidaria de la libertad que ellos mismos. Si te casas con una persona Leo, dominar su tendencia a la libertad se convertirá ciertamente en un reto para toda la vida, pero ten cuidado de no dejarte dominar por tu pareja.

Acuario está en la cúspide de la casa siete, la del amor, de Leo. De manera, pues, que si los nativos de este signo desean realizar al máximo su potencial social y para el amor, habrán de desarrollar perspectivas más igualitarias, más acuarianas, con respecto a los demás. Esto no es fácil para Leo, porque «el rey» sólo encuentra a sus iguales entre otros «reyes». Pero tal vez sea esta la solución para su desafío social: ser «un rey entre reyes». Está muy bien ser un personaje real, pero hay que reconocer la nobleza en los demás.

Hogar y vida familiar

Si bien los nativos de Leo son excelentes anfitriones y les gusta invitar a gente a su casa, a veces esto es puro espectáculo. Sólo unos pocos amigos íntimos verán el verdadero lado cotidiano de un Leo. Para este, la casa es un lugar de comodidad, recreo y transformación; un retiro secreto e íntimo, un castillo. A los Leo les gusta gastar dinero, alardear un poco, recibir a invitados y pasárselo bien. Disfrutan con muebles, ropa y aparatos de última moda, con todas las cosas dignas de reyes.

Son apasionadamente leales a su familia y, desde luego, esperan ser correspondidos. Quieren a sus hijos casi hasta la exageración; han de procurar no mimarlos ni consentirlos demasiado. También han de evitar dejarse llevar por el deseo de modelar a los miembros de su familia a su imagen y semejanza. Han de tener presente que los demás también tienen necesidad de ser ellos mismos. Por este motivo, los Leo han de hacer un esfuerzo extra para no ser demasiado mandones o excesivamente dominantes en su casa.

Horóscopo para el año 2019*

Principales tendencias

Hay mucho cambio para ti este año, Leo, pero los pasarás, como siempre. Hay tres eclipses solares, cuando normalmente sólo son dos. Y dado que el Sol es tu planeta regente, estos eclipses te afectan muchísimo. Además, el eclipse lunar del 21 de enero ocurre en tu signo. Es decir, cuatro de los cinco eclipses de este año te afectarán. Harás cambios en serie de tu personalidad, tu guardarropa y tu imagen. Te redefinirás muchas veces; te reinventarás. De esto hablaremos con más detalles en las previsiones mes a mes.

La situación laboral se ve difícil, una carga; me parece que no la disfrutas tanto como quisieras. Se ven cambios laborales; hay tres eclipses en tu sexta casa, la del trabajo. Volveremos a este tema.

La salud general y la energía se ven bien, pero tendrás que hacer cambios importantes en tu programa de salud, y muchas veces. Volveremos a este tema.

El principal titular del año es la salida de Urano de tu novena casa y su entrada en tu décima casa, la de la profesión. Este tránsito ocurre cada siete años más o menos; hay cambios importantes en la profesión. Más adelante hablaremos de esto con más detalle.

Este tránsito afecta también a la vida amorosa, habrá cambios en la actitud. Volveremos a este tema.

Dado que Júpiter pasa la mayor parte del año en tu quinta casa, hay diversión en la vida; cierto que trabajas mucho, pero te las arreglas para divertirte también. Si estás en edad de concebir, eres más fértil que de costumbre.

Neptuno lleva muchos años en tu octava casa y continuará en ella muchos años más. Esto indica que la vida sexual se está espiritualizando; está la necesidad (que continuará) de elevar el acto

---

* Las previsiones de este libro se basan en el Horóscopo Solar y todos los signos que derivan de él; tu Signo Solar se convierte en el Ascendente, y las casas se numeran a partir de él. Tu horóscopo personal, el trazado concretamente para ti (según la fecha, hora y lugar exactos de tu nacimiento) podrían modificar lo que decimos aquí. Joseph Polansky

sexual, por encima de la lujuria, a un acto de culto. Hablaremos más acerca de esto.

Los intereses más importantes para ti este año son: los hijos, la diversión y la creatividad (hasta el 3 de diciembre); la salud y el trabajo; la sexualidad, la transformación y la reinvención personales, los estudios herméticos; la religión, la filosofía, la educación superior y viajes al extranjero (hasta el 7 de marzo); la profesión (a partir del 7 de marzo y muchos años por venir).

Los caminos para tu mayor satisfacción o realización este año son: los hijos, la diversión y la creatividad (hasta el 3 de diciembre); la salud y el trabajo (a partir del 3 de diciembre); la espiritualidad.

Salud

(Ten en cuenta que esta es una perspectiva astrológica de la salud, no una médica. Antaño no había ninguna diferencia, ambas eran idénticas, pero en esta época podrían diferir muchísimo. Para una perspectiva médica, por favor, consulta a tu médico o a otro profesional de la salud.)

Como hemos dicho, la salud es buena este año; hasta el 7 de marzo no hay ningún planeta lento en alineación desfavorable contigo; y después de esta fecha sólo hay uno en alineación adversa. Así pues, la salud y la energía son buenas. De todos modos, pese a esto, vemos una sexta casa muy poderosa, con mucho la más fuerte del horóscopo; esto significa mucha atención a la salud; no sé si esto es bueno. Sin duda es bueno prestar atención a la salud, el peligro es que esta sea exagerada. La persona podría agrandar problemas pequeños, darles más importancia de la que tienen, o imaginar problemas de salud cuando en realidad no hay ninguno; entonces se recurre a procedimientos que podrían causar problemas. Es prudente tener presente el viejo dicho: «Si no está roto, no hace falta repararlo».

Tres eclipses en tu sexta casa indican cambios drásticos, y muchos, en tu programa de salud; a veces podrían deberse a sustos en la salud; pero puesto que tu energía general es buena, es probable que estos sólo sean eso, sustos.

Tu salud es buena, pero siempre puedes fortalecerla; da más atención a las siguientes zonas, que son las vulnerables en tu carta este año.

El corazón. Leo rige el corazón, por lo tanto este órgano es siempre importante para ti. Te irán bien sesiones de reflexología para trabajar los puntos reflejos. Como saben nuestros lectores es muy importante evitar la preocupación y la ansiedad, las dos emociones que sobrecargan de trabajo al corazón. Cultiva la fe.

La columna, las rodillas, la dentadura, la piel y la alineación esquelética general. Estas zonas también son siempre importantes para ti pues las rige Saturno, tu planeta de la salud. Han sido aún más importantes desde fines de 2017, cuando Saturno entró en tu sexta casa. Así pues, como siempre, masajes periódicos en la espalda deben formar parte de tu programa de salud. Existen sillas y almohadillas que dan masaje en la espalda y esto podría ser una buena inversión. Su precio se amortiza con los masajes, sobre todo si lo comparas con ir a un o una masajista. Protege bien las rodillas cuando hagas ejercicio. Cuida la buena higiene dental; usa un buen filtro solar cuando te expongas al sol.

El colon, la vejiga y los órganos sexuales. Estos órganos son importantes desde 2008, cuando Plutón entró en tu sexta casa, y continuarán siendo importantes muchos años más. Te irá bien trabajar sus puntos reflejos. El sexo seguro y la moderación sexual son siempre importantes (y Leo podría excederse en esto). De vez en cuando te conviene hacerte limpieza del colon con infusiones de hierbas, y en especial cuando te sientas perezoso o indispuesto.

El hígado y los muslos. Estas zonas serán importantes después del 3 de diciembre, cuando el planeta que las rige, Júpiter, entra en tu sexta casa. Los masajes en los muslos serán potentes; no sólo fortalecen el hígado sino también la parte inferior de la espalda. También será bueno hacerte una limpieza del hígado con infusiones de hierbas de vez en cuando.

Estas son las zonas más vulnerables este año. Si surgiera algún problema (no lo permita Dios) es muy probable que comience en alguna de ellas. Mantenerlas sanas y en forma es buena medicina preventiva; casi siempre se pueden prevenir los problemas, pero aun en el caso de que no se los pueda prevenir del todo (debido a fuertes impulsos kármicos) se los atenúa enormemente; no tienen por qué ser terribles.

Saturno como planeta de la salud denota a una persona que adopta regímenes de salud disciplinados, incluso estrictos; una persona dispuesta a hacer cambios en su estilo de vida por la salud.

Saturno rige nuestro sentido de estabilidad y orden; rige los valores firmes sobre los que fundamentamos nuestra vida. El exceso de desorden, la sensación de no estar al mando de nuestra vida podría ser causa espiritual de problemas. Está bien no estar al mando, deja que esté al mando el Poder Superior; mejorará la salud.

Plutón en la casa de la salud indica unas cuantas cosas; indica el poder de los regímenes de desintoxicación; a veces indica operación quirúrgica (real o recomendada), pero antes conviene explorar la desintoxicación. Y dado que Plutón es el señor de tu cuarta casa, indica la importancia de la buena salud emocional. Es necesario mantener el estado de ánimo positivo y constructivo; la meditación es muy útil para esto.

Aunque la salud es buena, habrá periodos en que lo será menos; estos no son tendencias para el año sino cosas de corta duración causadas por los tránsitos de los planetas rápidos. Este año estos periodos son: del 20 de enero al 18 de febrero; del 20 de abril al 20 de mayo, y del 23 de octubre al 22 de noviembre. Procura descansar más en estos periodos.

Hogar y vida familiar

Tu cuarta casa, la del hogar y la familia, no está poderosa este año; la vida doméstica y familiar no es un interés importante; como saben nuestros lectores, esto significa que las cosas tienden a continuar como están; indica satisfacción con las cosas como están; no hay necesidad de hacer cambios importantes.

La cuarta casa vacía te da más libertad en los asuntos domésticos y familiares; puedes mudarte o renovar la casa si quieres, pero no hay una necesidad urgente de hacerlo.

Además, es posible que el año pasado hicieras renovaciones importantes en la casa. Esa necesidad ya no estaría este año.

Plutón, tu planeta de la familia, lleva muchos años en tu sexta casa, desde 2008. O sea que has trabajado en hacer de la casa un lugar más sano. Tal vez has hecho eliminar el moho, el plomo u otras materias tóxicas; o igual has llenado la casa de equipos y productos para la salud; la casa se parece más a un balneario de salud que a un hogar. Esta tendencia continúa este año.

Esto también indica que estás muy atento a la salud de los familiares, tal vez más que a la tuya.

El planeta de la familia en la sexta casa, la del trabajo, denota a una persona que trabaja más desde casa; es posible que hayas instalado una oficina o despacho en la casa; la casa es más un lugar de trabajo que un hogar.

El año pasado Júpiter estuvo en tu cuarta casa. Por lo tanto, se amplió el círculo familiar; normalmente esto ocurre por nacimiento o matrimonio. Si estabas en edad de concebir fuiste extraordinariamente fértil, y la tendencia continúa este año. Si no hubo embarazo el año pasado podría haberlo en este (y si lo hubo, podría volver a ocurrir).

Los padres y figuras parentales se llevan mejor con sus cónyuges o parejas después del 7 de marzo. Uno de ellos se ve muy desasosegado, con deseos de hacer cambios importante, con deseos de explorar su libertad, y se irrita ante cualquier tipo de compromiso o responsabilidad. Esta persona está dispuesta a hacer cambios importantes. Este año no se ven probabilidades de mudanza para ninguno de los progenitores ni figuras parentales (y tal vez no es aconsejable).

Un progenitor o figura parental tiene un año financiero fabuloso. En general, la familia en su conjunto se ve más próspera.

A partir del 3 de diciembre podría haber mudanzas entre los hermanos o figuras fraternas; esto también podría ocurrir el año que viene. En este periodo se benefician de las técnicas curativas espirituales, y si se sienten indispuestos les conviene ver a un terapeuta de orientación espiritual. Su vida conyugal y social se estabiliza un poco después de muchos años de inestabilidad.

Los hijos y figuras filiales prosperan este año; se dan la buena vida y viajan más. El año que viene también prosperan; pero no se ve ninguna mudanza.

Si tienes planes para hacer obras importantes de reparación en la casa (o de construir una), del 19 de noviembre a fin de año es buen periodo. Si tu idea es mejorar el aspecto estético, redecorar o comprar objetos bellos, del 1 al 7 de enero y del 8 de octubre al 23 de noviembre son buenos periodos.

Profesión y situación económica

El dinero no es importante este año, la casa del dinero está prácticamente vacía; sólo transitan por ella los planetas rápidos, y su efecto es temporal. Como saben nuestros lectores, esto significa que las cosas tienden a continuar como están. Los ingresos serán más o menos lo que fueron el año pasado. Cierto que tienes la libertad para hacer cambios y mejorar las cosas, pero me parece que falta el interés; no hay fuego en el vientre, como reza el dicho.

La satisfacción es buena; pero si surgieran problemas la causa probable sería la falta de interés, de atención. Tendrás que obligarte a poner la atención en esto.

Siendo Mercurio tu planeta del dinero eres sobresaliente en comercio, compraventa, comunicaciones, ventas, mercadotecnia y relaciones públicas. También tienes buena afinidad con las industrias de espectáculo y música, juegos y balnearios. Te interesan las industrias que dan «placer» a la gente, también las industrias que proveen a la juventud.

Mercurio, como saben nuestros lectores, es un planeta de movimiento rápido, sólo la Luna es más rápida que él. En un año transita por todos los sectores del horóscopo y forma aspectos (positivos y negativos) con todos los planetas. Hay, por lo tanto, muchas tendencias de corto plazo en las finanzas que dependen de dónde está Mercurio y de los aspectos que recibe. De estas tendencias hablaremos en las previsiones mes a mes.

Si estás sin empleo, este año tienes oportunidades de trabajo; por lo menos hay tres. Si estás empleado habrá oportunidades de hacer horas extras o de trabajos secundarios. Sin embargo, estos no se ven muy felices, son simplemente trabajos; se ven exigentes y vas a trabajar mucho. Hacia fines de año, después del 3 de diciembre, cambia la situación. Desde esa fecha y hasta bien avanzado el próximo año, tendrás oportunidades laborales muy felices. Mientras tanto, haz lo que puedas.

La profesión se pone muy interesante. Como hemos dicho, el 7 de marzo Urano entra en tu décima casa, la de la profesión, y estará en ella muchos años. Esto indica muchos cambios drásticos en la profesión, los cuales ocurren repentina e inesperadamente. La profesión se vuelve emocionante y puede ocurrir cualquier cosa en cualquier momento. Podemos aplicarte la expresión «no esperes nada pero está preparado para todo» (y esto por muchos años). Es posible que cambies de camino profesional; es posible que cambies tu actitud ante las cosas. Necesitas más libertad en la profesión y este aspecto favorece la profesión autónoma; favorece la profesión en tecnología, el mundo online y los medios electrónicos. El buen uso de los medios (y de las habilidades de comunicación) favorecerán tu profesión, sea cual sea.

Resulta que Urano es tu planeta del amor; esto indica diversas cosas. Indica buen apoyo de tu cónyuge, pareja o ser amado actual. Esta persona se ve muy interesada en tu profesión. Las amistades tienen éxito y también te ayudan, ofreciéndote oportunidades. Denota a la persona que progresa en la profesión por medios sociales: asistiendo a fiestas o reuniones apropiadas u ofreciéndolas. Indica la capacidad para alternar socialmente con personas que pueden ayudarte. Tu simpatía y dotes sociales son muy importantes en la profesión; no basta el simple mérito.

Esto se puede interpretar de otro modo. Tu misión, tu verdadera profesión, es tu unión con socios y amigos. Está presente para ellos.

Venus es tu planeta de la profesión. Este año avanza muy rápido; normalmente transita por los doce signos; este año transita dos veces por cuatro signos y casas. Su veloz movimiento sugiere progreso más rápido y seguridad y confianza. Sugiere a la persona que cubre mucho terreno. Esto indicaría éxito.

Dado que Venus es planeta de movimiento rápido, hay muchas tendencias de corto plazo que dependen de dónde está y de los aspectos que recibe. Estas tendencias es mejor tratarlas en las previsiones mes a mes.

Amor y vida social

A partir del 7 de marzo tu planeta del amor estará cerca de tu mediocielo, lo que lo hace el planeta más elevado de tu horóscopo. El punto mediocielo (la cima de la carta) es la posición en que cualquier planeta es más poderoso (claro que el signo tiene su papel, pero dados signos equivalentes, el mediocielo es la posición más poderosa). Esto es de sentido común; el Sol a mediodía (cuando está en el mediocielo, el punto más elevado en el firmamento) está en el lugar donde más calienta, donde ejerce más fuertemente su influencia. Ahora bien, apliquemos este mismo razonamiento a los demás planetas. Mercurio es más mercurial cuando está en el mediocielo, y Venus es más magnética y encantadora en el mediocielo. Y lo mismo podemos decir de todos los demás planetas.

Así pues, en ese periodo (y los años venideros) son ultra ultrafuertes tu magnetismo en el amor y tu talante social. La posición de Urano en lo alto de tu carta también indica que el amor y el romance son prioridades para ti; son muy importantes, indica tu aspiración. Esta atención, este enfoque, la importancia que le das, tiende al éxito.

Si estás soltero o soltera esto indica cambios importantes en tu actitud y en tus necesidades en el amor. Siempre has sido persona de amor a primera vista, eso está en tu naturaleza; pero en los pasados siete años, con tu planeta del amor en Aries, lo has sido más aún. Y esta precipitación no siempre te ha dado buen resultado. Ahora, con el planeta del amor en Tauro, se introduce el elemento cautela; esto lo considero bueno; te tomas más tiempo, analizas las cosas de modo más profundo. Sigues siendo rápido para lanzarte, pero menos.

En los siete años pasados sólo importaba la pasión, sólo el sentimiento, sólo el deseo. Ahora comienzan a importar otras cosas. Te atraen personas poderosas, de elevada categoría, personas de prestigio, de éxito. Te gusta la persona que te puede ayudar en la profesión, la persona que ha conseguido algo. El sentimiento de amor sigue siendo importante, pero estas otras cosas también, tal vez en igual cantidad.

Siendo Urano tu planeta del amor siempre te han atraído personas no convencionales, personas tipo genio, personas que derriban barreras, ya sea en las ciencias, en la tecnología o en los medios. Esto no cambia, pero es mejor aún si estas personas tienen también mucho, mucho éxito.

Si estás soltero o soltera esto indica una relación romántica con un jefe o una figura de autoridad; las oportunidades se presentan, sin duda. Tienes los aspectos de la persona que se enamora de su jefe.

Encuentras el amor y oportunidades románticas cuando estás trabajando en tus objetivos profesionales o con personas relacionadas con tu profesión. En realidad, gran parte de tu vida social este año y los venideros, está relacionada con tu profesión.

Urano recibe muy buenos aspectos este año, por lo tanto el amor va a ser feliz; mejora más aún después del 3 de diciembre, cuando Júpiter entra en buen aspecto con Urano. Es posible que no te cases, pero tendrás amor y conocerás a una persona que, podríamos decir, es «material» para matrimonio.

Dado que Júpiter pasa la mayor parte del año en tu quinta casa, hay muchas oportunidades para aventuras amorosas; pero estas no son cosas serias, son sólo entretenimiento o diversión.

Progreso personal

El impulso sexual de Leo es legendario; sólo Escorpio se le puede comparar. Pero Leo y Escorpio abordan la relación sexual de modo diferente; para Leo es entretenimiento y creatividad (cómo hacemos los bebés), mientras que para Escorpio va de poder.

No hay nada malo en el impulso sexual, es la más sagrada de las fuerzas. Sagrada. Justamente esta sacralidad es la que lo hace tan peligroso cuando se abusa de él o se usa mal. Cuanto mayor es la fuerza, mayor es la negatividad cuando se abusa.

Por lo tanto, es conveniente, adecuado, que estés en un ciclo (desde hace unos años) en que se está espiritualizando la fuerza sexual y el acto en sí. Neptuno, el más espiritual de los planetas, lleva varios años en tu octava casa.

Para muchas personas la relación sexual es un acto de lujuria; pero tú, especialmente los últimos años, estás aprendiendo a considerarlo de otra manera. Puede ser un acto de culto, un camino hacia lo Divino. Así pues, eres candidato para disciplinas como el yoga kundalini o el yoga tantra.

Esta nueva manera de verlo lo cambia todo en el disfrute del placer sexual. Además, no hay efectos secundarios negativos. Por el contrario, después del acto te sientes lleno de energía, no agotado. Correctamente practicada, la relación sexual sana el cuerpo e incluso sana situaciones negativas. Aprende todo lo que puedas. Esta es una tendencia de larga duración.

Hemos hablado de los muchos cambios que habrá en la profesión este año (y muchos por venir). La lección espiritual es aprender a sentirte cómodo con la inestabilidad y los cambios en la profesión, aceptarlos y disfrutarlos. Considéralos diversión, que no problema; piérdeles el miedo. La meditación te será muy útil en esto.

Saturno y Plutón viajan juntos este año; siempre van a ser «vecinos», pero a veces se acercarán mucho más. Esto indica la necesidad de «dirigir» las emociones (Plutón rige tu cuarta casa, la de las emociones y estados de ánimo). Tendrás un poder especial sobre ellas; pero esto hay que hacerlo bien. Normalmente las personas reprimen sus emociones negativas, y esto tiene un límite, llega un momento en que no se pueden reprimir; es como intentar reprimir un movimiento de vientre. Finalmente se expresa la emoción, y con mucha más violencia de lo que pide la situación. Es necesaria una manera positiva de hacer «movimientos de vientre psíquicos», «limpiezas psíquicas», sin represión (que también puede dañar la salud). En mi libro *A technique for meditation* explico métodos para esto (capítulos 2 y 3). La naturaleza sensible no se ha de reprimir sino dirigir de modos positivos. No estamos hechos para ser «víctimas» de nuestros sentimientos sino para dirigirlos.

La Luna es tu planeta de la espiritualidad, así que los estados de ánimo y las emociones tienen un papel importantísimo en tu vida espiritual. Es muy difícil conectar con la Divinidad interior cuando estamos de mal humor. Límpiate de la basura psíquica y observa cómo van mucho mejor tus oraciones y meditaciones.

Previsiones mes a mes

Enero

Mejores días en general: 2, 3, 12, 13, 21, 22, 30, 31
Días menos favorables en general: 7, 8, 15, 16, 27, 28
Mejores días para el amor: 1, 3, 4, 7, 8, 12, 13, 14, 21, 22, 30, 31
Mejores días para el dinero: 2, 3, 4, 5, 12, 13, 15, 16, 21, 22, 23, 24, 25
Mejores días para la profesión: 1, 12, 13, 15, 16, 21, 22, 30, 31

El mes pasado tuviste muchísimas fiestas y ahora toca trabajar. Estés empleado o desempleado, este mes tienes muchas oportunidades de trabajo; todo el mes es bueno, pero los días 1 y 2, en que el Sol está en conjunción con Saturno, son especialmente buenos.

Este mes tenemos dos eclipses, los dos fuertes en ti; así pues, tómate las cosas con calma y reduce las actividades durante los periodos de los eclipses.

El eclipse solar del 6 (el 5 en Estados Unidos) ocurre en tu sexta casa; este es el primero de los tres eclipses que ocurren en esta casa este año. Indica cambios laborales; podría ser cambio de puesto en la misma empresa o cambio a otra; también podría haber cambios en las codiciones del lugar de trabajo. En los próximos meses vas a hacer cambios drásticos en tu programa de salud. Todos los eclipses solares te obligan a redefinirte, a redefinir tu concepto de ti y cómo deseas que se te considere. Esto es saludable. Cambiamos constantemente y conviene actualizar periódicamente nuestra visión de nosotros mismos. Este año la necesidad parece ser mayor. Con este tipo de eclipse a veces salen a luz impurezas en el cuerpo para que se limpien.

El eclipse lunar del 21 es casi (no exactamente) una repetición del eclipse solar; ocurre en tu signo. Lo sentirás más fuerte si naciste en los primeros días del signo (23-25 de julio); si no, de todos modos lo sentirás en mayor o menor grado. Este eclipse también te obliga a hacer una redefinición, de ti, de tu concepto de ti mismo y de la imagen que presentas a los demás. Si no has tenido cuidado en los asuntos dietéticos, podría producir una desintoxicación del cuerpo. Dado que la Luna es tu planeta de la espiritualidad, indica trastornos en una organización espiritual a la que perteneces o con la que te relacionas; hay drama en la vida de gurús y figuras de gurús de tu vida. Tomas medidas correctivas en tu vida espiritual, en la enseñanza y práctica.

El 20, cuando el señor de tu horóscopo, el Sol, entra en tu séptima casa, comienzas una cima amorosa y social anual. Tu popularidad es extraordinariamente fuerte; te desvives por los demás y ellos valoran esto; estás presente para tus amistades. Dado que tu planeta del amor retoma el movimiento directo el 6, hay confianza social, por lo que el amor debería ser feliz.

Después del 20 debes estar más atento a la salud; no pasa nada grave, simplemente es un periodo de baja energía. Fortalece la salud de las maneras indicadas en las previsiones para el año.

Febrero

Mejores días en general: 8, 9, 10, 17, 18, 26, 27
Días menos favorables en general: 3, 4, 5, 11, 12, 24, 25
Mejores días para el amor: 3, 4, 5, 10, 11, 18, 19, 20, 27, 28
Mejores días para el dinero: 3, 4, 9, 10, 15, 16, 17, 18, 19, 20, 24, 25, 26, 27
Mejores días para la profesión: 11, 12, 19, 20, 28

Ahora el poder planetario está principalmente en la mitad superior de tu carta, el lado día. El 14 Marte entra en tu décima casa, lo que indica mucha actividad y la necesidad de osadía en la profesión. Y el próximo mes también entrará Urano en tu décima casa. Estás, pues, en el periodo para centrar la atención en tu profesión y en tus objetivos externos, y conseguirlos con los métodos del día, con actos físicos.

Del 11 al 14 Marte viaja con Urano; esto podría producir algún trastorno o alteración en tu vida amorosa. Las amistades, los hijos y figuras filiales deberán ser más prudentes o cuidadosos en el plano físico; afortunadamente esto es de corta duración. Hasta el 19 continúas en una cima amorosa y social anual, y sigues siendo muy popular. La Luna nueva del 4 ocurre en tu séptima casa e irá iluminando los asuntos de la relación a medida que avance el mes.

El impulso planetario es arrolladoramente de avance este mes; todos los planetas están en movimiento directo, lo que ocurre muy rara vez. Esto indica un mes de ritmo rápido y un veloz avance hacia tus objetivos. En el mundo también van rápidos los acontecimientos.

Mercurio, tu planeta del dinero, está en tu séptima casa, la del amor, hasta el 10; esto indica la importancia de las conexiones sociales en las finanzas. Las amistades y tu pareja favorecen tus objetivos financieros. Tal vez gastas más en los asuntos sociales en este periodo, pero esto me parece una buena inversión. El 10 Mercurio entra en Piscis, tu octava casa; esto nos da muchos mensajes. Se hace importante la intuición (en especial los días 18 y 19). Este es un periodo para acceder al aprovisionamiento sobrenatural; es un periodo para el «dinero milagroso», que no el natural. Claro que llegará dinero natural, pero es más interesante el dinero milagroso. El planeta del dinero en la octava casa sugiere la necesidad de hacer una desintoxicación financiera; líbrate de lo sobrante o superfluo; prospera recortando. No elimines las cosas que necesitas ni disfrutes solamente de lo no necesario. Te conviene hacer revisión de tus posesiones y librarte de las cosas que no usas ni necesitas; véndelas o dónalas a alguna obra benéfica. Este es un periodo para despejar (des-complicar) tu entorno. Si tienes buenas ideas este es buen periodo para acceder a dinero ajeno, de inversores o préstamo bancario; es buen periodo para pagar o contraer deudas, según sea tu necesidad. Es también bueno para planificar el pago de impuestos y, si eres mayor, hacer planes testamentarios.

El 19 entra el Sol en tu octava casa (y se reúne con Mercurio). Es entonces buen periodo para bajar de peso (si lo necesitas) y para hacer desintoxicación física. La libido estará más fuerte que de costumbre.

Marzo

Mejores días en general: 8, 9, 17, 18, 25, 26
Días menos favorables en general: 3, 4, 10, 11, 23, 24, 30, 31

Mejores días para el amor: 1, 3, 4, 10, 15, 16, 19, 27, 23, 24, 27, 30, 31

Mejores días para el dinero: 5, 6, 7, 8, 9, 15, 16, 17, 18, 19, 20, 23, 24, 25, 26

Mejores días para la profesión: 3, 4, 10, 11, 15, 16, 23, 24

El amor y la profesión son los principales titulares este mes. Hasta el 26 está Venus en tu séptima casa, la del amor. Urano, tu planeta del amor, cruza tu medio cielo el 7 y entra en tu décima casa. Entonces Venus y Urano están en «recepción mutua», cada uno es huésped en la casa del otro: tu planeta de la profesión, Venus, está en la casa de Urano, y Urano está en la casa de Venus. Esto es positivo; indica buena colaboración entre los dos planetas; no se van a ofender mutuamente mientras cada uno es huésped del otro. Esto nos da muchos mensajes. En primer lugar indica la importancia del amor este mes (seguirá siendo importante en muchos años por venir, pero lo es en especial ahora); el amor es una prioridad en tu agenda o programa, es tu misión y profesión este mes. Sugiere a la persona cuya vida amorosa y social está relacionada con su profesión y trabajo o negocio; la persona que adelanta en la profesión por medios sociales. Combinas la profesión y la relación con las personas elevadas y poderosas de tu vida; conoces y te relacionas justo con las personas que pueden ayudarte en la profesión. El amor es más práctico, cosa bastante rara en Leo. Te inclinas hacia personas poderosas; el poder y la posición o categoría son excitantes. Si estás soltero o soltera encuentras oportunidades amorosas cuando estás trabajando en tus objetivos profesionales y con personas relacionadas con tu profesión. Este aspecto es de la persona que se casa o se relaciona románticamente «por lo alto». El amor y la profesión van juntos en este periodo: si el amor va bien, la profesión va bien; si la profesión va bien, el amor tiende a ir bien.

Marte está en tu décima casa todo el mes, así que eres muy activo en la profesión; tienes competidores; tienes que defender tu terreno, tu marca o tu puesto; tienes que ser «guerrero» por la profesión.

Las finanzas se presentan más complicadas este mes pues Mercurio, tu planeta del dinero, hace movimiento retrógrado del 5 al 28. Esto enlentece las cosas pero no las impide ni detiene; podría haber todo tipo de contratiempos y retrasos en las finanzas. Evita las compras e inversiones importantes en este periodo. Lógicamente compra los alimentos y lo necesario, pero las caras las dejas para cuando, después del 28, tengas claridad financiera; ese será un buen periodo para hacer tus gestiones. La intuición sigue siendo muy importante en las finanzas todo el mes, pero en especial del 24 al 31, días en que Mercurio acampa cerca de Neptuno, el más espiritual de los planetas; presta atención a tus sueños también esos días, en ellos hay orientación financiera; la vida onírica será muy activa los días 15 y 16 también.

La salud es fundamentalmente buena, pero necesita más atención todo el mes; van bien los regímenes de desintoxicación.

Abril

Mejores días en general: 4, 5, 13, 14, 22, 23
Días menos favorables en general: 6, 7, 8, 19, 20, 26, 27
Mejores días para el amor: 2, 3, 6, 11, 12, 15, 21, 24, 26, 27
Mejores días para el dinero: 2, 3, 4, 5, 13, 14, 15, 16, 22, 23
Mejores días para la profesión: 2, 3, 6, 7, 8, 11, 12, 21

Estás muy cerca de una cima profesional anual, que comienzas el 20 de este mes; pero Venus, tu planeta de la profesión, tiene su solsticio del 22 al 25, es decir hace una pausa, «acampa» (en el grado de latitud en que está) y luego cambia de dirección. Por lo tanto, hay también una pausa en tu profesión, y luego un cambio de dirección. Una pausa, una detención, siempre es preludio de la acción.

La salud es maravillosa, en especial hasta el 20. Marte sale de su aspecto difícil y sólo queda un planeta, Urano, en alineación desfavorable contigo. Así pues, la energía es elevada y todo es posible. El progreso debería ser rápido también. El impulso planetario es arrolladoramente de avance; hasta el 10 todos los planetas están en movimiento directo; del 10 al 24 lo están el 90 por ciento, y después el 80 por ciento.

Las finanzas van bien. Mercurio está en movimiento directo todo el mes; hasta el 17 está en el espiritual Piscis, tu octava casa; este periodo es bueno para desintoxicar tu vida financiera y despejar tu entorno; desatascar sería una palabra mejor; así dejarás espacio para lo nuevo y mejor que desea entrar en tu vida. El 17 Mercurio entra en Aries, tu novena casa. Esto indica más ingresos; tus objetivos financieros son muy elevados y aun si no los consigues del todo, hay prosperidad. Las decisiones financieras son rápidas, decididas y, por lo general, buenas, correctas.

Este es un mes de éxito; el señor de tu horóscopo cruza tu medio cielo el 20 y entra en tu décima casa; estás por encima de todas las personas de tu mundo; estás al mando. Se te admira; eres un modelo y una celebridad en tu mundo. Te esperan honor y reconocimiento; tienes éxito tanto por tu imagen y actitud general como por tus logros profesionales.

Después del 20 debes estar más atento a la salud; no ocurre nada grave, simplemente es un periodo de energía baja. Fortalece la salud de las maneras indicadas en las previsiones para el año.

Del 21 al 23 el Sol viaja con tu planeta del amor (es posible que esto lo sientas antes). Esto indica cambio de imagen y tal vez experimentación con el cuerpo, para poner a prueba sus límites. También indica amor. Si estás soltero o soltera tienes importantes encuentros románticos. Si estás casado o casada o en una relación, hay mucha unión con el ser amado.

Mayo

Mejores días en general: 1, 2, 3, 10, 11, 19, 20, 29, 30
Días menos favorables en general: 4, 5, 17, 18, 24, 25, 31
Mejores días para el amor: 2, 3, 4, 13, 14, 21, 24, 25, 31
Mejores días para el dinero: 2, 3, 10, 11, 13, 14, 19, 20, 23, 24, 29, 30
Mejores días para la profesión: 2, 3, 4, 5, 14, 21, 30, 31

La profesión sigue siendo el titular este mes. Tu décima casa está llena de planetas, planetas amigos, benéficos; el 40 y a veces el 50 por ciento de los planetas están en ella o transitan por ella este mes. En cambio tu cuarta casa, la del hogar y la familia, está vacía; sólo transita la Luna por ella los días 17 y 18. Además, Plutón, tu planeta de la familia, está en movimiento retrógrado, lo inició el 24 del mes pasado; esto quiere decir que los asuntos o problemas en el hogar necesitan tiempo para resolverse. Debes, pues, centrar la atención en tu profesión; este mes tienes mucho éxito, tanto personal como profesionalmente. El Sol sigue en tu décima casa y mientras esté en ella es el planeta «más elevado» de tu carta.

Del 15 al 19 Venus viaja con Urano, tu planeta del amor; este es un periodo romántico; podría haber reuniones de trabajo o sociales esos días. El cónyuge, pareja o ser amado actual te ayuda en tu profesión y también tiene éxito en la suya.

Hasta el 21 la salud necesita más atención; no hay nada grave, sólo energía más baja de lo habitual. Procura descansar lo suficiente. Fortalece la salud de las maneras explicadas en las previsiones para el año. Tu planeta de la salud inicia movimiento retrógrado el 2, así que si quieres hacer cambios en tu programa de salud o de medicamentos, estúdialo con mucho detenimiento.

Las finanzas van bien este mes. Para empezar, Mercurio avanza muy rápido, más de lo habitual; esto indica rápido progreso financiero; tienes confianza y cubres mucho terreno. Además, transita por signos y casas favorables; hasta el 6 está en tu novena casa, que es muy afortunada (la más afortunada, según los hindúes). Del 6 al 21 está en tu décima casa, en la cima de tu carta, otra posición poderosa; la comparamos con la posición del Sol a mediodía; ahí Mercurio está radiante de poder. Después del 21 está en Géminis, su signo, su casa natural, su lugar de comodidad y agrado. Así pues, hasta el 6 personas extranjeras e inversiones en empresas extranjeras producen aumento de ingresos. Del 6 al 21 cuentas con el favor de jefes, padres, figuras parentales y los superiores de tu vida; podría haber aumento de sueldo; tu buena fama profesional te atrae oportunidades de hacer ingresos. El 7 y el 8 Mercurio viaja con Urano y esto indica llegada de dinero inesperado. A partir del 21 las amistades y las conexiones sociales tienen un importante papel en tus finanzas; te apoyan.

Junio

Mejores días en general: 7, 8, 15, 16, 25, 26
Días menos favorables en general: 1, 13, 14, 20, 21, 27, 28, 29
Mejores días para el amor: 1, 9, 11, 17, 18, 20, 21, 27
Mejores días para el dinero: 3, 4, 7, 8, 9, 10, 13, 14, 15, 16, 24, 25, 26
Mejores días para la profesión: 1, 11, 20, 21, 27, 28, 29

El 15 del mes pasado el poder planetario comenzó a trasladarse del sector occidental o social de tu carta al sector oriental, el del yo; este mes el traslado es más pronunciado. Los planetas avanzan hacia ti, no se alejan. La independencia personal aumenta día a día. El amor es importante, por supuesto, Urano continúa en la cima de tu carta. Pero dependes menos de los demás; piensas en tus intereses, como debe ser. Así pues, si las condiciones te fastidian, haces los cambios necesarios. Ahora tu felicidad depende de ti.

El 21 del mes pasado se hizo fuerte tu casa once, la de las amistades, y continúa fuerte hasta el 21. Este es, entonces, un mes social, con una vida social más de amistad que de romance, sin ataduras. Este es buen periodo para comprar equipo y artilugios de alta tecnología (tal vez ya lo has hecho); te conviene ampliar tus conocimientos en ciencias, tecnología, astronomía y astrología.

Este mes es espiritual también; Marte pasa todo el mes en tu casa doce; Mercurio se le reúne en ella el 4 y el Sol el 21. Con Marte, tu planeta de la religión, en tu casa doce, es buen periodo para explorar las tradiciones místicas de la religión con que naciste; también favorece una espiritualidad más activa, la de las buenas obras, como también tu práctica espiritual en general.

Las finanzas se ven buenas este mes; Mercurio sigue avanzando más rápido de lo habitual, pues transita por tres signos y casas. Como el mes pasado, esto indica confianza y progreso financiero rápido. Hasta el 4 son importantes las conexiones sociales y el mundo online. Del 4 al 27 vuelve a ser importante la intuición; guárdate de fiarte de tu estado anímico en tus gestiones financieras; antes de tomar una decisión importante reflexiona, consulta las cosas con la almohada; intenta llegar a un estado calmado, apacible, y entonces toma la decisión. El 27 Mercurio cruza tu ascendente y entra en tu signo; esto indica ingresos o beneficios inesperados; la prosperidad te persigue; cuentas con el favor y afecto de las personas adineradas de tu vida. Además, Mercurio comienza a formar muy buenos aspectos a Júpiter, el planeta de la abundancia.

Desde el 28 del mes pasado Mercurio está «fuera de límites» y esto continúa hasta el 16; esto indica conducta aventurera en las finanzas; estás dispuesto a salir de tu esfera normal para conseguir tus objetivos, y tal vez debes hacerlo. No hay soluciones o respuestas en tu entorno normal y debes buscarlas en otra parte; pruebas ideas o estrategias nuevas en las finanzas.

La salud es buena este mes.

Julio

Mejores días en general: 4, 5, 13, 14, 22, 23, 24, 31
Días menos favorables en general: 10, 11, 17, 18, 19, 25, 26

Mejores días para el amor: 1, 6, 10, 11, 15, 17, 18, 19, 20, 21, 25, 31

Mejores días para el dinero: 4, 5, 6, 7, 13, 14, 21, 22, 23, 24, 29, 30, 31

Mejores días para la profesión: 1, 10, 11, 20, 21, 25, 26, 31

Este mes es feliz y exitoso aun cuando hay dos eclipses. El único problema es que la actividad retrógrada está en su punto máximo del año. Las cosas van lentas en el mundo; el ritmo de la vida es más lento, y tienes que enfrentar más contratiempos y retrasos.

Con ciertas diferencias, los dos eclipses son casi repeticiones de los eclipses de enero.

El eclipse solar del 2 ocurre en tu casa doce, la de la espiritualidad, de modo que hay cambios importantes en tu vida espiritual; es posible que cambies de práctica y de actitud, incluso tal vez de maestro o enseñanza; también podría haber trastornos o reorganización en una organización benéfica o espiritual a la que perteneces o con la que te relacionas, y drama en la vida de las figuras gurú de tu vida. Todos los eclipses solares afectan a tu cuerpo, imagen y concepto de ti, y este no es diferente; nuevamente debes redefinirte; cambiará tu modo de considerarte y el modo como deseas que te consideren los demás. Presentarás una nueva imagen al mundo (esto ocurrirá a lo largo de los seis próximos meses).

El eclipse lunar del 16 ocurre en tu sexta casa, la de la salud y el trabajo, por lo que nuevamente hay cambios laborales y cambios en las condiciones del lugar de trabajo; si eres empleador habrá cambios de personal. Hay cambios drásticos en tu programa de salud (y estos continuarán los próximos meses). Este eclipse hace impacto en Plutón, tu planeta de la familia, así que habrá drama en la vida de familiares y en especial de un progenitor o figura parental. Podrían revelarse defectos ocultos en la casa, lo que haría necesario repararlos. Dado que la Luna es tu planeta de la espiritualidad, todos los eclipses lunares afectan a tu vida espiritual, por lo que nuevamente hay cambios en ella; estás en un periodo para tomar medidas correctivas en la espiritualidad, y eso es bueno. La vida onírica podría ser hiperactiva, y perturbadora también; pero no des mucho peso a tus sueños; son desechos psíquicos agitados por el eclipse, no escenas del futuro.

De todos modos, como hemos dicho, este es un mes feliz. La salud es fundamentalmente buena. El 23 se hace muy poderosa tu primera casa, y comienzas una de tus cimas de placer personal; tienes seguridad en ti mismo y autoestima; te ves fabuloso; tu apariencia expresa la estrella que eres. Normalmente esto es bueno para el amor, pero el amor se ve mejor antes del 23 que después. Tal vez el ser amado te considera muy egocéntrico, muy enamorado de ti mismo. Deberás trabajar más en la relación.

Tu planeta del dinero inicia movimiento retrógrado el 7, así que aunque se te presentan oportunidades financieras tienes que estudiarlas más detenidamente, y podría haber retrasos. La paciencia es la clave este mes.

Agosto

Mejores días en general: 1, 9, 10, 19, 20, 28, 29
Días menos favorables en general: 7, 8, 14, 15, 21, 22
Mejores días para el amor: 1, 2, 9, 10, 11, 14, 15, 20, 21, 30, 31
Mejores días para el dinero: 1, 2, 3, 9, 10, 19, 20, 28, 29, 30, 31
Mejores días para la profesión: 1, 9, 10, 20, 21, 22, 30, 31

La actividad retrógrada disminuye un poco respecto al mes pasado; el 40 por ciento de los planetas están en movimiento retrógrado la mayor parte del mes. El ritmo de la vida sigue lento. De todos modos, este mes es feliz y próspero.

El mes pasado el poder planetario estaba en su posición oriental máxima, y este mes también, más aún. Estás, pues, en un periodo de independencia máxima; cuentas con el respaldo del Cosmos. Este es el periodo para hacer esos cambios que es necesario hacer; el periodo para responsabilizarte de tu felicidad; tus intereses son tan importantes como los de cualquiera; más adelante, cuando los planetas vuelvan a trasladarse a tu sector occidental, será más difícil hacer cambios.

Sigues en una de tus cimas de placer personal; este es el periodo para gozar de todos los placeres físicos y sensuales: buena comida, buen vino, masajes y mimos al cuerpo. Hay viaje a la vista (este podría haber ocurrido el mes pasado). Tu apariencia resplandece; irradias luz. Venus en tu signo hasta el 21 te trae felices oportunidades profesionales y aporta belleza, gracia y elegancia a tu imagen. Marte en tu signo hasta el 18 te da energía, valor y el ánimo de «puedo». Pese a todo esto, el amor se ve difícil; como el mes pasado, debes trabajar más en la relación; además, tu planeta del amor inicia movimiento retrógrado el 12. Después del 23 deberían mejorar las cosas en el amor; el problema no está en la relación en sí sino en dificultades por las que pasa el ser amado, que complican las cosas. Si estás soltero o soltera y sin compromiso el 29 y el 30 hay felices oportunidades románticas.

El 2 tu planeta del dinero retoma el movimiento directo, con lo que este mes es muy próspero, uno de los mejores de tu año. Hasta el 11 Mercurio está en tu espiritual casa doce así que está atento a tu intuición; el 11 cruza tu ascendente y vuelve a entrar en tu primera casa; esto trae beneficios financieros inesperados y oportunidades. Te ves rico y te sientes rico; se te considera así y tal vez te vistes para dar la imagen de riqueza. El 23 el Sol entra en tu casa del dinero y comienzas una cima financiera anual. El 18 entra Marte en tu casa del dinero y esto indica viaje relacionado con trabajo o negocio. El 21 entra Venus en esta casa, lo que indica que cuentas con el favor financiero de las figuras de autoridad de tu vida; y como si todo esto fuera poco, este mes la Luna visita dos veces tu casa del dinero (normalmente es una vez).

La salud es excelente todo el mes. Tienes la energía de diez personas; no hay nada que no puedas realizar si te lo has propuesto.

Septiembre

Mejores días en general: 5, 6, 15, 16, 24, 25
Días menos favorables en general: 3, 4, 10, 11, 17, 18, 19, 30
Mejores días para el amor: 7, 8, 9, 10, 11, 17, 20, 26, 28, 29
Mejores días para el dinero: 5, 6, 8, 9, 15, 16, 20, 21, 24, 25, 26, 27, 28, 29
Mejores días para la profesión: 8, 9, 17, 18, 19, 20, 28, 29

Este mes es también muy próspero. Hasta el 23 continúas en tu cima financiera anual; el señor de tu novena casa (que es amigo y benéfico) pasa todo el mes en tu casa del dinero. Como el mes pasado, esto indica viaje relacionado con trabajo o negocio; pero también indica buena suerte y expansión en las finanzas. Sea cual sea tu situación financiera, este es un periodo de mayores ingresos.

El amor también se ve feliz; el ser amado se siente mejor; disminuyen sus dificultades y esto favorece la relación; hay más armonía entre vosotros. Si no estás en una relación las oportunidades amorosas y sociales continúan presentándose cuando estás atendiendo a tus objetivos profesionales. Pero este no es un periodo fuerte en la profesión; el poder planetario está principalmente bajo el horizonte de tu carta, en el lado noche, así que es un periodo (y el próximo mes también) para preparación en la profesión; la preparación es el 90 por ciento del éxito; si la preparación es buena, los actos y la ejecución o realización también serán buenos.

Tu planeta de la profesión, Venus, tiene uno de sus solsticios del 15 al 18; se detiene y luego invierte su dirección (en el movimiento latitudinal); esto es similar a lo que ocurre cuando el Sol tiene su solsticio dos veces al año. Esta pausa en la actividad profesional lleva a un cambio de dirección.

Venus está en tu casa del dinero hasta el 14; como dijimos el mes pasado, esto indica que cuentas con el favor de los superiores de tu vida; también indica que mides tu éxito profesional en dinero, no en prestigio o categoría; si ganas más tienes éxito, si ganas menos, es menor el éxito; la posición o categoría no cuenta. El 14 Venus entra en tu tercera casa, la de la comunicación y los intereses intelectuales; entonces son importantes para la profesión las buenas relaciones públicas y la mercadotecnia; tu don de palabra la favorece; tus conocimientos son bien recibidos y valorados por tus superiores.

El 23 se hace muy poderosa tu tercera casa, y esto es excelente si eres estudiante aún no universitario; te vuelves serio y te concentras en los estudios, y esto tiende al éxito. Y si no eres estudiante, este es un buen mes para convertirte en uno; te va bien asistir a clases, seminarios, charlas y actos de culto, sobre todo si están relacionados con tu profesión y finanzas. Es buen periodo para ponerte al día en las lecturas y ampliar tus conocimientos; también es buen mes para estudiar otros idiomas.

La situación laboral se ve algo turbulenta después del 23; debes trabajar más arduo. Podría ser más complicada la relación con los compañeros de trabajo o con el empleador.

La salud es excelente.

Octubre

Mejores días en general: 2, 3, 4, 12, 13, 21, 22, 30, 31
Días menos favorables en general: 1, 7, 8, 15, 16, 28, 29
Mejores días para el amor: 5, 7, 8, 10, 11, 14, 15, 19, 20, 23, 28, 29

Mejores días para el dinero: 2, 3, 4, 10, 11, 12, 13, 19, 20, 21, 22, 23, 24, 28, 29, 30, 31
Mejores días para la profesión: 10, 11, 15, 16, 19, 20, 28, 29

A partir del 23 está ultrapoderosa tu cuarta casa, la del hogar y la familia. El poder planetario está en su posición inferior máxima; entre el 70 y el 80 por ciento de los planetas están en el lado noche de tu carta; en sentido figurado, estás en la medianoche de tu año. Puedes, pues, pasar la profesión a un segundo plano. Tu atención debe estar en el hogar, la familia y tu bienestar emocional. Incluso Venus, tu planeta de la profesión, está en tu cuarta casa a partir del 8. El hogar y la familia son la profesión este mes.

La profesión sigue siendo importante, pero trabajas en ella de formas diferentes; como dijimos el mes pasado, este es un periodo de preparación para el próximo empuje profesional, que harás el año que viene. La preparación puede ser tan importante como la ejecución o realización. La ejecución sufre si no ha sido buena la preparación. Este es buen periodo para atender a los objetivos profesionales de modo interior, con los métodos de la noche, que no con los del día; visualiza, sueña despierto, ponte en la sensación o sentimiento de lo que deseas realizar o conseguir; experimenta esa sensación todo lo posible; cuando llegue el periodo para actuar, lo harás sin ningún esfuerzo, como sobre ruedas. Cuando visualices tus objetivos profesionales observa qué te viene a la mente. ¿Qué los niega? ¿Qué sentimientos surgen? Estas son buenas pistas para saber qué es necesario superar psíquicamente.

La salud necesita más atención después del 23; como siempre, procura descansar lo suficiente. Fortalece la salud de las maneras explicadas en las previsiones para el año. No te hará ningún daño programar más sesiones de masaje o de otro tratamiento.

Las finanzas no se ven muy importantes este mes. Marte sale de tu casa del dinero el 4 y entonces esta casa queda prácticamente vacía; sólo la Luna transita por ella los días 23 y 24. Muy probablemente esto es bueno. Ya has conseguido tus objetivos financieros, al menos los de corto plazo, y puedes pasar la atención a tus intereses intelectuales y a tu bienestar emocional. Mercurio entra en tu cuarta casa el 3 y pasa el resto del mes en ella; por lo tanto, gastas más en el hogar y la familia, y también puedes ganar de esto. El apoyo familiar debería ser bueno. Ten cuidado con los excesivos cambios de humor cuando te ocupes de tus gestiones financieras; cuando estás de buen humor te sientes rico como Creso, y cuando estás de mal humor te sientes indigente. Procura lograr un estado de calma y serenidad antes de tomar decisiones financieras importantes. Consulta las cosas con la almohada.

El amor es más difícil después del 23; no hay sintonía entre el ser amado y tú; veis las cosas de modos opuestos. Estáis más distanciados, y no me refiero a distanciamiento físico, sino a distanciamiento psíquico. Será difícil salvar las diferencias, pero si lo lográis la relación será más fuerte que nunca. Si estás soltero o soltera y sin compromiso no te interesa mucho el amor en este periodo; esto es una situación temporal, que acabará en los próximos meses; el movimiento retrógrado de tu planeta del amor no favorece las cosas.

Noviembre

Mejores días en general: 8, 9, 10, 18, 19, 26, 27
Días menos favorables en general: 3, 4, 5, 11, 12, 24, 25
Mejores días para el amor: 1, 3, 4, 5, 8, 9, 11, 18, 19, 20, 28, 29
Mejores días para el dinero: 6, 7, 8, 9, 10, 16, 17, 18, 19, 20, 21, 24, 25, 26, 27
Mejores días para la profesión: 8, 9, 11, 12, 18, 19, 29

Este mes continúa con la atención en los asuntos familiares y domésticos y especialmente en tu bienestar emocional. Ten presente lo que hablamos el mes pasado. Hasta el 22 sigue muy poderosa tu cuarta casa; Marte entra en esta casa el 19 y pasa en ella el resto del mes. Este será un periodo excelente para hacer obras de reparación o renovación en la casa; es posible que para ti sea un buen periodo para construir una casa.

Del 22 al 25 Marte forma aspectos dinámicos (oposición) con Urano. Tú, tus familiares y pareja debéis tener más cuidado y prudencia en el plano físico estos días.

La profesión no es un centro importante de atención, pero pese a esto entre el 22 y el 24 se presenta una feliz oportunidad profesional; y me parece que podría haber un bonito día de paga; también hay buenas oportunidades profesionales, para los hijos y figuras filiales. Venus, tu planeta de la profesión, pasa la mayor parte del mes en tu quinta casa (hasta el 26), por lo tanto simplemente seguir el «camino de la dicha» será útil a la profesión; de la preocupación provienen muchos bloqueos en la vida; cuando te estás divirtiendo la preocupación suele marcharse y se revelan las soluciones cósmicas naturales de los problemas.

El 22 el Sol entra en tu quinta casa y comienzas otra de tus cimas anuales de placer personal. Es un periodo de fiestas, un periodo para gozar de la vida. No hace falta darle un sermón sobre esto a Leo: sabe hacerlo.

Las finanzas son más complicadas este mes pues tu planeta del dinero, Mercurio, hace movimiento retrógrado del 2 al 20. Si tienes que tomar decisiones importantes en tus finanzas, hazlas esperar hasta después del 20; entonces será mejor el juicio financiero. Mercurio pasa el mes en Escorpio, tu cuarta casa, por lo tanto cuentas con buen apoyo familiar y puedes ganar dinero desde casa o a través de conexiones familiares. Mercurio en Escorpio, que rige la desintoxicación, indica que es buen periodo para desintoxicar, desatascar tus finanzas. Simplifica, líbrate de cuentas bancarias o de corretaje extras; elimina lo que sobra; líbrate de posesiones que no usas ni necesitas. Esto va a limpiar, desatascar, las «arterias financieras».

Hasta el 22 sigue siendo necesario estar atento a la salud, pero después mejora. Adopta un ritmo calmado en tus actividades y procura descansar lo suficiente. Fortalece la salud de las maneras indicadas en las previsiones para el año.

El amor va mejor, pero sigue necesitado de más trabajo; continúa el distanciamiento con el ser amado. Si estás soltero o soltera y sin compromiso, te sientes distanciado de tus intereses sociales. Esto cambiará el mes que viene.

Diciembre

Mejores días en general: 6, 7, 15, 16, 24, 25
Días menos favorables en general: 1, 2, 8, 9, 21, 22, 28, 29
Mejores días para el amor: 1, 2, 8, 9, 17, 18, 26, 28, 29
Mejores días para el dinero: 6, 7, 8, 15, 16, 17, 18, 25, 26
Mejores días para la profesión: 8, 9, 17, 18, 28, 29

Un mes feliz. Trabajas mucho y te diviertes mucho. Te las arreglas para divertirte y ser productivo.

El 26 hay un eclipse solar en tu sexta casa, la de la salud y el trabajo; este es el tercero que ocurre en esta casa. Hay, pues, cambios laborales; esta vez se ven buenos; Júpiter está en tu sexta casa desde el 3 y continuará en ella hasta bien avanzado el próximo

año; los cambios son bienvenidos, hay grandes mejoras. Nuevamente se hace necesario hacer cambios en el programa de salud; a
veces este tipo de eclipse produce sustos en la salud, pero tu salud
es muy buena así que el susto no anunciaría algo muy importante.
Este eclipse hace impacto en Júpiter, por lo tanto afecta a los hijos y figuras filiales; será mejor que reduzcan sus actividades durante el periodo del eclipse; también deben evitar viajar al extranjero si es posible; han tenido un año próspero y ahora y el próximo
año la prosperidad es más fuerte aún. Todos los eclipses solares te
obligan a redefenirte, a reimaginarte, y este no es diferente; has
crecido y son necesarias más redefiniciones de ti mismo; no eres
una persona «estática», creces y evolucionas y es necesario que tu
concepto de ti mismo refleje esto.

A pesar del eclipse, este es un mes feliz. La salud es buena, lo
pasas bien, te diviertes, en especial hasta el 22. Hay mucha prosperidad y se te presentan muchas oportunidades de trabajo, y
buenas. En el caso de que estés desempleado, esta situación no
durará mucho; tienes cinco o seis oportunidades para elegir. Si
estás empleado, tienes oportunidades de hacer horas extras o algún trabajo secundario; un solo trabajo no te basta en este periodo; tienes mucha energía para hacerlos.

El otro titular este mes es la mejoría de la vida amorosa. Si estás soltero o soltera no es aconsejable el matrimonio todavía, pues
Urano continúa en movimiento retrógrado. Pero el amor es feliz.
Júpiter le forma aspectos muy buenos a Urano todo el mes, pero
en especial del 13 al 17. Esto indica diversión con el ser amado; si
estás sin compromiso indica felices encuentros románticos. Tu
planeta del amor, Urano, también recibe muy buenos aspectos de
otros planetas, no sólo de Júpiter. El 23 el Sol forma trígono con
Urano los días 23 y 24, otro feliz periodo romántico y social. El
20 Venus entra en tu séptima casa por segunda vez este año; nuevamente está en «recepción mutua» con Urano, tu planeta del
amor, cada uno es huésped en la casa del otro; esto indica buena
colaboración entre ellos; indicaría que alternas con personas poderosas, de elevada posición, que haces vida social con personas
que pueden ayudarte en tu profesión. Jefes, padres y figuras parentales hacen de casamenteros en este periodo.

Virgo

La Virgen
Nacidos entre el 22 de agosto y el 22 de septiembre

Rasgos generales

VIRGO DE UN VISTAZO

Elemento: Tierra

Planeta regente: Mercurio
   Planeta de la profesión: Mercurio
   Planeta de la salud: Urano
   Planeta del dinero: Venus
   Planeta del hogar y la vida familiar: Júpiter
   Planeta del amor: Neptuno
   Planeta de la sexualidad: Marte

Colores: Tonos ocres, naranja, amarillo
   Color que favorece el amor, el romance y la armonía social: Azul
   Colores que favorecen la capacidad de ganar dinero: Jade, verde

Piedras: Ágata, jacinto

Metal: Mercurio

Aromas: Lavanda, lila, lirio de los valles, benjuí

Modo: Mutable (= flexibilidad)

Cualidad más necesaria para el equilibrio: Ver el cuadro completo

Virtudes más fuertes: Agilidad mental, habilidad analítica, capacidad para prestar atención a los detalles, poderes curativos

Necesidad más profunda: Ser útil y productivo

Lo que hay que evitar: Crítica destructiva

Signos globalmente más compatibles: Tauro, Capricornio

Signos globalmente más incompatibles: Géminis, Sagitario, Piscis

Signo que ofrece más apoyo laboral: Géminis

Signo que ofrece más apoyo emocional: Sagitario

Signo que ofrece más apoyo económico: Libra

Mejor signo para el matrimonio y/o las asociaciones: Piscis

Signo que más apoya en proyectos creativos: Capricornio

Mejor signo para pasárselo bien: Capricornio

Signos que más apoyan espiritualmente: Tauro, Leo

Mejor día de la semana: Miércoles

La personalidad Virgo

La virgen es un símbolo particularmente adecuado para los nativos de este signo. Si meditamos en la imagen de la virgen podemos comprender bastante bien la esencia de la persona Virgo. La virgen, lógicamente, es un símbolo de la pureza y la inocencia, no ingenua sino pura. Un objeto virgen es fiel a sí mismo; es como siempre ha sido. Lo mismo vale para una selva virgen: es prístina, inalterada.

Aplica la idea de pureza a los procesos de pensamiento, la vida emocional, el cuerpo físico y las actividades y proyectos del mundo cotidiano, y verás cómo es la actitud de los Virgo ante la vida. Desean la expresión pura del ideal en su mente, su cuerpo y sus asuntos. Si encuentran impurezas tratarán de eliminarlas.

Las impurezas son el comienzo del desorden, la infelicidad y la inquietud. El trabajo de los Virgo es eliminar todas las impurezas y mantener solamente lo que el cuerpo y la mente pueden aprovechar y asimilar.

Aquí se revelan los secretos de la buena salud: un 90 por ciento del arte del bienestar es mantener puros la mente, el cuerpo y las emociones. Cuando introducimos más impurezas de las que el cuerpo y la mente pueden tratar, tenemos lo que se conoce por malestar o enfermedad. No es de extrañar que los Virgo sean excelentes médicos, enfermeros, sanadores y especialistas en nutrición. Tienen un entendimiento innato de la buena salud y saben que no sólo tiene aspectos físicos. En todos los ámbitos de la vida, si queremos que un proyecto tenga éxito, es necesario mantenerlo lo más puro posible. Hay que protegerlo de los elementos adversos que tratarán de socavarlo. Este es el secreto subyacente en la asombrosa pericia técnica de los Virgo.

Podríamos hablar de las capacidades analíticas de los nativos de Virgo, que son enormes. Podríamos hablar de su perfeccionismo y su atención casi sobrehumana a los detalles. Pero eso sería desviarnos de lo esencial. Todas esas virtudes son manifestaciones de su deseo de pureza y perfección; un mundo sin nativos de Virgo se habría echado a perder hace mucho tiempo.

Un vicio no es otra cosa que una virtud vuelta del revés, una virtud mal aplicada o usada en un contexto equivocado. Los aparentes vicios de Virgo proceden de sus virtudes innatas. Su capacidad analítica, que debería usarse para curar, ayudar o perfeccionar un proyecto, a veces se aplica mal y se vuelve contra la gente. Sus facultades críticas, que deberían utilizarse constructivamente para perfeccionar una estrategia o propuesta, pueden a veces usarse destructivamente para dañar o herir. Sus ansias de perfección pueden convertirse en preocupación y falta de confianza; su humildad natural puede convertirse en autonegación y rebajamiento de sí mismo. Cuando los Virgo se vuelven negativos tienden a dirigir en su contra sus devastadoras críticas, sembrando así las semillas de su propia destrucción.

Situación económica

Los nativos de Virgo tienen todas las actitudes que crean riqueza: son muy trabajadores, diligentes, eficientes, organizados, ahorradores, productivos y deseosos de servir. Un Virgo evolucionado es el sueño de todo empresario. Pero mientras no dominen algunos de los dones sociales de Libra no van ni a acercarse siquiera a hacer realidad su potencial en materia económica. El purismo y el perfeccionismo pueden ser muy molestos para los demás si no se los maneja con corrección y elegancia. Los roces en las relaciones humanas pueden ser devastadores, no sólo para nuestros más querídos proyectos, sino también, e indirectamente, para nuestro bolsillo.

A los Virgo les interesa bastante su seguridad económica. Dado que son tan trabajadores, conocen el verdadero valor del dinero. No les gusta arriesgarse en este tema, prefieren ahorrar para su jubilación o para los tiempos de escasez. Generalmente hacen inversiones prudentes y calculadas que suponen un mínimo riesgo. Estas inversiones y sus ahorros normalmente producen buenos dividendos, lo cual los ayuda a conseguir la seguridad económica que desean. A los Virgo ricos, e incluso a los que no lo son tanto, también les gusta ayudar a sus amigos necesitados.

Profesión e imagen pública

Los nativos de Virgo realizan todo su potencial cuando pueden comunicar sus conocimientos de manera que los demás los entiendan. Para transmitir mejor sus ideas, necesitan desarrollar mejores habilidades verbales y maneras no críticas de expresarse. Admiran a los profesores y comunicadores; les gusta que sus jefes se expresen bien. Probablemente no respetarán a un superior que no sea su igual intelectualmente, por mucho dinero o poder que tenga. A los Virgo les gusta que los demás los consideren personas educadas e intelectuales.

La humildad natural de los Virgo suele inhibirlos de hacer realidad sus grandes ambiciones, de adquirir prestigio y fama. Deberán consentirse un poco más de autopromoción si quieren conseguir sus objetivos profesionales. Es necesario que se impulsen con el mismo fervor que emplearían para favorecer a otras personas.

En el trabajo les gusta mantenerse activos. Están dispuestos a aprender a realizar cualquier tipo de tarea si les sirve para lograr su objetivo último de seguridad económica. Es posible que tengan varias ocupaciones durante su vida, hasta encontrar la que realmente les gusta. Trabajan bien con otras personas, no les asusta el trabajo pesado y siempre cumplen con sus responsabilidades.

Amor y relaciones

Cuando uno es crítico o analítico, por necesidad tiene que reducir su campo de aplicación. Tiene que centrarse en una parte y no en el todo, y esto puede crear una estrechez de miras temporal. A los

Virgo no les gusta este tipo de persona. Desean que su pareja tenga un criterio amplio y una visión profunda de las cosas, y lo desean porque a veces a ellos les falta.

En el amor, los Virgo son perfeccionistas, al igual que en otros aspectos de la vida. Necesitan una pareja tolerante, de mentalidad abierta y de manga ancha. Si estás enamorado o enamorada de una persona Virgo, no pierdas el tiempo con actitudes románticas nada prácticas. Haz cosas prácticas y útiles por tu amor Virgo; eso será lo que va a apreciar y lo que hará por ti.

Los nativos de Virgo expresan su amor con gestos prácticos y útiles, de modo que no te desanimes si no te dice «Te amo» cada dos días. No son ese tipo de persona. Cuando aman lo demuestran de modos prácticos. Siempre estarán presentes; se interesarán por tu salud y tu economía; te arreglarán el fregadero o la radio. Ellos valoran más estas cosas que enviar flores, bombones o tarjetas de San Valentín.

En los asuntos amorosos, los Virgo no son especialmente apasionados ni espontáneos. Si estás enamorado o enamorada de una persona Virgo, no interpretes esto como una ofensa. No quiere decir que no te encuentre una persona atractiva, que no te ame o que no le gustes. Simplemente es su manera de ser. Lo que les falta de pasión lo compensan con dedicación y lealtad.

Hogar y vida familiar

No hace falta decir que la casa de un Virgo va a estar inmaculada, limpia y ordenada. Todo estará en su lugar correcto, ¡y que nadie se atreva a cambiar algo de sitio! Sin embargo, para que los Virgo encuentren la felicidad hogareña, es necesario que aflojen un poco en casa, que den más libertad a su pareja y a sus hijos y que sean más generosos y de mentalidad más abierta. Los miembros de la familia no están para ser analizados bajo un microscopio; son personas que tienen que expresar sus propias cualidades.

Una vez resueltas estas pequeñas dificultades, a los Virgo les gusta estar en casa y recibir a sus amigos. Son buenos anfitriones y les encanta hacer felices a amigos y familiares y atenderlos en reuniones de familia y sociales. Aman a sus hijos, pero a veces son muy estrictos con ellos, ya que quieren hacer lo posible para que adquieran un sentido de la familia y los valores correctos.

Horóscopo para el año 2019*

Principales tendencias

Este año es fundamentalmente feliz, Virgo, con sólo unos cuantos retos aquí y alla para hacer interesantes las cosas.

Tu quinta casa, la de los hijos, la diversión y la creatividad, es con mucho la más fuerte del horóscopo este año, y se hará aún más fuerte el 3 de diciembre. Así pues, hay mucha creatividad y diversión. Para ti incluso la diversión tiene que tener una finalidad, alguna justificación práctica y eso es lo que ocurre este año; divertirte sólo por divertirte no es tu estilo. Un importante centro de atención será aprender a disciplinar a los hijos y a comunicarte bien con ellos.

Júpiter pasa casi todo el año en tu cuarta casa, la del hogar y la familia. Esto suele indicar una mudanza y la ampliación del círculo familiar. Júpiter en la cuarta casa y después en la quinta suele indicar embarazo para las personas Virgo en edad de concebir. Volveremos a este tema.

Neptuno lleva muchos años en tu séptima casa, la del amor, y continuará en ella muchos años más. Necesitas que tu pareja sea una persona espiritual. Más adelante volveremos a esto.

Urano ya lleva siete años en tu octava casa, y este año sale de ella. Llega a su fin el largo periodo de experimentación sexual; ya sabes lo que te va bien y llega el periodo de experimentar en otras cosas: tus creencias religiosas, filosóficas y teológicas; esta es una tendencia de larga duración; habrá muchos cambios en los próximos años. Estos cambios van a tener buen efecto en tu salud.

Este año tenemos cinco eclipses; normalmente sólo son cuatro; de estos cinco eclipses cuatro influyen en tu vida espiritual; así pues, puedes esperar cambios y trastornos en tu espiritualidad; también indica cambios drásticos en una organización espiritual o benéfica a la que perteneces o con la que te relacionas.

---

* Las previsiones de este libro se basan en el Horóscopo Solar y todos los signos que derivan de él; tu Signo Solar se convierte en el Ascendente, y las casas se numeran a partir de él. Tu horóscopo personal, el trazado concretamente para ti (según la fecha, hora y lugar exactos de tu nacimiento) podrían modificar lo que decimos aquí. Joseph Polansky

Los intereses más importantes para ti este año son: el hogar y la familia (hasta el 3 de diciembre); los hijos, la diversión y la creatividad; el amor y el romance; la sexualidad, la transformación personal, los estudios ocultos (hasta el 7 de marzo); la religión, la filosofía, la teología y viajes al extranjero (a partir del 7 de marzo).

Los caminos hacia tu mayor satisfacción o realización este año son: el hogar y la familia (hasta el 3 de diciembre); los hijos, la diversión y la creatividad (a partir del 3 de diciembre); las amistades, los grupos y las actividades de grupo.

Salud

(Ten en cuenta que esta es una perspectiva astrológica de la salud, no una médica. Antaño no había ninguna diferencia, ambas eran idénticas, pero en esta época podrían diferir muchísimo. Para una perspectiva médica, por favor, consulta a tu médico o a otro profesional de la salud.)

La salud y la energía generales se ven mucho mejor que en 2016 y 2017, y después del 3 de diciembre será mejor aún que el año pasado; la mayoría de los planetas lentos están en aspecto armonioso contigo; sólo dos te forman aspectos desfavorables, Júpiter y Neptuno; y el 3 de diciembre Júpiter comenzará a formarte aspectos positivos.

Sin duda a lo largo del año habrá periodos en que la salud y la energía no estén tan bien, e incluso es posible que haya algún trastorno; pero estas no son tendencias para el año sino efectos temporales de los tránsitos de los planetas rápidos; cuando acaba el tránsito se normalizan la salud y la energía.

La salud es siempre importante para Virgo, pero este año lo es menos; tu sexta casa, la de la salud, está prácticamente vacía, sólo transitan por ella los planetas rápidos y su efecto es temporal.

Dada la configuración de tu carta este año, la sexta casa vacía es algo bueno; más o menos puedes dar por descontada la buena salud, no necesitas prestarle mucha atención.

Por buena que sea tu salud siempre puedes fortalecerla más; da más atención a las siguientes zonas, que son las vulnerables en tu carta.

El intestino delgado. Este órgano está regido por Virgo así que siempre es importante para ti. Te irán bien sesiones de reflexología para trabajar sus puntos reflejos. La dieta también es siempre importante y tiendes a estar atento y cuidarla.

Los tobillos y las pantorrillas. Estas zonas también son siempre importantes para ti, pues las rige Urano, tu planeta de la salud. Masajes periódicos en los tobillos y pantorrillas deberán formar parte de tu programa de salud; los tobillos necesitan protección especial cuando haces ejercicio.

La cabeza, la cara y el cuero cabelludo. Estas zonas han sido importantes los siete años pasados, cuando tu planeta de la salud estaba en Aries; a partir del 7 de marzo ya no serán tan importantes. Pero hasta entonces continúa dando masajes periódicos en el cuello cabelludo y en la cara; la terapia sacro-craneal es buena para la cabeza.

La musculatura. También esta ha sido importante los siete años pasados y después del 7 de marzo disminuye su importancia; mientras tanto te irá bien hacer ejercicios vigorosos; después de esta fecha bastará con ejercicios más suaves.

Las suprarrenales. Como los músculos, la cabeza y la cara, estas glándulas han sido importantes los pasados siete años y disminuyen en importancia después del 7 de marzo. Mientras tanto te conviene seguir trabajando sus puntos reflejos. Como siempre, evita la ira y el miedo, las dos emociones que sobrecargan de trabajo a estas glándulas. Se dice que el ginsén es bueno para ellas.

El cuello y la garganta. Estas zonas comienzan a ser importantes después del 7 de marzo, cuando tu planeta de la salud entra en Tauro, el signo que las rige. Masajes periódicos en el cuello deberán formar parte de tu programa de salud durante los próximos siete años más o menos. La terapia sacro-craneal también es buena para el cuello.

Dado que estas son las zonas más vulnerables este año, si surgiera algún problema, es muy probable que empiece en alguna de ellas. Por lo tanto, mantenerlas sanas y en buena forma es buena medicina preventiva; normalmente se evitan totalmente los problemas, pero aun en el caso de que no se eviten del todo (debido al karma) se mitigan los síntomas en gran medida; no serán tan fuertes como podrían serlo.

La entrada de Urano en tu novena casa indica que tu filosofía de la vida, tus creencias teológicas (o la falta de ellas) tienen un importante papel en tu salud general. Los problemas de salud (junto con todos los demás problemas) sólo son máscaras, encubrimientos, de problemas teológicos. Bajo toda la palabrería médica y psicológica hay una deficiencia teológica, conceptos erróneos acerca de la naturaleza de lo Divino; esto lo verás en los próximos años. La mejor cura para el error (principal patología de la mente filosófica) es la luz; te conviene invocarla con frecuencia.

También es importante tu filosofía de la salud y la enfermedad, tus conceptos de lo que es el cuerpo. La filosofía predominante hoy en día no es adecuada y es necesario corregirla.

El planeta de la salud en la novena casa indica que la oración (que es algo distinto a la meditación) es una fuerza o poder curativo. Esto lo comprenderás en los próximos siete años.

Hogar y vida familiar

Estando Júpiter en tu cuarta casa este año, el hogar y la familia son un centro importante de atención. Fundamentalmente significa felicidad y éxito en la vida familiar y doméstica. Como hemos dicho, se ensancha el círculo familiar; normalmente esto ocurre por nacimientos o matrimonio, aunque no siempre. Es posible que conozcas a personas que son «como» familiares para ti (y tal vez lo fueron en encarnaciones anteriores). Estas personas te dan el apoyo incondicional que normalmente debería darte la familia.

Si estás en edad de concebir, tu fertilidad es más fuerte que de costumbre, y esto vale también para tus familiares.

Este año prospera la familia en su conjunto, y prosperará el próximo año también. Hay buen apoyo familiar en este periodo.

Júpiter en la cuarta casa indica mudanza, cambio de residencia; pero esto no hay que tomarlo literalmente; a veces se agranda o se hacen renovaciones en la casa y es «como» si la persona se hubiera mudado; o tal vez se compran artículos caros para la casa, lo que la hace un lugar más feliz y mejor. O la persona se compra o tiene acceso a una segunda casa. Hay buena suerte en la compra o venta de casa.

Júpiter en la cuarta casa nos da otros mensajes también. Indica que el año es de enorme progreso psíquico; hay importantes avances o percepciones. Si estás haciendo psicoterapia darás pasos agigantados; y aun en el caso de que no estés en una psicoterapia formal, aumentará tu comprensión. La naturaleza tiene sus propios métodos terapéuticos.

Me parece que tu principal reto este año es el trato con los hijos y figuras filiales de tu vida. Parece una carga, pero te las arreglarás. Los niños necesitan límites y cierta disciplina (no crueldad); necesitan comprender qué es permisible y qué no lo es. A veces hace falta introducir dureza en el amor, aunque sin exagerar; el amor duro a una edad temprana, cuando es más corregible el comportamiento, suele prevenir problemas graves más adelante. Volveremos a este tema.

La educación de los hijos también parece un reto; en general este año hay muchas cosas relacionadas con los hijos y las figuras filiales.

Un progenitor o figura parental prospera este año y se interesa mucho por tu vida doméstica, me parece que de forma positiva. Esta persona viaja más este año, pero no es probable que se mude (aunque no hay nada en contra).

Los hermanos y figuras fraternas también prosperan este año; tienen un año financiero fabuloso. Sienten la necesidad de cambiar de residencia, pero es más probable que esto ocurra el año que viene.

Los hijos y figuras filiales han estado mudables emocionalmente en los siete años pasados, y parece que ahora se calman, en especial después del 7 de marzo.

Los nietos (si los tienes) o aquellos que tienen ese papel en tu vida se ven desasosegados este año; tal vez no se trasladen ni muden de domicilio, pero vivirán en diferentes lugares durante largos periodos. Muchos de ellos ponen a prueba los límites de sus cuerpos.

Si tienes pensado hacer obras de renovación en la casa, todo el año es bueno. Si quieres redecorarla, embellecerla, del 7 de enero al 8 de febrero y del 1 de noviembre al 22 de diciembre son buenos periodos.

Profesión y situación económica

El dinero no es muy importante este año. Tu casa del dinero está prácticamente vacía, sólo transitan por ella los planetas rápidos; también transita la Luna, un tránsito muy breve, como cada mes. Pero estos tránsitos son temporales, no tendencias de largo plazo. Este no es un año especialmente fuerte en las finanzas; las cosas tenderán a continuar como están; tienes más libertad para configurar tu vida financiera, pero te falta el interés y la motivación (normalmente esto se debe a que la persona está más o menos satisfecha con las cosas como están).

El dinero es importante, pero no lo es todo. Y tampoco es la finalidad de la vida, como la han hecho algunos. El amor, los hijos, la creatividad, la familia y la felicidad personal son mucho más importantes que el dinero este año. Ten presente que la segunda casa (la del dinero) sólo es una de las doce casas; una parte pequeña del cuadro total.

Como hemos dicho, este año hay buen apoyo familiar; hay buena suerte en la venta o compra de una casa. Si te interesa invertir, se ven interesants los sectores inmobiliario residencial, restaurantes, empresas alimentarias y hoteles; tienes buena afinidad con estas cosas. También te atraería formar una empresa o negocio familiar.

Siendo Venus tu planeta del dinero tienes afinidad natural con la industria de la belleza: modas, cosméticos, joyas, arte, antigüedades, diseño de interior, cosas y productos que embellecen a las personas y la vida. Y, lógicamente, siempre es bueno el campo de la salud (tu interés natural).

Como saben nuestros lectores, Venus es planeta de movimiento rápido; en un año transita por todos los signos y casas del horóscopo (este año avanza más o menos un 33 por ciento más rápido que otros años) y forma aspectos (conexiones) con todos los demás planetas. Por lo tanto, en las finanzas hay muchas tendencias de corto plazo según dónde está Venus y los aspectos que recibe o forma; de estas hablaremos en las previsiones mes a mes.

El movimiento rápido de Venus es una señal financiera positiva; indica confianza, indica progreso rápido, indica un fuerte poder adquisitivo. Pero, como hemos dicho, hay falta de interés.

Tampoco es este un año especialmente fuerte en la profesión. Tu décima casa está prácticamente vacía; tu cuarta casa está mucho más fuerte. Y aunque por naturaleza tiendes a ser ambicioso, este año lo eres menos.

Mercurio es tu planeta de la profesión y su movimiento es aún más rápido que el de Venus. Así pues, en la profesión hay muchas tendencias de corto plazo que dependen de dónde está Mercurio y de los aspectos que recibe y forma; estas también es mejor tratarlas en las previsiones mes a mes.

Amor y vida social

Las tendencias en las actividades amorosas y sociales no han cambiado mucho en los últimos años. Neptuno lleva muchos años en tu séptima casa y continuará en ella muchos años más.

La vida amorosa se está volviendo más idealista, más espiritualizada; este es un proceso que continúa. El tránsito de un planeta como Neptuno no es un «acontecimiento» sino un proceso, una larga serie de acontecimientos que tienen cierta finalidad u objetivo.

Así pues, como en años pasados (y conviene repetirlo para los lectores nuevos) atraes a personas de tipo espiritual a tu esfera social. En realidad, estas conexiones influyen mucho en tu crecimiento espiritual.

Si vas a bares o clubes en busca del amor pierdes el tiempo; allí tal vez encuentres sexo o diversión de una noche, pero no amor. Para encontrar amor debes asistir a seminarios o charlas espirituales, a funciones de beneficencia u otras ofrecidas por organizaciones altruistas. Necesitas conocer personas que están en tu misma onda espiritual.

Si ya estás en una relación (y es muy posible que lo estés) el reto es equilibrar tus intereses domésticos y familiares con los del amor. Me parece que tu cónyuge, pareja o ser amado actual no sintoniza bien con tu familia; es necesario hacer más trabajo en esto. Además, hay todo tipo de revelaciones respecto a tu pareja o ser amado que no caen bien a la familia (en especial a uno de tus progenitores o figuras parentales).

Lo mismo podemos decir más o menos si estás soltero o soltera y sin compromiso. Al parecer tu familia no aprueba a las personas con las que sales. Además, tus responsabilidades con la familia te distraen de tu vida social; esto acabará a fin de año, pero mientras tanto es una dificultad.

Si estás soltero o soltera buscas el «amor ideal»; me parece que no aceptas un término medio. El problema es que si bien algunos seres humanos tienen más capacidad que otros para el amor, pocos pueden estar a la altura de tus deseos idealizados. Por lo tanto, incluso las mejores relaciones producen cierto grado de decepción, de insatisfacción.

Este año se ve una relación romántica seria para ti; hay una persona en tu casa del amor; una persona de tipo espiritual, artístico, inspirado, tal vez músico, poeta, bailarín, canalizador espiritual o pastor religioso. Estos son los tipos de personas que te atraen.

La información y orientación amorosa te llegará en sueños (y debes prestarles atención) o a través de videntes, astrólogos, lectores de tarot, médiums o canalizadores espirituales. Si sientes confusión en esto, te conviene consultar con alguna de estas personas.

Casi todos los problemas en una relación se pueden solucionar con buena compatibilidad espiritual. No hay nada imposible para el espíritu; pero sin él casi nada se puede solucionar.

El año pasado, 2018, fue fabuloso en lo amoroso y social. Es posible que te hayas casado o iniciaras una relación seria, una relación parecida a matrimonio. Este año la vida amorosa va bien, no espectacular pero bien. A fin de año, después del 3 de diciembre, comienza a centellear; el año que viene será mejor aún.

El cónyuge, pareja o ser amado actual tiene un año profesional muy fuerte; tiene mucho éxito; esto podría distraer a esta persona de su relación contigo; parece tener centrada la atención en sus intereses y esto podría ser un problema.

Progreso personal

Ya hemos dicho que en tu vida espiritual hay cambios grandes, drásticos, en tu práctica, enseñanza y maestro o profesor. Cuatro de los cinco eclipses de este año afectan a tu vida espiritual. Normalmente se tienen conceptos erróneos respecto a cómo va todo esto; hay muchas ideas supersticiosas. Estos conceptos o ideas pasan por pruebas y hay que hacer revisión de muchas. A veces cambia la práctica espiritual debido a revelaciones interiores, que son justamente el objetivo de la práctica espiritual; debido a eso ocurre el cambio. Tal vez pases de un grupo espiritual a otro hasta que cae una nueva bomba que causa el cambio. Además, hay drama en la vida de gurús y figuras de gurús de tu vida, y a veces esto es causa de cambio de maestro y de enseñanza. Pueden ocurrir muchas cosas, son muchas las posibilidades, pero al final el resultado será un nuevo camino espiritual, un nuevo método, una nueva visión.

En años anteriores hemos hablado de las consecuencias de la presencia de Neptuno en tu séptima casa; dado que esta tendencia sigue muy en vigor, repetiremos algunas cosas para nuestros nuevos lectores. Superficialmente este tránsito indica el deseo de un amor «ideal», del que ya hemos hablado; pero hay un programa mucho más profundo. El Cosmos te guía poco a poco hacia la realización del amor espiritual, el verdadero ideal. Ningún ser humano puede satisfacer totalmente este ideal, al menos no en la fase evolutiva en que nos encontramos. Pero cuando conectamos con el «Amante Interior», lo Divino, descubrimos que se satisfacen todas nuestras necesidades en el amor. Todas significa todas. Sea cual sea la necesidad, lo Divino la satisface. Estés o no en una relación sentirás fundamentalmente lo mismo; siempre te sentirás amado. En una relación experimentarás ciertos placeres; si no estás en una relación experimentarás otros placeres. Pero esto no importará mucho; no tendrás la necesidad de estar en una relación; jamás te sentirás solo. El amor está a sólo un pensamiento de distancia, a un giro de tu atención. Esto no ocurre de la noche a la mañana, es un proceso gradual.

Estando Neptuno en tu séptima casa, es importante que pongas tu vida amorosa en manos de lo Divino y dejes que este maneje las cosas, y haz esto con sinceridad. Si esto se hace bien, comienzan a ocurrir milagros. Las situaciones más complicadas se enderezan. Una buena afirmación es: «Pongo la carga de mi vida amorosa (o esta situación amorosa) en manos de mi Dios interior y quedo libre». Repítela una y otra vez hasta que comiences a sentirla.

La presencia de Urano en tu novena casa, la de la religión, la filosofía y la teología, a partir del 7 de marzo, indica que pasan por pruebas tus creencias religiosas y filosóficas. Muchas van a explotar (a Urano le gusta el drama y las explosiones) y muchas tendrás que revisarlas. Es probable que los retos provengan del mundo científico; cuando Urano haya acabado su trabajo contigo, dentro de siete años, tendrás toda una nueva filosofía de la vida, y una mucho mejor. Este cambio en tu visión filosófica tendrá efectos positivos en todas las demás facetas de tu vida. Muchos de nuestros obstáculos nacen de errores filosóficos o teológicos. Es muy cierto que la verdad nos hace libres.

Previsiones mes a mes

Enero

Mejores días en general: 5, 6, 15, 16, 23, 24
Días menos favorables en general: 2, 3, 10, 11, 17, 18, 30, 31
Mejores días para el amor: 1, 10, 11, 12, 13, 19, 20, 21, 22, 27, 28, 30, 31
Mejores días para el dinero: 1, 2, 3, 12, 13, 21, 22, 25, 26, 30, 31
Mejores días para la profesión: 4, 5, 15, 16, 17, 18, 25

El mes se ve feliz, incluso cuando hay dos eclipses; estos sólo condimentan, aportan cierta emoción al mes. Los eclipses se ven amables contigo, aunque los notarás si tocan algún punto sensible en tu carta natal personal, la hecha especialmente para ti.

Desde el 22 del mes pasado estás en una de tus cimas de placer personal del año. Es un periodo para relajarte, dejar de lado las preocupaciones y gozar de las emociones de la vida. La creatividad es buena y está muy fuerte; si estás en el mundo de las artes creativas este será un mes productivo.

El eclipse solar del 6 (el 5 en Estados Unidos) ocurre en tu quinta casa, por lo tanto afecta a los hijos y figuras filiales, aquellas que tienen este papel en tu vida; pasan por dramas, los cuales podrían ser muy normales pero producen cambios importantes: la pubertad, el despertar sexual, marcharse de casa para ir a la universidad, etcétera; de todos modos no les hará ningún daño reducir su programa de actividades y evitar las que entrañen riesgos. Un progenitor o figura parental pasa por una crisis financiera y se ve obligado a hacer cambios drásticos en sus finanzas. También hay drama en la vida de personas adineradas de tu vida. Todos los eclipses solares afectan a tu vida espiritual y este no es diferente; pasas por estas cosas dos veces al año (este serán cuatro) y ya sabes llevarlas; la vida espiritual necesita medidas correctivas periódicas y los eclipses te dan la oportunidad. Hay trastornos o reorganización en una organización espiritual o benéfica con la que te relacionas; hay drama en la vida de gurús y figuras de gurús. Haces cambios importantes en tu práctica espiritual, tal vez cambias de maestro o enseñanza.

El eclipse lunar del 21 produce más cambios en la espiritualidad, pues ocurre en tu espiritual casa doce. Es posible que la vida onírica sea más activa en este periodo, y tal vez negativa; no prestes mucha atención a tus sueños, sólo son productos de desechos psíquicos agitados por el eclipse. Todos los eclipses lunares ponen a prueba la amistad. A veces hay defectos en la relación de amistad propiamente tal, pero no siempre; a veces la persona amiga pasa por un drama, de aquellos que cambian la vida, y esto afecta a la relación. Es probable que tu equipo y artilugios de alta tecnología estén más temperamentales en el periodo del eclipse; a veces es necesario repararlos o reemplazarlos.

La salud es buena este mes. Después del 20, cuando tu planeta de la espiritualidad entra en su sexta casa, te beneficias de la curación espiritual; si te sientes indispuesto, consulta con un terapeuta de orientación espiritual.

Febrero

Mejores días en general: 1, 2, 11, 12, 19, 20, 28
Días menos favorables en general: 6, 7, 13, 14, 26, 27
Mejores días para el amor: 6, 7, 9, 11, 15, 16, 19, 20, 24, 25, 28
Mejores días para el dinero: 9, 10, 11, 17, 18, 19, 20, 21, 22, 26, 27, 28
Mejores días para la profesión: 3, 4, 13, 14, 15, 16, 24, 25

El amor comenzó a mejorar el 5 del mes pasado y este mes va mejor aún; Mercurio, el señor de tu horóscopo y planeta muy importante, entra el 10 en tu séptima casa, la del amor; el 19 entra el Sol en esta casa y continúa en ella el resto del mes. Estás entonces en una cima amorosa y social anual.

Los dos planetas más importantes para tu espiritualidad están en tu séptima casa: Neptuno, el planeta genérico, y el Sol, tu planeta de la espiritualidad, pues es el señor de tu casa doce. Esto nos da muchos mensajes. La compatibilidad espiritual ha sido importante en el amor desde hace unos años y este mes lo es más aún. Cuando hay compatibilidad espiritual se pueden solucionar los problemas más liosos; cuando no la hay se soluciona muy poco. El amor ha sido idealista desde hace muchos años y ahora lo es más. Si estás soltero o soltera buscas el amor perfecto; este mes te acercas, pero el amor realmente perfecto es el amor Divino, que es incondicional y no depende del ser humano. El amor es ultrarromántico este mes, soñador, ilusionado; puede que sea una ilusión, pero es una ilusión agradable (un poco de ilusión hace tolerable la vida).

El 18 y el 19 son días particularmente románticos.

En este periodo el amor no se encuentra en bares, clubes ni sitios populares y concurridos de la ciudad; las oportunidades amorosas se encuentran en ambientes espirituales, la sala de yoga, la clase de meditación, charlas espirituales o funciones benéficas, cuando estás atendiendo a tus objetivos espirituales y con personas relacionadas con tu vida espiritual.

En esto hay un lado oscuro también. Tanto el Sol como Neptuno rigen la «revelación de cosas ocultas», y a veces estas no son agradables; estos planetas no causan escándalo, sólo revelan lo que hay, sea bueno, malo o indiferente. Una luz impersonal brilla sobre la vida amorosa y social.

Del 11 al 14 Marte viaja con Urano; este es un aspecto muy dinámico; ten más cuidado y prudencia en el plano físico. Con este aspecto a veces se recomienda una operación quirúrgica (esto no significa que la persona necesite hacérsela; conviene pedir segundas opiniones).

La salud en general es más delicada a partir del 19; como siempre, procura descansar lo suficiente. Sigue siendo importante el masaje en la cabeza, cara y cuero cabelludo; esto cambia el próximo mes.

Venus, tu planeta del dinero, entra en Capricornio el 3; el juicio financiero es sensato y fiable. Eres conservador en los asuntos monetarios, pero no demasiado; una especulación bien protegida podría dar buen resultado. Este es un buen mes para hacer presupuestos y planes de ahorro o inversión a largo plazo.

Marzo

Mejores días en general: 1, 2, 10, 11, 19, 20, 27, 28, 29
Días menos favorables en general: 5, 6, 7, 13, 14, 25, 26
Mejores días para el amor: 3, 4, 5, 6, 7, 15, 16, 23, 24
Mejores días para el dinero: 3, 4, 8, 9, 15, 16, 17, 18, 21, 22, 23, 24, 25, 26
Mejores días para la profesión: 5, 6, 7, 13, 14, 15, 16, 23, 24

Este mes todos los planetas están en el sector occidental o social de tu carta, algo muy inusual; sólo la Luna estará en el sector oriental del 13 al 25. Tu séptima casa, la del amor, está llena de planetas, mientras que tu primera casa está vacía. Este mes estás totalmente orientado a los demás. Es como si tus necesidades no existieran, no son un factor en el devenir de las cosas. Tu popularidad está en la cumbre. Además sigues en una cima amorosa y social. Así pues, déjate llevar por la corriente, como se dice. De vez en cuando te va bien tomarte unas vacaciones de ti mismo y de tus intereses; muchas enfermedades psíquicas tienen su origen en una atención excesiva al yo. Llegará el periodo en que tendrás poder, pero no es este; deja que los demás hagan su voluntad, mientras esto no sea destructivo; el bien te llega gracias a tus buenas relaciones sociales, no tanto por tu iniciativa.

Como el mes pasado, el amor es espiritual e idealista; el amor y las oportunidades amorosas se presentan en este tipo de ambientes.

Hasta el 20 la salud es delicada, como el mes pasado. Urano, tu planeta de la salud, entra en tu novena casa el 7. Con esto dejan de ser importantes la cabeza, la cara y el cuero cabelludo; presta más atención al cuello y la garganta; masajes en el cuello serán importantes los próximos siete años. Venus en tu casa de la salud indica que es necesario dar más atención a los riñones y las caderas; convienen masajes periódicos en las caderas. Pero esta es una necesidad de corta duración, que acabará el 26.

La entrada de Urano en tu novena casa también indica cambios laborales; habrá oportunidades de trabajo en empresas extranjeras o en el extranjero; esta es una tendencia para muchos años por venir. Pasarán por pruebas tus creencias religiosas y filosóficas, en especial tus creencias acerca de la salud y la curación; muchas de estas creencias son poco más que supersticiones.

Tu casa del dinero está vacía este mes; sólo la Luna transita por ella los días 23 y 24; por lo tanto, las finanzas no son un interés importante; esto lo interpreto como positivo; indica satisfacción. Tu planeta del dinero, Venus, está en tu sexta casa, la de la salud y el trabajo, hasta el 26; el dinero se gana de la manera anticuada, con trabajo y servicio productivo. El 26 Venus entra en Piscis, su posición más fuerte, más exaltada; esto indica mayores ingresos y el favor de tus contactos sociales en tus finanzas. A veces con este tipo de tránsito hay oportunidades de formar una sociedad de negocios o una empresa conjunta.

Abril

Mejores días en general: 6, 7,8, 15, 16, 24, 25
Días menos favorables en general: 1, 2, 3, 9, 10, 22, 23, 29, 30
Mejores días para el amor: 1, 2, 3, 11, 12, 19, 20, 21, 29, 30
Mejores días para el dinero: 2, 3, 4, 5, 11, 12, 13, 14, 17, 18, 21, 22, 23
Mejores días para la profesión: 2, 3, 9, 10, 13, 14, 22, 23

Todos los planetas, con la excepción de la Luna (y sólo parte del tiempo), continúan en el sector occidental o social de tu carta; tu primera casa continúa vacía, sólo la Luna la visita los días 17 y 18. Así pues, este es un mes muy social, como el mes pasado. Tu manera no es la mejor; tus intereses van detrás de los intereses de los demás; la voluntariedad no te lleva muy lejos en este periodo. Tu bien te viene de la buena voluntad y favor de los demás. Estando Mercurio, el señor de tu horóscopo, en tu séptima casa, te pareces mucho a un Libra en este periodo; la relación lo es todo; aprendes acerca de ti mismo mediante tus relaciones. Como el mes pasado, es muy fuerte tu popularidad; tu atención y afecto hacia los demás se valora.

Venus, tu planeta del dinero, tiene su solsticio del 22 al 25, es decir, detiene su movimiento en el grado de latitud en que está, «acampa» en ese punto durante esos días, y luego cambia de dirección. Así pues, hay una pausa en tu vida financiera y luego viene un cambio de dirección.

Hasta el 20 Venus está en tu séptima casa, Piscis, que es el signo de su mayor exaltación. Esto indica poder adquisitivo «exaltado» y, como el mes pasado, una sólida intuición financiera; del 9 al 11 la intuición financiera es extraordinariamente fuerte ya que Venus viaja con Neptuno; presta atención a tus sueños esos días. También es un periodo potente en el amor. El 20 Venus entra en tu octava casa; esto es especialmente bueno para pagar o contraer deudas, según sea tu necesidad; es un buen periodo para planificar los pagos de impuestos y de seguros y, si estás en la edad, para hacer planes testamentarios. Anteponer a los demás también implica anteponer sus intereses financieros; esto no quiere decir que dañas tus propios intereses sino simplemente que los mantienes en un segundo plano; en este periodo tu trabajo es hacer ricas a otras personas; la ley kármica se encargará de tus necesidades financieras. El planeta del dinero en Aries indica a la persona que se precipita en sus transacciones financieras, es demasiado impulsiva; estas cosas resultan cuando está conectada la intuición; si no lo está, podrías causarte daño; consulta con la almohada antes de tomar una decisión importante en las finanzas.

La salud mejora este mes, y esto ocurre sin tu intervención. Si quieres fortalecerla más, da atención extra al cuello y la garganta; del 21 al 23 son especialmente potentes las terapias espirituales.

Mayo

Mejores días en general: 4, 5, 13, 14, 21, 22, 31
Días menos favorables en general: 6, 7, 19, 20, 26, 27
Mejores días para el amor: 2, 3, 8, 9, 14, 17, 18, 21, 26, 27, 31
Mejores días para el dinero: 2, 3, 10, 11, 14, 15, 16, 19, 20, 21, 29, 30, 31
Mejores días para la profesión: 2, 3, 6, 7, 13, 14, 23, 24

Marte, el señor de tu octava casa, está «fuera de límites» desde el 21 del mes pasado, y continuará así todo este mes. Esto nos da diversos mensajes. Me parece que experimentas más en tu actividad sexual, haces cosas que difieren de tus «normas», o con personas ajenas a tu esfera normal. El cónyuge, pareja o ser amado actual sale de sus límites normales en su vida financiera; no encuentra soluciones o respuestas en su esfera normal y se ve obligada a buscarlas en otras partes. Dado que Marte está «fuera de límites» en tu décima casa, es probable que las exigencias profesionales también te obliguen a salir de tu esfera normal.

La salud es buena hasta el 21, pero continúa necesitada de atención. Lo bueno es que Virgo siempre está atento a la salud. Marte, Neptuno y Júpiter están en alineación desfavorable. El 21 el Sol y Mercurio entran en alineación desfavorable, pero a partir del 16 Marte estará en alineación armoniosa contigo. Así pues, como siempre, procura descansar lo suficiente. Fortalece la salud de las maneras indicadas en las previsiones para el año.

La profesión es el principal titular del mes. Marte está en tu casa de la profesión desde el 1 del mes pasado y continúa en ella hasta el 16 de este mes. Esto indica intensa actividad en la profesión. También indica que jefes, padres o figuras parentales podrían pasar por intervenciones quirúrgicas o experiencias de casi muerte; o tal vez la empresa o industria en que trabajas podría tener una experiencia de casi muerte. El 21 entran el Sol y Mercurio en tu décima casa, y comienzas una cima profesional anual. Haces mucho progreso; tu principal reto será equilibrar las exigencias de la profesión con las del hogar y la familia; puesto que la mayoría de los planetas están sobre el horizonte de tu carta este mes, da más atención a la profesión siempre que sea posible.

La presencia del Sol en tu décima casa indica que adelantas en la profesión participando en actividades benéficas o altruistas; tu práctica y comprensión espirituales favorecen la profesión; la orientación profesional puede llegarte en sueños o a través de videntes, canalizadores espirituales o lectores de tarot. La presencia de Mercurio en tu décima casa indica elevación y éxito personal; hay reconocimiento de lo que eres, de tus consecuciones espirituales y de tu apariencia.

Este mes debes trabajar más en el amor; las dificultades podrían deberse a que tu atención a la profesión te distrae de tu vida social o no le sienta bien a tu cónyuge, pareja o ser amado actual; otra posibilidad es que los familiares no se lleven bien con esta persona. Esto ha sido un problema todo lo que va de año pero este mes se ve más intenso.

Junio

Mejores días en general: 1, 9, 10, 18, 19, 27, 28, 29
Días menos favorables en general: 2, 3, 15, 16, 23, 24, 30
Mejores días para el amor: 1, 5, 6, 11, 13, 14, 20, 21, 23, 24
Mejores días para el dinero: 1, 7, 8, 11, 12, 15, 16, 20, 21, 25, 26
Mejores días para la profesión: 2, 3, 4, 13, 14, 24, 30

Este es un mes activo y exitoso, Virgo. La profesión está más fuerte que el mes pasado, pues Venus entra en tu décima casa el 9. Hay probabilidades de aumento de sueldo, oficial o no oficial; cuentas con el favor financiero de jefes, padres y figuras parentales. Venus es tu planeta del dinero, y su posición en la cima de tu carta indica que las finanzas son una de tus prioridades; además, los planetas siempre son más fuertes en su elevada posición del mediodía (el medio cielo) que en otras posiciones. Por lo tanto tu éxito profesional se traduce en éxito financiero (no siempre es así, pero este mes lo es). El dinero podría llegarte de compraventa, ventas al por mayor o al detalle. Tus buenas dotes de comunicación también favorecen tus finanzas.

Hasta el 21 continúa más atento a la salud y descansa y relájate más; fortalece la salud de las maneras explicadas en las previsiones para el año; además, procura programar más sesiones de masaje o de otro tratamiento. La profesión es muy exigente y debes satisfacer esas exigencias, pero para aliviar la carga deja estar las trivialidades.

Después del 21 mejoran espectacularmente la salud y la energía, pues el Sol entra en aspecto armonioso contigo. También mejora la vida amorosa y social. Si estás sin compromiso, entre el 15 y el 16 hay un feliz encuentro romántico. Si ya estás en una relación tendrás felices experiencias sociales esos días y más romance en la relación. Después del 21 es buen periodo para participar en grupos y organizaciones, sobre todo si son de tipo espiritual. La única complicación para el amor es que Neptuno inicia movimiento retrógrado el 21. Disfruta de la vida amorosa tal como se da, sin proyectarla muy lejos en el futuro; el movimiento retrógrado del planeta del amor enlentece la vida social pero no la impide.

Los hijos y figuras filiales tienen una vida amorosa y social muy activa este mes.

Marte continúa «fuera de límites» hasta el 12; entonces vuelve al redil, por así decirlo. El cónyuge, pareja o ser amado actual vuelve a su esfera normal en sus finanzas. La vida sexual se vuelve más convencional.

Del 1 al 16 está «fuera de límites» Mercurio, señor de tu horóscopo y tu planeta de la profesión. Tus deberes profesionales te empujan a entrar en lugares desconocidos en este periodo; sales de tu esfera normal.

Este mes aumenta la actividad retrógrada; después del 21 el 40 por ciento de los planetas (elevado porcentaje) estarán en movimiento retrógrado; el próximo mes será el 50 por ciento, el máximo del año. Pero ya estamos conscientes de esto; se enlentece el ritmo de la vida.

Julio

Mejores días en general: 6, 7, 15, 16, 25, 26
Días menos favorables en general: 1, 13, 14, 20, 21, 27, 28
Mejores días para el amor: 1, 2, 3, 10, 11, 20, 21, 29, 30, 31
Mejores días para el dinero: 1, 4, 5, 8, 9, 10, 11, 13, 14, 20, 21, 22, 23, 24, 31
Mejores días para la profesión: 1, 4, 5, 14, 21, 27, 28, 29, 30

Este mes la actividad retrógrada llega a su punto máximo del año; después del 7 el 50 por ciento de los planetas están en movimiento retrógrado, elevado porcentaje. Así pues, las cosas ocurren con reacción retardada y en esto se incluyen los fenómenos producidos por los eclipses.

Este mes tenemos dos eclipses, que afortunadamente son relativamente moderados en ti; de todos modos no te hará ningún daño reducir tus actividades; los eclipses podrían no ser tan amables con las personas de tu entorno.

El eclipse solar del 2 ocurre en tu casa once, la de las amistades; podría haber drama en la vida de personas amigas y poner a prueba ciertas amistades. También afecta a ordenadores, teléfonos inteligentes y otros artilugios de alta tecnología; a veces es necesario repararlos o reemplazarlos. Los hijos y figuras filiales pasan por dificultades en su vida amorosa y social. Los padres o figuras parentales tienen que hacer cambios importantes en sus finanzas. Con todos los eclipses solares hay cambios en tu vida espiritual, cambio de actitud, de enseñanza, de maestro; son periodos para tomar medidas correctivas en la espiritualidad, lo que es muy saludable; hay drama en la vida de gurús y figuras de gurú; hay trastornos o reorganización en organizaciones a las que perteneces, de tipo espiritual y de otro tipo.

El eclipse lunar del 16 también afecta a tu equipo de alta tecnología, en este asunto es casi una repetición del eclipse solar; comprueba que tus programas antivirus y antipiratería están actualizados; haz copias de seguridad de tus documentos importantes. Nuevamente hay drama en la vida de personas amigas y trastornos en organizaciones profesionales o comerciales a las que perteneces. Este eclipse ocurre en tu quinta casa, por lo que afecta a los hijos y figuras filiales de tu vida; durante el periodo del eclipse deberán reducir su programa de actividades y evitar las estresantes. Nuevamente un progenitor o figura parental tiene que tomar medidas correctivas en sus finanzas. Este eclipse hace impacto en Plutón, el señor de tu tercera casa, así que conduce con más prudencia. Pasan por pruebas los coches y teléfonos. Si eres estudiante aún no universitario podrías hacer cambios educacionales importantes, tal vez incluso cambiar de colegio. Hay trastornos o conflictos en el barrio y en el colegio.

Este mes es muy espiritual, sobre todo después del 23. Si estás en un camino espiritual, haces progresos; si no lo estás tendrás todo tipo de experiencias sincrónicas y de percepción extrasensorial, las cuales podrían ponerte en el camino; a veces estas experiencias simplemente hacen «rascarse la cabeza» por el asombro.

Agosto

Mejores días en general: 2, 3, 11, 12, 21, 22, 30, 31
Días menos favorables en general: 9, 10, 16, 17, 23, 24, 25
Mejores días para el amor: 1, 7, 8, 9, 10, 16, 17, 20, 21, 26, 27, 30, 31
Mejores días para el dinero: 1, 4, 5, 9, 10, 19, 20, 21, 28, 29, 30, 31
Mejores días para la profesión: 8, 19, 20, 23, 24, 25, 30

El 9 de junio el poder planetario comenzó a trasladarse del sector occidental o social de tu carta al oriental o del yo. Poco a poco ha ido aumentando la independencia personal, que este mes y el próximo estará en su punto máximo del año. Tienes más poder, no necesitas adaptarte a las situaciones ni ceder ante los demás; puedes, y debes, hacer tu voluntad, tener las cosas a tu manera; haz los cambios que es necesario hacer; responsabilízate de tu felicidad. Has pasado muchos meses cultivando tus dotes sociales; ahora es el periodo para ejercitar más tu iniciativa.

Este es un mes feliz y próspero. Esto comienza lento pues el poder planetario está principalmente en tu casa doce, la de la espiritualidad. Ocurren cosas en tu vida pero en los planos invisibles, en el interior. Este es un periodo para progreso espiritual; con este aspecto es normal que la vida onírica sea activa, y también son normales las experiencias de percepción extrasensorial; también sientes la necesidad de más soledad, de paz, quietud, silencio.

El 18 entra Marte en tu primera casa, tu signo; esto aumenta aún más tu independencia; es un periodo fabuloso para hacer regímenes de adelgazamiento y de desintoxicación; si eres deportista o atleta tienes tu mejor rendimiento. Venus, tu planeta del dinero, entra en tu signo el 21; el 23 entra el Sol, tu planeta de la espiritualidad, y el 29 se les reúne Mercurio. Estás en una de tus cimas anuales de placer personal; es el periodo para mimar al cuerpo y gozar de todos los placeres físicos; es el periodo para recompensar al cuerpo por sus leales servicios.

Con todo el poder que hay en tu signo, tu apariencia resplandece. El Sol te da más carisma, Venus te da belleza y encanto, y Marte más atractivo sexual. El sexo opuesto lo nota, pero el amor es más difícil. Esto podría deberse a que el ser amado está con dificultades o estresado y eso complica las cosas; pero también podría deberse a que estáis distanciados; estáis en signos opuestos, veis las cosas de modos opuestos. El reto será salvar vuestras diferencias.

La entrada de Venus en tu signo el 21 trae beneficios financieros inesperados y oportunidades. Antes de esto, hasta el 21, guíate por la intuición, el peligro es que gastes en exceso. Pero esto cambia después del 21.

La salud es excelente todo el mes, y en especial después del 23. La presencia de Marte en tu signo sugiere que debes tener más paciencia y controlar tu genio; el mal genio puede ser causa de peleas o agresiones físicas, accidentes y lesiones.

Septiembre

Mejores días en general: 7, 8, 9, 17, 18, 19, 26, 27
Días menos favorables en general: 5, 6, 12, 13, 14, 20, 21
Mejores días para el amor: 3, 4, 8, 9, 12, 13, 14, 20, 22, 23, 28, 29
Mejores días para el dinero: 1, 2, 5, 6, 8, 9, 15, 16, 20, 24, 25, 28, 29
Mejores días para la profesión: 8, 9, 20, 21, 28, 29

Este es otro mes feliz y próspero, Virgo, disfrútalo. La salud, otra forma de riqueza, es excelente todo el mes. Marte pasa el mes en tu signo, dándote energía, valor y el ánimo «puedo». Este mes disminuye la actividad retrógrada, de modo que deberías ver un avance más rápido hacia tus objetivos.

Desde el 18 del mes pasado hemos tenido un gran trígono en signos de tierra; este mes sigue en vigor, aunque menos exacto. Este es un aspecto agradable para ti; la tierra es tu elemento nativo. Indica buenas dotes de administración u organización, una visión práctica de la vida y mayor capacidad para hacer realidad los sueños; de suyo, tiende a la prosperidad. Teniendo a tu planeta del dinero en tu signo hasta el 14 la prosperidad es más fuerte aún; el poder adquisitivo es fuerte, el juicio financiero es bueno; obtienes valor por tu dinero; las oportunidades financieras te buscan. Las personas adineradas de tu vida te apoyan y ofrecen oportunidades.

El 14 Venus entra en tu casa del dinero, su signo y casa, lugar agradable y cómodo para ella; esto también es buena señal financiera. El 23 el Sol entra en tu casa del dinero y comienzas una cima financiera anual; este es periodo para ingresos cumbres; la atención está en las finanzas, como es debido; es un periodo fabuloso para poner en orden tu casa financiera; la Luna nueva del 5, que ocurre en tu casa del dinero, te ayudará en esto; esclarecerá tus finanzas y te aportará toda la información que necesitas a medida que avance el mes.

Del 15 al 18 Venus tiene su solsticio; detiene su movimiento y acampa durante estos días en la misma posición latitudinal, y luego cambia de dirección; así pues, no te alarmes si se produce una pausa en tus finanzas y luego hay un cambio de dirección; todo esto es para bien.

Como el mes pasado, tu apariencia personal es extraordinaria; pero el amor se ve difícil. El problema no está en atraer al sexo opuesto sino en llevar la relación. Si estás soltero o soltera tu atención está más en ti y en tus necesidades (lo que es correcto y apropiado) y no tanto en los demás. Si estás en una relación el problema es salvar las diferencias con el ser amado; seguís viendo las cosas de modo opuesto y tenéis opiniones opuestas. Además, tu planeta del amor, Neptuno, está en movimiento retrógrado desde el 21 de junio, por lo que al cónyuge, pareja o ser amado actual le falta dirección en el amor, no sabe bien qué desea.

Octubre

Mejores días en general: 5, 6, 15, 16, 23, 24
Días menos favorables en general: 2, 3, 4, 10, 11, 17, 18, 30, 31
Mejores días para el amor: 1, 10, 11, 19, 20, 28, 29

Mejores días para el dinero: 2, 3, 4, 10, 11, 12, 13, 19, 20, 21, 22, 26, 27, 28, 29, 30, 31
Mejores días para la profesión: 10, 11, 17, 18, 19, 20, 28, 29

Las finanzas son el principal titular del mes. Tu casa del dinero está llena de planetas. Esto significa que el dinero y las oportunidades financieras te llegan de muchas maneras y a través de muchas personas; indica buen respaldo «cósmico» para tus objetivos financieros. Hasta el 23 continúas en una cima financiera anual.

El Sol en tu casa del dinero hasta el 23 indica buena intuición financiera; también favorece las industrias que proveen a la juventud: espectáculo, diversión y música. Venus en tu casa del dinero hasta el 8 favorece la industria de la belleza; también indicaría la importancia de las conexiones sociales en las finanzas: las personas que conoces podrían ser más importantes que cuánto tienes. Mercurio en tu casa del dinero desde el 14 del mes pasado indica el favor financiero de jefes, mayores, padres y figuras parentales; también indica tu atención personal a tus finanzas.

La profesión no es un centro importante de atención en este periodo; el 29 de agosto el poder planetario se trasladó a la mitad inferior de tu carta, el lado noche; y esta es su posición este mes; tu décima casa, la de la profesión, está vacía, sólo la Luna transita por ella los días 17 y 18. En cambio tu cuarta casa, la del hogar y la familia, está fuerte y se hará más fuerte los próximos meses. La atención, pues, está en el hogar, la familia y el bienestar emocional. La profesión está en una fase preparatoria; una buena preparación llevará a actos positivos más adelante. Tu planeta de la profesión, Mercurio, entra en tu tercera casa el 3 y continúa en ella el resto del mes. Te irá bien, entonces, retomar tus lecturas y asistir a clases en temas relacionados con tu profesión. Los conocimientos y tus buenas dotes de comunicación te serán útiles en la profesión más adelante.

El amor mejora mucho comparado con el mes pasado; a partir del 3 Mercurio (tú) le forma muy buenos aspectos a Neptuno, tu planeta del amor. Por lo tanto, vuelve la armonía con el ser amado. Del 14 al 16 es un periodo romántico especialmente fuerte. Si no estás en una relación indica un encuentro romántico. Si estás en una relación indica armonía con la pareja. A partir del 23 el amor será feliz.

La salud es buena este mes pero es posible que hagas cambios en tu programa de salud. Del 5 al 7 ten más cuidado y prudencia en el plano físico (y en el trabajo).

Noviembre

Mejores días en general: 1, 2, 11, 12, 20, 21, 28, 29, 30
Días menos favorables en general: 6, 7, 13, 14, 26, 27
Mejores días para el amor: 6, 7, 8, 9, 16, 17, 18, 19, 24, 25, 29
Mejores días para el dinero: 8, 9, 10, 18, 19, 22, 23, 26, 27, 29
Mejores días para la profesión: 6, 7, 13, 14, 16, 17, 24, 25

Este mes hay menos atención a las finanzas. El 19, cuando Marte sale de tu casa del dinero, esta casa queda vacía; has conseguido tus objetivos financieros, al menos los de corto plazo, y es el periodo para pasar la atención a otras cosas. El dinero es importante pero no lo es todo. Hasta el 19 es buen periodo para pagar deudas; también es bueno para desintoxicar la vida financiera, eliminar lo superfluo y lo sobrante; líbrate de las posesiones que no necesitas ni usas; prospera eliminando los gastos innecesarios.

Entras en la medianoche de tu año, la parte más oscura y profunda de la noche; este es un periodo para reunir, acumular, energía interior para el día siguiente, que llegará dentro de unos meses. Una noche de buen sueño es el preludio de un buen día. Las actividades de la noche son tan importantes como las del día, aunque diferentes.

Este mes se ve próspero. Hasta el 26 está Venus en tu cuarta casa; eso indica buen apoyo familiar, en especial del 22 al 24. Tal vez gastas más en la casa; es un buen periodo para comprar objetos bellos para la casa o para redecorarla. Los familiares y conexiones familiares tienen un importante papel en tu vida financiera. El 26 Venus entra en tu quinta casa, y trae «dinero feliz»; es el periodo para disfrutar de tu riqueza. Mientras disfrutas de tu vida se te presentan oportunidades financieras. En este periodo podrían dar resultado especulaciones bien pensadas y bien protegidas; será mejor evitar las apuestas tipo casino. Tu planeta del dinero en Capricornio desde el 26 indica buen juicio financiero. Te conviene hacer planes disciplinados de ahorro y de inversiones. Si te atienes al plan, y esto requiere disciplina, está asegurada tu riqueza a largo plazo.

La salud es buena hasta el 22; después necesita más atención; del 22 al 25 te podrían recomendar operación quirúrgica, pero busca otras opiniones; ten más cuidado en el plano físico en este periodo. El cónyuge, pareja o ser amado actual pasa por trastornos en sus finanzas; también podría haber trastornos en tu lugar de trabajo.

La entrada del Sol en tu cuarta casa el 22 indica que tu comprensión espiritual te será útil en el plano emocional. Este es muy buen periodo, y también el mes que viene, para hacer psicoterapia, Cuando surjan recuerdos del pasado, simplemente obsérvalos sin emitir juicios. Aunque no debes intentar reescribir la historia, es probable que interpretes de modo diferente y mejor esas experiencias o acontecimientos.

Diciembre

Mejores días en general: 8, 9, 17, 18, 26, 27
Días menos favorables en general: 3, 4, 5, 11, 12, 24, 25, 31
Mejores días para el amor: 3, 4, 5, 8, 9, 13, 14, 17, 18, 21, 22, 28, 29, 31
Mejores días para el dinero: 8, 9, 17, 18, 19, 20, 26, 28, 29
Mejores días para la profesión: 6, 7, 11, 12, 15, 16, 25

En general, en esta época del año hay más fiestas, pero para ti habrá más aún. Júpiter entra en tu quinta casa el 3, Venus está en ella hasta el 20 y el Sol entra en ella el 22. Entras entonces en una de tus cimas de placer personal (y tal vez en una de toda la vida). Este es un mes muy feliz.

Hasta el 22 sigue fuerte tu cuarta casa, la del hogar y la familia; así pues, como debe ser, pones mucha atención a la familia y a tu bienestar emocional; incluso tu planeta de la profesión, Mercurio, está en tu cuarta casa la mayor parte del mes, del 9 al 29. Por lo tanto, tu familia es tu profesión, tu misión. El mensaje del horóscopo es: arregla la situación familiar y la profesión irá bien naturalmente. La buena salud emocional tiene por consecuencia la buena salud física, en especial del 13 al 17. Estos días tienes excelentes oportunidades en el caso de que busques trabajo.

El 26 hay otro eclipse solar, en tu quinta casa, el tercero del año en esta casa. Nuevamente afecta a los hijos y figuras filiales; pasan por dramas personales. Este eclipse hace impacto en Júpiter de modo que afecta al hogar y la familia; podría surgir la necesidad de hacer reparaciones en la casa; un progenitor o figura parental nuevamente se ve obligado a hacer cambios drásticos en sus finanzas. Y por cuarta vez este año hay cambios en tu vida espiritual, cambio de práctica, de enseñanza o de maestro. También por cuarta vez hay trastornos en una organización espiritual o benéfica a la que perteneces o con la que te relacionas. Y vuelve a haber drama en la vida de gurús o figuras de gurús.

La salud necesita más atención hasta el 22. Procura, pues, descansar lo suficiente. Fortalece la salud de las maneras indicadas en las previsiones para el año. Después del 22 la salud es súper.

Venus, tu planeta del dinero, está en tu quinta casa hasta el 20; el dinero se gana y se gasta de modos felices. Disfrutas de la riqueza que posees; es probable que gastes más en los hijos y figuras filiales de tu vida, pero también puedes ganar a través de ellos. El 20 Venus entra en tu sexta casa, lo que indica que ganas con el trabajo y servicios productivos. Es probable que gastes en artilugios de alta tecnología o que actualices o modernices los que ya tienes; esto me parece una buena inversión, ya que la alta tecnología es importante para los ingresos.

El amor es feliz este mes, pero es mejor después del 22 que antes. Neptuno, tu planeta del amor, retomó el movimiento directo el 27 del mes pasado, y continuará avanzando muchos meses más. Además, este mes Neptuno recibe principalmente aspectos positivos. Y la Luna visita dos veces tu séptima casa este mes. Esto aumenta la energía social.

Libra

La Balanza
Nacidos entre el 23 de septiembre y el 22 de octubre

Rasgos generales

LIBRA DE UN VISTAZO

Elemento: Aire

Planeta regente: Venus
   Planeta de la profesión: la Luna
   Planeta de la salud: Neptuno
   Planeta del amor: Marte
   Planeta del dinero: Plutón
   Planeta del hogar y la vida familiar: Saturno
   Planeta de la suerte: Mercurio

Colores: Azul, verde jade
   Colores que favorecen el amor, el romance y la armonía social: Carmín, rojo, escarlata
   Colores que favorecen la capacidad de ganar dinero: Borgoña, rojo violáceo, violeta

Piedras: Cornalina, crisolita, coral, esmeralda, jade, ópalo, cuarzo, mármol blanco

Metal: Cobre

Aromas: Almendra, rosa, vainilla, violeta

Modo: Cardinal (= actividad)

Cualidades más necesarias para el equilibrio: Sentido del yo, confianza en uno mismo, independencia

Virtudes más fuertes: Buena disposición social, encanto, tacto, diplomacia

Necesidades más profundas: Amor, romance, armonía social

Lo que hay que evitar: Hacer cosas incorrectas para ser aceptado socialmente

Signos globalmente más compatibles: Géminis, Acuario

Signos globalmente más incompatibles: Aries, Cáncer, Capricornio

Signo que ofrece más apoyo laboral: Cáncer

Signo que ofrece más apoyo emocional: Capricornio

Signo que ofrece más apoyo económico: Escorpio

Mejor signo para el matrimonio y/o las asociaciones: Aries

Signo que más apoya en proyectos creativos: Acuario

Mejor signo para pasárselo bien: Acuario

Signos que más apoyan espiritualmente: Géminis, Virgo

Mejor día de la semana: Viernes

La personalidad Libra

En el signo de Libra la mente universal (el alma) expresa el don de la relación, es decir, el poder para armonizar diversos elementos de modo unificado y orgánico. Libra es el poder del alma para expresar la belleza en todas sus formas. Y ¿dónde está la belleza si no es dentro de las relaciones? La belleza no existe aislada; surge de la comparación, de la correcta relación de partes diferentes. Sin una relación justa y armoniosa no hay belleza, ya se trate de arte, modales, ideas o asuntos sociales o políticos.

Los seres humanos tenemos dos facultades que nos elevan por encima del reino animal. La primera es la facultad racional, como se expresa en los signos de Géminis y Acuario. La segunda es la facultad estética, representada por Libra. Sin sentido estético seríamos poco más que bárbaros inteligentes. Libra es el instinto o impulso civilizador del alma.

La belleza es la esencia de lo que son los nativos de Libra. Están aquí para embellecer el mundo. Podríamos hablar de la buena disposición social de este signo, de su sentido del equilibrio y del juego limpio, de su capacidad de ver y amar el punto de vista de los demás, pero eso sería desviarnos de su bien principal: su deseo de belleza.

Nadie existe aisladamente, no importa lo solo o sola que parezca estar. El Universo es una vasta colaboración de seres. Los nativos de Libra, más que la mayoría, lo comprenden y comprenden las leyes espirituales que hacen soportables y placenteras las relaciones.

Un nativo de Libra es un civilizador, armonizador y artista inconsciente, y en algunos casos consciente. Este es el deseo más profundo de los Libra y su mayor don. Por instinto les gusta unir a las personas, y están especialmente cualificados para hacerlo. Tienen el don de ver lo que puede unir a la gente, las cosas que hacen que las personas se atraigan en lugar de separarse.

Situación económica

En materia económica, muchas personas consideran a los nativos de Libra frívolos e ilógicos, porque parecen estar más interesados en ganar dinero para otros que para ellos mismos. Pero esta actitud tiene una lógica. Los Libra saben que todas las cosas y personas están relacionadas, y que es imposible ayudar a alguien a prosperar sin prosperar también uno mismo. Dado que colaborar para aumentar los ingresos y mejorar la posición de sus socios o su pareja va a fortalecer su relación, Libra decide hacerlo. ¿Qué puede ser más agradable que estrechar una relación? Rara vez nos encontraremos con un Libra que se enriquezca a expensas de otra persona.

Escorpio es el signo que ocupa la segunda casa solar de Libra, la del dinero, lo cual da a este signo una perspicacia no habitual en asuntos económicos y el poder de centrarse en ellos de un modo aparentemente indiferente. De hecho, muchos otros signos acuden a Libra para pedirle consejo y orientación en esta materia.

Dadas sus dotes sociales, los nativos de Libra suelen gastar grandes sumas de dinero invitando a los demás y organizando acontecimientos sociales. También les gusta pedir ayuda a otros cuando la necesitan. Harán lo imposible por ayudar a un amigo en desgracia, aunque tengan que pedir un préstamo para ello. Sin embargo, también tienen mucho cuidado en pagar todas sus deudas y procuran que jamás haya necesidad de recordárselo.

Profesión e imagen pública

En público a los Libra les gusta parecer paternales. Sus amigos y conocidos son su familia, y ejercen el poder político de manera paternal. También les gustan los jefes que son así.

Cáncer está en la cúspide de su casa diez, la de la profesión, por lo tanto, la Luna es su planeta de la profesión. La Luna es con mucho el planeta más rápido y variable del horóscopo; es el único entre todos los planetas que recorre entero el zodiaco, los 12 signos, cada mes. Nos da una clave importante de la manera como los Libra enfocan su profesión y también de algunas de las cosas que necesitan hacer para sacar el máximo rendimiento de su potencial profesional. La Luna es el planeta de los estados de ánimo y los sentimientos, y los Libra necesitan una profesión en la cual tengan libertad para expresar sus emociones. Por eso muchos se dedican a las artes creativas. Su ambición crece y mengua como la Luna. Tienden a ejercer el poder según su estado de ánimo.

La Luna «rige» las masas, y por eso el mayor objetivo de los Libra es obtener una especie de aplauso masivo y popularidad. Los que alcanzan la fama cultivan el amor del público como otras personas cultivan el cariño de un amante o amigo. En su profesión y sus ambiciones, los Libra suelen ser muy flexibles, y muchas veces volubles. Por otro lado, son capaces de conseguir sus objetivos de muchas y diversas maneras. No se quedan estancados en una sola actitud ni en una sola manera de hacer las cosas.

Amor y relaciones

Los nativos de Libra expresan su verdadero genio en el amor. No podríamos encontrar una pareja más romántica, seductora y justa que una persona Libra. Si hay algo que con seguridad puede destruir una relación, impedir el flujo de la energía amorosa, es la injusticia o el desequilibrio entre amante y amado. Si uno de los dos miembros de la pareja da o recibe demasiado, seguro que en uno u otro momento surgirá el resentimiento. Los Libra tienen mucho cuidado con esto. Si acaso, podrían pecar por el lado de dar más, jamás por el de dar menos.

Si estás enamorado o enamorada de una persona Libra, procura mantener vivo el romance. Preocúpate de las pequeñas atenciones y los detalles: cenas iluminadas con velas, viajes a lugares exóticos, flores y obsequios. Regálale cosas hermosas, aunque no necesariamente tienen que ser caras; envíale tarjetas; llámala por teléfono con regularidad aunque no tengas nada especial que decirle. Los detalles son muy importantes. Vuestra relación es una obra de arte: hazla hermosa y tu amor Libra lo apreciará. Si además muestras tu creatividad, lo apreciará aún más, porque así es como tu Libra se va a comportar contigo.

A los nativos de Libra les gusta que su pareja sea dinámica e incluso voluntariosa. Saben que esas son cualidades de las que a veces ellos carecen y por eso les gusta que su pareja las tenga. Sin embargo, en sus relaciones sí que pueden ser muy dinámicos, aunque siempre de manera sutil y encantadora. La «encantadora ofensiva» y apertura de Gorbachov a fines de la década de 1980, que revolucionó a la entonces Unión Soviética, es típica de un Libra.

Los nativos de este signo están resueltos a hechizar al objeto de su deseo, y esta determinación puede ser muy agradable si uno está en el puesto del receptor.

Hogar y vida familiar

Dado que los Libra son muy sociales, no les gustan particularmente las tareas domésticas cotidianas. Les encanta que su casa esté bien organizada, limpia y ordenada, que no falte nada de lo necesario, pero los quehaceres domésticos les resultan una carga, una de las cosas desagradables de la vida, que han de hacerse cuanto más rápido mejor. Si tienen dinero suficiente, y a veces aunque no lo tengan, prefieren pagar a alguien para que les haga las tareas domésticas. Pero sí les gusta ocuparse del jardín y tener flores y plantas en casa.

Su casa será moderna y estará amueblada con excelente gusto. Habrá en ella muchas pinturas y esculturas. Dado que les gusta estar con amigos y familiares, disfrutan recibiéndolos en su hogar y son muy buenos anfitriones.

Capricornio está en la cúspide de su cuarta casa solar, la del hogar y la familia. Sus asuntos domésticos los rige pues Saturno, el planeta de la ley, el orden, los límites y la disciplina. Si los Libra desean tener una vida hogareña feliz, deberán desarrollar algunas de las cualidades de Saturno: orden, organización y disciplina. Al ser tan creativos y necesitar tan intensamente la armonía, pueden tender a ser demasiado indisciplinados en su casa y demasiado permisivos con sus hijos. Un exceso de permisividad no es bueno: los niños necesitan libertad, pero también límites.

Horóscopo para el año 2019*

Principales tendencias

Este es un año difícil e hiperactivo, Libra. Ten presente que el Universo nunca nos exige más de lo que podemos manejar; si nos presenta retos quiere decir que somos capaces de hacerles frente. Este año será necesario estar atento a la salud. Volveremos a este tema.

La situación familiar presenta muchos retos este año; las obligaciones familiares se ven onerosas. Lo bueno es que a fin de año todo esto se hará más fácil. Volveremos a esto.

Pese a las dificultades, hay mucho de bueno también. El 7 de marzo Urano sale de tu séptima casa, la del amor; ha estado en ella siete años, desestabilizando la vida amorosa y produciendo divorcios y rupturas. La vida amorosa y social comenzará a estabilizarse. Volveremos a este tema.

La entrada de Urano en tu octava casa el 7 de marzo indica más experimentación sexual. El cónyuge, pareja o ser amado actual se vuelve más experimental en sus finanzas.

Júpiter pasa casi todo el año en tu tercera casa; esto es muy bueno si eres estudiante todavía no universitario. Indica éxito en los estudios, tal vez incluso honores. También es un aspecto excelente si eres escritor, profesor, periodista, llevas un blog o trabajas en ventas, mercadotecnia o relaciones públicas. Si estás en algunos de estos campos tienes éxito este año.

---

* Las previsiones de este libro se basan en el Horóscopo Solar y todos los signos que derivan de él; tu Signo Solar se convierte en el Ascendente, y las casas se numeran a partir de él. Tu horóscopo personal, el trazado concretamente para ti (según la fecha, hora y lugar exactos de tu nacimiento) podrían modificar lo que decimos aquí. Joseph Polansky

El 3 de diciembre Júpiter entrará en tu cuarta casa, produciendo más armonía en la familia y aliviando gran parte del estrés. A veces provoca mudanzas y la expansión del círculo familiar.

Si bien la vida romántica se va estabilizando, las amistades se ven inestables, y muchas pasarán por pruebas este año. Tenemos cinco eclipses (normalmente son cuatro) y cuatro de ellos afectan a la faceta amistades.

Neptuno lleva muchos años en tu sexta casa, la de la salud y el trabajo, y continuará en ella muchos años más. Esto indica que estás profundizando más en las técnicas de curación espiritual. Volveremos a esto.

Los intereses más importantes para ti este año son: la comunicación y las actividades intelectuales (hasta el 3 de diciembre); el hogar y la familia; la salud y el trabajo; el amor y el romance (hasta el 7 de marzo); la sexualidad, la transformación personal (a partir del 7 de marzo).

Los caminos hacia tu mayor satisfacción o realización este año son: la profesión; la comunicación y los intereses intelectuales (hasta el 3 de diciembre); el hogar y la familia (a partir del 3 de diciembre).

Salud

(Ten en cuenta que esta es una perspectiva astrológica de la salud, no una médica. Antaño no había ninguna diferencia, ambas eran idénticas, pero en esta época podrían diferir muchísimo. Para una perspectiva médica, por favor, consulta a tu médico o a otro profesional de la salud.)

Como hemos dicho, este año es necesario estar más atento a la salud. Comienzas y terminas el año con tres poderosos planetas lentos en alineación desfavorable contigo. Entre medio, habrá dos planeta lentos en aspecto desfavorable, y son fuertes, Saturno y Plutón. Por lo tanto, simplemente no puedes dar por descontada la salud; necesita más atención, requiere más esfuerzo por tu parte. Lo bueno es que tu sexta casa está fuerte y pareces dispuesto a hacer el trabajo; esto es un punto positivo.

Como saben nuestros lectores, la primera línea de defensa es mantener elevada la energía. La energía baja es la enfermedad primordial; todo procede de eso. Así pues, procura descansar lo suficiente; no te permitas agotarte; pon la atención en las cosas verdaderamente importantes y no pierdas el tiempo en trivialidades; será necesario tomar decisiones difíciles.

Hay más cosas positivas. Puedes fortalecer la salud y prevenir problemas dando más atención a las siguientes zonas, que son las vulnerables en tu carta.

El corazón. Este órgano ha sido importante sólo los once últimos años; desde el año pasado ha sido más importante aún. Te irán bien sesiones de reflexología para trabajar sus puntos reflejos. Muchos terapeutas espirituales están de acuerdo en que las causas principales de los problemas cardiacos son la preocupación y la ansiedad, así que evítalas (cosa no muy fácil, se consideran normales). Cultiva la fe para reemplazar la preocupación.

Los riñones y las caderas. Estas zonas son siempre importantes para ti pues están regidas por tu signo. Te irá bien trabajar sus puntos reflejos. Masajes periódicos en las caderas deberán formar parte de tu programa de salud. De vez en cuanto te convendría hacerte una limpieza de los riñones con infusión de hierbas, y en especial cuando te sientas indispuesto.

Los pies. También los pies son siempre importantes para Libra y desde hace unos años son más importantes aún. Tu planeta de la salud, Neptuno, lleva muchos años en Piscis, y tanto Neptuno como Piscis rigen los pies. Masajes periódicos en los pies deberán formar parte de tu programa de salud. Lo bueno del masaje en los pies es que no sólo fortalece los pies sino también todo el cuerpo; es como si dieras masaje a todo el cuerpo, incluidos los órganos internos. Usa zapatos que te calcen bien y que no te hagan perder el equilibrio; la comodidad es más importante que la elegancia; si puedes tener ambas cosas, tanto mejor. Mantén calientes los pies en invierno.

Dado que estas son las zonas vulnerables, si surgiera algún problema (no lo permita Dios) es muy probable que comience en alguna de ellas. Así pues, mantenerlas sanas y en forma es buena medicina preventiva; la mayoría de las veces se pueden prevenir los problemas, pero aun en el caso de que no se prevengan del todo, se atenúan en gran medida; no tienen por qué ser terribles.

Tu planeta de la salud es Neptuno, y esto indica que respondes bien a terapias de tipo espiritual, como la meditación, el reiki, la imposición de las manos y la manipulación de las energías sutiles.

Si te sientes indispuesto recurre a un terapeuta de orientación espiritual.

Tu planeta de la salud en un signo de agua (desde hace muchos años) indica una conexión especial con el poder sanador del elemento agua, que es considerable. Te conviene estar cerca del mar, de un río o de un lago, y bañarte en sus aguas. La natación y los deportes acuáticos son buenos ejercicios en este periodo. Siempre es mejor el agua natural, pero también puedes darte largos baños en la bañera. Cuando te duches haz que el chorro de agua te golpee cualquier parte del cuerpo en que sientas molestia. Tal vez también te conviene beber más agua este año. El elemento agua está débil en el horóscopo y esto podría ser causa de deshidratación.

Hogar y vida familiar

Esta es una faceta importante y difícil este año. Tu cuarta casa es con mucho la más poderosa del horóscopo, un importante centro de atención.

Saturno entró en tu cuarta casa a fines de 2017 y ahí está desde entonces. Esto indica cargas y responsabilidades familiares extras; cosas que no puedes eludir. Tienes que «aguantar» y ocuparte de ellas. Si lo haces, encontrarás ayuda.

Pero Saturno sólo es una parte del cuadro. Tres de los cinco eclipses de este año ocurren en tu cuarta casa, por lo que habrá mucho trastorno e incluso caos en la familia. Esto te va a exigir más atención aún. A veces esto indica la necesidad de hacer reparaciones en la casa pues se revelan defectos o desperfectos que estaban ocultos. A veces indica explosiones en el círculo familiar: dramas en la vida de familiares, y en especial en la de un progenitor o figura parental. Este año enfrentarás todo tipo de urgencias y emergencias en la casa y la vida familiar. No temas, pues eres capaz de arreglártelas; simplemente es bueno comprender lo que ocurre.

Tu planeta del dinero, Plutón, está en tu cuarta casa desde 2008, diez años. Esto nos da muchos mensajes. Gastas más en la casa y la familia, pero también puedes ganar de este campo; los familiares y conexiones familiares tienen un importante papel en los ingresos. A veces este aspecto indica a la persona que gana dinero trabajando en casa, y es muy posible que ya hayas instalado tu oficina o despacho en tu casa. La casa es tanto un lugar de negocio o trabajo como un hogar. Más adelante trataremos esto con más detalle.

Saturno en la cuarta casa indica una tendencia a la depresión; ten cuidado con esto. A veces indica la tendencia a reprimir los sentimientos; parece arriesgado expresarlos, así que se reprimen. Más adelante volveremos a este tema.

También indicaría «decepción o desilusión» con la familia; la persona se relaciona y se ocupa de ellos (familiares y una figura parental) por un sentido del deber, no por amor. Es la sensación de la persona que hace lo que debe hacer aunque «haga rechinar los dientes».

También hay una sensación de «falta de espacio», de atiborramiento, en la casa. Pero una mudanza no está en la carta todavía. Arréglatelas con el espacio que tienes, un poco de creatividad podría resolver el problema.

Después del 3 de diciembre cambiarán las cosas, pues el benévolo Júpiter entra en tu cuarta casa. Será más feliz la situación familiar. Cuando esto ocurra es posible que te decidas por una mudanza, pero esta tiene más probabilidades el año que viene. También mejorará la comunicación con los familiares.

Puede haber obras importantes de renovación o reparación en cualquier momento del año, pero si tienes libertad para decidir, es mejor después del 3 de diciembre.

Si quieres redecorar la casa o comprar objetos bellos para adornarla, del 3 de febrero al 1 de marzo y del 25 de noviembre a fin de año son buenos periodos.

Un progenitor o figura parental se ve excesivamente controlador y exigente, difícil de llevar, pero al parecer está muy involucrado en tus finanzas y esto aumenta la complicación. Esta persona te ayuda financieramente, pero de un modo controlador; tiende al pesimismo, ve el lado negro de todo.

Los hermanos y figuras fraternas prosperan, pero si quisieran mudarse tienen más probabilidades el próximo año.

Los hijos y las figuras filiales se ven desasosegados; es posible que se muden muchas veces en los próximos años.

Profesión y situación económica

Sales de un año muy fuerte en las finanzas, Libra; ya has conseguido muchos de los objetivos económicos de corto plazo y estás más o menos satisfecho con las cosas como están; la tendencia, entonces, sería dejar que las cosas sigan como están.

Pero resulta que este año Saturno viaja muy cerca de tu planeta del dinero; esto indicaría que asumes más responsabilidades financieras (al parecer relacionadas con la familia); esto podría generar la sensación de carencia aun cuando haya prosperidad; es sólo una sensación. Así pues, es necesario reorganizar, reestructurar, las finanzas, cambiar un poco las cosas. Si haces esto, descubrirás que cuentas con todos los recursos que necesitas.

Plutón, tu planeta del dinero, lleva muchos años en tu cuarta casa, la del hogar y la familia, y continuará en ella muchos años más. Por lo tanto, como hemos dicho, tienes más gastos en la casa y la familia, en especial desde el año pasado. Pero, como también hemos dicho, puedes ganar dinero en este campo. Los familiares y las conexiones familiares tienen un importante papel en tus ingresos. Esta posición favorece la inmobiliaria residencial, las fábricas de muebles, el diseño de interior, el paisajismo, los servicios de limpieza de la casa y las industrias que proveen al hogar y la familia. También favorece los restaurantes, la industria alimentaria, los hoteles y los moteles. Todo esto es interesante ya sea como trabajo, negocio o inversión (hay muchas empresas públicas relacionadas con estas cosas).

Favorece la empresa o negocio familiar, pero también las empresas con ambiente familiar, que funcionan como una familia.

Tu planeta del dinero en el conservador Capricornio y viajando con Saturno indica un excelente juicio financiero, indica astucia en esto. Sabes obtener valor por tu dinero; tienes buen olfato para saber dónde una inversión dará frutos muchos años.

Para usar una frase estilo Wall Street, eres «inversor en valores», que no un especulador o inversor por impulso.

Para invertir preferirías las empresas de tipo tradicional, antiguas, de alta capitalización, como las que están comprendidas en DOW, FTSE o S&P 500; te gusta lo probado y avalado; empresas que han resistido las pruebas del tiempo.

Estás en buen periodo (desde hace muchos años pero en especial desde el año pasado) para hacer planes de inversión y ahorro de largo plazo; tienes buen sentido para el «ahorro disciplinado». También te conviene fijar presupuestos, y pareces dispuesto a atenerte a ellos.

Estás en un ciclo para labrarte riqueza a la larga, lenta, firme, metódica y orgánicamente. No es para ti el dinero rápido, el no puedo dejar de hacer esta inversión.

Saturno te va a enseñar a labrarte riqueza segura.

Júpiter en tu tercera casa indica coche y equipo de comunicación nuevos; los veo de alta calidad.

Este no es un año profesional especialmente fuerte. Tu cuarta casa, la del hogar y la familia, está mucho más fuerte y activa que tu décima casa, la de la profesión, que está prácticamente vacía. Además, todo el año va a dominar la mitad inferior de tu carta. Habrá periodos en que estará más fuerte la mitad superior (el lado día) pero nunca estará realmente dominante. La atención estará en el hogar, la familia y el bienestar emocional; algunos años son así.

La Luna, tu planeta de la profesión, es el más rápido de todos los planetas. Mientras los otros planetas rápidos transitan por todo el horóscopo (aproximadamente) en un año, la Luna hace esto cada mes. Por lo tanto, hay muchas tendencias de corto plazo en la profesión, las cuales es mejor tratar en las previsiones mes a mes.

El 2 de julio hay un eclipse solar que ocurre en tu décima casa y va a producir ciertos trastornos y cambios en la profesión. Podría causar cambios en la industria en que trabajas, en la jerarquía de la empresa y en las normas o reglas del juego.

Aunque es más importante la faceta hogar y familia, la presencia del nodo norte de la Luna en tu décima casa indica que te conviene dar cierta atención a la profesión; no la desatiendas del todo; tu profesión te dará satisfacciones y la sensación de realización.

Amor y vida social

Las actividades amorosas y sociales son siempre importantes para ti, Libra; muchas personas Libra me han dicho: «la vida va de relaciones». Pero este año, después del 7 de marzo, lo será menos; todo es cuestión de grado.

Como hemos dicho, durante los siete últimos años has tenido a Urano, planeta dinámico y mudable, transitando por tu séptima casa. Esto no sólo ha causado divorcios y rupturas entre los nativos de Libra, sino que tal vez ahora estás en un círculo social totalmente diferente al de hace siete años. Esta era la finalidad de Urano. Y es muy probable que tu círculo social sea más feliz y mejor que el de hace siete años. Para mejorar las cosas, responder a tus oraciones, a veces el Cosmos tiene que sacudir las cosas.

Ahora la vida amorosa es mucho más calmada y estable; hay mejores posibilidades de que una relación romántica dure.

Después del 7 de marzo tu séptima casa, la del amor, estará prácticamente vacía; con esto se tiende a dejar que las cosas sigan como están. Si estás en una relación, lo más probable es que esta continúe; si no lo estás, lo más seguro es que continúes así.

Tu planeta del amor es Marte, que es planeta relativamente rápido; este año transita por ocho signos y casas del horóscopo. Por lo tanto, en el amor habrá tendencias de corto plazo según dónde esté Marte y de los aspectos que reciba y forme. Estas tendencias es mejor tratarlas en las previsiones mes a mes.

Puede que no haya cambios ni novedades en la vida amorosa, pero la vida sexual se ve muy activa. El 7 de marzo Urano entra en tu octava casa y continúa en ella unos siete años. Esta es una tendencia de larga duración. Urano en la octava casa indica mucha experimentación en lo sexual. Esto es bueno, mientras no sea destructivo. Es mediante la experimentación como adquirimos conocimiento de nosotros mismos. Ahora, pues, tiras todos los libros de reglas y los «cómo» y aprendes personalmente lo que te da buen resultado. Cada persona es única; cada persona está hecha de una manera única. Lo que da resultado a una persona no lo da a otra. Y esto también se aplica a la actividad sexual.

El cónyuge, pareja o ser amado actual también se vuelve experimental en sus finanzas. Prueba nuevos métodos, nuevas estrategias y otros tipos de inversiones; sus ingresos tienden a ser inestables. Pero su vida financiera será interesante. Si estás soltero o soltera conocerás a personas de este tipo.

Como hemos dicho, este año pasan por pruebas las amistades. Es muy probable que el problema no lo causes tú ni esté en la relación; hay varios eclipses que afectan a las personas amigas y las hacen pasar por dramas de aquellos que cambian la vida.

Los padres o figuras parentales pasan por dificultades en su relación conyugal, pero esta mejorará después del 3 de diciembre.

Los hermanos y figuras fraternas tienen un año sin cambios ni novedades en el amor. Estén casados o solteros, continuarán como están. Lo mismo vale para los hijos y las figuras filiales.

Progreso personal

Neptuno, tu planeta de la salud, lleva muchos años en Piscis, por lo que siguen en vigor muchas de las tendencias que hemos explicado en años pasados. Pero repetimos para los lectores nuevos. En las previsiones para la salud tratamos principalmente lo relativo a la salud física; pero hay mucho más. El cuerpo físico sólo es el lugar donde acaba por instalarse la enfermedad, pero esta nunca comienza en él. Siempre (sin excepción) la enfermedad tiene su origen en los planos más sutiles, los mundos del pensamiento y los sentimientos, y las diversas subdivisiones de estos mundos. En realidad, la causa principal de todas las enfermedades es la desconexión espiritual, la desconexión con la Divinidad interior; esta produce una separación (o cortocircuito) en la fuerza vital, la cual baja la energía general y hace vulnerable a la persona. Pero en tu caso esto es mucho más intenso.

El mensaje de tu carta es: «Ponte bien espiritualmente y a eso seguirá naturalmente la buena salud».

A todos nos conviene estar siempre «conectados», en estado de gracia; pero para ti esto es un asunto de salud.

El Cosmos te llama, desde hace muchos años, a explorar las dimensiones espirituales de la salud. Es posible que ya estés haciéndolo y vayas profundizando más y más. Este es un tema muy extenso y siempre hay más por aprender. Lee todo lo que puedas sobre este tema, hay abundante literatura. Asiste a clases y seminarios. Más importante aún, aplica, pon en práctica, lo que vas aprendiendo, y comprenderás cosas que no están escritas en ningún libro.

Estando Neptuno ocupado de la salud, es muy importante la intuición; cosas que siempre te han ido bien podrían no irte tan bien en alguna ocasión; cosas que nunca te han dado resultado podrían dártelo en alguna ocasión. Lo que importa es la intuición del momento.

Saturno está en tu cuarta casa desde diciembre de 2017; así pues, como hemos dicho, hay una tendencia a reprimir las emociones. En un sentido espiritual, el Cosmos te da la oportunidad de tener más control o dominio sobre las emociones y estados de ánimo, y cuando Saturno salga de tu cuarta casa el próximo año ya habrás conseguido esto. Pero hay un control bueno y hay la represión, que son dos cosas muy distintas. Rara vez dura mucho la represión, y tiene consecuencias graves para la salud y de otras maneras. Reprimir una emoción fuerte es como intentar reprimir un movimiento de vientre; no se puede reprimir mucho tiempo; finalmente la emoción se expresa y normalmente se hace de forma destructiva y desequilibrada; es necesaria entonces una manera de expresar los sentimientos (los que parece arriesgado expresar) sin hacer daño a los demás ni hacerse daño a sí mismo. Los sentimientos y emociones negativos deben considerarse «basura psíquica»; no tenemos para qué analizarlos mucho, simplemente hay que sacarlos del organismo, sacarlos del cuerpo astral; figuradamente, echarlos en la taza del inodoro y tirar la cadena, para poder continuar con nuestra vida. Hay muchas maneras de hacer esto sin riesgo. Algunas las explico en mi libro *A technique for meditation*. Pero hay otras maneras también. Fíjate en lo mucho mejor que te sientes cuando has liberado sentimientos negativos; es sorprendente. Observa también cómo te llegan soluciones a los problemas. Siempre están ahí las soluciones, pero no podemos acceder a ellas debido al estado anímico negativo. También irá mucho mejor tu práctica de la oración y la meditación.

Previsiones mes a mes

Enero

> *Mejores días en general:* 7, 8, 17, 18, 25, 26
> *Días menos favorables en general:* 5, 6, 12, 13, 19, 20
> *Mejores días para el amor:* 1, 2, 12, 13, 21, 22, 30, 31
> *Mejores días para el dinero:* 1, 2, 3, 5, 6, 12, 13, 15, 16, 21, 22, 23, 24, 27, 28
> *Mejores días para la profesión:* 5, 6, 16, 19, 20, 25

La salud necesita más atención este mes, sobre todo alrededor del periodo del eclipse solar del 6 (el 5 en Estados Unidos). Como siempre, lo más importante es que descanses lo suficiente. Entre el 60 y el 70 por ciento de los planetas están en alineación desfavorable contigo. Si es posible pasa más tiempo en un balneario de salud o programa más sesiones de masaje o de otro tratamiento. Fortalece la salud de las maneras explicadas en las previsiones para el año. Procura no estirarte demasiado para hacerlo todo;

pon la atención en las cosas verdaderamente importantes y delega tareas siempre que sea posible.

El eclipse solar del 6 ocurre en tu cuarta casa, la del hogar y la familia; es el primero de tres que ocurren en esta casa, tal vez el más fuerte pues hace impacto en Saturno, tu planeta de la familia: doble golpe. Hay, entonces, trastornos en la familia y en el círculo familiar: drama en la vida de familiares, y especialmente en la de los padres o figuras parentales. Se revelan defectos ocultos en la casa para que puedas corregirlos. Hay problemas en las finanzas de hermanos y figuras fraternas, por lo que se ven obligados a hacer cambios. Dado que el Sol rige tu casa once, hay drama en la vida de personas amigas y pasa por pruebas la amistad. Además, el funcionamiento del equipo de alta tecnología podría ser irregular; muchas veces es necesario repararlo o reemplazarlo.

El eclipse lunar del 21 es más amable contigo; de todos modos no te hará ningún daño tomarte las cosas con calma y reducir tus actividades durante el periodo del eclipse; podría ser fuerte si toca un punto sensible de tu carta personal, la hecha especialmente para ti con la hora exacta de tu nacimiento. Este eclipse también pone a prueba la amistad y el equipo de alta tecnología, como vimos en el eclipse solar. Puesto que la Luna (el planeta eclipsado) es tu planeta de la profesión, indica que hay cambios en la profesión; las posibilidades son diversas; podría haber trastorno o reorganización en la jerarquía de la empresa en que trabajas, o trastornos en la industria en que trabajas. También es posible que cambies de profesión. Nuevamente un progenitor o figura parental pasa por una crisis personal.

El amor se ve feliz y activo este mes. Tu planeta del amor, Marte, está en su signo y casa, y ahí se siente cómodo y poderoso. A partir del 9 Venus (tú) forma aspectos hermosos con Marte; esto indica armonía en el amor. Si estás soltero o soltera indica felices oportunidades amorosas.

El mes se ve próspero también. Del 10 al 12 el Sol viaja con Plutón; es un buen periodo en las finanzas; del 21 al 23 Venus viaja con Júpiter, otro buen periodo financiero, maravilloso también para el amor.

Febrero

Mejores días en general: 3, 4, 5, 13, 14, 21, 22
Días menos favorables en general: 1, 2, 8, 9, 10, 15, 16, 28

Mejores días para el amor: 8, 9, 10, 11, 19, 20, 28
Mejores días para el dinero: 1, 2, 9, 10, 11, 12, 17, 18, 19, 20, 24, 25, 26, 27, 28
Mejores días para la profesión: 3, 4, 14, 15, 16, 24

La salud y la energía comenzaron a mejorar después del 20 del mes pasado, y mejoran más aún después del 14 de este mes, pero debes continuar atento. Respeta tu energía y no la gastes en cosas no importantes. Fortalece la salud de las maneras indicadas en las previsiones para el año. Lo bueno es que a partir del 10 la salud es un centro de atención; la curación espiritual es particularmente potente los días 18 y 19.

El 20 del mes pasado entraste en una de tus cimas anuales de placer personal, que continúa hasta el 19; es el periodo para gozar de la vida y expresar tu creatividad (la persona Libra es muy creativa). Los hijos y figuras filiales tienen un mes social fabuloso; si están solteros y en edad, hay oportunidades románticas a la espera.

Venus (tú) entra en tu cuarta casa el 3 y continúa en ella el resto del mes; esto indica atención al hogar y la familia (fue aún más fuerte el mes pasado). La historia y la psicología son extraordinariamente interesantes. Tus estados anímicos influyen muchísimo en tu apariencia, así que haz lo posible por mantenerlos positivos.

La profesión no es muy importante este mes; la mayoría de los planetas están en el lado noche de tu carta, la mitad inferior; tu décima casa, la de la profesión, está vacía, sólo la Luna transita por ella los días 15 y 16; en cambio tu cuarta casa, la del hogar y la familia, está llena de planetas. Continúa, pues, centrando la atención en los asuntos familiares y domésticos y en tu bienestar emocional. No falta mucho para tu empuje anual en la profesión; mientras tanto te conviene tener colocada la infraestructura psíquica.

Aun cuando la profesión no es asunto muy importante, la «súper Luna llena» del 19 te trae éxito y oportunidades. Esta Luna llena ocurre cuando la Luna está en su perigeo, que es su menor distancia a la Tierra. Las actividades profesionales irán mejor del 4 al 19, cuando la Luna está en fase creciente.

El 22 y el 23 Venus viaja con Plutón, y esto te trae oportunidades de ingresos. El poder que hay en tu sexta casa a partir del 19 te trae oportunidades de trabajo en el caso de que lo busques.

También a partir de esa fecha los hijos y figuras filiales tienen un fuerte periodo financiero.

Del 11 al 14 Marte viaja con Urano; este es un aspecto muy dinámico; el ser amado, los hijos y las figuras filiales deberán reducir sus actividades esos días y tener más cuidado en el plano físico; también podría haber problemas en la vida amorosa esos días.

Marzo

Mejores días en general: 3, 4, 13, 14, 21, 22, 30, 31
Días menos favorables en general: 1, 2, 8, 9, 15, 16, 27, 28, 29
Mejores días para el amor: 1, 2, 3, 4, 8, 9, 10, 11, 15, 16, 19, 20, 23, 24, 28, 29
Mejores días para el dinero: 1, 2, 8, 9, 10, 11, 17, 18, 19, 20, 23, 24, 25, 26, 28, 29
Mejores días para la profesión: 8, 9, 15, 16, 17, 18, 25, 26

Es bueno que este mes estés atento a la salud; tu sexta casa es con mucho la más fuerte del horóscopo. Con dos planetas lentos todavía en alineación adversa (y después del 20 el Sol estará en alineación desfavorable contigo) la salud debe ser un centro de atención. Mucha confusión en los asuntos de salud los esclarecerá la Luna nueva del 6; no sólo ocurre en tu sexta casa sino también sobre Neptuno, tu planeta de la salud. A medida que avance el mes te llegará todo el conocimiento y la información que necesitas sobre tu salud.

Marte, tu planeta del amor, entró en tu octava casa el 14 del mes pasado y continúa en ella todo este mes; el 7 entra Urano en tu octava casa, donde continuará los siete próximos años. Así pues, este es un mes muy sexual; así demuestras el amor y así te sientes amado. Si estás soltero o soltera el magnetismo sexual es tal vez el mayor atractivo. Urano en la octava casa indica también que hay mucha experimentación en la actividad sexual. Pero, como muchos sabemos, el amor necesita algo más que buena relación sexual para tener éxito; esto se verá con más claridad más adelante.

Lo bueno, como dijimos en las las previsiones para el año, es que el amor se va estabilizando; tiene más posibilidades de durar ahora que Urano salió de tu casa del amor. El 20, cuando entra el Sol en tu séptima casa, comienzas una cima amorosa y social del año. Estar con las amistades, participar en grupos y organizaciones profesionales o de comercio es bueno para el amor; también lo es el mundo online. A las amistades les gusta hacer de casamenteras.

Los hijos y figuras filiales necesitan aprender la estabilidad emocional; se ven desasosegados y temperamentales; es posible que se muden muchas veces este año y los próximos.

Por tu sexta casa, la de la salud, transitan planetas muy espirituales este mes. Está Neptuno, el planeta genérico de la espiritualidad, y también Mercurio, tu planeta de la espiritualidad. Por lo tanto hay mucho progreso en la curación espiritual. El 15 y el 16 (cuando el Sol viaja con Neptuno) y del 24 al 31 (cuando Mercurio acampa sobre Neptuno) son periodos particularmente buenos para la curación espiritual.

La profesión sigue teniendo poca importancia, aunque esto comenzará a cambiar el mes que viene. La Luna nueva del 6 y la Luna llena del 20 (que es casi una súper Luna llena) serán buenos días en la profesión. Además, del 6 al 20, cuando la Luna está en fase creciente, tendrás más entusiasmo por la profesión.

Un planeta solitario ocupa el sector oriental de tu carta; todos los demás están en tu sector occidental; por lo tanto la independencia personal está en su punto más débil. Por otro lado, no la necesitas, tu atención está en los demás y sus necesidades.

Abril

Mejores días en general: 9, 10, 17, 18, 26, 27
Días menos favorables en general: 4, 5, 11, 12, 24, 25
Mejores días para el amor: 2, 3, 4, 5, 9, 10, 11, 12, 17, 18, 21, 26, 27
Mejores días para el dinero: 4, 5, 7, 8, 13, 14, 15, 16, 19, 20, 22, 23, 24, 25
Mejores días para la profesión: 4, 5, 11, 12, 13, 14, 24

La mayoría de los planetas continúan en el sector occidental o social de tu carta; incluso el señor de tu horóscopo, Venus, entrará en su posición occidental máxima el 20. Tu séptima casa, la del amor, continúa muy poderosa y sigues en una cima amorosa y social anual. Este mes, pues, como el pasado, va de los demás; las relaciones lo son todo en este periodo. Aunque esto irritaría a algunos signos (a Aries y a Leo, por ejemplo), para ti es lo más cómodo del mundo; estás en tu elemento ejercitando tu genio.

La salud necesita más atención este mes. Las exigencias sociales son fuertes pero no te permitas cansarte en exceso. Trabaja con ritmo, sereno. Fortalece la salud de las maneras indicadas en las previsiones para el año. Después del 20 mejorará, pero debes continuar atento.

Después del 20 se hace más fuerte la mitad superior de tu carta, el lado día. Es el amanecer de tu año; llega el periodo de estar en pie y centrar la atención en el mundo externo. La profesión comienza a ser más importante de lo que ha sido en lo que va de año. Y este es el periodo para trabajar en ella por medios externos, actos físicos. La Luna nueva del 5, la Luna llena del 19 y el perigeo de la Luna el 16 son días fuertes en la profesión. En general, cuando la Luna está en fase creciente, del 5 al 19, tienes más entusiasmo por los asuntos profesionales que cuando está en fase menguante, del 20 al 30.

Del 9 al 11 Venus viaja con Neptuno, tu planeta del trabajo y la salud. Esto trae felices oportunidades de trabajo, aun cuando estés empleado; trae intuición, una vida onírica más activa y experiencias espirituales.

Este mes hay novedades interesantes en el amor. Mercurio y Marte están en «recepción mutua», es decir, cada uno es huésped del otro; esto indica colaboración; hay colaboración entre el amor (Marte) y personas extranjeras y el extranjero (Mercurio); también indicaría buenas posibilidades románticas en tu lugar de culto o en funciones educacionales.

El 21 Marte entra en posición «fuera de límites»; esto refuerza lo que acabamos de decir. Sales de tu esfera normal en busca del amor; o el amor (una relación) te empuja fuera de tu esfera normal, posiblemente a algún lugar exótico, a otro país. Entre el 21 y el 23 hay una oportunidad amorosa o social repentina e inesperada para algún hijo o figura filial.

Mayo

Mejores días en general: 6, 7, 15, 16, 24, 25
Días menos favorables en general: 1, 2, 3, 8, 9, 21, 22, 29, 30
Mejores días para el amor: 1, 2, 3, 6, 7, 14, 17, 21, 26, 27, 29, 30, 31

Mejores días para el dinero: 2, 3, 4, 5, 10, 11, 13, 14, 17, 18, 19, 20, 21, 22, 29, 30, 31

Mejores días para la profesión: 4, 5, 8, 9, 13, 14, 24

La mitad superior o lado día de tu carta está todo lo fuerte que estará el resto del año. Sólo domina del 1 al 14 y el 29 y 30; del 15 al 29 las dos mitades están igualadas en fuerza. De todos modos, debes centrar más la atención en tus objetivos externos; no podrás poner toda tu atención en la profesión, pero sí más que hasta ahora; no puedes desatender las obligaciones y responsabilidades familiares.

Marte, tu planeta del amor, cruza tu medio cielo el 16 y entra en tu décima casa. Esto nos da muchos mensajes. Tu vida amorosa está muy arriba en tu programa o agenda; el amor es tu verdadera profesión (sea cual sea tu profesión mundana). El cónyuge, pareja o ser amado actual tiene éxito y apoya tu profesión. Es importante tu buen talante social, tu simpatía, tal vez tan importante como tus habilidades profesionales. Adelantas en tus objetivos profesionales por medios sociales; gran parte de tu vida social se relaciona con la profesión.

Marte continúa «fuera de límites» todo el mes; o sea que sigues fuera de tu esfera normal en el amor y en lo social.

Las finanzas no son muy importantes este mes; tu casa del dinero está vacía, sólo la Luna transita por ella los días 17 y 18. A pesar de esto hay prosperidad; tu planeta del dinero, Plutón, recibe muy buenos aspectos. Aumentan los ingresos pero con contratiempos y retrasos, pues Plutón está en movimiento retrógrado.

Del 17 al 19 Venus viaja con Urano, así que prepárate para alguna aventura; deseas hacer algo distinto, tal vez algún tipo de diversión «exótica»; también podrías querer poner a prueba los límites del cuerpo; en este caso, hazlo con cuidado, sin exponerte a riesgos.

El poder de la octava casa hasta el 21 indica que el cónyuge, pareja o ser amado actual tiene un mes fuerte en las finanzas; me parece que intervienes en esto. También es un periodo más activo sexualmente; sea cual sea tu edad o fase en la vida, la libido está más fuerte de lo habitual. Como saben nuestros lectores, cuando está poderosa la octava casa es buen periodo para hacer regímenes de desintoxicación de todo tipo y en todos los planos; es bueno para simplificar, despejar tu vida para librarte de lo que no usas ni necesitas. El Cosmos desea derramar su riqueza sobre nosotros, pero si no hay espacio no puede hacerlo; tenemos que vaciarnos para recibirla.

Junio

Mejores días en general: 2, 3, 11, 12, 20, 21, 30
Días menos favorables en general: 5, 6, 18, 19, 25, 26
Mejores días para el amor: 1, 4, 5, 11, 13, 14, 20, 21, 23, 24, 25, 26
Mejores días para el dinero: 1, 7, 8, 9, 10, 13, 14, 15, 16, 18, 19, 25, 26, 28, 29
Mejores días para la profesión: 2, 3, 5, 6, 11, 12, 22

El 21 del mes pasado se hizo poderosa tu novena casa y continúa muy fuerte hasta el 21 de este mes. Normalmente una novena casa fuerte significa felicidad; los astrólogos hindúes consideran esta casa la más afortunada de todas las casas. Se expanden los horizontes; hay optimismo, se presentan oportunidades de viaje y también educacionales. Si eres estudiante universitario tienes más éxito en tus estudios. Esta expansión interior, de la mente, lleva a éxito profesional a partir del 21; es una progresión natural.

El 21 se hace muy fuerte tu décima casa, la de la profesión; pero tu cuarta casa también está fuerte. Así pues, trabajas para tener éxito en el mundo y en el hogar; esto no es fácil, habrá días o periodos en que te inclinarás hacia un lado, y otros hacia el otro, como un balancín. Marte, tu planeta del amor, está en tu décima casa todo el mes; repasa lo que hablamos el mes pasado, sigue siendo pertinente. Marte en la décima casa también indica la necesidad de ser más osado o agresivo en la profesión, para defenderte de competidores o de otras fuerzas hostiles; esto lo haces de modo encantador, y no por eso menos eficaz.

La presencia del Sol en tu décima casa a partir del 21 indica que personas amigas tienen éxito y te ofrecen oportunidades (esto refuerza la dimensión social de la profesión de que hablamos el mes pasado). Mercurio transita por tu décima casa del 4 al 27; esto indica viajes relacionados con la profesión; indica también que participar en actividades benéficas o altruistas favorece la profesión; indica expansión de los horizontes profesionales.

La salud es más delicada este mes, en especial después del 21. Así pues, como siempre, procura descansar lo suficiente; asume tus responsabilidades pero deja estar las cosas menos importantes. Fortalece la salud de las maneras explicadas en las previsiones para el año; las terapias de tipo espiritual son siempre buenas para ti, pero lo son especialmente este mes.

La profesión va bien, las finanzas no tanto, en especial después del 21; Plutón recibe aspectos desfavorables, y además está en movimiento retrógrado; por lo tanto, las finanzas van algo flojas. El próximo mes mejorarán las cosas, pero mientras tanto debes hacer un esfuerzo extra, trabajar más en tus finanzas. Evita las compras y las inversiones importantes en este periodo.

Normalmente el éxito profesional produce éxito financiero, pero ahora el éxito financiero llegará más adelante. A veces es necesario hacer ciertos sacrificios financieros para adelantar en la profesión; esta podría ser una de esas veces.

Julio

Mejores días en general: 1, 8, 9, 17, 18, 19, 27, 28
Días menos favorables en general: 2, 3, 15, 16, 22, 23, 24, 29, 30
Mejores días para el amor: 1, 4, 10, 11, 13, 14, 20, 21, 22, 23, 24, 31
Mejores días para el dinero: 4, 5, 6, 7, 10, 11, 13, 14, 15, 16, 22, 23, 24, 25, 26, 31
Mejores días para la profesión: 2, 3, 10, 11, 21, 29, 30,31

La salud es delicada este mes, y dos potentes eclipses, fuertes en ti, no favorecen las cosas. Pon más atención a tu salud en torno a los periodos de los eclipses. Deja estar las trivialidades y centra la atención en lo esencial; descansa y relájate más; programa más sesiones de masaje u otro tratamiento. Fortalece la salud de las maneras indicadas en las previsiones para el año. Lo bueno es que después del 23 la salud mejora espectacularmente; así pues, del 1 al 23 tienes que soportar las presiones.

El eclipse solar del 2 ocurre en tu décima casa, de modo que vendrán trastornos y cambios en la profesión; podría haber trastorno en la empresa o la industria en que trabajas; es posible que haya drama en la vida de jefes, padres o figuras parentales, superiores; o tal vez cambias de profesión. También hay drama en la vida de personas amigas. Pasa por pruebas el equipo de alta tecnología, ordenador y programas informáticos; comprueba que has hecho copias de seguridad de tus documentos y están actualizados los programas antivirus y antipiratería.

El eclipse lunar del 16 ocurre en tu cuarta casa, la del hogar y la familia. Este eclipse también provoca cambios en la profesión; en este sentido es casi una repetición (no exacta) del eclipse solar. Nuevamente hay trastornos o reorganización en la empresa o industria en que trabajas. Hay drama en la vida de los superiores de tu vida, también en la vida de padres y figuras parentales. Hay drama en el hogar y en la vida de familiares; podría ser necesario hacer reparaciones en la casa, ¿defectos en el calentador de agua o en el microondas? ¿Algún goteo en una tubería? Descubres qué pasa y puedes corregirlo. Este eclipse hace impacto en Plutón, tu planeta del dinero, por lo tanto se hace necesario hacer cambios drásticos en las finanzas; de todos modos reflexiona más sobre esto, también puede ocurrir con reacción retardada, recuerda que Plutón está en movimiento retrógrado. Las circunstancias provocadas por el eclipse te obligarán a hacer estas cosas.

Marte, tu planeta del amor, pasa el mes en tu casa once, por lo tanto el amor y las oportunidades amorosas se presentan a través de amistades y cuando estás en actividades de grupo o de organizaciones. Las actividades online también pueden conducir al romance. El amor se ve feliz; a personas amigas les agrada hacer de casamenteras. También es posible que una persona a la que considerabas amiga se convierta en algo más. Del 9 al 12 Marte forma aspectos dinámicos con Urano; tú y el ser amado debéis tener cuidado y prudencia en el plano físico estos días. La actitud del ser amado podría ser variable esos días, ten más paciencia.

Agosto

Mejores días en general: 4, 5, 14, 15, 23, 24, 25
Días menos favorables en general: 11, 12, 19, 20, 26, 27
Mejores días para el amor: 1, 9, 10, 19, 20, 21, 30, 31
Mejores días para el dinero: 1, 2, 3, 7, 8, 9, 10, 11, 12, 19, 20, 21, 22, 28, 29, 30, 31
Mejores días para la profesión: 1, 9, 10, 20, 26, 27, 30

La profesión comienza a disminuir en importancia este mes, pero sigue buena. Dos Lunas nuevas (una rareza) y una de ellas súper Luna nueva, el 1, dan un impulso extra a la profesión. La Luna llena del 15 también trae éxito profesional; en general, sientes más entusiasmo por la profesión cuando la Luna está en fase creciente, del 1 al 15 y el 30 y 31. Mercurio en tu décima casa hasta el 11 indica viaje al extranjero relacionado con la profesión, o mucha relación comercial con otros países; también indica que participar en causas benéficas o altruistas favorece la profesión.

El 23 del mes pasado se hizo poderosa tu casa once, y continúa fuerte hasta el 23 de este mes. Este es, pues, un mes social; es muy buen periodo para participar en actividades de grupo o en organizaciones profesionales, y si estás soltero o soltera, podrían presentarse oportunidades románticas en estas actividades. Es un buen periodo para ampliar tus conocimientos en ciencias, astrología y alta tecnología.

Lo bueno es que la salud está mucho mejor que el mes pasado; después del 11 sólo dos planetas están en alineación desfavorable contigo, sin tomar en cuenta a la Luna, cuyos tránsitos son temporales. Salir indemne del mes pasado ha sido un logro importante, que se merece una buena palmadita en la espalda. Es posible que después del 18 hagas cambios en tu programa de salud, pero debes estudiar estos con mucho detenimiento. A partir del 18 la situación laboral se ve muy ajetreada y tal vez problemática.

Las finanzas también van mucho mejor. Tu planeta del dinero, Plutón, continúa en movimiento retrógrado, pero no recibe aspectos desfavorables. Después del 23 los aspectos serán positivos. Así pues, día a día mejora y aumenta la prosperidad; el próximo mes será mejor aún.

A partir del 18 hay un excepcional gran trígono en signos de tierra, con lo que la energía en el planeta es práctica, terrenal; no se respetan mucho las ideas, sino sólo los resultados y lo práctico.

El poder planetario se ha trasladado de tu sector occidental o social al sector oriental, o del yo; esto comenzó el 3 del mes pasado y este mes es más fuerte. Estás en un periodo de independencia, que no es muy agradable para Libra; la iniciativa personal es más importante que tu genio social; es el periodo para asumir la responsabilidad de tu felicidad; si las condiciones te fastidian, no tienes para qué preguntar a tus amistades lo que debes hacer, simplemente haz los cambios que sean necesarios. El poder planetario avanza hacia ti, te respalda. Tu manera es la mejor en este periodo. Las relaciones son siempre importantes para ti, pero necesitas sentirte cómodo en tu piel.

Septiembre

Mejores días en general: 1, 2, 10, 11, 20, 21, 28, 29
Días menos favorables en general: 7, 8, 9, 15, 16, 22, 23
Mejores días para el amor: 7, 8, 9, 15, 16, 17, 18, 19, 20, 26, 27, 28, 29
Mejores días para el dinero: 3, 4, 5, 6, 8, 9, 15, 16, 18, 19, 24, 25, 26, 27, 30
Mejores días para la profesión: 7, 8, 18, 19, 22, 23, 28

Desde el 18 del mes pasado está muy fuerte tu casa doce, la de la espiritualidad, lo que continúa hasta el 23 de este mes. Es, pues, un buen periodo para buscar más soledad; aunque Libra nunca es feliz en la soledad, a veces le es necesaria durante breves periodos. Es buen periodo para dedicar más tiempo a tu práctica espiritual y atender a tu crecimiento espiritual. Es bueno para estudiar los textos sagrados de tu religión, para participar en actividades benéficas y altruistas, en causas que defiendes. Si estás en el camino espiritual hay progreso y revelaciones, y esto es causa de mucha dicha; hay más probabilidades de tener experiencias cumbres que en otros periodos del año; llegan todo tipo de experiencias sincrónicas, sobrenaturales. El mundo invisible te comunica su presencia. Incluso el amor es más espiritual en este periodo; Marte, tu planeta del amor, pasa el mes en tu espiritual casa doce, entró en ella el 18 del mes pasado. Esto nos da muchos mensajes. El horóscopo dice ponte bien espiritualmente, entra en alineación con lo Divino y la vida amorosa cuidará de sí misma. Entregar la vida amorosa a lo Divino, sinceramente, de corazón, resuelve las situaciones más difíciles en la vida amorosa y social. El amor se encuentra en ambientes espirituales, el seminario de meditación o la charla espiritual, la función benéfica, la reunión para hacer oración, ese tipo de lugares. Ir a bares y clubes es una pérdida de tiempo en este periodo.

Seguimos teniendo un gran trígono en signos de tierra todo el mes, así que repasa lo que hablamos sobre esto el mes pasado. Continúa en tu actitud práctica; este gran trígono es muy positivo para las finanzas; Plutón continúa en movimiento retrógrado así que hay retrasos y contratiempos, pero recibe aspectos muy positivos. Del 5 al 7 Venus le forma aspectos hermosos; del 8 al 10 Mercurio entra en alineación armoniosa; el 12 y el 13 el Sol se une a este grupo. Todos estos son bonitos días de paga y ofrecen oportunidades (aunque no es un trayecto sobre ruedas). Después del 23 las finanzas son más delicadas, tendrás que trabajar más por tus ingresos.

Ahora entras en tu periodo de máxima independencia, que continuará el próximo mes. Es el periodo para hacer tu voluntad; sabes qué es lo mejor para ti; haz los cambios que es necesario hacer; después será más difícil hacerlos.

Octubre

Mejores días en general: 7, 8, 17, 18, 26, 27
Días menos favorables en general: 5, 6, 12, 13, 19, 20
Mejores días para el amor: 7, 10, 11, 12, 13, 17, 18, 19, 20, 26, 27, 28, 29
Mejores días para el dinero: 1, 2, 3, 4, 5, 6, 12, 13, 15, 16, 21, 22, 23, 24, 28, 29, 30, 31
Mejores días para la profesión: 7, 8, 17, 18, 19, 20, 28

Este es un mes feliz y próspero, Libra, que lo disfrutes. Mercurio y Venus están en tu signo desde el 14 del mes pasado; Mercurio te ofrece oportunidades de viaje y técnicas espirituales para mejorar la apariencia, y Venus te aporta belleza, encanto y elegancia (estas cualidades las tienes siempre pero ahora son más fuertes). El 23 el Sol entró en tu signo y comenzaste una cima anual de placer personal, que continúa hasta el 23 de este mes. Este es un periodo para gozar de la buena vida y recompensar al cuerpo por sus leales servicios. Es un muy buen periodo para modelar el cuerpo y la imagen como los deseas; es muy bueno para comprar ropa o accesorios personales pues elegirás bien. Marte, tu planeta del amor, entra en tu primera casa el 4 y continúa en ella el resto del mes. Este es un aspecto maravilloso para el amor; indica que el amor te busca, que no a la inversa; te llegan oportunidades amorosas sin mucho esfuerzo de tu parte; sencillamente ocúpate de tus asuntos cotidianos. Si estás en una relación verás que tu pareja te demuestra más afecto y atención. El día que Marte entra en tu signo también inicia su solsticio, es decir, detiene su movimiento latitudinal, acampa del 4 al 11, y luego cambia de dirección. Esto indica un punto decisivo en tu vida amorosa: una pausa y luego un cambio de dirección.

En tu vida financiera hay también muchas novedades positivas. Plutón, tu planeta del dinero, retoma el movimiento directo el 3; esto tendría que traer claridad en las finanzas y mejor juicio; asuntos que estaban detenidos comienzan a avanzar. El 3 Mercurio entra en tu casa del dinero, lo que indica aumento de ingresos (rige tu novena casa, la de la expansión); también trae el don de la intuición financiera. El 8 el señor de tu horóscopo, Venus, entra también en tu casa del dinero; el señor del horóscopo siempre es amigo y siempre afortunado. Su presencia en la casa del dinero indica atención personal a las finanzas, y la atención es el 90 por ciento de la batalla. Gastas en ti y tienes la imagen de persona próspera. El 23 el Sol entra en tu casa del dinero y comienzas una cima financiera anual. Cuentas con el apoyo financiero de tus amistades; lo mejor de todo, a partir del 23 Plutón recibe aspectos armoniosos. La Luna nueva del 28 ocurre en tu casa del dinero y esto esclarece los asuntos financieros hasta bien entrado el próximo mes; te llegará, de forma natural y normal, toda la información que necesitas para tomar buenas decisiones financieras; recibirán respuestas tus preguntas. En el caso de que busques trabajo, tienes oportunidades maravillosas después del 8, aunque será necesario estudiar o analizar detenidamente estas oportunidades; tu planeta del trabajo, Neptuno, está en movimiento retrógrado.

Noviembre

Mejores días en general: 3, 4, 5, 13, 14, 22, 23
Días menos favorables en general: 1, 2, 8, 9, 10, 16, 17, 28, 29, 30
Mejores días para el amor: 3, 4, 5, 8, 9, 10, 17, 18, 19, 26, 29
Mejores días para el dinero: 1, 2, 8, 9, 10, 11, 12, 18, 19, 20, 21, 24, 25, 26, 27, 28, 29, 30
Mejores días para la profesión: 6, 7, 16, 17, 26

La salud fue buena el mes pasado y lo es este mes también. Neptuno, tu planeta de la salud, retoma el movimiento directo el 27, así que después de esta fecha no es arriesgado hacer cambios en el programa de salud.

Hasta el 22 sigues en una cima financiera anual; y después las finanzas deberían continuar bien; Marte entra en tu casa del dinero el 19 y pasa el resto del mes en ella. Por lo tanto, cuentas con el favor financiero de tu pareja y de tus conexiones sociales; a veces este aspecto trae oportunidades de formar una sociedad de negocios o una empresa conjunta; si eres inversor te beneficias con acciones de empresas fusionadas. Venus, el señor de tu horósco-po, viaja con Júpiter del 22 al 24; este es un aspecto muy afortu-nado y agradable; trae aumento de ingresos y tal vez un nuevo equipo de comunicación o incluso un coche; indica éxito para estudiantes Libra aún no universitarios. También hay felices oportunidades de viaje.

El 22 el Sol entra en tu tercera casa, la de la comunicación y los intereses intelectuales. Este también es un aspecto maravilloso si eres estudiante aún no universitario; te concentras en tus estudios y tienes éxito. Y aunque no seas estudiante este es un periodo fa-buloso para ponerte al día en tus lecturas y ampliar tus conoci-mientos, asistir a clases, talleres o seminarios en temas que te in-teresan.

El amor es esencialmente feliz este mes; Marte está en tu sig-no hasta el 19; tienes amor según tus condiciones. El cónyuge, pareja o ser amado actual te demuestra su cariño. Si estás solte-ro o soltera no tienes que hacer nada especial para atraer el amor; te encuentra. Del 22 al 24 Marte forma aspectos dinámi-cos con Urano; el ser amado, los hijos y figuras filiales deben tener más cuidado y prudencia en el plano físico estos días; de-ben hacer todo lo posible por evitar conflictos. Ten más pacien-cia con ellos en este periodo; se ven desasosegados y rebeldes.

Del 15 al 30 Venus está «fuera de límites», por lo tanto sales de tu esfera normal en este periodo; tal vez exploras libros o actividades intelectuales que no concuerdan con tus gustos ha-bituales; tal vez hermanos o figuras fraternas te incitan a salir de tu esfera normal.

El 4 del mes pasado el poder planetario se trasladó de la mitad superior de tu carta a la inferior, del lado día al lado noche. Es, pues el periodo para pasar a un segundo plano la profesión (no la vas a desatender del todo) y centrar la atención en el hogar, la familia y tu bienestar emocional. Es el periodo de preparación profesional, de prepararte para el próximo empuje profesional que será el año que viene.

Diciembre

Mejores días en general: 1, 2, 11, 12, 19, 20, 28, 29
Días menos favorables en general: 6, 7, 13, 14, 26, 27
Mejores días para el amor: 3, 4, 5, 6, 7, 8, 9, 13, 14, 17, 18, 21, 22, 28, 29, 31

Mejores días para el dinero: 8, 9, 17, 18, 21, 22, 26, 27
Mejores días para la profesión: 6, 7, 13, 14, 15, 16, 26

Tu cuarta casa, la del hogar y la familia, ha estado poderosa todo lo que va de año pero no ha sido muy feliz. Este mes se hace muy poderosa, y mucho más feliz. Júpiter entra en ella el 3. Comienzan a dar sus frutos el trabajo, el esfuerzo y las responsabilidades extras de los dos años pasados. Ocurren cosas buenas. En primer lugar, tu vida emocional es mucho más optimista, se te alegra el ánimo, y el próximo año verás más mejoría. Hay más apoyo familiar. Se expande el círculo familiar. Los hermanos y figuras fraternas prosperan y tienen oportunidades financieras maravillosas.

El único problema, e importante, es la salud; hay muchos planetas lentos en alineación desfavorable contigo. Pero ya sabes qué debes hacer. Descansa más, delega todo lo posible, trabaja con ritmo. Mantén la atención (como un rayo láser) en lo que es verdaderamente esencial en tu vida; deja estar lo que no es esencial. Tendrás que tomar decisiones difíciles; ¿qué es esencial? ¿qué no es esencial? Fortalece la salud de las maneras indicadas en las previsiones para el año. Procura pasar más tiempo en el balneario de salud y programa más sesiones de masaje y otros tratamientos. El eclipse solar del 26 es fuerte en ti, así que durante ese periodo tómate las cosas con calma y reduce tus actividades.

El eclipse solar del 26 es el tercero del año en tu cuarta casa. El hogar y la familia se han llevado una paliza; nada de esto ha sido castigo; la finalidad ha sido obligar a hacer cambios que mejoren las cosas. Así pues, nuevamente se revelan defectos ocultos en la casa para que se puedan corregir; hay drama en la vida de familiares, en especial en la de un progenitor o figura parental. Las emociones estarán exaltadas en la casa, así que ten más paciencia. También hay drama en la vida de personas amigas y problemas con el ordenador y el equipo de alta tecnología. Comprueba que has hecho copias de seguridad de los documentos importantes y están actualizados los programas antivirus y antipiratería. Este eclipse también afecta a los hermanos y figuras fraternas, pues hace impacto en Júpiter; pasan por dramas personales y deben hacer cambios financieros; estos cambios serán buenos pues están en un periodo de prosperidad. Si eres estudiante aún no universitario haces cambios importantes en tus planes educacionales; hay trastornos o reorganización en el colegio; tal vez incluso cambias de colegio.

El amor es más materialista en este periodo. Si estás soltero o soltera te atraen personas ricas, buenas proveedoras; los regalos materiales te seducen. Así demuestras el amor y así te sientes amado. El magnetismo sexual es tal vez igual de importante. El ideal este mes será la persona que tiene ambas cosas, buena química sexual y buen poder adquisitivo. Las oportunidades amorosas se presentan cuando estás atendiendo a tus objetivos financieros y con personas relacionadas con tus finanzas.

Escorpio

♏

El Escorpión

Nacidos entre el 23 de octubre y el 22 de noviembre

Rasgos generales

ESCORPIO DE UN VISTAZO

Elemento: Agua

Planeta regente: Plutón
   Planeta corregente: Marte
   Planeta de la profesión: el Sol
   Planeta de la salud: Marte
   Planeta del amor: Venus
   Planeta del dinero: Júpiter
   Planeta del hogar y la vida familiar: Urano

Color: Rojo violáceo
   Color que favorece el amor, el romance y la armonía social: Verde
   Color que favorece la capacidad de ganar dinero: Azul

Piedras: Sanguinaria, malaquita, topacio

Metales: Hierro, radio, acero

Aromas: Flor del cerezo, coco, sándalo, sandía

Modo: Fijo (= estabilidad)

Cualidad más necesaria para el equilibrio: Visión más amplia de las cosas

Virtudes más fuertes: Lealtad, concentración, determinación, valor, profundidad

Necesidades más profundas: Penetración y transformación

Lo que hay que evitar: Celos, deseo de venganza, fanatismo

Signos globalmente más compatibles: Cáncer, Piscis

Signos globalmente más incompatibles: Tauro, Leo, Acuario

Signo que ofrece más apoyo laboral: Leo

Signo que ofrece más apoyo emocional: Acuario

Signo que ofrece más apoyo económico: Sagitario

Mejor signo para el matrimonio y/o las asociaciones: Tauro

Signo que más apoya en proyectos creativos: Piscis

Mejor signo para pasárselo bien: Piscis

Signos que más apoyan espiritualmente: Cáncer, Libra

Mejor día de la semana: Martes

La personalidad Escorpio

Un símbolo del signo de Escorpio es el ave fénix. Si meditamos sobre la leyenda del fénix podemos comenzar a comprender el carácter de Escorpio, sus poderes, capacidades, intereses y anhelos más profundos.

El fénix de la mitología era un ave capaz de recrearse y reproducirse a sí misma. Lo hacía de la manera más curiosa: buscaba un fuego, generalmente en un templo religioso, se introducía en él y se consumía en las llamas, y después renacía como un nuevo pájaro. Si eso no es la transformación más profunda y definitiva, ¿qué es entonces?

Transformación, eso es lo que los Escorpio son en todo, en su mente, su cuerpo, sus asuntos y sus relaciones (son también transformadores de la sociedad). Cambiar algo de forma natural, no artificial, supone una transformación interior. Este tipo de cambio es radical, en cuanto no es un simple cambio cosmético. Algunas personas creen que transformar sólo significa cambiar la apariencia, pero no es ese el tipo de cambio que interesa a los Escorpio. Ellos buscan el cambio profundo, fundamental. Dado que el verdadero cambio siempre procede del interior, les interesa mucho el aspecto interior, íntimo y filosófico de la vida, y suelen estar acostumbrados a él.

Los Escorpio suelen ser personas profundas e intelectuales. Si quieres ganar su interés habrás de presentarles algo más que una imagen superficial. Tú y tus intereses, proyectos o negocios habréis de tener verdadera sustancia para estimular a un Escorpio. Si no hay verdadera sustancia, lo descubrirá y ahí terminará la historia.

Si observamos la vida, los procesos de crecimiento y decadencia, vemos funcionar todo el tiempo los poderes transformadores de Escorpio. La oruga se convierte en mariposa, el bebé se convierte en niño y después en adulto. Para los Escorpio esta transformación clara y perpetua no es algo que se haya de temer. La consideran una parte normal de la vida. Esa aceptación de la transformación les da la clave para entender el verdadero sentido de la vida.

Su comprensión de la vida (incluidas las flaquezas) hace de los nativos de Escorpio poderosos guerreros, en todos los sentidos de la palabra. A esto añadamos su profundidad y penetración, su paciencia y aguante, y tendremos una poderosa personalidad. Los Escorpio tienen buena memoria y a veces pueden ser muy vengativos; son capaces de esperar años para conseguir su venganza. Sin embargo, como amigos, no los hay más leales y fieles. Poca gente está dispuesta a hacer los sacrificios que hará una persona Escorpio por un verdadero amigo.

Los resultados de una transformación son bastante evidentes, aunque el proceso es invisible y secreto. Por eso a los Escorpio se los considera personas de naturaleza reservada. Una semilla no se va a desarrollar bien si a cada momento se la saca de la tierra y se la expone a la luz del día. Debe permanecer enterrada, invisible, hasta que comience a crecer. Del mismo modo, los Escorpio temen revelar demasiado de sí mismos o de sus esperanzas a otras personas. En cambio, se van a sentir más que felices de mostrar el producto acabado, pero sólo cuando esté acabado. Por otro lado, les encanta conocer los secretos de los demás, tanto como les disgusta que alguien conozca los suyos.

Situación económica

El amor, el nacimiento, la vida y la muerte son las transformaciones más potentes de la Naturaleza, y a los Escorpio les interesan. En nuestra sociedad el dinero es también un poder transformador y por ese motivo los Escorpio se interesan por él. Para ellos el dinero es poder, produce cambios y gobierna. Es el poder del dinero lo que los fascina. Pero si no tienen cuidado, pueden ser demasiado materialistas y dejarse impresionar excesivamente por el poder del dinero, hasta el punto de llegar a creer que el dinero gobierna el mundo.

Incluso el término plutocracia viene de Plutón, que es el regente de Escorpio. De una u otra manera los nativos de este signo consiguen la posición económica por la que luchan. Cuando la alcanzan, son cautelosos para manejar su dinero. Parte de esta cautela es en realidad una especie de honradez, porque normalmente los Escorpio trabajan con el dinero de otras personas, en calidad de contables, abogados, agentes de Bolsa, asesores bursátiles o directivos de empresa, y cuando se maneja el dinero de otras personas hay que ser más prudente que al manejar el propio.

Para lograr sus objetivos económicos, los nativos de Escorpio han de aprender importantes lecciones. Es necesario que desarrollen cualidades que no tienen naturalmente, como la amplitud de visión, el optimismo, la fe, la confianza y, sobre todo, la generosidad. Necesitan ver la riqueza que hay en la Naturaleza y en la vida, además de las formas más obvias del dinero y el poder. Cuando desarrollan esta generosidad, su potencial financiero alcanza la cima, porque Júpiter, señor de la opulencia y de la buena suerte, es el planeta del dinero en su carta solar.

Profesión e imagen pública

La mayor aspiración de los nativos de Escorpio es ser considerados fuente de luz y vida por la sociedad. Desean ser dirigentes, estrellas. Pero siguen un camino diferente al de los nativos de Leo, las otras estrellas del zodiaco. Un Escorpio llega a su objetivo discretamente, sin alardes, sin ostentación; un Leo lo hace abierta y públicamente. Los Escorpio buscan el encanto y la diversión de los ricos y famosos de modo discreto, secreto, encubierto.

Por naturaleza, los Escorpio son introvertidos y tienden a evitar la luz de las candilejas. Pero si quieren conseguir sus más elevados objetivos profesionales, es necesario que se abran un poco y se expresen más. Deben dejar de esconder su luz bajo un perol y permitirle que ilumine. Por encima de todo, han de abandonar cualquier deseo de venganza y mezquindad. Todos sus dones y capacidades de percibir en profundidad las cosas se les concedieron por un importante motivo: servir a la vida y aumentar la alegría de vivir de los demás.

Amor y relaciones

Escorpio es otro signo del zodiaco al que le gustan las relaciones comprometidas, claramente definidas y estructuradas. Se lo piensan mucho antes de casarse, pero cuando se comprometen en una relación tienden a ser fieles, y ¡Dios ampare a la pareja sorprendida o incluso sospechosa de infidelidad! Los celos de los Escorpio son legendarios. Incluso pueden llegar al extremo de detectar la idea o intención de infidelidad, y esto puede provocar una tormenta tan grande como si de hecho su pareja hubiera sido infiel.

Los Escorpio tienden a casarse con personas más ricas que ellos. Suelen tener suficiente intensidad para los dos, de modo que buscan a personas agradables, muy trabajadoras, simpáticas, estables y transigentes. Desean a alguien en quien apoyarse, una persona leal que los respalde en sus batallas de la vida. Ya se trate de su pareja o de un amigo, para un Escorpio será un verdadero compañero o socio, no un adversario. Más que nada, lo que busca es un aliado, no un contrincante.

Si estás enamorado o enamorada de una persona Escorpio, vas a necesitar mucha paciencia. Lleva mucho tiempo conocer a los Escorpio, porque no se revelan fácilmente. Pero si perseveras y tus intenciones son sinceras, poco a poco se te permitirá la entrada en las cámaras interiores de su mente y su corazón.

Hogar y vida familiar

Urano rige la cuarta casa solar de Escorpio, la del hogar y los asuntos domésticos. Urano es el planeta de la ciencia, la tecnología, los cambios y la democracia. Esto nos dice mucho acerca del comportamiento de los Escorpio en su hogar y de lo que necesitan para llevar una vida familiar feliz y armoniosa.

Los nativos de Escorpio pueden a veces introducir pasión, intensidad y voluntariedad en su casa y su vida familiar, que no siempre son el lugar adecuado para estas cualidades. Estas virtudes son buenas para el guerrero y el transformador, pero no para la persona que cría y educa. Debido a esto (y también a su necesidad de cambio y transformación), los Escorpio pueden ser propensos a súbitos cambios de residencia. Si no se refrena, el a veces inflexible Escorpio puede producir alboroto y repentinos cataclismos en la familia.

Los Escorpio necesitan desarrollar algunas de las cualidades de Acuario para llevar mejor sus asuntos domésticos. Es necesario que fomenten un espíritu de equipo en casa, que traten las actividades familiares como verdaderas relaciones en grupo, porque todos han de tener voz y voto en lo que se hace y no se hace, y a veces los Escorpio son muy tiranos. Cuando se vuelven dictatoriales, son mucho peores que Leo o Capricornio (los otros dos signos de poder del zodiaco), porque Escorpio aplica la dictadura con más celo, pasión, intensidad y concentración que estos otros dos signos. Lógicamente, eso puede ser insoportable para sus familiares, sobre todo si son personas sensibles.

Para que un Escorpio consiga todos los beneficios del apoyo emocional que puede ofrecerle su familia, ha de liberarse de su conservadurismo y ser algo más experimental, explorar nuevas técnicas de crianza y educación de los hijos, ser más democrático con los miembros de la familia y tratar de arreglar más cosas por consenso que por edictos autocráticos.

Horóscopo para el año 2019*

Principales tendencias

Sales de un año muy próspero y el año que comienza se ve más próspero aún. Tu planeta del dinero, Júpiter, pasa casi todo el año en tu casa del dinero.

Tu tercera casa, la de la comunicación y los intereses intelectuales, es con mucho la más fuerte del horóscopo este año; es también la que presenta más retos. Si eres estudiante aún no universitario tendrás que esforzarte más en tus estudios, arrimar el hombro. Los hermanos y figuras fraternas se ven estresados. En los proyectos de venta y mercadotecnia hay muchos retrasos y contratiempos.

A fin de año mejoran las cosas pues Júpiter entra en tu tercera casa el 3 de diciembre. Mientras tanto has de poner el esfuerzo extra.

Neptuno lleva muchos años en tu quinta casa y continuará en ella muchos años más. Los hijos y figuras filiales de tu vida se vuelven más espirituales, y si no, deben tener cuidado con las drogas y el alcohol. Se refinan y espiritualizan tus gustos respecto a la diversión; te atraen las bellas artes, hay mucha inspiración en tu creatividad. Cuando estás relajado y divirtiéndote tienes buena conexión con el espíritu.

El principal titular este año es la salida de Urano de tu sexta casa (donde ha estado los pasados siete años) y su entrada en tu séptima casa. Esto va a influir profundamente en tu vida amorosa y en tu relación actual. La vida social se hace más inestable, pero también más entretenida e interesante. Volveremos a este tema.

En la profesión hay muchos trastornos este año; mucho más de lo habitual. Tenemos cinco eclipses (normalmente son cuatro) y cuatro de estos cinco afectan directamente a tu profesión. Ya hablaremos de esto con más detalle.

---

* Las previsiones de este libro se basan en el Horóscopo Solar y todos los signos que derivan de él; tu Signo Solar se convierte en el Ascendente, y las casas se numeran a partir de él. Tu horóscopo personal, el trazado concretamente para ti (según la fecha, hora y lugar exactos de tu nacimiento) podrían modificar lo que decimos aquí. Joseph Polansky

Los intereses más importantes para ti este año son: las finanzas (hasta el 3 de diciembre); la comunicación y las actividades intelectuales; los hijos, la diversión y la creatividad; la salud y el trabajo (hasta el 7 de marzo); el amor, el romance y las actividades sociales (a partir del 7 de marzo)

Los caminos hacia tu mayor satisfacción o realización este año son: las finanzas (hasta el 3 de diciembre); la comunicación y los intereses intelectuales (a partir del 3 de diciembre); la religión, la filosofía, la teología y viajes al extranjero.

Salud

(Ten en cuenta que esta es una perspectiva astrológica de la salud, no una médica. Antaño no había ninguna diferencia, ambas eran idénticas, pero en esta época podrían diferir muchísimo. Para una perspectiva médica, por favor, consulta a tu médico o a otro profesional de la salud.)

La salud y la energía son buenas este año. Al comenzar el año no hay ningún planeta lento en alineación desfavorable contigo; después del 7 de marzo (cuando Urano entra en Tauro) sólo hay un planeta en aspecto adverso; los demás o bien te forman aspectos armoniosos o te dejan en paz. Sin duda habrá periodos en que la salud y la energía estarán menos bien (de estos hablaremos en las previsiones mes a mes); estos se deben a los tránsitos de los planetas rápidos; son cosas temporales, no tendencias para el año; cuando acaba el tránsito se normalizan la salud y la energía.

Los pasados siete años ha estado poderosa tu sexta casa, la de la salud; después del 7 de marzo estará prácticamente vacía, sólo transitarán por ella los planetas rápidos, que entran y salen. Esto lo interpreto como buena señal: la salud es buena y no tienes necesidad de estar muy atento a ella.

En los siete años pasados has explorado los asuntos de salud con experimentación; el Cosmos te incitaba a saber cómo funcionas, qué te va bien, qué te va mal, a conocer tu configuración fisiológica. Ya habrás aprendido esas lecciones y no hace falta más experimentación.

Estos siete años pasados tal vez te atraía la medicina alternativa, y aun cuando continuaras fiel a la medicina ortodoxa te atraían los métodos de alta tecnología y las técnicas experimentales y de vanguardia de ese sistema. Este año es menos intenso ese atractivo.

Aunque sea buena tu salud, siempre la puedes fortalecer. Da más atención a las siguientes zonas, que son las vulnerables en tu carta.

La cabeza, la cara y el cuero cabelludo. Estas zonas son siempre importantes para Escorpio; su regente, Marte, es tu planeta de la salud. Por lo tanto, masajes en la cara y el cuero cabelludo deberían formar parte de tu programa de salud. La terapia sacro-craneal también es excelente para la cabeza.

La musculatura. Los músculos también están regidos por Marte, así que son siempre importantes para ti. No hace falta que seas musculoso ni experto en puesta en forma sino sencillamente que tengas buen tono muscular. Un músculo débil o flojo puede desalinear la columna y el esqueleto y esto sería causa de todo tipo de otros problemas. Es importante, entonces que hagas ejercicio vigoroso, de acuerdo a tu edad y fase en la vida.

Las suprarrenales. Estas glándulas también son siempre importantes para Escorpio. Te irán bien sesiones de reflexología para trabajar sus puntos reflejos. Muy importante es evitar la ira y el miedo, las dos emociones que sobrecargan de trabajo a estas glándulas. Se dice que el ginsén es bueno para ellas.

El colon, la vejiga y los órganos sexuales. También estos órganos son importantes para ti, los rige tu signo. Por lo tanto, siempre son importantes el sexo seguro y la moderación sexual. Te convendría hacerte de vez en cuando una limpieza del colon con una infusión de hierbas.

Los tobillos y las pantorrillas. Estas zonas sólo han sido importantes los pasados siete años, pues su regente, Urano, ha estado en tu sexta casa; hasta el 7 de marzo continúan siendo importantes, así que sigue dándoles masaje y protege bien los tobillos cuando hagas ejercicio.

La buena salud emocional ha sido muy importante durante los pasados siete años; esta es buena en sí, pero en estos años ha sido un asunto de salud. Después del 7 de marzo comienza a ser menos importante; lo mismo vale para las buenas relaciones familiares.

Este año tu planeta de la salud, Marte, transita por ocho signos y casas del horóscopo; por lo tanto, en la salud hay varias tendencias de corto plazo según dónde esté Marte y los aspectos que reciba. Estas tendencias es mejor tratarlas en las previsiones mes a mes.

Hogar y vida familiar

Este año no está poderosa tu cuarta casa, la del hogar y la familia (esto cambia el próximo año). Entonces la tendencia es dejar que las cosas sigan como están. Aunque puedes permitirte una mudanza o renovación de la casa, y tienes la libertad para hacerlo, te falta el interés y el deseo.

Tu planeta de la familia, Urano, ha estado en Aries los siete años pasados. Así pues, los familiares han estado activos y agresivos; las emociones y sentimientos han sido mudables y explosivos. La casa se ha transformado de forma que es tanto un balneario de salud y centro deportivo como un hogar. Este año esto comienza a cambiar. Urano en Tauro es mucho más estable; las emociones y los estados de ánimo tendrían que ser más estables, como también las cosas en casa.

Urano en tu séptima casa, la del amor, nos da diversos mensajes. En primer lugar, indica más vida social en la casa, más relación con los familiares, en reuniones, fiestas o comidas en la casa. También indicaría embellecimiento de la casa; la casa no es sólo un hogar sino también un lugar bello y el principal centro social. Vas a hacer más trabajos de redecoración y comprar objetos bellos para adornar. He visto casas de algunas personas que parecen un museo o una galería de arte. Puede que no llegues a eso, pero pondrás más atención a la apariencia de tu casa.

Tal vez ahora estés a favor de ambientes más rurales, menos ajetreados; antes te gustaban los lugares «de acción». Tal vez comiences a preferir los muebles caros, grandes y sólidos.

Si tienes pensado hacer obras importantes de renovación en la casa, del 13 al 23 de agosto es buen periodo. Si quieres redecorar o comprar objetos bellos, son buenos periodos del 20 de enero al 19 de febrero; del 1 al 26 de marzo, y del 21 al 30 de agosto.

Un progenitor o figura parental podría mudarse, y no sólo una vez; esta persona podría estar en diferentes lugares durante largos periodos; se mudará muchas veces en los próximos años. Veo también que un progenitor recibe buenas ofertas de trabajo este año, y si ha tenido algún problema de salud, tendrá buenas noticias en ese frente.

Los hermanos y figuras fraternas van a pasar por dificultades financieras en este periodo, pero a fin de año, después del 3 de diciembre, llegará la prosperidad. Es posible que en los últimos siete años se hayan mudado muchas veces, pero ahora comienzan a estabilizarse. También son más estables en lo emocional, en especial después del 7 de marzo.

Los hijos y figuras filiales deberán tener cuidado con las drogas y el alcohol pues podrían reaccionar exageradamente a estas sustancias. Los veo muy idealistas en este periodo. Veo cambios laborales para ellos este año. Pero en la faceta hogar y familia no se ven cambios ni novedades.

Profesión y situación económica

Este es un año muy próspero, Escorpio, disfrútalo. Júpiter, tu planeta del dinero, pasa la mayor parte del año en tu casa del dinero; allí está en su signo y casa y por lo tanto es más poderoso para actuar en tu favor. Esto significa mayor poder adquisitivo.

Los bienes que posees aumentan de valor, y bastante. Se te presentan todo tipo de oportunidades felices. Se expanden enormemente tus horizontes financieros, los límites de lo que crees que es posible conseguir.

Júpiter en Sagitario denota a la persona que gana y gasta el dinero con mucha facilidad; así pues eres un gran gastador (tal vez impulsivo) y un gran ganador. En esto hay ciertos escollos; a Júpiter en Sagitario le gusta el «dinero rápido»; esto te haría vulnerable a los diversos estafadores o timadores que trafican con estas cosas; guárdate de estas intrigas.

Júpiter en Sagitario es despreocupado en las finanzas; hay una inmensa confianza y optimismo (y tal vez por eso estas personas prosperan tanto). Hay un fuerte fe en la riqueza y en las capacidades adquisitivas. Un escritor metafísico lo expresa así: «Tu fe es tu suerte».

Júpiter en Sagitario podría ser especulador, pero este año favorece menos la especulación que el año pasado. Modera esto.

Siempre has tenido afinidad con los sectores editorial, viajes, aerolíneas, transporte en general y universidades de pago. Este año esta afinidad es mayor aún. Personas relacionadas con estas industrias podrían tener un importante papel en tus ingresos.

También tienes una fuerte afinidad con empresas extranjeras e inversiones en el extranjero. Personas extranjeras también podrían tener un importante papel en tu economía.

Me parece que este año habrá muchos viajes de trabajo o negocio; tal vez a otros países.

Hacia fines de año, después del 3 de diciembre, ya habrás conseguido muchos de tus objetivos financieros, al menos los de corto plazo. Entonces podrás dedicar más tiempo a tus intereses intelectuales, a ampliar tu base de conocimientos. Tienes la libertad financiera para hacerlo.

El planeta del dinero en la tercera casa favorece el comercio, la compra, la venta, la venta al por menor; favorece las empresas de telecomunicación (local y larga distancia), transportes (local y larga distancia) y periódicos (principalmente diarios). Sea cual sea tu profesión o trabajo, serán importantes las ventas, la mercadotecnia, las relaciones públicas y el buen uso de los medios. Tienes que dar a conocer tu producto o servicio.

Una de las cosas buenas de la entrada de Júpiter en tu tercera casa es que estará en Capricornio; esto mejora el juicio financiero; no vas a ser descuidado con el dinero; vas a adoptar una actitud más reposada y metódica hacia la riqueza. Pensarás más en la riqueza a largo plazo, duradera; esto será bueno para planes disciplinados de ahorro y de inversión. Debido a esto la riqueza será más segura.

Este año es de fuerte prosperidad, como hemos dicho, y el año que viene será próspero también a medida que Júpiter se acerque más a Plutón.

Este no es un año especialmente fuerte en la profesión; hasta el 7 de marzo todos los planetas lentos están bajo el horizonte de tu carta, y después de esta fecha sólo habrá uno en la mitad superior. Por lo tanto, no habrá ningún periodo en que esté realmente dominante la mitad superior, el lado día. Sí que habrá periodos en que el lado día estará más fuerte (y de ellos hablaremos en las previsiones mes a mes), pero nunca estará dominante. Así pues, este año la atención está más en el bienestar emocional y en los asuntos familiares y domésticos. Estar en armonía emocional es más importante que el éxito profesional (si puedes tener ambas cosas, tanto mejor). Ten presente también que tu casa de la profesión está prácticamente vacía; sólo transitan por ella los planetas rápidos, y por cortos periodos.

De todos modos, como hemos dicho, hay muchos cambios en la profesión; cuatro de los cinco eclipses de este año la afectan. Estos producen cambios en la empresa o la industria en que trabajas; normativas gubernamentales podrían cambiar las reglas del juego. Podría haber reorganización en la jerarquía de la empresa; podría haber drama en la vida de jefes, padres, figuras parentales, las figuras de autoridad de tu vida, y esto podría afectar a tu profesión. También podría ocurrir que cambiaras de camino profesional; un cambio de profesión no sería una sorpresa.

Amor y vida social

El 7 de marzo, como hemos dicho, Urano entra en tu séptima casa y continúa en ella los siete próximos años más o menos. Esto tiene consecuencias profundas en tus relaciones.

Si estás casado o casada o en una relación seria, tendrás que trabajar muchísimo para mantenerla. He visto relaciones que han sobrevivido a un tránsito de Urano, pero no ha sido fácil. Es importante que des a tu cónyuge, pareja o ser amado actual la mayor libertad posible mientras esto no sea destructivo. Esta persona se ve más rebelde en este periodo, así que tendrás que aprender a arreglártelas con eso.

Si estás soltero o soltera tal vez sea mejor que no te cases todavía. Tu horóscopo favorece más las aventuras amorosas que las relaciones serias, comprometidas, duraderas. Además, también cambian tus gustos en el amor; te atraen personas de tipo no convencional, personas expertas en alta tecnología, programadores, inventores, científicos, astrólogos y astrónomos; las personas normales y corrientes no son muy interesantes para ti. El problema es que estas relaciones rara vez son estables.

Hay mucho de bueno también en este tránsito. Hace las cosas muy interesantes. El amor puede presentarse en cualquier momento y lugar, tal vez cuando menos lo esperas, y de procedencia sorprendente. Estas cosas son agradables mientras duran, pero es dudosa su estabilidad. Un relámpago ilumina una noche oscura pero su luz tiende a desaparecer muy pronto. No intentes atrapar esa relámpago, simplemente disfrútalo por lo que es. Vendrán más relámpagos.

Cuando Urano haya terminado su trabajo contigo, dentro de siete años, te encontrarás en circunstancias sociales totalmente diferentes y tal vez en un nuevo círculo de amistades.

A Escorpio le gusta la estabilidad, por lo tanto este tránsito puede resultar incómodo, desagradable. Pero justamente esa es la lección cósmica del tránsito, aprender a sentirse a gusto con el cambio social.

Urano es el planeta de la ciencia, la tecnología y el mundo online. Así pues, las actividades en la red, los sitios de citas, los medios sociales, son probables lugares para el romance. También es probable que el amor se conduzca más mediante comunicación online, mensajes de texto y otros medios de alta tecnología.

Urano es también tu planeta de la familia, por lo tanto, como hemos dicho, harás más vida social en casa, con familiares. Si estás soltero o soltera los familiares y las conexiones familiares podrían colaborar en buscarte romance; les gusta hacer de casamenteros en este periodo. Asistir a reuniones familiares también puede llevar a romance.

Después del 7 de marzo Urano le forma buenos aspectos a Plutón. Así pues, el amor se ve feliz. Al parecer, te gusta la inestabilidad; la inestabilidad es el precio que pagamos por tener más libertad.

Una cosa es segura: la vida amorosa no será aburrida; será una constante telenovela.

Progreso personal

Acabamos de hablar de algunos de los retos que se presentan en el amor. Uno es aprender a arreglárselas con la inestabilidad. Incluso en una relación duradera no sabemos qué esperar del ser amado día a día, momento a momento; es como estar constantemente ante una nueva situación; no podemos dar por descontada la relación; hay que cortejar al ser amado día a día; darse por satisfecho es letal. La inestabilidad es algo que hay que aceptar; da más libertad a los dos componentes de la pareja. Para facilitar la relación conviene hacer cosas distintas, desmadradas, no convencionales, juntos como pareja; evitar la rutina y la monotonía; probar nuevos caminos; viajar a lugares exóticos, darse el gusto con actividades desmadradas, extravagantes. Esto introduce más cambio y emoción en la relación.

Aprende a sentirte cómodo con el cambio social repentino también; todo podría «estar en el aire», y eso está bien; confía en que finalmente todo se solucionará, de uno u otro modo.

Neptuno lleva muchos años en tu quinta casa; esto indica un deseo de diversiones más refinadas, como hemos dicho. Te inclinarás hacia vídeos, música y películas de orientación espiritual. Además, como también hemos dicho, los hijos y las figuras filiales se vuelven más espirituales y esto tiene su efecto en ti. He visto muchos casos en que ocurre esto. Los padres son mundanos, nada religiosos, y el hijo toma un camino religioso o místico; entonces los padres tienen que adaptarse; a veces cambian las normas dietéticas de la casa; el hijo o la hija no puede comer los platos que se comen en la casa o usar los cubiertos que se usan; los padres se ven obligados a hablar de esto con el hijo, se ven obligados a comprender más profundamente a sus hijo, y así, sin darse cuenta, se ven obligados a crecer y a asimilar enseñanzas espirituales o religiosas. «Salido de la boca de niños».

Cuando el espíritu desea hacer impacto en una persona cuenta con muchísimas maneras y medios. Y esta es una de ellas.

Este es un tránsito maravilloso si trabajas en el campo de la música o el arte. Tu creatividad es mucho más inspirada en este periodo, se eleva a un nuevo plano.

Si ya estás en el camino espiritual, este año hay mucho progreso. Venus, tu planeta de la espiritualidad, avanza extraordinariamente rápido (mucho más de lo habitual). Esto indicaría confianza y progreso rápido.

Siendo Venus tu planeta de la espiritualidad, el amor resuelve todo. Permaneces en el sentimiento de amor y conectas con lo Divino con bastante facilidad; entonces es cuando te sientes más cerca (y también alivia las tensiones de tu vida amorosa). Ama, ama, ama, como dicen, y todo resultará bien.

Previsiones mes a mes

Enero

Mejores días en general: 1, 10, 11, 19, 20, 27, 28
Días menos favorables en general: 7, 8, 15, 16, 21, 22, 27, 28
Mejores días para el amor: 1, 12, 13, 15, 16, 21, 22, 30, 31
Mejores días para el dinero: 2, 3, 12, 13, 21, 22, 30, 31
Mejores días para la profesión: 5, 6, 16, 21, 22, 25

Comienzas el año en un periodo de independencia personal, que no dura mucho. El 24 comenzará a dominar el sector occidental o social de tu carta, por lo que si hay que hacer cambios hazlos ya; después será más difícil.

Hasta el 7 tienes en tu signo a Venus, tu planeta del amor (y el genérico); el amor es feliz y lo tienes según tus condiciones; el amor te busca, que no a la inversa. El 7 Venus entra en tu casa del dinero y comienza a viajar con Júpiter; la conjunción con Júpiter es más exacta del 21 al 23; estos son días potentes en el amor y las finanzas; hay un bonito día de paga. Si estás soltero o soltera se te presentan interesantes oportunidades amorosas. Hay experiencias sociales felices.

Este mes tenemos dos eclipses, para provocar emociones, para provocar dramas.

El eclipse solar del 6 (el 5 en Estados Unidos) ocurre en tu tercera casa y hace impacto en Saturno, el señor de esta casa. Conduce con más cuidado, a la defensiva, durante el periodo del eclipse. Si eres estudiante aún no universitario podrías cambiar de planes educacionales o tal vez de colegio; hay trastorno o reorganización en el colegio. Hay drama en la vida de hermanos, figuras fraternas y vecinos; estas personas deben reducir sus actividades en este periodo. Pasa por pruebas el equipo de comunicación y es posible que sea necesario reemplazarlo. Las personas adineradas de tu vida tienen que hacer cambios importantes en sus finanzas. Todos los eclipses solares afectan a tu profesión (el Sol es tu planeta de la profesión); por lo tanto, hay cambios en la profesión; tal vez hay trastornos o reorganización en la empresa o la industria en que trabajas; hay drama en la vida de jefes, padres, figuras parentales, y las figuras de autoridad de tu vida.

El eclipse lunar del 21 ocurre en tu décima casa, por lo que también afecta a tu profesión; nuevamente hay que tomar medidas correctivas; es posible también que cambies de profesión; o tal vez cambias tu planteamiento acerca de la profesión. Este eclipse es más fuerte en ti que el solar, así que tómate las cosas con calma, reduce tus actividades y evita aquellas que entrañen riesgo o sean temerarias. Todos los eclipses lunares afectan a las actividades de la novena casa (la Luna rige tu novena casa). O sea que este eclipse te afecta si eres estudiante universitario; hay cambios en tus planes educacionales o tal vez cambias de asignatura principal o de facultad. Hay trastorno o reorganización en tu lugar de culto y drama en la vida de sus jefes o líderes. No es aconsejable viajar en este periodo, pero si no lo puedes evitar, programa el viaje antes o después del periodo del eclipse.

Después del 20 deberás prestar más atención a la salud; procura descansar lo suficiente y fortalece la salud de las maneras indicadas en las previsiones para el año.

Febrero

> *Mejores días en general:* 6, 7, 15, 16, 24, 25
> *Días menos favorables en general:* 3, 4, 5, 11, 12, 17, 18
> *Mejores días para el amor:* 11, 12, 19, 20, 28
> *Mejores días para el dinero:* 9, 10, 17, 18, 26, 27
> *Mejores días para la profesión:* 3, 4, 14, 17, 18, 24

Desde el 20 del mes pasado el poder planetario está en su posición inferior máxima; la mitad inferior de tu carta, el lado noche, es arrolladoramente dominante; entre el 80 y el 90 por ciento de los planetas están bajo el horizonte. Tu cuarta casa, la del hogar y la familia, está poderosa, mientras que tu décima casa está vacía, sólo transita por ella la Luna los días 17 y 18. El mensaje es claro; en este periodo la profesión está en una fase de preparación. Da la atención a los asuntos familiares y domésticos y a tu bienestar emocional. Si esto va bien, tu empuje profesional, que será más adelante, será fuerte y sano. Incluso tu planeta de la profesión, el Sol, pasa gran parte del mes en tu cuarta casa (hasta el 19). Por lo tanto, el hogar y la familia son tu profesión, tu misión, en este periodo.

Del 11 al 14 Marte forma aspectos dinámicos con Urano, tu planeta de la familia; esto podría causar la necesidad de hacer reparaciones o renovaciones en la casa. Un progenitor o figura parental se ve más temperamental y desasosegado; esta persona debe reducir sus actividades estos días, y también tener más cuidado en el plano físico.

Tu planeta de la salud, Marte, entra en tu casa del amor el 14 y continúa en ella el resto del mes. Esto podría complicar la vida amorosa; tu pareja podría mostrarse más impaciente, en actitud crítica, propensa a irritarse o enfadarse; procura evitar las luchas de poder en la relación; no hay ninguna necesidad de empeorar las cosas. Si estás soltero o soltera, este aspecto indica osadía en el amor; vas en pos lo que deseas con mucha decisión y valor. Te atraen profesionales de la salud, personas relacionadas con tu salud; también te atraen personas deportistas o atletas o de tipo militar. Venus, tu planeta del amor, entra el 3 en tu tercera casa y sigue en ella el resto del mes; así pues, el amor está cerca de casa, en el barrio y tal vez con personas vecinas. El 17 y el 18, cuando Venus viaja con Saturno, hay oportunidades sociales con vecinos o en el colegio; entre el 22 y el 23 hay oportunidades románticas mejores aún.

Si buscas trabajo, a partir del 14 encuentras oportunidades a través de contactos sociales.

Las finanzas van muy bien; estás en un año próspero. Tu planeta del dinero, Júpiter, recibe buenos aspectos. Después del 19 las finanzas requieren más trabajo, pero hay prosperidad.

Hasta el 19 sigue siendo necesario estar atento a la salud. Fortalécela de las maneras indicadas en las previsiones para el año; después del 14, cuando tu planeta de la salud estará en Tauro, fortalécela con masajes en el cuello; también será buena la terapia sacro-craneal.

Marzo

Mejores días en general: 5, 6, 7, 15, 16, 23, 24
Días menos favorables en general: 3, 4, 10, 11, 17, 18, 30, 31
Mejores días para el amor: 3, 4, 10, 11, 15, 16, 23, 24
Mejores días para el dinero: 8, 9, 17, 18, 25, 26
Mejores días para la profesión: 8, 9, 17, 18, 25, 26

El poder planetario está firme y decididamente instalado en el sector occidental o social de tu carta; la independencia personal es mucho más débil, como debe ser. Tu atención está más en los demás y sus necesidades. Te tomas unas cortas vacaciones de ti, lo que es muy saludable hacer de vez en cuando. Ahora necesita más atención tu vida amorosa y social. Marte está en tu séptima casa todo el mes, y el 7 entra en ella Urano, para quedarse los siete próximos años. Toda la faceta social se vuelve más inestable; si estás en una relación tendrás que trabajar mucho para que continúe.

Pese a los retos sociales, los podrás superar, el mes es feliz. El 19 del mes pasado el Sol entró en tu quinta casa, la de la diversión, la creatividad y los hijos; comenzaste entonces una de tus cimas anuales de placer personal (tendrás otra a fines de octubre y primera parte de noviembre). Si eres mujer y estás en edad de concebir, eres extraordinariamente fértil en este periodo, en especial el 15 y el 16. Y aunque la profesión no es un centro importante de atención, tus actividades de ocio podrían presentar oportunidades profesionales. Esto puede ocurrir cuando estás haciendo pasar un buen rato a un cliente o posible cliente, o cuando haces un contacto en el balneario, en un teatro o en un lugar de diversión. Los hijos y figuras filiales se ven más ambiciosos este mes también.

Las finanzas te exigen más trabajo este mes. Como el mes pasado, hay prosperidad pero te la ganas. Después del 20 las cosas son más fáciles.

La salud es fundamentalmente buena este mes; los aspectos desfavorables de Marte y Urano no tienen mucho efecto; los planetas rápidos te apoyan. Puedes fortalecer tu salud ya buena con masajes en el cuello y con terapia sacro-craneal, además de las maneras explicadas en las previsiones para el año.

El 26 entra en tu quinta casa Venus, tu planeta del amor; ahí está en su signo de exaltación, Piscis. Entonces es muy potente el magnetismo social. Si estás soltero o soltera atraes al sexo opuesto, pero tal vez no a personas convenientes, no son personas serias. Tal vez esto no sea un problema, teniendo a tu planeta del amor en tu quinta casa; el amor va de diversión y es probable que no lo tomes en serio; la inestabilidad no es un problema en este periodo.

La entrada del Sol en tu sexta casa es buen aspecto en el caso de que busques trabajo; estás con ánimo para trabajar y los empleadores lo notan. Además, tu buena ética laboral impresiona a los superiores.

Del 24 al 31 Mercurio acampa sobre Neptuno; en este periodo la libido está muy fuerte.

Abril

Mejores días en general: 1, 2, 3, 11, 12, 19, 20, 29, 30
Días menos favorables en general: 6, 7, 8, 13, 14, 26, 27
Mejores días para el amor: 2, 3, 6, 7, 8, 11, 12, 21
Mejores días para el dinero: 4, 5, 13, 14, 22, 23
Mejores días para la profesión: 4, 5, 13, 14, 24

El amor es sensacional este mes, pero muy inestable; al parecer esto no te importa y tampoco te lo tomas muy en serio, hasta el 20. La inestabilidad es diversión. Las oportunidades se presentan de repente, como llovidas del cielo; cualquier cosa puede ocurrir en cualquier momento. El 20, cuando el Sol entra en tu séptima casa, la del amor, comienzas una cima amorosa y social del año. Si estás soltero o soltera, no se ven probabilidades de boda, pero tienes romance y oportunidades románticas. Entre el 9 y el 11 hay una oportunidad romántica muy feliz, pero me parece que es más de diversión y juego: Venus viaja con Neptuno.

El 20 Venus entra en tu sexta casa; entonces las oportunidades amorosas se presentan en el trabajo o cuando estás atendiendo a tus objetivos de salud; te atraen profesionales de la salud; Venus en Aries indica energía impulsiva, amor a primera vista; tiendes a saltar antes de mirar; esto ahorra tiempo de cortejo, cierto, pero puede llevar a error.

Tu planeta del amor, Venus, tiene su solsticio del 22 al 25, es decir, se detiene, acampa en el grado de latitud en que está y luego cambia de dirección; y esto ocurre en tu vida amorosa; hay un cambio de dirección.

A partir del 21 está «fuera de límites» Marte, tu planeta de la salud y el trabajo (y lo estará hasta ya entrado junio). Esto significa que tu trabajo te lleva fuera de tu esfera normal; en asuntos de salud también sales de tu esfera normal. Si buscas trabajo buscas algo novedoso, distinto a lo habitual. Lo mismo si eres empleador.

La presencia del Sol en tu séptima casa desde el 20 indica que alternas con personas poderosas, de elevada posición, personas superiores a ti en categoría. La mayor parte de tu vida social está relacionada con tu profesión, y te conviene asistir a estas reuniones o fiestas; es un modo válido de adelantar en tu profesión. Este aspecto suele traer romances de oficina, o las oportunidades.

La salud es buena este mes, pero después del 20 necesita más atención; no ocurre nada grave sino simplemente la energía está más baja. Fortalece la salud de las maneras indicadas en las previsiones para el año, y además da más atención a los brazos, hombros y sistema respiratorio. Te irán bien masajes en los hombros y tomar aire fresco.

Las finanzas van bien este mes, sobre todo hasta el 20; pero tu planeta del dinero, Júpiter, inicia movimiento retrógrado el 10; los ingresos llegan, pero más lentamente, hay retrasos y contratiempos.

Mayo

Mejores días en general: 8, 9, 17, 18, 26, 27
Días menos favorables en general: 4, 5, 10, 11, 24, 25, 31
Mejores días para el amor: 2, 3, 4, 5, 14, 21, 31
Mejores días para el dinero: 2, 3, 10, 11, 19, 20, 29, 30
Mejores días para la profesión: 4, 5, 10, 11, 13, 14, 24

Hasta el 21 sigue siendo necesario estar atento a la salud. Hasta el 16 irán bien masajes en los brazos y hombros, aire fresco y ejercicios de respiración; después presta más atención a la dieta; sencillos cambios dietéticos suelen aliviar muchos problemas. Después del 21 mejora la salud. Marte, tu planeta de la salud, está «fuera de límites» todo el mes, de modo que exploras terapias a las que no recurres normalmente; no hay soluciones en el campo tradicional así que debes buscar otras cosas.

Tu planeta del dinero, Júpiter, está en movimiento retrógrado todo el mes (y, en general, aumenta la actividad retrógrada) así que los ingresos llegan con más lentitud. Después del 21 enfrentas más retos en las finanzas; sencillamente tienes que trabajar más arduo para conseguir tus objetivos; en este periodo hay desacuerdo entre tú y tus padres, figuras parentales y jefes, que te retiran su favor financiero por un tiempo; tendrás que buscar la manera de llegar a un acuerdo o convenio.

Este mes el amor continúa inestable pero feliz. Hasta el 21 continúas en una cima amorosa y social anual, y tal vez esto lo sientas después también. A partir del 15 tienes a tu planeta del amor, Venus, en tu séptima casa; si bien no es aconsejable una boda en este periodo, sí puedes disfrutar del amor en lo que es; puede que acabe mañana, pero hay muchas oportunidades para elegir. Como el mes pasado, alternas con personas poderosas y de prestigio. En realidad, el poder y el prestigio son excitantes románticos en este periodo. Tus conexiones sociales son útiles en tu profesión, que, por cierto, adquiere más importancia este mes.

Del 17 al 19 tu planeta del amor viaja con Urano; esto indica encuentros románticos o invitaciones sociales repentinos. El cónyuge, pareja o ser amado actual está más temperamental y rebelde en este periodo, así que procede con cautela y ten más paciencia. Esta persona tiene interesantes oportunidades profesionales.

El 21 el Sol entra en tu octava casa, tu favorita, y está en ella el resto del mes. Tus finanzas podrían ir más lentas de lo habitual, pero las de tu pareja son excelentes, y equilibran la balanza.

La octava es la casa de Escorpio, su regente natural. Por lo tanto este mes es maravilloso para regímenes de desintoxicación, para contraer o pagar deudas (según sea tu necesidad), para atender los asuntos de impuestos y de seguros y, si estás en la edad, para hacer planes testamentarios.

Junio

Mejores días en general: 5, 6, 13, 14, 23, 24
Días menos favorables en general: 1, 7, 8, 20, 21, 27, 28, 29
Mejores días para el amor: 1, 11, 20, 21, 27, 28, 29
Mejores días para el dinero: 7, 8, 15, 16, 25, 26
Mejores días para la profesión: 2, 3, 7, 8, 11, 12, 22

Hasta el 21 sigue fuerte tu octava casa, de modo que además de lo que hablamos el mes pasado, es buen periodo para dedicarte a tus pasatiempos favoritos: los estudios de las ciencias herméticas u ocultas, el tema de la muerte y el renacimiento, y la actividad sexual. Tu libido ya legendaria está más fuerte en este periodo; sea cual sea tu edad y fase en la vida, la libido está más fuerte que nunca.

También es buen periodo para despejar o desobstruir tu vida; me gusta más la palabra «simplificar»; la simplicidad es riqueza. Mantén lo que necesitas para tu felicidad y libérate de todo lo demás. Vende o dona a una obra benéfica las posesiones que te sobran; las cosas innecesarias son distracciones; y si comparamos nuestra vida externa con el cuerpo, «obstruyen las arterias», impiden la circulación normal de las provisiones que nos envía el Cosmos; libérate de estas cosas para que se reanude o restablezca la circulación del aprovisionamiento cósmico.

Ahora el poder planetario está principalmente en la mitad superior de tu carta, el lado día, de modo que la profesión es más importante; aún no has llegado a la cima, que llegará dentro de dos meses, pero haces progresos; trabajas en la profesión de manera física, con actos.

Las finanzas continúan algo difíciles hasta el 21, pero después verás mejoría. Tu planeta del dinero continúa en movimiento retrógrado, pero el principal problema son los aspectos desfavorables que recibe. Mientras tanto haz un esfuerzo extra en las finanzas; es mejor que no hagas compras ni inversiones importantes; compra los alimentos y otras cosas que necesitas, pero no cosas caras e importantes. Sigues en un periodo de adquirir claridad respecto a tus finanzas; esto es lo más importante; la claridad llegará dentro de unos meses (el 11 de agosto) y entonces será el periodo para poner por obra tus planes.

La salud es excelente este mes, sobre todo después del 21; tienes toda la energía que necesitas para realizar lo que sea que te propongas; sólo habrá un planeta lento, Urano, en alineación desfavorable contigo; los demás o están en aspecto armonioso o te dejan en paz.

Si bien la salud es buena, el ego y la autestima son otra historia; Plutón, el señor de tu horóscopo, recibe aspectos desfavorables después del 21, y además está en movimiento retrógrado y muy cerca de Saturno; la seguridad en ti mismo deja que desear; te conviene ponerte en un segundo plano; brilla, faltaría más, pero en silencio. El Sol brilla pero no hace ningún ruido.

Julio

Mejores días en general: 2, 3, 10, 11, 20, 21, 29, 30
Días menos favorables en general: 4, 5, 17, 18, 19, 25, 26, 31
Mejores días para el amor: 1, 10, 11, 20, 21, 25, 26, 31
Mejores días para el dinero: 4, 5, 13, 14, 22, 23, 24, 31
Mejores días para la profesión: 2, 3, 4, 5, 10, 11, 21, 31

Tu autoestima y seguridad en ti mismo han estado débiles debido a las presiones planetarias de que hablamos el mes pasado. El 16 hay un eclipse lunar que exacerba las cosas; en situaciones como esta te conviene recordar quién eres: hijo o hija de Dios, hijo o hija del Universo.

Este mes tenemos dos eclipses. El primero es el eclipse solar del 2, que ocurre en tu novena casa; es relativamente moderado en ti, pero no te hará ningún daño reducir tus actividades de todos modos. Si eres estudiante universitario afecta a tus planes educacionales; podrías cambiarlos o cambiar de facultad; son muchas las causas posibles, provocadas por el eclipse; tal vez hay trastornos o reorganización en la administración; podrían cambiar las normas o reglamentaciones, o cambiar los requisitos para diferentes cursos o graduación. También hay trastornos en tu lugar de culto, y drama en la vida del rabino, pastor, sacerdote o imán. Dado que está muy fuerte tu novena casa hasta el 23, te tienta viajar al extranjero, pero no te conviene estar en ruta durante el periodo del eclipse. Como todos los eclipses solares, este indica cambios en la profesión, que probablemente serán buenos pues el 23 comienzas una cima profesional anual; el eclipse eliminará los obstáculos que haya en tu camino. Podría haber trastornos o reorganización en la empresa o la industria en que trabajas. Hay drama en la vida de jefes, padres y figuras parentales, drama de aquellos que cambian la vida.

El eclipse lunar del 16 ocurre en tu tercera casa; también te afecta si eres estudiante, universitario o de enseñanza media; podrías cambiar de planes educacionales o de colegio, hay trastornos o disturbios en el colegio. Hay drama en la vida de hermanos, figuras fraternas y vecinos; también podría haber trastornos o disturbios en el barrio. Las personas adineradas de tu vida tienen que hacer cambios importantes en sus finanzas. Este eclipse, como hemos dicho, hace impacto en Plutón, el señor de tu horóscopo, de modo que tómate las cosas con calma en ese periodo; evita las actividades que entrañen riesgo, evita el viaje innecesario. Las circunstancias o acontecimientos provocados por el eclipse y, en general, los aspectos desfavorables que recibe Plutón, te obligan a redefinirte, a redefinir tu imagen y concepto de ti mismo; es necesario que te definas tú, si no lo harán otras personas y eso no será muy agradable. Dado que el planeta eclipsado, la Luna, rige tu novena casa, hay más trastornos en tu lugar de culto y en la vida de sus líderes (es casi una repetición del eclipse solar).

Agosto

Mejores días en general: 7, 8, 16, 17, 26, 27
Días menos favorables en general: 1, 14, 15, 21, 22, 28, 29
Mejores días para el amor: 1, 9, 10, 20, 21, 22, 30, 31
Mejores días para el dinero: 1, 9, 10, 19, 20, 28, 29
Mejores días para la profesión: 1, 9, 10, 20, 28, 29, 30

El 23 del mes pasado el Sol entró en tu décima casa y comenzaste una cima profesional anual; pero ya antes de eso, el 1, Marte entró en esta casa. Por lo tanto, la profesión ha sido muy activa,

ajetreada y te ha exigido mucha energía y atención; has tenido
que defenderte de rivales y competidores; ha sido muy importante tu buena ética laboral. Esta cima profesional continúa
hasta el 23; Marte sale de tu décima casa el 18; se aligera un
poco la carga del trabajo. De todos modos este mes hay mucho
éxito; tu planeta de la profesión, el Sol, está en su signo y casa,
otra señal de éxito.

La salud es un problema desde el 23 del mes pasado; lo bueno
es que estando tu planeta de la salud, Marte, en la cima de tu
carta, estás atento; sin buena salud el éxito profesional no tiene
sentido. Así pues, como siempre, descansa y relájate más; no gastes energía en embrollos triviales, centra la atención en lo verdaderamente importante. Fortalece la salud de las maneras indicadas en las previsiones para el año; además, hasta el 18 da más
atención al corazón, y después al intestino delgado. Hasta el 18 te
irán bien masajes en el pecho y trabajar los puntos reflejos del
corazón; después serán buenos los masajes en el abdomen y trabajar los puntos reflejos del intestino delgado.

Hay muchas novedades positivas en las finanzas. Tu planeta
del dinero, Júpiter, retoma el movimiento directo el 11 y, tal vez
más importante aún, recibe aspectos hermosos hasta el 23. El mes
es, pues, próspero. Después del 11 no hay riesgo en hacer esas
compras o inversiones importantes; ya hay más claridad financiera. Después del 23 hay más retos en las finanzas, pero estos no
afectan a la prosperidad general; son dificultades de corta duración causadas por los planetas rápidos; simplemente tendrás que
trabajar un poco más.

El amor también se ve feliz este mes; continúa la inestabilidad
(esta es una tendencia de largo plazo), pero a pesar de ella lo pasas bien. Venus en Leo es una energía de tipo «amor a primera
vista»; el enamoramiento es rápido. Venus está en tu décima casa
hasta el 21, de modo que encuentras oportunidades amorosas
cuando estás atendiendo a tus objetivos profesionales y tal vez
con personas relacionadas con tu profesión. También podría haber un romance de oficina. Te atraen las personas exitosas, personas que han realizado, conseguido algo, personas de prestigio y
elevada posición. Tu buen talante social es importante en la profesión, te sirve. Gran parte de tu vida social está relacionada con
la profesión, y te conviene asistir a estas funciones sociales profesionales. El 21 Venus entra en Virgo, que no es su mejor posición;
no se siente muy a gusto ahí. El amor irá bien si logras evitar el

perfeccionismo y la crítica exagerados (uno de los problemas cuando Venus está en Virgo).

Septiembre

Mejores días en general: 3, 4, 12, 13, 14, 22, 23, 30
Días menos favorables en general: 10, 11, 17, 18, 19, 24, 25
Mejores días para el amor: 8, 9, 17, 18, 19, 20, 28, 29
Mejores días para el dinero: 5, 6, 15, 16, 24, 25
Mejores días para la profesión: 7, 8, 18, 19, 24, 25, 28

El mes pasado el poder planetario se trasladó del sector occidental o social de tu carta al sector oriental o del yo. Día a día es más fuerte la independencia personal. Puedes hacer tu voluntad, tener las cosas a tu manera, y debes. El único problema, al estar Plutón en movimiento retrógrado, es tener claro cuál es tu manera; una vez que lo tengas claro (y esto será el mes que viene) puedes comenzar a hacer los cambios que es necesario hacer. Estás en el periodo para atender a tus intereses y deseos. Tu felicidad es preciosa para el Cosmos, mientras no sea destructiva, y los planetas te respaldan en esto.

La salud es buena este mes; esto debe considerarse otra forma de riqueza. Sólo un planeta, Urano, está en aspecto desfavorable contigo, y de vez en cuando la Luna te formará aspectos difíciles, pero esto será de muy corta duración. Puedes fortalecer aún más la salud dando más atención al intestino delgado y con masajes en el abdomen; también de las maneras explicadas en las previsiones para el año.

Si necesitas trabajo deberías buscar oportunidades en internet o a través de contactos sociales. Hasta el 23 las finanzas siguen un poco tormentosas, requieren más esfuerzo, pero después van sobre ruedas; después del 23 es un buen periodo en las finanzas.

Tu planeta del amor, Venus, tiene su solsticio del 15 al 18, es decir, acampa, se queda estacionada en el grado de latitud en que está, y luego cambia de dirección. Eso ocurrirá en tu vida amorosa y social. Hasta el 14 Venus está en tu casa once, de modo que han cambiado tu actitud y necesidades en el amor. Deseas amistad con el ser amado; quieres una relación de iguales. No es tu intención tener citas románticas ni casarte. El único problema, como vimos el mes pasado, es que Venus es débil en

Virgo; tu magnetismo social no está a la altura habitual, y la tendencia será ser «demasiado cerebro» y no suficiente corazón. Esto cambia a partir del 14, cuando Venus entra en el romántico Libra, donde es poderosa, pues está en su signo y casa; ahí se siente a gusto y actúa con todo su poder. Venus en la casa doce indica la necesidad de compatibilidad espiritual en la relación. No hace falta estar de acuerdo en cada punto y detalle con el ser amado, pero sí al menos estar en la misma onda y apoyarse mutuamente en el crecimiento. Después del 14 el amor se encuentra en ambientes espirituales, en el seminario de meditación, la charla espiritual, la función benéfica, la reunión de oración. Entre el 5 y el 7 hay un feliz encuentro romántico pues Venus le forma aspectos hermosos a Plutón, el señor de tu carta; procura evitar el exceso de análisis y la crítica.

Octubre

Mejores días en general: 1, 10, 11, 19, 20, 28, 29
Días menos favorables en general: 7, 8, 15, 16, 21, 22
Mejores días para el amor: 10, 11, 15, 16, 19, 20, 28, 29
Mejores días para el dinero: 2, 3, 4, 12, 13, 21, 22, 30, 31
Mejores días para la profesión: 7, 8, 17, 18, 21, 22, 28

Este es un mes feliz y próspero, Escorpio, que lo disfrutes. El 3 Plutón retoma el movimiento directo, lo que te trae más seguridad en ti mismo y más autoestima. El poder planetario está llegando a su posición oriental máxima, con lo que la independencia personal está cerca de su punto máximo del año (también será fuerte el próximo mes). Es, pues, el periodo para tener las cosas a tu manera y hacer los cambios de las condiciones que te fastidian; es el periodo para tener la vida según tus condiciones. Si eres feliz, finalmente los demás se pondrán de tu parte.

El amor es feliz este mes aunque sigue muy inestable. Venus entra en tu signo el 8 y continúa en él el resto del mes; así pues, te ves bien, te vistes con elegancia, tienes estilo y vitalidad. El amor te persigue. El cónyuge, pareja o ser amado actual te demuestra su cariño; tú estás en primer lugar, antepone tus intereses a los suyos.

Hay prosperidad también. Tu planeta del dinero está en movimiento directo y recibe buenos aspectos; además, este mes la

Luna visita tu casa del dinero dos veces. La Luna es un planeta muy benéfico en tu carta, el señor de tu novena casa. El mes que viene será más próspero aún.

La salud es excelente todo el mes; como el mes pasado, sólo hay un planeta en aspecto desfavorable contigo, aparte de la Luna, pero su aspecto desfavorable es breve. El 4 tu planeta de la salud entra en Libra, tu casa doce, y está en ella el resto del mes. Esto indica que obtienes buenos resultados de técnicas espirituales de curación. Si quieres puedes fortalecer más la salud con masajes en las caderas y más atención a los riñones.

Este mes es muy espiritual; tu casa doce está fuerte desde el 23 del mes pasado, y continúa poderosa hasta el 23. Tu planeta de la profesión en la casa doce indica que adelantas en tu profesión participando en actividades benéficas y altruistas; también indica que tu comprensión espiritual favorece la profesión; otra manera de interpretar esto es que tu crecimiento espiritual es tu profesión, tu misión, en este periodo.

El 23 el Sol entra en tu signo y entonces se te presentan oportunidades profesionales felices, casi sin intervención de tu parte; las oportunidades te persiguen. Los padres, figuras parentales y figuras de autoridad te tienen afecto y están favorablemente dispuestos hacia ti. Te ves próspero y te vistes para el éxito; se te considera exitoso. Venus en tu signo te da belleza y elegancia; el Sol te aporta carisma y apariencia de estrella, un tipo diferente de belleza, una belleza energética.

Noviembre

Mejores días en general: 6, 7, 16, 17, 24, 25
Días menos favorables en general: 3, 4, 5, 11, 12, 18, 19, 24
Mejores días para el amor: 8, 9, 11, 12, 18, 19, 29
Mejores días para el dinero: 8, 9, 10, 18, 19, 26, 27
Mejores días para la profesión: 6, 7, 16, 17, 18, 19, 26

Estás en otro mes feliz y próspero, Escorpio. Disfrútalo. El 23 del mes pasado comenzaste una cima de placer personal, la segunda del año, y que continúa hasta el 22. La autoestima y seguridad en ti mismo son excelentes; tu apariencia resplandece; la mayor bioenergía tiende a mejorar la apariencia. Este es pues un periodo para modelar el cuerpo y la imagen como lo deseas. También es bueno para mimar el cuerpo y recompensarle sus

ESCORPIO 269

años de generoso servicio. Es buena práctica dedicar momentos a agradecerle sus servicios a cada órgano del cuerpo, y muy en especial a las partes que podrían causarte molestias; esta sencilla práctica te hará sentir mejor.

Venus pasa la mayor parte del mes en tu casa del dinero; Júpiter lleva ahí todo lo que va de año; los dos planetas benéficos del zodiaco están en tu casa del dinero; esto significa prosperidad. El 22 entra el Sol en esta casa y comienzas una cima financiera anual. Venus en la casa del dinero indica el apoyo económico del cónyuge, pareja o ser amado actual; también indica la importancia de los contactos sociales; me parece que todos te apoyan. Dado que Venus es tu planeta del amor, su presencia en la segunda casa podría indicar la posibilidad de formar una sociedad de negocios o una empresa conjunta; esto es particularmente probable del 22 al 24; estos días son buenos para el amor y el dinero. Si estás soltero o soltera es probable que encuentres una pareja romántica. El único problema (que lo ha sido desde marzo) es la inestabilidad de estas relaciones. De todos modos, te diviertes. Hasta el 26 la riqueza es un atractivo romántico; te inclinas hacia personas buenas proveedoras; los regalos materiales excitan el amor; así es como demuestras el amor y como te sientes amado. Venus en Sagitario es una energía de «amor a primera vista»; no pierdes tiempo; además, las personas que conoces son así también. El 26 Venus entra en Capricornio, tu tercera casa, y esto cambia las cosas; tienes más cautela en el amor, necesitas ponerlo a prueba; la riqueza es menos importante que la facilidad de comunicación; te atraen personas intelectuales y personas que tienen el don de la labia; el intelecto es tan importante como la química física. Hasta el 26 las oportunidades amorosas se presentan cuando estás atendiendo a tus objetivos financieros y con personas relacionadas con tus finanzas; después del 26 encuentras el amor en ambientes educacionales; funciones en el colegio, charlas, seminarios, librerías y la biblioteca.

Del 15 al 30 Venus está «fuera de límites». Por lo tanto, en los asuntos amorosos sales de tu ambiente o esfera habitual; podría ser que tu pareja te lleva fuera de tu esfera o tu búsqueda de pareja te lleva fuera.

Marte entra en tu signo el 19. Si bien esto te da energía y valor, también puede inducirte a la precipitación y la impaciencia; la ira podría ser un problema también; ten cuidado.

Diciembre

Mejores días en general: 3, 4, 5, 13, 14, 21, 22, 31
Días menos favorables en general: 1, 2, 8, 9, 15, 16, 28, 29
Mejores días para el amor: 8, 9, 17, 18, 28, 29
Mejores días para el dinero: 8, 17, 24, 25, 26
Mejores días para la profesión: 6, 7, 15, 16, 26

El 19 del mes pasado el poder planetario se trasladó de la mitad superior de tu carta a la inferioor, del lado día al lado noche. Entre el 80 y el 90 por ciento de los planetas están ahora en el lado noche. Es el anochecer de tu año. Eres persona nocturna en este periodo. Puedes pasar a un segundo plano la profesión, que va más de preparación que de acción o actividad. Este es el periodo para centrar la atención en el hogar, la familia y tu bienestar emocional; esto es la infraestructura sobre la que se fundamenta el éxito profesional; en este sentido es tan importante como la profesión, porque es su base, su soporte.

Continúas en un periodo de prosperidad; el Sol está en tu casa del dinero hasta el 22. Cuentas con el favor de jefes, padres y figuras parentales; tu buena fama profesional te atrae ingresos y oportunidades de ingresos. Además, hasta el 22 las finanzas son tu misión.

Júpiter, tu planeta del dinero, ha estado en tu casa del dinero todo lo que va de año; así pues, eres más rico que cuando comenzó el año. Júpiter sale de esta casa el 3 y entra en tu tercera casa. Esto indica que los ingresos procederán de ventas, mercadotecnia, publicidad, relaciones públicas y buen uso de los medios. Ahora es importante dar a conocer al mundo tu producto o servicio. Las personas adineradas de tu vida se hacen más ricas («Al que tiene más se le sumará»). El 22 el Sol se reúne con Júpiter en tu tercera casa, que se vuelve superpoderosa. Si eres estudiante te irá bien en el colegio; te concentras en tus estudios; si eres escritor o profesor ganarás más. Los hermanos, figuras fraternas y vecinos comienzan a prosperar; han tenido un año duro y se merecen un respiro.

El 26 hay un eclipse solar en tu tercera casa; este es el tercero del año en esta casa. Hace impacto en Júpiter, tu planeta del dinero, de modo que hay cambios importantes en tus finanzas; es necesario tomar medidas correctivas en esta faceta, cambiar la estrategia y las tácticas. Y puesto que el Sol es tu planeta de la profesión, también hay cambios en la profesión. Ya estarás acostumbrado a esto, este es el tercer eclipse solar del año. Hay más cambios, trastornos o reorganización en la empresa o la industria en que trabajas. Hay drama en la vida de jefes, padres y figuras parentales, drama de aquellos que cambian la vida; lo mismo vale para hermanos, figuras fraternas y vecinos. Si eres estudiante, de enseñanza media o universitario, haces cambios importantes en tus planes educacionales. Por suerte este eclipse no es muy fuerte en ti personalmente, pero no te hará ningún daño tomarte las cosas con calma y reducir tus actividades durante el periodo del eclipse.

La salud es buena.

Sagitario

El Arquero

Nacidos entre el 23 de noviembre y el 20 de diciembre

Rasgos generales

SAGITARIO DE UN VISTAZO

Elemento: Fuego

Planeta regente: Júpiter
   Planeta de la profesión: Mercurio
   Planeta del amor: Mercurio
   Planeta de la riqueza y la buena suerte: Júpiter

Colores: Azul, azul oscuro
   Colores que favorecen el amor, el romance y la armonía social: Amarillo, amarillo anaranjado
   Colores que favorecen la capacidad de ganar dinero: Negro, azul índigo

Piedras: Rubí, turquesa

Metal: Estaño

Aromas: Clavel, jazmín, mirra

Modo: Mutable (= flexibilidad)

Cualidades más necesarias para el equilibrio: Atención a los detalles, administración y organización

Virtudes más fuertes: Generosidad, sinceridad, amplitud de criterio, una enorme clarividencia

Necesidad más profunda: Expansión mental

Lo que hay que evitar: Exceso de optimismo, exageración, ser demasiado generoso con el dinero ajeno

Signos globalmente más compatibles: Aries, Leo

Signos globalmente más incompatibles: Géminis, Virgo, Piscis

Signo que ofrece más apoyo laboral: Virgo

Signo que ofrece más apoyo emocional: Piscis

Signo que ofrece más apoyo económico: Capricornio

Mejor signo para el matrimonio y/o las asociaciones: Géminis

Signo que más apoya en proyectos creativos: Aries

Mejor signo para pasárselo bien: Aries

Signos que más apoyan espiritualmente: Leo, Escorpio

Mejor día de la semana: Jueves

La personalidad Sagitario

Si miramos el símbolo del Arquero conseguiremos una buena e intuitiva comprensión de las personas nacidas bajo este signo astrológico. El desarrollo de la arquería fue el primer refinamiento que hizo la Humanidad del poder de cazar y hacer la guerra. La habilidad de disparar una flecha más allá del alcance normal de una lanza amplió los horizontes, la riqueza, la voluntad personal y el poder de la Humanidad.

Actualmente, en lugar de usar el arco y las flechas proyectamos nuestro poder con combustibles y poderosos motores, pero el motivo esencial de usar estos nuevos poderes sigue siendo el mismo. Estos poderes representan la capacidad que tenemos de ampliar nuestra esfera de influencia personal, y eso es lo que hace Sagitario en todo. Los nativos de este signo siempre andan en busca de expandir sus horizontes, cubrir más territorio y aumentar su alcance y su campo de acción. Esto se aplica a todos los aspectos de su vida: económico, social e intelectual.

Los Sagitario destacan por el desarrollo de su mente, del intelecto superior, que comprende conceptos filosóficos, metafísicos y espirituales. Esta mente representa la parte superior de la naturaleza psíquica y está motivada no por consideraciones egoístas, sino por la luz y la gracia de un poder superior. Así pues, a los Sagitario les gusta la formación superior. Tal vez se aburran con los estudios formales, pero les encanta estudiar solos y a su manera. El gusto por los viajes al extranjero y el interés por lugares lejanos son también características dignas de mención.

Si pensamos en todos estos atributos de Sagitario, veremos que nacen de su deseo interior de desarrollarse y crecer. Viajar más es conocer más, conocer más es ser más, cultivar la mente superior es crecer y llegar más lejos. Todos estos rasgos tienden a ampliar sus horizontes intelectuales y, de forma indirecta, los económicos y materiales.

La generosidad de los Sagitario es legendaria. Hay muchas razones que la explican. Una es que al parecer tienen una conciencia innata de la riqueza. Se sienten ricos, afortunados, piensan que pueden lograr cualquier objetivo económico, y entonces creen que pueden permitirse ser generosos. Los Sagitario no llevan la carga de la carencia y la limitación, que impide a muchas personas ser generosas. Otro motivo de su generosidad es su idealismo religioso y filosófico, nacido de la mente superior, que es generosa por naturaleza, ya que las circunstancias materiales no la afectan. Otro motivo más es que el acto de dar parece ser enriquecedor, y esa recompensa es suficiente para ellos.

Situación económica

Generalmente los Sagitario atraen la riqueza. O la atraen o la generan. Tienen ideas, energía y talento para hacer realidad su visión del Paraíso en la Tierra. Sin embargo, la riqueza sola no es suficiente. Desean el lujo; una vida simplemente cómoda les parece algo pequeño e insignificante.

Para convertir en realidad su verdadero potencial de ganar dinero, deben desarrollar mejores técnicas administrativas y de organización. Deben aprender a fijar límites, a llegar a sus metas mediante una serie de objetivos factibles. Es muy raro que una persona pase de los andrajos a la riqueza de la noche a la mañana. Pero a los Sagitario les resultan difíciles los procesos largos e interminables. A semejanza de los nativos de Leo, quieren alcanzar la riqueza y el éxito de manera rápida e impresionante. Deben tener presente, no obstante, que este exceso de optimismo puede conducir a proyectos económicos no realistas y a decepcionantes pérdidas. Evidentemente, ningún signo del zodiaco es capaz de reponerse tan pronto como Sagitario, pero esta actitud sólo va a causar una innecesaria angustia. Los Sagitario tienden a continuar con sus sueños, jamás los van a abandonar, pero deben trabajar también en su dirección de maneras prácticas y eficientes.

Profesión e imagen pública

Los Sagitario son grandes pensadores. Lo quieren todo: dinero, fama, prestigio, aplauso público y un sitio en la historia. Con frecuencia suelen ir tras estos objetivos. Algunos los consiguen, otros no; en gran parte esto depende del horóscopo de cada persona. Pero si Sagitario desea alcanzar una buena posición pública y profesional, debe comprender que estas cosas no se conceden para enaltecer al ego, sino a modo de recompensa por la cantidad de servicios prestados a toda la Humanidad. Cuando descubren maneras de ser más útiles, los Sagitario pueden elevarse a la cima.

Su ego es gigantesco, y tal vez con razón. Tienen mucho de qué enorgullecerse. No obstante, si desean el aplauso público, tendrán que aprender a moderarlo un poco, a ser más humildes y modestos, sin caer en la trampa de la negación y degradación de sí mismos. También deben aprender a dominar los detalles de la vida, que a veces se les escapan.

En el aspecto laboral, son muy trabajadores y les gusta complacer a sus jefes y compañeros. Son cumplidores y dignos de confianza, y disfrutan con las tareas y situaciones difíciles. Son compañeros de trabajo amistosos y serviciales. Normalmente aportan ideas nuevas e inteligentes o métodos que mejoran el ambiente laboral para todos. Siempre buscan puestos y profesiones que representen un reto y desarrollen su intelecto, aunque tengan que trabajar arduamente para triunfar. También trabajan bien bajo la supervisión de otras personas, aunque por naturaleza prefieren ser ellos los supervisores y aumentar su esfera de influencia. Los Sagitario destacan en profesiones que les permitan comunicarse con muchas personas diferentes y viajar a lugares desconocidos y emocionantes.

Amor y relaciones

A los nativos de Sagitario les gusta tener libertad y de buena gana se la dan a su pareja. Les gustan las relaciones flexibles, informales y siempre cambiantes. Tienden a ser inconstantes en el amor y a cambiar con bastante frecuencia de opinión respecto a su pareja. Se sienten amenazados por una relación claramente definida y bien estructurada, ya que esta tiende a coartar su libertad. Suelen casarse más de una vez en su vida.

Cuando están enamorados son apasionados, generosos, francos, bondadosos y muy activos. Demuestran francamente su afecto. Sin embargo, al igual que los Aries, tienden a ser egocéntricos en su manera de relacionarse con su pareja. Deberían cultivar la capacidad de ver el punto de vista de la otra persona y no sólo el propio. Es necesario que desarrollen cierta objetividad y una tranquila claridad intelectual en sus relaciones, para que puedan mantener una mejor comunicación con su pareja y en el amor en general. Una actitud tranquila y racional les ayudará a percibir la realidad con mayor claridad y a evitarse desilusiones.

Hogar y vida familiar

Los Sagitario tienden a dar mucha libertad a su familia. Les gusta tener una casa grande y muchos hijos. Sagitario es uno de los signos más fértiles del zodiaco. Cuando se trata de sus hijos, peca por el lado de darles demasiada libertad. A veces estos se forman la idea de que no existe ningún límite. Sin embargo, dar libertad en casa es algo básicamente positivo, siempre que se mantenga una cierta medida de equilibrio, porque la libertad permite a todos los miembros de la familia desarrollarse debidamente.

Horóscopo para el año 2019*

Principales tendencias

Júpiter estará en tu signo casi todo el año. Esto es no sólo señal de prosperidad sino también de felicidad. Eres más Sagitario que de costumbre; eres más tu naturaleza. Hay más viajes al extranjero y más de la buena vida. El optimismo siempre es fuerte en ti, pero ahora lo es más aún. Disfrútalo.

La prosperidad es fuerte todo el año, pero lo será más aún después del 3 de diciembre, día en que Júpiter entra en tu casa del dinero. El año que viene también será próspero. Volveremos a este tema.

Neptuno lleva varios años en tu cuarta casa y continuará en ella muchos años más. Así pues, tu cuerpo emocional, tu cuerpo sensible, se está espiritualizando y sensibilizando más; tal vez demasiado. Además, son fuertes las influencias espirituales en tus familiares.

Este año Urano hace un importante tránsito; el 7 de marzo sale de tu quinta casa y entra en la sexta, por la que transitará los próximos siete años. Esto indica muchos cambios laborales y en tu programa de salud. Hablaremos más sobre esto.

El año pasado fue muy fuerte en la faceta espiritual. Ya has asimilado las lecciones y no necesitas centrar mucho la atención en esto.

Este año tenemos cinco eclipses (normalmente son cuatro); de estos cinco, cuatro afectan a tu novena casa, la de los viajes, asuntos legales o jurídicos, educación superior, religión y teología. Por lo tanto hay muchos cambios y trastornos en estas facetas. Pasan por pruebas tus creencias religiosas y teológicas. Si eres estudiante universitario podrías cambiar tus planes educacionales, cambias de facultad o de asignatura principal.

Los intereses más importantes para ti este año son: el cuerpo, la imagen y el placer personal (hasta el 3 de diciembre); las fi-

---

* Las previsiones de este libro se basan en el Horóscopo Solar y todos los signos que derivan de él; tu Signo Solar se convierte en el Ascendente, y las casas se numeran a partir de él. Tu horóscopo personal, el trazado concretamente para ti (según la fecha, hora y lugar exactos de tu nacimiento) podrían modificar lo que decimos aquí. Joseph Polansky

nanzas; el hogar y la familia; los hijos, la creatividad y la diversión (hasta el 7 de marzo); la salud y el trabajo (a partir del 7 de marzo).

Los caminos hacia tu mayor satisfacción o realización este año son: la sexualidad, la transformación personal, los estudios ocultos o herméticos; el cuerpo y la imagen (hasta el 3 de diciembre); las finanzas (a partir del 3 de diciembre).

Salud

(Ten en cuenta que esta es una perspectiva astrológica de la salud, no una médica. Antaño no había ninguna diferencia, ambas eran idénticas, pero en esta época podrían diferir muchísimo. Para una perspectiva médica, por favor, consulta a tu médico o a otro profesional de la salud.)

La salud se ve excelente este año; sólo hay un planeta lento, Neptuno, en alineación desfavorable contigo; los demás o están en armonía o te dejan en paz. La salud y la energía tendrían que ser maravillosas; si has tenido alguna enfermedad o trastorno, deberías ver mejoría.

Ten presente que aun cuando tu salud sea buena, habrá periodos en que lo será menos; esto se debe a los tránsitos de los planetas rápidos; el efecto es temporal, no es tendencia para el año. Cuando acaba el tránsito del planeta se normalizan la salud y la energía.

Por buena que sea tu salud, siempre puedes fortalecerla. Da más atención a las siguientes zonas, que son las vulnerables en tu carta.

El hígado y los muslos. Estas zonas son siempre importantes para ti pues tu signo las rige. Masajes periódicos en los muslos son siempre importantes y deberían formar parte de tu programa de salud. Podría convenirte hacerte de tanto en tanto una limpieza del hígado con infusiones de hierbas, y en especial cuando te sientas indispuesto. Te irán bien sesiones de reflexología para trabajar los puntos reflejos.

El cuello y la garganta. También estas zonas son siempre importantes para Sagitario. Te irán bien trabajar sus puntos reflejos. Masajes periódicos en el cuello también deberán formar parte de tu programa de salud; en la nuca suele acumularse tensión y es necesario aflojarla; la terapia sacro-craneal también es útil para el cuello.

Los tobillos y las pantorrillas. Estas zona adquieren importancia este año, a partir del 7 de marzo; también lo fueron brevemente el año pasado. Deberías darles masajes periódicos, y proteger muy bien los tobillos cuando hagas ejercicio.

Estas son las zonas más vulnerables este año, y si surgiera algún problema, lo más probable es que comience en alguna de ellas. Así pues, mantenerlas sanas y en forma es buena medicina preventiva. Como saben nuestros lectores, la mayoría de las veces se pueden prevenir los problemas, pero aun en el caso de que no se prevengan del todo, debido a impulsos kármicos, se pueden atenuar en gran medida; no tienen por qué ser terribles.

La entrada de Urano en tu sexta casa tiene consecuencias muy importantes en la salud, como hemos dicho. Indica más experimentación; estás más dispuesto a probar nuevos programas o dietas, terapias nuevas no avaladas por el tiempo; en realidad, cuanto más nuevas, más te atraen. Por lo general indica inclinación hacia terapias alternativas; pero aun en el caso de que continúes con la medicina ortodoxa tradicional te atraen las tecnologías de vanguardia.

Uno de los peligros de tener a Urano en la sexta casa es excederse en algo bueno; es estupendo estar receptivo a lo nuevo, es fabuloso ser experimental, pero a veces la persona se convierte en «chiflada por la moda» en la salud, pasando de una dieta o terapia milagrosa a otra, sin analizarla ni estudiarla bien. Hay personas que prefieren estar a la moda que hacerlo bien; y este tipo de conducta suele resultar bastante cara.

Pero esta posición tiene un punto positivo muy fuerte; indica el reconocimiento de que estamos hechos de un modo único; el cuerpo colabora de una manera única; lo que les va bien a otros no te va bien a ti; y a la inversa, lo que te va bien a ti podría no irle bien a otros. Los próximos siete años van de aprender acerca de ti mismo, de enterarte de cómo funcionas y de lo que te da buen resultado. Esto es tal vez lo más importante que se puede aprender y sólo se produce por experimentación personal, por ensayo y error. Cada persona tiene que aprender esto tarde o temprano, pero a ti te ocurre ahora, en este periodo de siete años.

Urano rige tu tercera casa, la del cuerpo mental inferior; esto indica la importancia de la buena salud mental en la salud general. Para ti buena salud significa también buena salud mental, una mente y facultades sensatas. La principal enfermedad de la mente es el error. El error causa no sólo todo tipo de dolor y sufrimiento en los asuntos externos debidos a mal juicio y malas decisiones sino que también, si dura un tiempo prolongado, se manifiesta en algún tipo de enfermedad o patología física. La pureza intelectual es buena en sí, pero para ti es también un asunto de salud.

Hogar y vida familiar

Esta faceta ha sido importante desde hace varios años y la tendencia continúa. Este año no es aconsejable una mudanza, el próximo hay más probabilidades. El principal problema parece ser un desacuerdo con la familia, en especial con uno de los progenitores o figuras parentales. Te ponen dificultades para hacer lo que verdaderamente deseas: viajar y disfrutar de tu vida. Tal vez eso lo consideran una frivolidad. Tendrás que trabajar más en tus relaciones familiares; con un poco de esfuerzo y creatividad puedes restablecer la armonía.

Si eres mujer, este año eres más fértil.

Siendo Neptuno tu planeta de la familia, y estando además en tu cuarta casa, favorece las casas cerca del agua, junto al mar, a un río o un lago. También favorece la instalación de una piscina en la casa.

Como saben nuestros lectores, Neptuno es el más espiritual de los planetas. Esto nos da muchos mensajes. La familia se vuelve más espiritual e idealista. Y esta espiritualidad podría estar en desacuerdo contigo. También indica que los familiares son más sensibles, se sienten heridos con más facilidad; y aunque no sea esa tu intención, podrían considerar crueldad tu impetuosa sinceridad, propia de Sagitario. Pon más atención a esto; controla el tono de tu voz y tu lenguaje corporal. Cosas insignificantes podrían herirlos.

Esta posición también indicaría que tu crecimiento y comprensión espirituales son esenciales para entender a tus familiares y llevarte bien con ellos; también para comprender tus emociones.

En lo relativo a la casa u hogar (compra, venta, renovación, reparación y redecoración) la intuición es tan importante como la fría razón. Debes tomar en cuenta la realidad, precios, tendencias, etcétera, pero guiarte por tu intuición.

La casa se convierte en un centro espiritual más que en hogar; es fácil imaginarse charlas espirituales, grupos de meditación, círculos de oración, en la casa.

Hay idealismo en ti y en tus familiares respecto a la casa; habría una tendencia a invitar a alojar a personas sin techo u otras desafortunadas. Esto es laudable, pero guíate por la intuición. No todas estas personas son buenas.

Si tienes pensado hacer obras importantes de renovación en la casa, del 16 de mayo al 1 de julio y a partir del 19 de noviembre son buenos periodos.

Si quieres redecorar la casa o comprar objetos bellos de adorno, buenos periodos son del 26 de marzo al 20 de abril, del 3 al 27 de julio y del 8 de octubre al 1 de noviembre.

Este año podría mudarse un progenitor o figura parental, no aquel con el que tienes problemas; me parece que esta persona te tiene mucho afecto. Goza de prosperidad este año.

Este año y los próximos podría haber muchas mudanzas entre los hermanos y figuras fraternas. Sus finanzas mejoran después del 3 de diciembre. En lo emocional se ven inestables y deberán guardarse de cambios de humor repentinos o desmadrados.

Los hijos y figuras filiales hacen experimentos en sus finanzas y podrían tener altibajos extremos. Pero no se ven probabilidades de mudanza para ellos. Se ve más estabilidad en su vida social.

Profesión y situación económica

Estás en un ciclo de fuerte prosperidad desde hace tres años y este continúa. Tu planeta del dinero, Saturno, estuvo en tu signo en 2016 y 2017. A fines de 2017 entró en tu casa del dinero, que es su casa natural, donde es más poderoso y se siente más cómodo, y continuará en ella el resto de este año. Júpiter, como hemos dicho, estará en tu signo casi todo el año; es el planeta de la abundancia y la expansión. Así pues, tenemos la imagen de una persona que vive la gran vida, todo de lo mejor, y cuenta con los medios para hacerlo.

Tu casa del dinero es con mucho la más poderosa de tu carta este año. Esto es otra señal de prosperidad; indica atención, enfoque, la disposición a superar todos los diversos desafíos que surjan; creo que este enfoque es más importante que los aspectos fáciles.

Lo que me gusta de tus aspectos actuales es que el juicio finaciero es sensato. En 2016 y 2017 tu planeta del dinero estaba en tu signo, por lo que tal vez fuiste más temerario y especulador. Desde que Saturno entró en su signo, Capricornio, la actitud en las finanzas es conservadora y cautelosa. Si bien por ser Sagitario siempre eres especulador y arriesgado, ahora lo eres mucho menos. Eres capaz de correr riesgos cuando es necesario, pero esto no de modo desmadrado. Toda inversión, incluso las que parecen más seguras, entraña una cierta cantidad de riesgo, por lo que siempre lo hay; el asunto está en el grado de riesgo que se está dispuesto a correr. Sagitario tiene una elevada tolerancia al riesgo, pero desde el año pasado esta es menor.

Este año se magnifican todas tus fuerzas y afinidades financieras naturales. El sector editorial, las agencias de viajes, las aerolíneas, el transporte de larga distancia y las universidades de pago son interesantes y tienden a producir beneficios. También son atractivas la inmobiliaria comercial, las empresas tradicionales de vieja escuela, como las comprendidas en DOW, FTSE o S&P 500.

Te ocupas más en la administración del dinero en este periodo, profundizas en sus métodos, y esto es bueno. Administrar bien lo que posees es tan importante como aumentar los ingresos.

El 3 de diciembre entra Júpiter en tu casa del dinero, con lo que aumenta más la prosperidad y esto continúa hasta bien avanzado el año que viene.

Este año hay tres eclipses que ocurren en tu casa del dinero, y de ellos hablaremos con detalle en las previsiones mes a mes; pero esto indica cambios drásticos en la vida financiera, cambios de inversiones, de banco, de agencia de corretaje, o en la vida de personas o empresas relacionadas con tus finanzas. Dado que este año es tan próspero, esto lo interpreto como la necesidad de adaptarse a la prosperidad. El exceso de algo bueno puede ser tan trastornador como su falta o deficiencia. Pero claro, es bueno tener este problema.

La entrada de Urano en tu sexta casa indica cambios laborales. La situación laboral será muy inestable los próximos siete años. A veces el cambio es de puesto dentro de la misma empresa, a veces no. También hay cambios drásticos en las condiciones laborales. Si eres empleador, verás cambios de personal.

284 AÑO 2019: TU HORÓSCOPO PERSONAL

Aunque este año son muy importantes las finanzas, no es un año especialmente fuerte en la profesión. Tu décima casa está prácticamente vacía, sólo transitan por ella los planetas rápidos, y sus efectos son de corta duración. Además, el lado noche de tu carta (la mitad inferior) es el más fuerte; todos los planetas lentos están ahí. Por lo tanto, si bien la mitad superior estará más fuerte a partir del 23 de mayo, nunca será dominante. Son mucho más importantes las finanzas, la familia y el bienestar emocional. Prefieres tener dinero (y la sensación de armonía) a tener categoría o prestigio. Ganar más dinero en un puesto de menor categoría es preferible a ganar menos en uno de mayor categoría.

Tu planeta de la profesión, Mercurio, es de movimiento muy rápido, como saben nuestros lectores. Por lo tanto, habrá muchas tendencias de corto plazo según dónde esté Mercurio y los aspectos que reciba. Estas tendencias es mejor tratarlas en las previsiones mes a mes.

Amor y vida social

Desde hace varios años no está poderosa tu séptima casa, la del amor. No es un centro principal de atención. Como saben nuestros lectores, esto significa que las cosas tienden a continuar como están. Ya estés casado o casada, soltero o soltera, tenderás a continuar como estás. Esto no significa que se rechace el matrimonio, sino sólo falta de interés. No hay nada que te impulse en esa dirección.

De todos modos, vemos enorme mejoría en tu vida amorosa y social; esto comenzó el año pasado. En 2016 y 2017 estaba el estricto Saturno en tu signo. Si bien esto era bueno para las finanzas y los negocios, no era especialmente bueno para el amor. Te mostrabas frío, reservado, aun cuando no eres este tipo de persona; era la influencia de Saturno. A fines de 2017 Saturno salió de tu signo y volviste a tu manera de ser entusiasta y cálida. Este año está Júpiter en tu signo y esa calidez aumenta: eres burbujeante, jovial, amistoso. En general, esto aumenta tu popularidad; en el caso de que estés casado o casada, hay más armonía en la relación conyugal.

Si estás con miras a un segundo o tercer matrimonio (o estás en uno) no hay novedades ni cambios en tu vida amorosa. Pero si estás con miras a un cuarto matrimonio, tienes muy buenas oportunidades; hay amor serio en el ambiente.

Los dos planetas que rigen el amor en tu carta, Venus, regente
genérico, y Mercurio, el señor de tu séptima casa, visitan dos veces tu signo este año. Esto es insólito; normalmente visitan un
signo una sola vez. Así pues, seguro que habrá oportunidades
románticas. Pero ¿matrimonio? Probablemente no.

Mercurio es tu planeta del amor, y es de movimiento muy
rápido, con muchas variaciones en su movimiento; sólo la Luna
es más rápida que él. En un año transita por todos los signos y
casas del horóscopo y forma aspectos (buenos y malos) a todos
los demás planetas. Por lo tanto, hay muchas tendencias de corto plazo en el amor, según dónde está Mercurio y los aspectos
que recibe. De estas tendencias es mejor hablar en las previsiones mes a mes.

Los padres y figuras parentales, los hermanos y figuras fraternas, tienen un año sin novedades ni cambios en el amor. Lo mismo vale para los hijos.

El amor es importante, pero en este periodo tu atención está
más en otros asuntos.

Mercurio es tu planeta del amor y de la profesión. Así pues,
en general te atraen personas intelectuales, personas con el
don de la palabra, personas con las que puedes intercambiar
ideas. Además, te gustan también las personas exitosas, las que
han conseguido algo, personas que te puedan ayudar en la profesión.

La comunicación es tu manera de manifestar tu amor y de
cómo te sientes amado. Si una persona conversa contigo, te llama
con frecuencia, se comunica contigo, te sientes amado. El trato
del silencio es terrible para ti.

En general encuentras oportunidades amorosas en ambientes
de tipo educacional, charlas, seminarios, funciones del colegio o
universidad, librerías y bibliotecas; también cuando estás atendiendo a tus objetivos profesionales o con personas relacionadas
con tu profesión. (Esto va a cambiar mes a mes y en algunos casos
varias veces en un mes).

Progreso personal

Neptuno en tu cuarta casa indica una vida onírica hiperactiva.
Los sueños serán muy claros, en tecnicolor, y te sentirás participando en ellos. Muchos serán proféticos; muchos serán revelaciones sobre tu condición psíquica y tus relaciones familia-

res. Préstales atención, sobre todo a los más vívidos. Escríbelos
cuando te levantes; lleva un diario con tus sueños. El Terapeuta Divino está trabajando en ti y conoce su trabajo. Dado que
la cuarta casa rige el pasado, muchos de tus sueños serán revelaciones acerca de encarnaciones anteriores; estos tienen una
finalidad terapéutica; es posible que te lleven a regresiones a
vidas anteriores. Esto lo encontrarás muy fascinante en este
periodo.

Plutón, tu planeta de la espiritualidad, lleva muchos años
en tu casa del dinero y continuará en ella muchos años más.
Esto indica diversas cosas; profundizas en las dimensiones espirituales de la riqueza. Sagitario tiene una comprensión instintiva de estas cosas pero ahora ahondas más. El que Saturno
viaje muy cerca de Plutón casi todo el año refuerza esta tendencia. El dinero natural es algo maravilloso y hay que valo-
rarlo, pero el «dinero milagroso» es mucho más interesante y
agradable. Estás en un periodo para experimentar más «dinero milagroso», dinero que llega por canales inesperados. Desde el punto de vista espiritual, la riqueza es infinita, no tiene
límites; el único límite es la capacidad de la persona para reci-
birlo. Si vas al mar (y la provisión espiritual es como el mar)
con una taza de té, eso es lo que obtienes; ve a ese mismo mar
con un barril y recibes mucho más. Al mar no le importa. Lo
otro interesante es que la provisión del mar no juega a los favoritos (aun cuando desde nuestra perspectiva terrenal lo parece). El mar te da tanto como da a Bill Gates o a Warren
Buffet; lo que pasa es que ellos han desarrollado más capacidad para recibir (a lo largo de muchas encarnaciones); no es
que la Divinidad les dé más, sino que ellos son capaces de
aceptar más en sus conciencias. Desde el punto de vista espiritual, la riqueza está igualmente presente en todas partes, justo
donde estás.

Júpiter en tu primera casa indica la buena vida, buenos restaurantes, buena comida, buenos vinos. Si bien esto es induda-
blemente placentero, si no tienes cuidado podrías echarte unos
cuantos kilos encima; el peso es un problema este año. Disfruta, date unos gustos, pero no te excedas.

Urano en tu sexta casa indica la necesidad y la capacidad de
aprender cómo funcionas. Hemos hablado de esto; es una tendencia muy importante que te lleva a una salud mejor. El libro
de reglas se basa en promedios, pero tú no eres un promedio;

eres un ser único y especial, hecho de una manera única y especial. Aprende a conocerte por ti mismo.

Previsiones mes a mes

Enero

Mejores días en general: 2, 3, 12, 13, 21, 22, 30, 31
Días menos favorables en general: 10, 11, 17, 18, 23, 24
Mejores días para el amor: 1, 4, 5, 12, 13, 15, 16, 17, 18, 21, 22, 25, 30, 31
Mejores días para el dinero: 2, 3, 5, 6, 12, 13, 15, 16, 21, 22, 23, 24
Mejores días para la profesión: 4, 5, 15, 16, 23, 24, 25

Este es un mes fundamentalmente feliz y próspero en el que dos eclipses sólo introducen un poco de drama y emoción.

El eclipse solar del 6 (el 5 en Estados Unidos) causa trastornos en las finanzas que te obligan a tomar medidas correctivas; no sólo ocurre en tu casa del dinero sino que también hace impacto en Saturno, tu planeta del dinero: doble golpe. Ha habido errores en tu planteamiento y estrategia y las circunstancias provocadas por el eclipse te demostrarán por qué; normalmente los cambios se deben a algún trastorno o conmoción financiero; las cosas no son como las creías; pero ahora puedes hacer correcciones y serán buenas; hasta el 20 continúas en una cima financiera anual, por lo que los ingresos son buenos. El Sol rige tu novena casa, de modo que, como todos los eclipses solares, afecta a los estudiantes universitarios Sagitario. Si lo eres, haces cambios educacionales importantes; tal vez cambias de asignatura principal, o tal vez cambias de facultad; hay trastornos y disturbios en el colegio. También hay trastornos en tu lugar de culto, y drama en la vida de sus líderes. Te encanta viajar, pero es mejor que lo evites durante el periodo del eclipse (también te conviene evitarlo durante el periodo del eclipse lunar).

El eclipse lunar del 21 ocurre en tu novena casa y, con ciertas diferencias, es casi una repetición del eclipse solar. Hay trastornos en tu lugar de culto y drama en la vida de sus líderes. Si eres universitario te ves obligado a hacer cambios en tus planes educacionales. No es aconsejable viajar al extranjero, sobre todo si no es necesario, si no lo haces en cumplimiento del deber. Los dos eclipses afectan a tus creencias religiosas y a tu filosofía de la vida; estas creencias pasan por pruebas; esto es bueno, aunque no siempre agradable; deberás descartar algunas creencias y modificar otras. Dado que la Luna rige tu octava casa, va a obligar a tu pareja a hacer cambios importantes en sus finanzas. Con este tipo de eclipse a veces hay enfrentamiento con la muerte, normalmente en el plano psíquico; a veces la persona sueña con la muerte o le vienen recuerdos de muertes, ocurre algo que provoca estas cosas. Esto te da una mejor comprensión de la muerte para que vivas mejor. El miedo a la muerte es uno de los grandes obstáculos a nuestros objetivos.

La salud es buena este mes; sólo hay un planeta en aspecto desfavorable contigo, aparte de la Luna, cuyos tránsitos son de corta duración.

El amor también es feliz.

Febrero

Mejores días en general: 8, 9, 10, 17, 18, 26, 27
Días menos favorables en general: 6, 7, 13, 14, 19, 20
Mejores días para el amor: 11, 12, 19, 20, 28
Mejores días para el dinero: 1, 2, 9, 10, 11, 12, 17, 18, 19, 20, 26, 27, 28
Mejores días para la profesión: 3, 4, 15, 16, 19, 20, 24, 25

La salud sigue buena este mes, pero después del 19 necesita más atención. Marte entra en tu sexta casa el 14, y esto indica la necesidad de más ejercicio físico y buen tono muscular; te irán bien masajes en la cabeza y el cuero cabelludo. Tu planeta de la salud entra en tu casa del dinero el 3 y pasa en ella el resto del mes; así pues, para tu buena salud también significa buena salud financiera; es probable que gastes más en salud y productos de salud, pero también puedes ganar de este campo; el planeta de la salud en Capricornio indica la necesidad de mantener alineada la columna y el esqueleto; irán bien masajes en la espalda y las rodillas; si te sientes indispuesto podría convenirte visitar a un quiropráctico o un osteópata.

Estando tu planeta de la salud en Capricornio eres conservador en los asuntos de salud, lo que indicaría la tendencia a recurrir a la medicina tradicional, ortodoxa; y si optaras por terapias alternativas preferirías las más antiguas, las que han resistido las pruebas del tiempo. Más importante que todo esto es mantener elevada la energía; procura descansar lo suficiente.

Tu tercera casa está fuerte desde el 20 del mes pasado y continúa poderosa hasta el 19; este es un buen aspecto si eres estudiante, pues indica concentración en los estudios, y esto tiende al éxito; también es bueno si eres profesor, escritor o trabajas en ventas o mercadotecnia; mejoran mucho las dotes de comunicación.

El amor es mucho más feliz este año pues ya no está Saturno en tu signo; teniendo a Júpiter en tu signo eres más tu yo burbujeante; rezumas simpatía y optimismo, y atraes a las personas. Mercurio, tu planeta del amor, está en tu tercera casa hasta el 10, forma buenos aspectos con Júpiter y el amor se ve feliz y armonioso. Después del 10 es más difícil pues Mercurio entra en Piscis en aspecto adverso con Júpiter; tendrás que trabajar más en tu relación; el ser amado y las personas de tu círculo social están más sensibles y se sienten heridas con facilidad, así que ten más cuidado en esto. El planeta del amor en la cuarta casa indica más relaciones con los familiares y más vida social en la casa; el hogar se convierte en centro social; a los familiares les gusta hacer de casamenteros (muchas bodas se han debido a esto). El único problema es la influencia del estado de ánimo en el amor; tu estado anímico lo determina todo; cuando estás de buen humor eres cariñoso y tierno, pero cuando estás de mal humor ¡cuidado! La persona relacionada románticamente con Sagitario debe entender esto.

Mercurio es también tu planeta de la profesión; su posición en tu cuarta casa indica que este mes el hogar y la familia son tu profesión, tu misión. Esta faceta es el centro de atención.

Marzo

Mejores días en general: 8, 9, 17, 18, 25, 26
Días menos favorables en general: 5, 6, 7, 13, 14, 19, 20
Mejores días para el amor: 3, 4, 5, 6, 7, 13, 14, 15, 16, 23, 24, 25, 26

Mejores días para el dinero: 1, 2, 8, 9, 10, 11, 17, 18, 19, 20, 25, 26, 27, 28, 29

Mejores días para la profesión: 5, 6, 7, 15, 16, 19, 20, 23, 24

Estás en la medianoche de tu año; el lado noche de tu carta está en su punto máximo de fuerza; todos los planetas están bajo el horizonte este mes; sólo la Luna transita por la mitad superior del 13 al 25. Tu cuarta casa, la del hogar y la familia, es con mucho la más fuerte de tu carta, mientras que tu décima casa, la de la profesión, está vacía, sólo la Luna transita por ella los días 19 y 20. Eres, pues, una persona nocturna en este periodo; las actividades de la noche son las más poderosas y gratificantes. La noche es para la actividad interior, para recargar el cuerpo y renovar las células; va de soñar y revisar el pasado; va de preparar el cuerpo para el día siguiente, el que, en sentido figurado, llegará más avanzado el año. Como el mes pasado, incluso tu planeta de la profesión, Mercurio, está en tu cuarta casa; el hogar, la familia y tu bienestar emocional son la verdadera profesión, la misión, este mes. Es mejor trabajar en los objetivos profesionales, externos, con los métodos de la noche, con sueños, visualización creativa, entrando en «el ánimo y la sensación» de lo que deseas lograr. Si esto lo haces bien, cuando llegue el periodo para actuar, los actos serán potentes. Tu planeta de la profesión hace movimiento retrógrado del 5 al 28, con lo que se refuerza, se magnifica, todo lo dicho; no es mucho lo que puedes hacer en la profesión ahora, lo asuntos profesionales los resolverá el tiempo, no tu trabajo o esfuerzo externo. Así pues, centra la atención en la familia.

La salud es problema importante este mes; no ocurre nada grave, sólo es un periodo de energía baja. Como siempre, procura descansar lo suficiente. Marte continúa en tu sexta casa todo el mes, así que el ejercicio físico es importante, de acuerdo a tu edad y fase en la vida. Te irán bien masajes en la cabeza y cara y la terapia sacro-craneal. Venus, tu planeta de la salud, pasa la mayor parte del mes en Acuario, así que da masajes a los tobillos y pantorrillas; la entrada de Urano en tu sexta casa el 7 también señala la importancia de los tobillos y pantorrillas; comienzas a ser más experimental en los asuntos de salud. El 26 Venus entra en Piscis, tu cuarta casa; esto indica la importancia de la buena salud emocional; se hacen más importantes los pies entonces; te serán útiles masajes en los pies y terapias de tipo espiritual.

Después del 20 mejora la salud, pero debes continuar atento.

Tu planeta del amor, Mercurio, hace movimiento retrógrado gran parte del mes; tu séptima casa, la del amor, está vacía, sólo la Luna transita por ella los días 13 y 14. Por lo tanto, el amor no es muy importante este mes; está más o menos en suspenso. Como el mes pasado, tu planeta del amor pasa el mes en tu cuarta casa; por lo tanto la casa es el centro social; hay más reuniones con la familia y con personas que son como familiares para ti; la actitud en el amor, según estés de buen o mal humor, sigue siendo un problema.

Abril

Mejores días en general: 4, 5, 13, 14, 22, 23
Días menos favorables en general: 1, 2, 3, 9, 10, 15, 16, 29, 30
Mejores días para el amor: 2, 3, 9, 10, 11, 12, 13, 14, 21, 22, 23
Mejores días para el dinero: 4, 5, 7, 8, 13, 14, 15, 16, 22, 23, 24, 25
Mejores días para la profesión: 2, 3, 13, 14, 15, 16, 22, 23

El mes pasado fue un periodo para hacer progreso, adelanto, psíquico. Esto ha ocurrido aun cuando no estés haciendo una psicoterapia formal; la Naturaleza se ha encargado de eso. Este mes va de disfrutar de los frutos de este progreso: más diversión en la vida, más alegría, más relajación y creatividad.

El 20 del mes pasado se hizo poderosa tu quinta casa, la de la diversión, la creatividad y los hijos; este mes está más poderosa aún. Estás en una de tus cimas anuales de placer personal. La alegría es una potente fuerza curativa, como verás después del 20; en realidad, la felicidad es una decisión espiritual que uno toma; no depende de las condiciones externas.

La salud va mucho mejor que el mes pasado; el 20 ya estás supercargado de energía. Tu planeta de la salud, Venus, continúa en Piscis hasta el 20, de modo que son potentes los masajes en los pies y las técnicas espirituales de curación. La salud emocional también es muy importante; en el improbable caso de que surgiera un problema de salud, restablece la armonía en la familia cuanto antes, y apresúrate a buscar el equilibrio emocional (la meditación te servirá). La curación espiritual es especialmente potente del 9 al 11. El 20 tu planeta de la salud entra en Aries y entonces serán buenos el ejercicio físico, masajes en la cabeza y la cara y la terapia sacro-craneal. El 20 entra el Sol en tu sexta casa, así que también es bueno el masaje en el pecho.

Desde el mes pasado ha sido intestable la situación laboral; hay probabilidades de cambios laborales este año y muchos años por venir. Pero con el Sol en tu sexta casa, la del trabajo, tienes buenas oportunidades de trabajo, incluso en empresas extranjeras o en otros países.

El amor va mejor que el mes pasado, pero no se ve serio; te interesa más la diversión que un amor comprometido; el amor es otra forma de diversión este mes. Por otro lado ¿por qué no divertirte? No te hará ningún daño, mientras no te formes expectativas no realistas.

Este año estás en un periodo de prosperidad, pero las finanzas están difíciles por un tiempo; debes trabajar más que de costumbre para conseguir tus objetivos. Esto cambia después del 20; tendrían que aumentar los ingresos y llegar con más facilidad.

El 26 del mes pasado el poder planetario se trasladó de tu sector oriental o del yo al occidental o social. Disminuye la independencia personal. El 10 inicia movimiento retrógrado Júpiter, el señor de tu horóscopo (que te representa a ti, denota tu identidad); esto también debilita tu independencia y seguridad en ti mismo. Eso sí, esto puede ser bueno: no necesitas estar al mando. Deja que los demás hagan su voluntad mientras esto no sea destructivo; adáptate a las condiciones lo mejor posible; llegará el periodo, más avanzado el año, cuando te será más fácil cambiarlas.

Mayo

Mejores días en general: 1, 2, 3, 10, 11, 19, 20, 29, 30
Días menos favorables en general: 6, 7, 13, 14, 26, 27
Mejores días para el amor: 2, 3, 6, 7, 13, 14, 21, 23, 24, 31
Mejores días para el dinero: 2, 3, 4, 5, 10, 11, 13, 14, 19, 20, 21, 22, 29, 30, 31
Mejores días para la profesión: 2, 3, 13, 14, 23, 24

Marte está en tu séptima casa desde el 1 del mes pasado y continúa en ella hasta el 16. Esto indica, como hemos dicho, amor orientado a la diversión; pero también indica posibles luchas de poder, conflicto, en el amor; así pues, ten cuidado en esto (en India, si el astrólogo ve a Marte en la séptima casa no permite que la persona se case).

Marte, tu planeta de los hijos, la diversión y la creatividad, está «fuera de límites» desde el 21 del mes pasado, y continuará así todo este mes. Esto nos da muchos mensajes. Los hijos o figuras filiales salen de su esfera normal; en tu vida creativa exploras formas diferentes a las habituales, pruebas cosas nuevas; también eres más experimental en tus gustos en actividades de ocio.

El amor es el principal titular este mes. Como hemos dicho, Marte está en tu séptima casa hasta el 16; el 21 entran en esta casa el Sol y Mercurio, tu planeta del amor, y comienzas una cima amorosa y social. Si estás soltero o soltera y sin compromiso hay muchas oportunidades románticas, y si estás casado o casada o en una relación, tenéis una vida social más activa, hay más fiestas, bodas y reuniones. El único problema es la oposición que hacen estos planetas a Júpiter, el señor de tu horóscopo. Esto indica que tú y tu pareja estáis en los lados opuestos del firmamento; veis e interpretáis las cosas de modo opuesto. El reto será salvar las diferencias; si lo lográis, la relación, sea antigua o nueva, será más fuerte que nunca. En astrología el opuesto es la pareja natural para matrimonio; se considera el «complemento». La otra persona es fuerte cuando tú eres débil, y a la inversa. Pero es necesario respetar la posición del otro. Por ahí tiene que haber un terreno o camino intermedio.

Tu planeta del amor, Mercurio, está «fuera de límites» a partir del 28. Por lo tanto, en los asuntos amorosos sales de tu esfera normal; no encuentras respuesta o solución ahí, así que debes buscarla en otra parte; también puede ocurrir que la relación, las necesidades de tu pareja, te lleven fuera de tu esfera normal.

Después del 21 debes estar más atento a tu salud; no ocurre nada grave, es simplemente un periodo de energía baja causado por los planetas rápidos; así pues, como siempre, descansa más. El 17 y el 18 te beneficias de terapias experimentales. Hasta el 15 son buenos masajes en la cabeza y cara y la terapia sacro-craneal; también es importante el ejercicio físico; después del 15 te irán bien los masajes en el cuello; la terapia sacro-craneal también es buena para el cuello.

Junio

Mejores días en general: 7, 8, 15, 16, 25, 26
Días menos favorables en general: 2, 3, 9, 10, 23, 24, 30
Mejores días para el amor: 1, 2, 3, 4, 11, 13, 14, 20, 21, 24, 30
Mejores días para el dinero: 1, 7, 8, 9, 10, 15, 16, 18, 19, 25, 26, 28, 29
Mejores días para la profesión: 3, 4, 9, 10, 13, 14, 24

El poder planetario está ahora en su posición occidental máxima, en el sector de los demás. Tu primera casa, la del yo, está fuerte, pero tu séptima casa, la del amor, lo está mucho más. Así pues, tómate unas vacaciones de ti por un tiempo y centra la atención en los demás y sus necesidades. Este es un periodo para afinar, perfeccionar, tus dotes sociales, y esto es lo que produce tu bien. La iniciativa y la independencia personales son maravillosas, pero no en este periodo. Deja que los demás hagan las cosas a su manera mientras esto no sea destructivo. Es probable que tu manera no sea la mejor.

Hasta el 21 sigues en una cima amorosa y social anual. La vida social es muy activa y si estás soltero o soltera tienes muchas oportunidades románticas. Pero continúa el problema de que hablamos el mes pasado; es necesario reconciliar los opuestos, salvar las diferencias con el ser amado o la persona que te interesa románticamente; si lográis encontrar el terreno intermedio, el amor puede ser feliz; si no, será un conflicto. La Luna nueva del 3 ocurre en tu séptima casa y esclarecerá los asuntos amorosos y sociales a medida que avance el mes; reciben respuesta tus preguntas.

Hasta el 21 es necesario dar más atención a la salud; como siempre, procura descansar lo suficiente; no hagas de la noche día. Hasta el 9 siguen siendo buenos los masajes en el cuello y la terapia sacro-craneal. Después serán buenos los masajes en los brazos y hombros; en los hombros tiende a acumularse tensión y es necesario aflojarla; si te sientes indispuesto sal al aire fresco y haz respiraciones profundas; en este periodo el aire fresco es un tónico curativo.

Estás en un año de prosperidad, no temas, pero este mes, en especial después del 21, las finanzas se ven difíciles; tu planeta del dinero, Saturno, inició movimiento retrógrado el 2 del mes pasado y continuará en él varios meses. Pero más importante que eso es el aspecto desfavorable que recibe Saturno después del 21, e incluso antes; está presionado. Los objetivos financieros se consiguen con retos y dificultades; no es una andadura sobre ruedas; incluso las cosas buenas llegan de formas más complicadas. Esto es sólo un bache en el camino, de corta duración; a fin de mes ya se habrán resuelto las finanzas.

El 9 el poder planetario pasa de la mitad inferior de tu carta a la mitad superior, del lado noche al lado día. Rompe la aurora en tu año; es el periodo para levantarse y centrar la atención en tus objetivos profesionales, externos.

Julio

Mejores días en general: 4, 5, 13, 14, 22, 23, 24, 31
Días menos favorables en general: 1, 6, 7, 20, 21, 27, 28
Mejores días para el amor: 1, 4, 5, 10, 11, 14, 20, 21, 27, 28, 29, 30, 31
Mejores días para el dinero: 4, 5, 6, 7, 13, 14, 15, 16, 22, 23, 24, 25, 26, 31
Mejores días para la profesión: 4, 5, 6, 7, 14, 21, 29, 30

La salud está muchísimo mejor, es excelente, en realidad; después del 3 sólo hay un planeta en aspecto desfavorable contigo, Neptuno; la Luna te formará aspectos desfavorables de vez en cuando pero son de corta duración; también te formará buenos aspectos, igualmente de corta duración. Por lo tanto, tienes muchísima energía para hacer frente a los retos de los dos eclipses que tenemos este mes.

El eclipse solar del 2 ocurre en tu octava casa. Esto contiene muchos mensajes. El cónyuge, pareja o ser amado actual tiene que hacer cambios financieros drásticos; podría haber dramas relativos a seguros, impuestos y propiedades. Si estás en edad, podrías hacer cambios en tu testamento. Podría haber encuentros con la muerte (regida por la octava casa); normalmente estos son de naturaleza psíquica, no física; es necesario comprender la muerte en un plano más profundo; si ya tienes esa comprensión no te afectará mucho. Aunque te encanta viajar, y te llegan felices oportunidades de viaje, es mejor que lo evites en este periodo; nos referimos a viajes innecesarios; si debes viajar programa el viaje antes o después del periodo del eclipse. Todos los eclipses solares te afectan si eres estudiante universitario; se hace necesario perfeccionar y cambiar tus planes educacionales. Hay trastornos en tu lugar de culto y drama en la vida de sus líderes. Pasan por pruebas tus creencias religiosas y tu filosofía de la vida (esto ocurrió en enero también); tendrás que descartar algunas creencias y modificar otras.

El eclipse lunar del 16 ocurre en tu casa del dinero, de modo que tú y tu cónyuge, pareja o ser amado actual tenéis que hacer cambios en las finanzas; las circunstancias o acontecimientos provocados por el eclipse te señalarán qué error había en tus planteamientos y planificación. Nuevamente hay dramas relacionados con impuestos, seguros y propiedades; si estás en edad, nuevamente podrías cambiar el testamento. Dado que la Luna rige tu octava casa, podría haber más encuentros con la muerte (psíquicos). En cierto sentido, es una repetición del eclipse solar. Este eclipse hace impacto en Plutón, tu planeta de la espiritualidad; así pues, haces cambios en tu práctica espiritual, podrías cambiar de maestro y de enseñanza. Hay trastornos o reorganización en una organización benéfica o espiritual con la que te relacionas y drama en la vida de gurús y figuras de gurús.

Ten presente que estas cosas no ocurren necesariamente el día exacto del eclipse; pueden ocurrir en los seis próximos meses.

Agosto

Mejores días en general: 1, 9, 10, 19, 20, 28, 29
Días menos favorables en general: 2, 3, 16, 17, 23, 24, 25, 30, 31
Mejores días para el amor: 1, 8, 9, 10, 19, 20, 23, 24, 25, 21, 30, 31
Mejores días para el dinero: 1, 2, 3, 9, 10, 11, 12, 19, 20, 21, 22, 28, 29, 30, 31
Mejores días para la profesión: 2, 3, 8, 19, 20, 30, 31

La salud es excelente este mes; después necesita más atención. Ya han pasado los eclipses, así que no hay riesgo en viajar, y viajarás, tal vez varias veces; tu novena casa está ultrapoderosa desde el 23 del mes pasado y continúa fuerte hasta el 23 de este mes.

Este es un buen mes si eres estudiante universitario; te concentras en los estudios y tienes éxito. Es un mes maravilloso para hacer progreso religioso y filosófico. En general te interesan estas cosas, pero este mes te interesan más que de costumbre; una jugosa conversación sobre teología te resulta más atractiva que una salida de diversión nocturna.

A partir del 18 está muy poderosa tu décima casa, la de la profesión, y en especial después del 23, cuando entras en una cima profesional anual. La atención debe estar en la profesión; no puedes desatender del todo los asuntos familiares y domésticos, pero sirves mejor a los intereses de tu familia triunfando en el mundo externo. El partido de fútbol de los niños puede esperar, ese negocio en que estás trabajando los beneficiará más. Lo interesante es que los hijos y figuras filiales entienden esto y apoyan tus objetivos profesionales.

La salud, como hemos dicho, es más delicada después del 23. Trabajas muy arduo en la profesión, que se ve muy ajetreada; esto lo indica la presencia de Marte en tu décima casa. Así pues, debes procurar descansar lo suficiente; deja estar (mental y físicamente) lo que no es esencial; mantén la atención en las cosas verdaderamente importantes. Hasta el 21 te irán bien masajes en el pecho; trabaja periódicamente los puntos reflejos del corazón. Después del 21 serán buenos los masajes en el abdomen; trabaja también sus puntos reflejos. Este mes podrían estar más sensibles los pies, por lo que también es bueno el masaje en los pies.

El amor se ve feliz hasta el 29; Mercurio, tu planeta del amor, avanza raudo, lo que indica seguridad en ti mismo y progreso rápido; cubres mucho terreno social. Hasta el 11 el magnetismo sexual es el principal atractivo; después del 11 quieres pasarlo bien, estás con ánimo de diversión. Te atraen personas extranjeras, religiosas y muy cultas; te gustan personas de las que puedes aprender. Después del 29 te gustan personas poderosas, personas que han realizado o logrado algo en la vida, personas que pueden ayudarte en la profesión; conoces a personas de este tipo.

Las finanzas van mucho mejor que el mes pasado; Saturno continúa en movimiento retrógrado, pero aumentan los ingresos, en especial después del 23; puede que lleguen lento, pero llegan.

Septiembre

Mejores días en general: 5, 6, 15, 16, 24, 25
Días menos favorables en general: 12, 13, 14, 20, 21, 26, 27
Mejores días para el amor: 8, 9, 20, 21, 28, 29

298   AÑO 2019: TU HORÓSCOPO PERSONAL

Mejores días para el dinero: 5, 6, 7, 8, 9, 15, 16, 17, 18, 19, 24, 25, 26, 27
Mejores días para la profesión: 8, 9, 20, 21, 26, 27, 28, 29

Sigues en un periodo muy exitoso y hay mucho progreso en tu profesión. Pero hasta el 23 debes continuar atento a la salud. Deberás tomar decisiones difíciles, no puedes hacerlo todo; tienes que discernir entre lo esencial y lo no esencial y actuar en conformidad. Aunque sea difícil tienes que hacerte tiempo para descansar. Hasta el 14 da más atención al intestino delgado; busca los puntos reflejos en los dos pies y dales masajes. Procura programar más sesiones de masajes y de otros tratamientos. Después del 14 te irán bien masajes en las caderas; busca los puntos reflejos de los riñones en los dos pies y dales masaje. Esfuérzate también en mantener la armonía social; problemas con amistades o con el ser amado pueden ser causas de problemas de salud. Tu planeta de la salud, Venus, tiene su solsticio del 15 al 18; estos días se detiene, hace una pausa, en el grado de latitud en que está, y luego cambia de dirección. Esto ocurre también en los asuntos de salud.

Las finanzas van bien este mes, sobre todo hasta el 23. El 18 Saturno retoma el movimiento directo, después de˙meses de movimiento retrógrado. Vuelven la confianza y la claridad financieras. Y hasta el 23 Saturno recibe muy buenos aspectos. Después del 23 las finanzas se vuelven difíciles; simplemente tienes que trabajar más para conseguir tus objetivos; tienes que hacer el esfuerzo extra.

Marte pasa el mes en tu décima casa, la de la profesión; esto indica actividad frenética; pero me parece que es agradable. También indica que los hijos y figuras filiales tienen éxito y apoyan tus objetivos profesionales.

El 23 ya has conseguido los objetivos profesionales de corto plazo y puedes comenzar a gozar de los frutos del éxito, la vida social y las amistades que vienen con él. Este es un periodo fabuloso para pasar tiempo con amistades, en grupos y en actividades de grupo. Durante un tiempo no verás los efectos de esto en tus finanzas, pero es placentero. También es un periodo fabuloso para ampliar tus conocimientos de ciencias, alta tecnología, astrología y astronomía; Es posible que pases mucho más tiempo que de costumbre conectado a Internet.

El poder planetario se está trasladando al sector oriental de tu carta, el sector del yo. Júpiter está en movimiento directo; por lo tanto, día a día son más fuertes tu seguridad en ti mismo, tu autoestima y tu independencia. Los demás son importantes, pero no necesitas su consentimiento para ser feliz; la felicidad depende de ti; puedes comenzar a tener más iniciativa en esto.

Octubre

Mejores días en general: 2, 3, 4, 12, 13, 21, 22, 30, 31
Días menos favorables en general: 10, 11, 17, 18, 23, 24
Mejores días para el amor: 10, 11, 17, 18, 19, 20, 28, 29
Mejores días para el dinero: 2, 3, 4, 5, 6, 12, 13, 15, 16, 21, 22, 23, 24, 30, 31
Mejores días para la profesión: 10, 11, 19, 20, 23, 24, 28, 29

El poder que hay en tu casa once hasta el 23 indica que los padres, figuras parentales y jefes tienen un mes financiero fuerte. Para ti indica un fuerte mes social; va más de amistad que de romance, pero es feliz. Como el mes pasado, te conviene aumentar tus conocimientos en alta tecnología, ciencias, astronomía y astrología. Muchas personas se hacen hacer el horóscopo cuando está fuerte la casa once.

Las finanzas continúan tormentosas, pero van mejorando día a día. El 23 los ingresos serán más fuertes y llegarán con más facilidad; Saturno está en movimiento directo y además en su signo y casa; ahí funciona con mucho poder por tu bien. El juicio financiero es bueno.

En la faceta espiritual ocurren cosas interesantes. Plutón, tu planeta de la espiritualidad, retoma el movimiento directo el 3, y tu espiritual casa doce se hace más y más fuerte, día a día. Este es un mes, entonces, para hacer progreso espiritual, progreso y crecimiento interior, sobre todo después del 23. La Luna nueva del 28 ocurre en tu casa doce también; esto te esclarecerá muchos asuntos espirituales; tus preguntas recibirán respuesta, hasta bien entrado el mes que viene, hasta la próxima Luna nueva.

Teniendo en tu casa doce a tu planeta del amor y de la profesión, Mercurio, a partir del 3, y a Venus a partir del 8, el mensaje del horóscopo es: mantente bien espiritualmente y la salud, la profesión y el amor cuidarán de sí mismos. Todo se andará.

El planeta de la profesión en la casa doce indica que adelantas en la profesión (y haces contactos importantes) cuando participas en causas benéficas y altruistas; tu comprensión espiritual también te es útil en la profesión. La orientación profesional te llegará en sueños y visiones y a través de un astrólogo, vidente, lector de tarot, canalizador espiritual o pastor religioso.

Del 5 al 8 Mercurio está en oposición con Urano; este aspecto podría ser causa de drama o trastorno en el amor y en la profesión; los padres, figuras partentales y jefes deben tener más cuidado en el plano físico esos días; también el ser amado. El 27 y el 28 el Sol está en oposición con Urano; evita viajar al extranjero esos días; hay trastorno en tu lugar de culto o en la universidad si eres universitario.

La salud es excelente este mes. Después del 4, cuando Marte sale de su alineación desfavorable contigo, sólo un planeta estará en aspecto adverso; sólo la Luna (y de tanto en tanto) te forma aspecto desfavorable. Por lo tanto, la salud y la energía son buenas.

Noviembre

Mejores días en general: 8, 9, 10, 18, 19, 26, 27
Días menos favorables en general: 6, 7, 13, 14, 20, 21
Mejores días para el amor: 6, 7, 8, 9, 13, 14, 16, 17, 18, 19, 24, 25, 29
Mejores días para el dinero: 1, 2, 8, 9, 10, 11, 12, 18, 19, 20, 21, 26, 27, 28, 29, 30
Mejores días para la profesión: 6, 7, 16, 17, 20, 21, 24, 25

Mercurio hace movimiento retrógrado del 2 al 20, lo que complica tanto la vida profesional como la vida amorosa. Será mejor no tomar decisiones importantes en ninguna de estas dos facetas. En ese periodo tu tarea es aclararte, lograr claridad. La profesión va perdiendo importancia a lo largo del mes; el 20 el poder planetario se traslada a la mitad inferior de tu carta, el lado noche. Es el ocaso de tu año; van adquiriendo más importacia las actividaes nocturnas, que no las diurnas.

Este es un mes esencialmente feliz y próspero. Júpiter está en tu signo, en el que ha estado todo lo que va de año; Venus está en tu signo hasta el 26; este día entra el Sol entra en él y comienzas una cima de placer personal. Ya están muy fuertes la independencia, la seguridad en ti mismo y tu autoestima (el próximo mes estarán aún más fuertes). Te llegan oportunidades educacionales y de viaje. Venus en tu signo te atrae oportunidades de trabajo también, y buenas. Del 22 al 24 Venus viaja con Júpiter; esto es maravilloso para el amor y la apariencia personal; hay mucha felicidad estos días; te ves bien, la salud es buena, las finanzas van bien. Pero el amor es complicado debido al movimiento retrógrado de Mercurio. No tienes la culpa de estos problemas; la confianza social no está a la altura debida. Al cónyuge, pareja o ser amado actual le falta orientación en este periodo; sólo el tiempo resolverá las cosas. El mes que viene verás una enorme mejoría.

Como hemos dicho, la salud es buena; aparte de la Luna de vez en cuando, sólo hay un planeta en aspecto desfavorable contigo. Venus, tu planeta de la salud, está en tu signo hasta el 26. Te ves y te sientes sano; tu buena salud hace más en tu apariencia que montones de lociones y cremas. Este mes el mejor cosmético o maquillaje es la buena salud.

Saturno, tu planeta del dinero, está en movimiento directo, y después del 19 sólo hay un planeta en aspecto desfavorable con él; todos los demás planetas (a excepción de la Luna, cuyos efectos son temporales) le forman aspectos armoniosos. Por lo tanto, hay prosperidad. El 26 Venus entra en tu casa del dinero y continúa en ella el resto del mes; esto indica dinero procedente del trabajo, tal vez de horas extras o un trabajo secundario.

Del 22 al 25 Marte está en oposición con Urano; este es un aspecto dinámico; controla tu genio; conduce más a la defensiva. Los hijos y figuras filiales deberán tener más cuidado en el plano físico estos días.

Diciembre

Mejores días en general: 6, 7, 15, 16, 24, 25
Días menos favorables en general: 3, 4, 5, 11, 12, 17, 18, 31
Mejores días para el amor: 6, 7, 8, 9, 11, 12, 15, 16, 17, 18, 25, 28, 29
Mejores días para el dinero: 8, 9, 17, 18, 26, 27
Mejores días para la profesión: 6, 7, 15, 16, 17, 18, 25

El año ha sido próspero, y lo has vivido así; pues ahora hay aún más prosperidad, que continúa hasta bien avanzado el próximo año. Júpiter, el señor de tu horóscopo, entra en tu casa del dinero el 3. Esto es doblemente positivo para tus finanzas; Júpiter ya de suyo trae prosperidad, pero ahora entra en tu segunda casa como señor de tu horóscopo, siempre amigo, siempre servicial y afortunado. Esto también indica atención personal; no delegas las cosas en tus finanzas sino que coges las riendas. Es posible que te vistas de forma más derrochadora, con ropas más caras, y se te considerará persona adinerada.

El 26 hay un eclipse solar, que no disminuye en nada tu prosperidad; ocurre en tu casa del dinero y hace impacto en Júpiter, de modo que es fuerte en ti; tómate las cosas con calma durante el periodo del eclipse; aunque te obliga a tomar medidas correctivas y hacer cambios financieros importantes, tu prosperidad queda intacta. Tal vez has infravalorado tu potencial financiero; es mayor de lo que creías. Este no es un periodo fabuloso para viajar, y es el periodo del año en que la gente viaja; si debes viajar, programa el viaje antes o después del periodo del eclipse. Si eres estudiante universitario, nuevamente, por cuarta vez este año, te ves obligado a hacer cambios en tus planes educacionales. Hay trastornos en la universidad y en tu lugar de culto, y drama en la vida de sus líderes, profesores y figuras religiosas. Te ves obligado a redefinirte, a redefinir tu imagen y tu concepto de ti mismo; te vas a crear una nueva apariencia, una nueva imagen para presentar al mundo; deseas que los demás te vean de otra manera. Esto es un proceso que llevará unos meses. Un eclipse que hace impacto en el señor de tu horóscopo podría provocarte una desintoxicación del cuerpo, sobre todo si no has tenido cuidado en los asuntos dietéticos. Pero la salud es buena; sólo un planeta, Neptuno, está en alineación desfavorable contigo; la Luna te formará aspectos adversos de tanto en tanto, pero son de muy corta duración.

El 22, cuando el Sol entra en tu casa del dinero, comienzas una cima financiera anual; aumentarán los ingresos, y se ve exitosa una especulación bien pensada y bien protegida.

Tu independencia está en su punto máximo, así que asume la responsabilidad de tu felicidad; haz los cambios que es necesario hacer; cuentas con el respaldo del Cosmos.

El amor es feliz este mes; tu planeta del amor, Mercurio, está en tu signo del 9 al 29; no es mucho lo que tienes que hacer para atraer al amor; te encuentra. Y lo tienes según tus condiciones. Si estás en una relación, tu pareja te demuestra su amor, es muy atenta contigo.

Capricornio

La Cabra

Nacidos entre el 21 de diciembre y el 19 de enero

Rasgos generales

CAPRICORNIO DE UN VISTAZO

Elemento: Tierra

Planeta regente: Saturno
   Planeta de la profesión: Venus
   Planeta del amor: la Luna
   Planeta del dinero: Urano
   Planeta de la salud y el trabajo: Mercurio
   Planeta del hogar y la vida familiar: Marte
   Planeta espiritual: Júpiter

Colores: Negro, índigo
   Colores que favorecen el amor, el romance y la armonía social:
     Castaño rojizo, plateado
   Color que favorece la capacidad de ganar dinero: Azul marino

Piedra: Ónice negro

Metal: Plomo

Aromas: Magnolia, pino, guisante de olor, aceite de gualteria

Modo: Cardinal (= actividad)

Cualidades más necesarias para el equilibrio: Simpatía, espontaneidad, sentido del humor y diversión

Virtudes más fuertes: Sentido del deber, organización, perseverancia, paciencia, capacidad de expectativas a largo plazo

Necesidad más profunda: Dirigir, responsabilizarse, administrar

Lo que hay que evitar: Pesimismo, depresión, materialismo y conservadurismo excesivos

Signos globalmente más compatibles: Tauro, Virgo

Signos globalmente más incompatibles: Aries, Cáncer, Libra

Signo que ofrece más apoyo laboral: Libra

Signo que ofrece más apoyo emocional: Aries

Signo que ofrece más apoyo económico: Acuario

Mejor signo para el matrimonio y/o asociaciones: Cáncer

Signo que más apoya en proyectos creativos: Tauro

Mejor signo para pasárselo bien: Tauro

Signos que más apoyan espiritualmente: Virgo, Sagitario

Mejor día de la semana: Sábado

La personalidad Capricornio

Debido a las cualidades de los nativos de Capricornio, siempre habrá personas a su favor y en su contra. Mucha gente los admira, y otros los detestan. ¿Por qué? Al parecer esto se debe a sus ansias de poder. Un Capricornio bien desarrollado tiene sus ojos puestos en las cimas del poder, el prestigio y la autoridad. En este signo la ambición no es un defecto fatal, sino su mayor virtud.

A los Capricornio no les asusta el resentimiento que a veces puede despertar su autoridad. En su mente fría, calculadora y organizada, todos los peligros son factores que ellos ya tienen en cuenta en la ecuación: la impopularidad, la animosidad, los malentendidos e incluso la vil calumnia; y siempre tienen un plan para afrontar estas cosas de la manera más eficaz. Situaciones que aterrarían a cualquier mente corriente, para Capricornio son meros problemas que hay que afrontar y solventar, baches en el camino hacia un poder, una eficacia y un prestigio siempre crecientes.

Algunas personas piensan que los Capricornio son pesimistas, pero esto es algo engañoso. Es verdad que les gusta tener en cuenta el lado negativo de las cosas; también es cierto que les gusta imaginar lo peor, los peores resultados posibles en todo lo que emprenden. A otras personas les pueden parecer deprimentes estos análisis, pero Capricornio sólo lo hace para poder formular una manera de salir de la situación, un camino de escape o un «paracaídas».

Los Capricornio discutirán el éxito, demostrarán que las cosas no se están haciendo tan bien como se piensa; esto lo hacen con ellos mismos y con los demás. No es su intención desanimar, sino más bien eliminar cualquier impedimento para un éxito mayor. Un jefe o director Capricornio piensa que por muy bueno que sea el rendimiento siempre se puede mejorar. Esto explica por qué es tan difícil tratar con los directores de este signo y por qué a veces son incluso irritantes. No obstante, sus actos suelen ser efectivos con bastante frecuencia: logran que sus subordinados mejoren y hagan mejor su trabajo.

Capricornio es un gerente y administrador nato. Leo es mejor para ser rey o reina, pero Capricornio es mejor para ser primer ministro, la persona que administra la monarquía, el gobierno o la empresa, la persona que realmente ejerce el poder.

A los Capricornio les interesan las virtudes que duran, las cosas que superan las pruebas del tiempo y circunstancias adversas. Las modas y novedades pasajeras significan muy poco para ellos; sólo las ven como cosas que se pueden utilizar para conseguir beneficios o poder. Aplican esta actitud a los negocios, al amor, a su manera de pensar e incluso a su filosofía y su religión.

Situación económica

Los nativos de Capricornio suelen conseguir riqueza y generalmente se la ganan. Están dispuestos a trabajar arduamente y durante mucho tiempo para alcanzar lo que desean. Son muy dados a renunciar a ganancias a corto plazo en favor de un beneficio a largo plazo. En materia económica entran en posesión de sus bienes tarde en la vida.

Sin embargo, si desean conseguir sus objetivos económicos, deben despojarse de parte de su conservadurismo. Este es tal vez el rasgo menos deseable de los Capricornio. Son capaces de oponerse a cualquier cosa simplemente porque es algo nuevo y no ha sido puesto a prueba. Temen la experimentación. Es necesario que estén dispuestos a correr unos cuantos riesgos. Debería entusiasmarlos más lanzar productos nuevos al mercado o explorar técnicas de dirección diferentes. De otro modo el progreso los dejará atrás. Si es necesario, deben estar dispuestos a cambiar con los tiempos, a descartar métodos anticuados que ya no funcionan en las condiciones modernas.

Con mucha frecuencia, la experimentación va a significar que tengan que romper con la autoridad existente. Podrían incluso pensar en cambiar de trabajo o comenzar proyectos propios. Si lo hacen deberán disponerse a aceptar todos los riesgos y a continuar adelante. Solamente entonces estarán en camino de obtener sus mayores ganancias económicas.

Profesión e imagen pública

La ambición y la búsqueda del poder son evidentes en Capricornio. Es tal vez el signo más ambicioso del zodiaco, y generalmente el más triunfador en sentido mundano. Sin embargo, necesita aprender ciertas lecciones para hacer realidad sus más elevadas aspiraciones.

La inteligencia, el trabajo arduo, la fría eficiencia y la organización los llevarán hasta un cierto punto, pero no hasta la misma cima. Los nativos de Capricornio han de cultivar la buena disposición social, desarrollar un estilo social junto con el encanto y la capacidad de llevarse bien con la gente. Además de la eficiencia, necesitan poner belleza en su vida y cultivar los contactos sociales adecuados. Deben aprender a ejercer el poder y a ser queridos por ello, lo cual es un arte muy delicado. También necesitan aprender a unir a las personas para llevar a cabo ciertos objetivos. En resumen, les hacen falta las dotes sociales de Libra para llegar a la cima.

Una vez aprendidas estas cosas, los nativos de Capricornio tendrán éxito en su profesión. Son ambiciosos y muy trabajadores; no tienen miedo de dedicar al trabajo todo el tiempo y los esfuerzos necesarios. Se toman su tiempo para hacer su trabajo, con el fin de hacerlo bien, y les gusta subir por los escalafones de la empresa, de un modo lento pero seguro. Al estar impulsados por el éxito, los Capricornio suelen caer bien a sus jefes, que los respetan y se fían de ellos.

Amor y relaciones

Tal como ocurre con Escorpio y Piscis, es difícil llegar a conocer a un Capricornio. Son personas profundas, introvertidas y reservadas. No les gusta revelar sus pensamientos más íntimos. Si estás enamorado o enamorada de una persona Capricornio, ten paciencia y tómate tu tiempo. Poco a poco llegarás a comprenderla.

Los Capricornio tienen una naturaleza profundamente romántica, pero no la demuestran a primera vista. Son fríos, flemáticos y no particularmente emotivos. Suelen expresar su amor de una manera práctica.

Hombre o mujer, a Capricornio le lleva tiempo enamorarse. No es del tipo de personas que se enamoran a primera vista. En una relación con una persona Capricornio, los tipos de Fuego, como Leo o Aries, se van a sentir absolutamente desconcertados; les va a parecer fría, insensible, poco afectuosa y nada espontánea. Evidentemente eso no es cierto; lo único que pasa es que a los Capricornio les gusta tomarse las cosas con tiempo, estar seguros del terreno que pisan antes de hacer demostraciones de amor o de comprometerse.

Incluso en los asuntos amorosos los Capricornio son pausados. Necesitan más tiempo que los otros signos para tomar decisiones, pero después son igualmente apasionados. Les gusta que una relación esté bien estructurada, regulada y definida, y que sea comprometida, previsible e incluso rutinaria. Prefieren tener una pareja que los cuide, ya que ellos a su vez la van a cuidar. Esa es su filosofía básica. Que una relación como esta les convenga es otro asunto. Su vida ya es bastante rutinaria, por lo que tal vez les iría mejor una relación un poco más estimulante, variable y fluctuante.

Hogar y vida familiar

La casa de una persona Capricornio, como la de una Virgo, va a estar muy limpia, ordenada y bien organizada. Los nativos de este signo tienden a dirigir a su familia tal como dirigen sus negocios. Suelen estar tan entregados a su profesión que les queda poco tiempo para la familia y el hogar. Deberían interesarse y participar más en la vida familiar y doméstica. Sin embargo, sí se toman muy en serio a sus hijos y son padres y madres muy orgullosos, en especial si sus hijos llegan a convertirse en miembros destacados de la sociedad.

Horóscopo para el año 2019[*]

Principales tendencias

Saturno ha estado en tu signo todo el año pasado (entró a fines de 2017) y continúa en él este año. Normalmente un tránsito de Saturno se considera difícil, pero para ti no lo es; es mucho más fácil de llevar pues es el señor de tu horóscopo, un planeta amigo; desde el año pasado eres más Capricornio que de costumbre. En este periodo se magnifican todos los puntos fuertes y débiles del signo. Por el lado positivo, eres más organizado, más práctico, más paciente y metódico. Tus dotes de administración están más fuertes que nunca. Por el lado negativo, eres tal vez más frío, reservado y distante; es posible que seas más pesimista también. A Capricornio siempre le gusta mirar el lado negro de las cosas, para poder imaginarse una ruta de escape. En este periodo podrías excederte en esto. Alégrate un poco.

Desde hace unos años estás en un fuerte periodo espiritual. En 2016 y 2017 tu planeta regente, Saturno, estaba en tu espiritual casa doce; el año pasado tuviste un descanso, pero este año Júpiter estará en tu casa doce casi todo el año. Así pues, este año trae mucho progreso espiritual, un renovado interés en lo espiritual. Esto aumentará a fines de año, cuando Júpiter, tu planeta de la espiritualidad, entra en tu signo.

Urano ha estado siete años en tu cuarta casa; el año pasado coqueteó con tu quinta casa, y este año, el 7 de marzo, entra en ella para quedarse en ella unos siete años más o menos. Tu vida emocional se hace más estable. Los hijos y figuras filiales presentan más de un desafío; se ven más rebeldes e inquietos.

Neptuno lleva varios años en tu tercera casa; se está refinando tu gusto por la lectura. Te inclinas hacia libros y revistas de tipo espiritual y artístico.

Este año tenemos cinco eclipses (normalmente son cuatro), y de estos cinco, cuatro afectan a tu octava casa. Así pues, hay mu-

---

[*] Las previsiones de este libro se basan en el Horóscopo Solar y todos los signos que derivan de él; tu Signo Solar se convierte en el Ascendente, y las casas se numeran a partir de él. Tu horóscopo personal, el trazado concretamente para ti (según la fecha, hora y lugar exactos de tu nacimiento) podrían modificar lo que decimos aquí. Joseph Polansky

cho relativo a la muerte y tal vez experiencias de casi muerte. Por lo general lo que ocurre son enfrentamientos psíquicos con la muerte. Este aspecto también indica que el cónyuge, pareja o ser amado actual se ve obligado a hacer cambios drásticos en sus finanzas. Esto lo trataremos con más detalle en las previsiones mes a mes.

Los intereses más importantes para ti este año son: el cuerpo y la imagen; la comunicación y las actividades intelectuales; el hogar y la familia (hasta el 7 de marzo); los hijos, la diversión y la creatividad (a partir del 7 de marzo); la espiritualidad (hasta el 3 de diciembre).

Los caminos hacia tu mayor satisfacción o realización este año son: el amor y el romance; la espiritualidad (hasta el 3 de diciembre); el cuerpo y la imagen (a partir del 3 de diciembre).

Salud

(Ten en cuenta que esta es una perspectiva astrológica de la salud, no una médica. Antaño no había ninguna diferencia, ambas eran idénticas, pero en esta época podrían diferir muchísimo. Para una perspectiva médica, por favor, consulta a tu médico o a otro profesional de la salud.)

La salud debería ser buena este año. El único planeta lento que estaba en aspecto desfavorable, Urano, sale de este aspecto y entra en uno armonioso el 7 de marzo. Saturno está en tu signo, y esto sería un aspecto desfavorable para muchas personas, pero para ti no lo es; Saturno es tu amigo y colaborador; fortalecerá tu cuerpo.

Este año está vacía tu sexta casa, la de la salud; sólo transitan por ella los planetas rápidos, y su influencia es temporal. Esto lo considero buena señal; no tienes necesidad de prestar demasiada atención a la salud, más o menos la das por descontada; no es necesario reparar algo que no está roto.

Claro que a lo largo del año habrá periodos en que la salud no será tan buena, será incluso molesta; esto se debe a los tránsitos de los planetas rápidos, pero son cosas temporales, no tendencias para el año. Cuando acaba el tránsito vuelve la buena salud.

Por buena que sea tu salud puedes mejorarla más. Da más atención a las siguientes zonas, que son las vulnerables en tu carta.

El corazón. Éste órgano sólo se hizo importante el año pasado. Los latidos son más lentos que de costumbre. Por lo tanto, te convienen sesiones periódicas de reflexología para trabajar sus puntos reflejos. Lo importante para el corazón es evitar la preocupación y la ansiedad (eres propenso a esto) y cultivar la fe y la confianza. Está bien mirar el lado oscuro de las cosas, pero míralas con la fe en que se pueden superar.

La columna, las rodillas, la dentadura, la piel y la alineación esquelética general. Estas zonas son siempre importantes para ti pues están regidas por Capricornio, tu signo. Masajes periódicos en la espalda y las rodillas deberán formar parte de tu programa de salud; existen sillas, almohadillas y otros artilugios que dan masajes en la espalda automáticamente; podría convenirte invertir en alguno de estos, ya que se amortizará su precio con bastante rapidez; simplemente compara el precio de un masajista con el de la maquinaria. Te irán bien visitas periódicas a un quiropráctico o un osteópata. Es necesario mantener bien alineadas las vértebras. La buena postura reduce los problemas de la espalda, por lo que son buenas las terapias como la Técnica Alexander, el yoga y la gimnasia Pilates. También es siempre importante hacerte controles periódicos de la dentadura y una buena higiene dental. Usa un buen filtro solar cuando te expongas al sol. Protege bien las rodillas cuando hagas ejercicio.

Los pulmones, los brazos, los hombros y el sistema respiratorio. También estas zonas son siempre importantes para Capricornio. Te irá bien trabajar los puntos reflejos, como también masajes periódicos en los brazos y los hombros; en los hombros suele acumularse tensión y es necesario aflojarla.

Dado que estas son las zonas más vulnerables, si surgiera algún problema lo más probable es que comience en alguna de ellas, de modo que mantenerlas sanas y en forma es una buena medicina preventiva. La mayoría de los problemas se pueden evitar, y aun en el caso de que no se puedan evitar del todo, pues el karma tiene un importante papel en esto, se pueden atenuar en gran medida; no tienen por qué ser terribles.

El elemento agua está débil en tu carta este año, no una gran debilidad, pero débil comparado con los otros elementos. Así que tal vez te conviene beber más agua.

Mercurio, tu planeta de la salud, es de movimiento muy rápido; sólo la Luna lo supera en rapidez. En un año transita por todos los sectores del horóscopo y forma aspectos a todos los planetas. Así pues, hay muchas tendencias de corto plazo en la salud, según dónde está Mercurio y los aspectos que recibe. Estas tendencias es mejor tratarlas en las previsiones mes a mes.

Saturno y Plutón pasan todo el año en tu signo. Esto indica buena suerte en regímenes de adelgazamiento y de desintoxicación; los dos tienden a la delgadez. Júpiter, en cambio, tiende al sobrepeso. Esto sólo será un problema después del 3 de diciembre, cuando Júpiter entra en tu signo; me viene la imagen de una persona que durante un periodo come en exceso y luego hace régimen, esto una y otra vez. Pero antes del 3 de diciembre esto no será un problema.

Hogar y vida familiar

Esta faceta ha sido importante los siete años pasados; Urano estaba en tu cuarta casa. La situación familiar ha sido inestable; es posible que hubiera rupturas o casi rupturas en el círculo familiar; es posible que hubiera muchas mudanzas o muchas renovaciones en la casa. Tus estados de ánimo y los de los familiares tendían a cambiar de un momento a otro; no sabías en qué pie estabas con un progenitor o figura parental, de día en día e incluso de hora en hora; lo mismo ocurría con los demás familiares. Afortunadamente gran parte de esto llega a su fin; Urano sale de tu cuarta casa y entra en la quinta. Se acaba gran parte de esta locura.

Este año no se ven probabilidades de mudanza, aunque sí podría haberla antes del 7 de marzo. Ya has aprendido a arreglártelas con las mudables emociones de los familiares.

Urano en tu quinta casa indica embarazos repentinos o inesperados si estás en edad de concebir; esto es especialmente válido después del 3 de diciembre, cuando Júpiter entra en tu signo.

El trato con los hijos es más difícil, como hemos dicho. Están mucho más rebeldes y amantes de la libertad en este periodo. Mientras no sea destructivo dales la mayor libertad posible. A Capricornio siempre le gusta controlar, pero con los hijos modera esto.

Si tienes planes para obras importantes de renovación o reparación en la casa, buenos periodos son del 1 de enero al 31 de marzo, del 16 de mayo al 1 de julio y del 19 de noviembre a fin de año.

Si quieres redecorar o embellecer la casa, o comprar objetos bellos para adornarla, buenos periodos son del 7 de enero al 1 de marzo, del 20 de abril al 15 de mayo y del 27 de julio al 14 de septiembre.

El matrimonio de los padres y figuras parentales ha pasado por duras pruebas en los siete últimos años. No sería sorprendente que hubiera habido separación o divorcio. Este año se estabilizan más en la faceta social. Este es un año de mucho éxito para uno de los progenitores o figura parental, y hace cambios importantes en sus finanzas. El otro progenitor o figura parental podría mudarse después del 3 de diciembre.

Los hermanos y figuras fraternas tienen un año sin novedades ni cambios en su vida familiar.

Los hijos y figuras filiales tal vez no se muden de casa, pero viajarán mucho y vivirán en diferentes lugares durante largos periodos. Necesitan explorar su libertad; están muy desasosegados, preparados para un cambio.

Profesión y situación económica

Este año será próspero. La prosperidad podría comenzar lentamente, pero a medida que avance el año las finanzas irán mejorando.

A Capricornio siempre le interesan las finanzas, pero al estar vacía tu casa del dinero, este año serán menos importantes de lo que suelen serlo. Normalmente la casa del dinero vacía indicaría un año sin novedades, pero este año vemos cambios importantes. Tu planeta del dinero, Urano, hace un importante tránsito; el 7 de marzo sale de tu cuarta casa y entra en la quinta; sale de Aries y entra en Tauro. Hay, pues, novedades importantes en las finanzas. En los siete últimos años has sido más propenso al riesgo, y te han interesado las empresas nuevas o recientes. Has gastado dinero en la casa y la familia, y tal vez ganado a través de la familia o conexiones familiares. Este año cambian las cosas. La posición de tu planeta del dinero en Tauro es más cómoda para ti. Tu actitud hacia las finanzas es más conservadora, más en conformidad con tu naturaleza. Vas a correr riesgos, toda inversión entraña un cierto grado de riesgo, pero esto será moderado. Si especulas, me parece que tienes más éxito en este periodo.

El planeta del dinero en Tauro favorece los sectores inmobiliario rural, la industria agrícola, la industria de la carne, la minería del cobre y la industria del cobre. Personas de estas industrias podrían ser importantes en tu vida financiera.

La entrada de Urano en tu quinta casa nos da otros mensajes. Gastas más en los hijos y figuras filiales de tu vida; pero también ellos podrían ser fuente de ingresos; a veces apoyan económicamente de forma directa, a veces con consejos o a través de sus conexiones, y muchas veces te inspiran o aportan ideas que producen riqueza. Este aspecto también favorece la industria del espectáculo y la diversión y las industrias que proveen al mercado para la juventud.

La posición del planeta del dinero en la quinta casa se considera afortunada para las finanzas. Indica suerte en las especulaciones, aunque en esto serás más cauteloso. Indica «dinero feliz», el dinero que se gana de modos felices, tal vez en un balneario, fiesta o lugar de diversión, en actividades agradables y de ocio. Indica a la persona que disfruta de su riqueza; el acto de ganar dinero es placentero.

Urano como planeta del dinero indica afinidad con la alta tecnología y el mundo online. Indica que el buen uso de la tecnología es esencial en el poder adquisivo, sea cual sea tu trabajo.

El 3 de diciembre Júpiter entra en tu signo y comienza a formar buenos aspectos a tu planeta del dinero. Diciembre será un mes financiero fuerte; no sólo ganarás más sino que también llevarás un estilo de vida elevado: más viajes, buenos restaurantes, buenos vinos, mimos y placer para el cuerpo. Además, estará más aguda tu intuición financiera. La intuición siempre es lógica, pero esto sólo lo vemos en retrospectiva; en el momento parece ilógica.

Siempre eres ambicioso, Capricornio, pero este año, con la casa de la profesión vacía, lo eres menos. Ten presente también que casi todos los planetas lentos están en el lado noche, la mitad inferior de tu carta; y después del 3 de diciembre estarán ahí todos los planetas lentos. Por lo tanto, si bien la mitad superior, o lado día, estará más fuerte a veces, nunca estará dominante. Este es, pues, un año para centrar la atención en tu bienestar emocional, tu cuerpo físico e imagen y en los intereses familiares.

Tu planeta de la profesión es Venus. Como saben nuestros lectores, es un planeta de movimiento rápido, y este año avanza más rápido aún (un 33 por ciento más rápido). Por lo tanto hay muchas tendencias de corto plazo en la profesión, según dónde está Venus y los aspectos que recibe. De estas tendencias hablaremos en las previsiones mes a mes.

El veloz movimiento de Venus indica confianza, la persona que cubre mucho terreno en su profesión; pero esta no es un centro importante de atención; lo más probable es que no haya cambios ni novedades, que las cosas continúen como están.

Amor y vida social

La vida amorosa y social no tiene gran importancia este año. No sólo está vacía tu séptima casa sino también la casa once, la de las amistades; sólo transitarán por ellas los planetas rápidos y por poco tiempo. Esto significa, como saben nuestros lectores, que las cosas tienden a continuar como están. Tienes mucha libertad en el amor, pero falta el deseo, el impulso. Por lo general esto indica satisfacción con las cosas como están.

Este año hay tres eclipses que afectan a la vida amorosa; normalmente son dos. Tenemos dos eclipses lunares (que siempre afectan al amor) y un eclipse solar que ocurre en tu séptima casa, la del amor. Has sobrevivido a estas cosas muchas veces, pero sí que producen trastornos en la relación actual. Las buenas relaciones sobreviven, pero las defectuosas están en peligro.

Este año va más de la independencia, los deseos y objetivos personales. Tu primera casa, la del yo, es con mucho la más fuerte del horóscopo. Por lo tanto, tu atención está más en ti que en las relaciones con los demás; esto cambiará a veces a lo largo del año, pero sólo temporalmente. Aunque este egocentrismo es bueno en sí, por lo general no es bueno para las relaciones. La idea o sensación es «No necesito a nadie», «Me atendré a mi voluntad».

Es bueno poner en forma el cuerpo y la imagen; es bueno crearse las condiciones para la felicidad; es bueno ser independiente. Pero debes dar más atención a los demás y la vida amorosa. El nodo norte de la Luna pasa todo el año en tu séptima casa. Esto indica que esta es una faceta de satisfacción, satisfacción que tal vez no te imaginas.

Saturno en tu signo podría ser un problema en el amor. Como hemos dicho, te hace más Capricornio que de costumbre; es un aspecto fabuloso para los negocios y la administración del dinero, pero no tan fabuloso para el amor. Podrías mostrarte muy frío, reservado, formal, brusco. Tu corazón no llega a los demás; pero esto es fácil de corregir; adopta como tarea el proyectar amor y simpatía a los demás.

Si estás soltero o soltera no es probable que te cases este año; sin embargo, con Urano en tu quinta casa hay muchísimas oportunidades de aventuras amorosas, pero estas son estrictamente de diversión. No son con personas que considerarías «material» para matrimonio.

Si estás con miras a un segundo matrimonio, tienes un año sin novedades ni cambios. Si estás con miras a un tercer o cuarto matrimonio, tienes buenas oportunidades este año, y mejores aún el año que viene. Hay romance para ti en los astros.

Tu planeta del amor, la Luna, es el de movimiento más rápido; en un mes transita por todo el horóscopo y forma aspectos, buenos o malos, a todos los demás planetas. Así pues, hay muchas tendencias de corto plazo en el amor, que es mejor tratar en las previsiones mes a mes.

En general podemos decir que el amor irá mejor durante la Luna nueva y la Luna llena, periodos en que la energía lunar es muy fuerte. Y tienes más magnetismo y entusiasmo sociales cuando la Luna está en fase creciente que cuando está en fase menguante.

Progreso personal

Este es un año muy espiritual, como hemos dicho. Júpiter pasa casi todo el año en tu casa doce, la de la espiritualidad. Por lo tanto, este es un año para crecimiento interior, para progreso espiritual. Estas cosas ocurren en secreto, lejos de la multitud, en los lugares solitarios para meditación. Pero por secretas que sean, producen cambios profundos, primero en ti y luego en tu familia, tu comunidad, tu país y finalmente en el mundo. Cuando ocurren tienen consecuencias profundas y muy dichosas. Lo cambian todo. Hay quienes los llaman momentos «aah», momentos «eureka», experiencias cumbres. Este año vas a tener una buena provisión de estos momentos. La vida onírica será hiperactiva, mucho más de lo habitual, y deberás prestar atención a los sueños; escríbelos en un diario. Muchas veces la solución a un problema llega mucho antes que se presente el problema. Te conviene entonces repasar periódicamente tu diario. Aumentan la percepción extrasensorial y las experiencias sincrónicas. Tu sexto sentido está muy fortalecido y más activo.

El 3 de diciembre tu planeta de la espiritualidad, Júpiter, cruza tu ascendente y entra en tu primera casa. Esto indica muchas cosas; en primer lugar, entra en tu vida un gurú o maestro espiritual; me parece que se forma una relación muy íntima. Pero este aspecto también indica que tu comprensión espiritual te es útil para tratar los asuntos de tu cuerpo, imagen y apariencia; esto ha sido un centro de atención todo el año; se te revelarán las técnicas espirituales para ayudarte en el proceso.

Tienes la imagen de una persona de negocio o empresarial, pero al entrar Júpiter en tu signo también tendrás la imagen de persona de corazón, altruista; no sólo de negocios.

Júpiter en tu casa doce favorece las enseñanzas místicas de la religión con que naciste. Toda religión tiene su lado místico; te conviene explorar eso.

Al chico o chica Capricornio en enseñanza básica o secundaria le irá mejor asistir a un colegio parroquial o uno que dé gran importancia a las bellas artes; el principal peligro para estos chicos es entrar en un estado de «ensoñación»; su mente podría vagar por «otros mundos» cuando deberían estar prestando atención al profesor.

Los hermanos y figuras fraternas son más espirituales en este periodo; les convendría adoptar alguna disciplina espiritual; si no podrían tender al abuso del alcohol o drogas; esto no es bueno pues sus cuerpos están más refinados y podrían reaccionar excesivamente a estas sustancias.

Con Neptuno en tu tercera casa desde hace muchos años, si trabajas en enseñanza, ventas o mercadotecnia, deberías utilizar más películas y vídeos; tu mensaje llegará mejor.

Previsiones mes a mes

Enero

Mejores días en general: 5, 6, 15, 16, 23, 24
Días menos favorables en general: 12, 13, 19, 20, 25, 26

Mejores días para el amor: 1, 5, 6, 12, 13, 16, 19, 20, 21, 22, 25, 30, 31
Mejores días para el dinero: 2, 3, 4, 7, 8, 12, 13, 14, 21, 22, 31
Mejores días para la profesión: 1, 12, 13, 21, 22, 25, 26, 30, 31

Comienzas el año con el poder planetario situado principalmente en el sector oriental de tu carta. Estás, pues, en un periodo de máxima independencia personal; es el periodo para centrar la atención en tus intereses y tu felicidad; esto no es egoísmo ni es algo malo, sino sólo el ciclo en que te encuentras. El mes es esencialmente feliz y próspero, aunque dos eclipses complican un poco las cosas.

El eclipse solar del 6 (el 5 en Estados Unidos) es muy fuerte en ti; no sólo ocurre en tu signo sino que además hace impacto en Saturno, planeta muy importante en tu carta pues es el señor de tu horóscopo. Por lo tanto, durante el periodo de este eclipse debes tomarte las cosas con calma y reducir tus actividades; pasa más tiempo tranquilo en casa; reprograma lo que sea posible dejar para otra ocasión. Este eclipse te obligará a redefinirte, a redefinir tu concepto de ti y tu imagen; tienes que redefinirte pues, si no, te definirán otras personas y eso no será agradable. A lo largo de los próximos meses adoptarás una nueva apariencia, una nueva imagen que refleje tu redefinición interior. Dado que el Sol rige tu octava casa, el eclipse indica cambios importantes en las finanzas del cónyuge, pareja o ser amado actual; ha habido errores en su planteamiento y estrategia financieros, como lo demostrarán las circunstancias o acontecimientos provocados por el eclipse; un eclipse suele aportar el «factor X», aquello que no habíamos tomado en cuenta en nuestros cálculos. También podría haber encuentros con la muerte, que normalmente ocurren en el plano psíquico; estos te darán una mejor comprensión de la muerte y te servirán para perderle el miedo. Podría haber dramas relativos a asuntos de seguros e impuestos. Si estás en la edad, tal vez hagas cambios en tu testamento.

El eclipse lunar del 21 ocurre en tu octava casa y nuevamente trae cambios en las finanzas del cónyuge, pareja o ser amado actual; son necesarias más medidas correctivas; también afecta al cuerpo de esta persona, obligándola a redefinir su imagen y su concepto de sí misma. Dentro de unos meses presentará otra apariencia, otra manera de vestirse, etcétera, que reflejen esa nueva definición de su yo; esta persona podría pasar por dramas personales también. Pasa por pruebas el matrimonio o la relación amorosa; salen a la luz viejos agravios reprimidos para que se solucionen o limpien. Si la relación es buena sobrevive a estas cosas (pasas por esto dos veces al año, así que ya sabes llevarlo). Si la relación es defectuosa podría estar en peligro. Nuevamente hay encuentros psíquicos con la muerte.

Pese a todos estos dramas, hay prosperidad este mes. El 20 entra el Sol en tu casa del dinero y comienzas una cima financiera anual.

Febrero

Mejores días en general: 1, 2, 11, 12, 19, 20, 28
Días menos favorables en general: 8, 9, 10, 15, 16, 21, 22
Mejores días para el amor: 3, 4, 11, 14, 15, 16, 19, 20, 24, 28
Mejores días para el dinero: 3, 4, 5, 9, 10, 17, 18, 26, 27
Mejores días para la profesión: 11, 19, 20, 21, 22, 28

Hasta el 19 continúas en una cima financiera; el Sol en la casa del dinero indica capacidad para contraer, refinanciar o pagar deudas; es buen periodo para atraer inversores a tus proyectos, y al parecer los hay. También es bueno para planificar los pagos de impuestos y de seguros; si estás en edad, es bueno para hacer planes testamentarios. Mercurio en tu casa del dinero hasta el 10 indica ingresos procedentes del trabajo, de inversiones en empresas extranjeras y tal vez de personas extranjeras. Es posible que gastes más en salud, pero también puedes ganar de este campo. Mercurio en Acuario (hasta el 10) está en su posición más exaltada, es poderoso en este signo. Del 11 al 14 Marte viaja con Urano, tu planeta del dinero; esto podría indicar ciertos gastos en la casa, pero también buen apoyo económico de la familia, en especial de un progenitor o figura parental, o de conexiones familiares.

Después del 14, cuando Marte sale de Aries, mejora la salud; hasta el 10 puedes fortalecerla más con masajes en los tobillos y pantorrillas, y después con masajes en los pies. Después del 10 respondes bien a técnicas espirituales de curación.

Si bien la primavera, cuando el Sol entra en Aries, se considera la mejor energía de arranque del año, este mes podría ser mejor; todos los planetas están en movimiento directo; tu ciclo solar está en fase creciente (acabas de tener tu cumpleaños) y el ciclo solar universal también está en fase creciente. Del 4 al 9 (cuando también la Luna está en fase creciente) sería el periodo óptimo para iniciar un nuevo proyecto o empresa o lanzar un nuevo producto al mercado.

Venus entra en tu signo el 3 y pasa el resto del mes ahí; este es un tránsito feliz; introduce más diversión en tu vida; tiendes a ser demasiado serio y sobrio en este periodo, y Venus te alegrará un poco; además aporta belleza, gracia y encanto a la imagen, y presenta oportunidades de aventuras amorosas (no de amor serio). El 17 y el 18 Venus viaja con Saturno, el señor de tu horóscopo, y llegan oportunidades de aventuras amorosas; estos días también podría presentarse una feliz oportunidad profesional. Pero ahora la profesión no es muy importante; entre el 80 y el 90 por ciento de los planetas están en la mitad inferior de tu carta, el lado noche; eres persona nocturna en este periodo, que es para las actividades de la noche, de preparación para el día siguiente, para descansar y encontrar la armonía y el bienestar emocional.

El amor no es muy importante este mes; tu casa del amor, la séptima, está vacía, sólo la Luna transita por ella los días 15 y 16. En el amor las cosas tienden a continuar como están.

Marzo

> *Mejores días en general:* 1, 2, 10, 11, 19, 20, 27, 28, 29
> *Días menos favorables en general:* 8, 9, 15, 16, 21, 22
> *Mejores días para el amor:* 3, 4, 8, 9, 15, 16, 17, 18, 23, 24, 25, 26
> *Mejores días para el dinero:* 1, 3, 4, 8, 9, 10, 17, 18, 19, 25, 26, 27, 30, 31
> *Mejores días para la profesión:* 3, 4, 15, 16, 21, 22, 23, 24

Este mes hay muy buenas novedades en la salud y las finanzas. Con la entrada de Urano en tu quinta casa el 7 mejora más tu salud; este aspecto también indica cambios financieros positivos. Urano en Tauro es más conservador y precavido en los asuntos financieros; cuando estaba en Aries, los siete años pasados, eras más especulador y arriesgado. Esto cambia. Capricornio siempre tiene buen juicio financiero; pues ahora este es mejor aún. Te veo más cómodo con tus finanzas, más en sintonía con tu modo de ganar el dinero. Urano en la quinta casa también es especulador, pero no de forma tan alocada como cuando estaba en Aries; ahora la especulación es más controlada, se hace con más reflexión, y se protege bien. Tu planeta del dinero en tu quinta casa también indica «dinero feliz», el que se gana de modos agradables o placenteros; indica que gastas en cosas felices, en actividades de ocio y tal vez en los hijos y figuras filiales.

Este mes el poder está en tu tercera casa, sobre todo hasta el 20. Este es un aspecto maravilloso si eres estudiante; tienes la mente más aguda y te concentras en tus estudios; esto indica éxito. También es un tránsito fabuloso si eres profesor, escritor, ejecutivo de ventas o de mercadotecnia. Tus dotes de comunicación están realzadas, por lo que deberías tener más éxito. Las personas adineradas de tu vida se hacen más ricas aún en este periodo.

Venus pasa en tu casa del dinero la mayor parte del mes, hasta el 26; además, del 7 al 26 está en «recepción mutua» con Urano, tu planeta del dinero; es decir cada uno está en el signo del otro, cada uno es huésped en la casa del otro; esto significa que hay colaboración entre ellos; esto es buena señal financiera; las especulaciones tienden a ser favorables; cuentas con el apoyo económico de los hijos y figuras filiales y también de los padres, figuras parentales y jefes. Tu buena fama profesional te atrae ingresos y oportunidades de ingresos.

Después del 20 debes estar más atento a la salud; simplemente es un periodo corto de baja energía, problema moderado comparado con el pasado. Puedes fortalecer la salud con masajes en los pies y con técnicas espirituales de curación; si te sientes indispuesto consulta con un terapeuta de orientación espiritual.

Del 5 al 28 Mercurio hace movimiento retrógrado, así que durante este periodo evita hacer cambios drásticos en tu programa de salud. Si debes viajar, programa más tiempo para la ida y la vuelta.

La Luna nueva del 6 ocurre sobre Neptuno. Si estás soltero o soltera y sin compromiso esto indicaría una oportunidad romántica en el barrio o con una persona vecina; también podría presentarse en el colegio o en una charla o seminario. La Luna llena del 21 es casi una «súper» Luna llena, está muy cerca de su menor distancia a la Tierra; este es otro buen día para el amor y el romance.

Abril

Mejores días en general: 6, 7, 8, 15, 16, 24, 25
Días menos favorables en general: 4, 5, 11, 12, 17, 18
Mejores días para el amor: 2, 3, 4, 5, 11, 12, 13, 14, 21, 24
Mejores días para el dinero: 4, 5, 6, 13, 14, 15, 22, 23, 24, 26, 27
Mejores días para la profesión: 2, 3, 11, 12, 17, 18, 21

Hasta el 20 da más atención a la salud; después verás gran mejoría. Mientras tanto, hasta el 17 fortalécela con masajes en los pies y técnicas espirituales; después con masajes en la cara y el cuero cabelludo; también son buenos la terapia sacro-craneal y el ejercicio físico.

Desde el 20 del mes pasado está poderosa tu cuarta casa, la del hogar y la familia; las cosas están más tranquilas ahora que ya no está Urano en esta casa, pero de todos modos necesitan tu atención. El lado noche de tu carta está dominante, e incluso Venus, tu planeta de la profesión, estará en tu cuarta casa a partir del 20. Así pues, trabajas en tu profesión con los métodos de la noche, visualización y sueños controlados; entra en el estado de ánimo y la sensación de lo que deseas conseguir. Si haces esto irán bien los actos externos que vendrán más adelante. La presencia del planeta de la profesión en tu cuarta casa (a partir del 20) indica que tu verdadera profesión, tu misión, en este periodo, son el hogar, la familia y, especialmente, tu bienestar emocional. La preparación es tan importante como la acción posterior.

Tu planeta de la salud, Mercurio, entra en tu cuarta casa el 17, y esto indica la importancia del bienestar emocional; para ti buena salud significa algo más que «ausencia de síntomas», significa una vida familiar sana y sentimientos y estados anímicos sanos. Habiendo tanto poder en tu cuarta casa, el Cosmos te ayuda a encontrar los sentimientos positivos. Surgen viejos recuerdos, tal vez viejos traumas, y podrás resolverlos desde tu actual estado de conciencia. No vas a reescribir la historia sino simplemente reinterpretarla de una manera mejor.

El 20 el Sol entra en tu quinta casa y comienzas una de tus cimas de placer personal. Cuando hay bienestar emocional y armonía en el hogar, llegan de modo natural las recompensas: diversión, actividades de ocio y una mayor creatividad. Este es, pues, un periodo para hacer las cosas que te gustan; estés o no de vacaciones, siempre hay maneras de inyectar diversión en la vida. Del 21 al 23 el Sol viaja con tu planeta del dinero; este es buen tránsito para las finanzas; indica dinero repentino, dinero que llega de forma inesperada; podría haber suerte en las especulaciones; indica también que hay buena colaboración financiera con el cónyuge, pareja o ser amado actual; os hacéis prosperar mutuamente.

Venus, tu planeta de la profesión, tiene su solsticio del 22 al 25; se detiene y pasa estos días en el mismo grado de latitud, y después cambia de dirección. Por lo tanto, en tu profesión hay una pausa y luego un cambio de dirección. Esta es una pausa que renueva, una pausa feliz.

Mayo

Mejores días en general: 4, 5, 13, 14, 21, 22, 31
Días menos favorables en general: 1, 2, 3, 8, 9, 15, 16, 29, 30
Mejores días para el amor: 2, 3, 4, 5, 8, 9, 13, 14, 21, 23, 24, 31
Mejores días para el dinero: 2, 3, 4, 10, 11, 13, 19, 20, 21, 24, 25, 29, 30, 31
Mejores días para la profesión: 2, 3, 14, 15, 16, 21, 31

Este es un mes feliz y próspero, Capricornio, que lo disfrutes. Hasta el 21 continúas en una cima de placer personal; Capricornio considera frívola la diversión, sin embargo es una parte de la vida, y es tan importante a su modo como el trabajo. Relaja la mente y permite que lleguen las soluciones; es un tipo diferente de responsabilidad; cuando se hace bien favorece la responsabilidad. El 21, cuando el Sol entra en tu sexta casa, se acaba la fiesta y te dispones para el trabajo.

Este mes es próspero, aun cuando tu casa del dinero está vacía (sólo la Luna transita por ella los días 24 y 25). Tu planeta del dinero recibe buenos aspectos; en realidad, no recibe ningún aspecto discordante, sólo la Luna, y de vez en cuando, le formará aspectos difíciles. Por lo tanto, el poder adquisitivo es fuerte; no encuentra ningún impedimento. El 7 y el 8 Mercurio viaja con Urano; esto produce aumento de los ingresos y tal vez una oportunidad de trabajo. Del 17 al 19 Venus viaja con Urano, lo que produce suerte en las especulaciones y trae el favor financiero de hijos, figuras filiales, padres, figuras parentales y jefes.

La salud es excelente este mes, más o menos tan excelente como lo será el resto del año. Después del 6 sólo tienes que contender con Saturno y Plutón en tu signo. Y, en realidad, Saturno te ayuda pues es el señor de tu horóscopo. Hasta el 6 puedes fortalecer más la salud con ejercicio físico y masajes en la cara y el cuero cabelludo; del 6 al 21 con masajes en el cuello, y después te irán bien masajes en los brazos y hombros; también salir al aire fresco.

El amor se complica este mes; el 16 entra Marte en tu séptima casa; este suele producir la tendencia a luchas de poder y conflictos en la relación; procura evitar estas cosas; el cónyuge, pareja o ser amado actual podría estar irritable e impaciente, no hay para qué empeorar las cosas. Dado que Marte es tu planeta de la familia, esto indica más vida social en la casa y con familiares. Si estás soltero o soltera la familia y las conexiones sociales tienen un papel en el romance; te atraen personas de fuertes valores familiares y con las que es fácil intimar emocionalmente.

Desde el 21 del mes pasado Marte está «fuera de límites» y lo estará todo este mes; en este periodo salen de su esfera normal los familiares, y en especial un progenitor o figura parental. También tú te encuentras en sitios extraños o desconocidos en tu vida emocional.

Mercurio estará «fuera de límites» a partir del 28; en ese periodo tus objetivos laborales o de salud podrían llevarte fuera de tu esfera normal.

Junio

Mejores días en general: 1, 9, 10, 18, 19, 27, 28, 29
Días menos favorables en general: 5, 6, 11, 12, 25, 26
Mejores días para el amor: 1, 2, 3, 5, 6, 11, 12, 20, 21, 22
Mejores días para el dinero: 1, 7, 8, 9, 15, 16, 17, 18, 20, 21, 25, 26, 27
Mejores días para la profesión: 1, 11, 12, 20, 21

El 21 del mes pasado se hizo poderosa tu sexta casa, la de la salud y el trabajo, y hasta el 21 de este mes está más fuerte aún. Esto significa que prestas atención a tu salud, lo que te mantendrá en buena forma después del 21, cuando se hace necesario estar más atento. Este es un buen periodo también en el caso de que busques trabajo, se presentan muchas oportunidades; y si estás empleado, tienes oportunidades para hacer horas extras o trabajos secundarios. También es buen periodo si eres empleador; se presentan buenos solicitantes.

Como hemos dicho, después del 21 la salud es más delicada, se complica; en este periodo buena salud no es sólo «ausencia de síntomas» sino también buena salud social y emocional; si logras conservar la armonía en tu matrimonio o relación y mantener el estado anímico positivo y constructivo, tienes ganado el 90 por ciento de la batalla, pasarás el mes con buena salud. Otra cosa importante es descansar lo suficiente.

Ahora el poder planetario está en el sector occidental o social de tu carta, acercándose a su posición occidental máxima. Están en punto bajo tu independencia, autoestima y seguridad en ti mismo. La presión de los demás es muy fuerte y esto podría no ser malo, mientras no sea destructivo. Los demás hacen su voluntad, las cosas a su manera, y esto podría resultarte difícil pues tu primera casa está muy fuerte. Consigue tus objetivos mediante colaboración y consenso, no actuando por tu cuenta.

El amor es el principal titular este mes. Marte pasa todo el mes en tu séptima casa, la del amor. El 21 entra el Sol en esta casa y entonces comienzas una cima amorosa y social anual. La vida social es activa y tal vez ajetreada. Si estás casado o casada o en una relación, comprobarás que tu pareja tiene un mes fuerte en sus finanzas. Si estás soltero o soltera tienes más osadía en el amor; vas en pos de lo que deseas; la riqueza es un excitante romántico. Las oportunidades sociales y románticas se presentan de muchas maneras, a veces de forma rara. Mercurio en tu séptima casa indica atracción por personas extranjeras, por personas de orientación religiosa y por personas muy cultas. El romance puede ocurrir en otro país, en tu lugar de culto o en funciones del colegio. Como el mes pasado, la familia y las conexiones familiares son importantes en lo social. A los familiares les gusta hacer de casamenteros; una reunión familiar puede llevar a romance. Con el Sol en tu séptima casa, las oportunidades sociales pueden presentarse en funerales, velatorios o cuando visitas a la persona doliente para ofrecer tus condolencias.

Las finanzas continúan muy bien. Hasta el 27 tu planeta del dinero, Urano, no recibe ningún aspecto adverso, sólo la Luna le forma aspecto desfavorable de tanto en tanto. Por lo tanto, Urano funciona sin impedimento y es fuerte por ti.

Julio

Mejores días en general: 6, 7, 15, 16, 25, 26
Días menos favorables en general: 2, 3, 8, 9, 22, 23, 24, 29, 30
Mejores días para el amor: 1, 2, 3, 10, 11, 20, 21, 29, 30, 31
Mejores días para el dinero: 4, 5, 6, 13, 14, 15, 17, 18, 19, 22, 23, 24, 25, 31
Mejores días para la profesión: 1, 8, 9, 10, 11, 20, 21, 31

Este es un mes tormentoso y agitado. Lo pasarás; el Cosmos nunca nos da más de lo que podemos manejar; si nos lo da es que somos capaces. Hay dos asuntos de interés para ti, que te afectan. El primero es que la salud es delicada; el segundo es que este mes hay dos eclipses y los son fuertes en ti. Como sea, procura descansar lo suficiente, sobre todo en torno al periodo de los eclipses.

El eclipse solar del 2 ocurre en tu séptima casa, la del amor, y pone a prueba el matrimonio o la relación actual. Algunas de las pruebas o problemas no son responsabilidad tuya; el ser amado pasa por problemas personales y financieros y esto afecta a la relación; ten más paciencia; nuevamente, como en enero, esta persona se ve obligada a redefinirse, a redefinir su concepto de sí misma, su modo de considerarse; esto tendrá por consecuencia cambios en el modo de vestirse, de peinarse y en su apariencia general; cambiará su apariencia para reflejar los cambios que ha hecho al redefinirse (esto volverá a ocurrir con el eclipse lunar del 16). Todos los eclipses solares son causa de enfrentamientos con la muerte en el plano psíquico, y este no es diferente. Estos son cartas de amor procedentes de lo alto para que pongas la atención en tu misión en la vida, el motivo por el cual naciste.

El eclipse lunar del 16 ocurre en tu signo y hace impacto en Plutón, tu planeta de las amistades; hay, pues, trastornos en la relación con amistades y con tu pareja; hay drama en la vida de estas personas, tal vez de aquellos que cambian la vida. Pasan por pruebas la amistad y la relación amorosa; salen a la luz los trapos sucios, viejos agravios reprimidos, reales o imaginados, para que se solucionen o limpien. Si la relación es buena sobrevive, pero si es defectuosa está en peligro. Dado que este eclipse ocurre en tu signo, nuevamente te ves obligado a redefinirte, a redefinir tu concepto de ti y la imagen que deseas proyectar al mundo. Esto es esencialmente bueno y ha de hacerse periódicamente; somos seres que estamos en constante crecimiento y cambio y nuestro concepto de nosotros mismos debe reflejar esto. El eclipse te obliga a hacerlo. El impacto en Plutón indica que pasa por pruebas el equipo de alta tecnología: ordenadores, programas informáticos y otros artilugios; si hay problemas ocultos, ahora los descubres. Muchas veces es necesario repararlos o reemplazarlos.

Después del 23 mejora la salud pero las finanzas son más tormentosas; Urano recibe aspectos desfavorables y debes trabajar más arduo para conseguir tus objetivos financieros; no te conviene especular en este periodo.

Agosto

Mejores días en general: 2, 3, 11, 12, 21, 22, 30, 31
Días menos favorables en general: 4, 5, 19, 20, 26, 27
Mejores días para el amor: 1, 9, 10, 20, 21, 26, 27, 30, 31
Mejores días para el dinero: 1, 2, 9, 10, 11, 14, 15, 19, 20, 21, 28, 29, 30
Mejores días para la profesión: 1, 4, 5, 9, 10, 20, 21, 30, 31

El 3 del mes pasado el poder planetario se trasladó decididamente de la mitad inferior o lado noche de tu carta a la mitad superior o lado día. Se hace más importante la profesión; puedes pasar a un segundo plano los asuntos familiares y domésticos; la atención debe estar en la profesión. Es el periodo para servir a tu familia triunfando en el mundo externo. Tu planeta de la profesión, Venus, está en tu octava casa hasta el 21, de modo que te irá bien desintoxicar la profesión y los objetivos externos; libérate de los asuntos ajenos a ella, centra la atención en la esencia. Después del 21, cuando Venus entra en tu novena casa, hay viaje relacionado con la profesión; tu disposición a viajar favorece la profesión; también te conviene aceptar oportunidades educacionales relacionadas con la profesión.

La salud está muchísimo mejor que el mes pasado. A partir del 18 hay un gran trígono en signos de tierra, tu elemento nativo; te sientes muy a gusto con esto; mejora tu fuerte naturaleza práctica y es valorada; también tus dotes administrativas. Al mismo tiempo tu planeta del dinero recibe aspectos maravillosos, de modo que la prosperidad es fuerte. El único problema en las finanzas es que tu planeta del dinero inicia movimiento retrógrado el 12; aumentarán tus ingresos pero tal vez llegarán con más lentitud. Este es el periodo para trabajar en conseguir claridad en las finanzas; este es un proceso que durará muchos meses; el panorama financiero no es como crees; si debes hacer compras o inversiones importantes, piénsalas más detenidamente y resuelve todas las dudas.

. La salud es buena, pero si quieres fortalecerla más, hasta el 11 pon cuidado en los asuntos dietéticos; después son potentes los masajes en el pecho; da más atención al corazón; desde el 29 hasta fin de mes da más atención al intestino delgado.

Mercurio está en tu séptima casa hasta el 11; esto indica que te atraen profesionales de la salud y personas relacionadas con tu salud. El lugar de trabajo es también un centro social, y hay oportunidades de romance de oficina. La súper Luna nueva del 1 (ocurre cuando la Luna está más cerca de la Tierra) es un potente día romántico. La Luna nueva del 30 también será buena para el romance. En general, tu energía social es más fuerte del 1 al 15 y del 30 al 31, cuando tu planeta del amor está en fase creciente.

Septiembre

Mejores días en general: 7, 8, 9, 17, 18, 19, 26, 27
Días menos favorables en general: 1, 2, 15, 16, 22, 23, 28, 29
Mejores días para el amor: 7, 8, 9, 18, 19, 20, 22, 23, 28, 29
Mejores días para el dinero: 5, 6, 7, 10, 11, 15, 16, 17, 24, 25, 26
Mejores días para la profesión: 1, 2, 8, 9, 20, 28, 29

Este mes seguimos teniendo un gran trígono en signos de tierra, señal muy positiva para la salud y las finanzas. Tienes buen juicio empresarial o administrativo; siempre tienes buena percepción de lo que funciona o da resultados en la tierra y ahora esta es más fuerte áun. Este es un buen mes para tomar decisiones administrativas o empresariales.

Tu novena casa se hizo fuerte el 18 del mes pasado y continúa fuerte hasta el 23; este es un periodo feliz y optimista; se expanden tus horizontes, en la profesión, en el trabajo y con la familia. Para el cónyuge, pareja o ser amado actual es buen periodo para ponerse al día en sus lecturas, hacer cursos en los temas que le interesan y ponerse al día en sus comunicaciones. Si eres estudiante universitario tienes un mes de éxito. Si tienes pendiente algún asunto legal o jurídico, hay buena suerte también. Otros países te llaman y llegan felices oportunidades de viaje. Una novena casa fuerte induce a interesarse por la religión, la filosofía y la teología; muchos problemas que parecen ser financieros, de salud o relacionales, son en realidad problemas teológicos disfrazados. Por eso son tan importantes los avances en conocimientos teológicos o filosóficos, los que harás ahora. Por este motivo, según los hindúes la novena casa es la más benéfica de todas.

El 14 se hace poderosa tu décima casa, la de la profesión, pues entran en ella Mercurio y Venus; el 23 entra el Sol y comienzas una cima profesional anual. Me parece que hay mucho éxito pues estos planetas son benéficos. El Sol en la décima casa indica que jefes, padres o figuras parentales podrían pasar por una operación quirúrgica o una experiencia de casi muerte; o tal vez no hay operación pero se recomienda una.

El preludio al éxito profesional ocurre del 15 al 18, cuando tiene su solsticio tu planeta de la profesión, Venus; esos días acampa en el grado de latitud en que se encuentra, y parece inmóvil; después de esta pausa cambia de dirección. Por lo tanto, en tu profesión hay una pausa y luego un cambio de dirección.

Después del 23 la salud es más delicada; no ocurre nada grave, es simplemente un periodo de energía más baja de lo normal; cosas que antes del 23 hacías sin esfuerzo ahora te resultan difíciles. Así pues, procura descansar lo suficiente, esto es siempre lo principal. Después del 14 fortalece la salud con masajes en las caderas, incluyendo las nalgas; también será bueno trabajar los puntos reflejos de los riñones.

Tu planeta del dinero continúa en movimiento retrógrado, pero hasta el 14 recibe buenos aspectos; los ingresos son buenos pero podría haber retrasos. Después del 14 Urano no recibe tantos aspectos positivos, de modo que podría haber un bajón; continúa trabajando en conseguir claridad financiera; evita todo cuanto sea posible hacer compras o inversiones importantes.

Octubre

Mejores días en general: 5, 6, 15, 16, 23, 24
Días menos favorables en general: 12, 13, 19, 20, 26, 27
Mejores días para el amor: 7, 8, 10, 11, 17, 18, 19, 20, 28, 29
Mejores días para el dinero: 2, 3, 4, 5, 7, 8, 12, 13, 14, 15, 21, 22, 23, 30, 31
Mejores días para la profesión: 10, 11, 19, 20, 26, 27, 28, 29

Este es un mes muy agitado pero exitoso. Es necesario estar atento a la salud, especialmente hasta el 23. No eludirás las exigencias de la profesión, que son muy fuertes en este periodo; esto lo indica la presencia de Marte en tu décima casa a partir del 4. Pero sí puedes programar momentos de descanso y trabajar con mejor ritmo; podrías tener que dejar estar algunas cosas menos importantes y esto suele entrañar decisiones difíciles. Puedes y debes programar más sesiones de masaje y otros tratamientos. Hasta el 3 fortalece la salud con masajes en las caderas y más atención a los riñones. Después del 3 da más atención al colon y la vejiga; tal vez te convenga alguna sesión de reflexología para trabajar los puntos reflejos de estos órganos; también estaría indicado un régimen de desintoxicación; en este periodo también son importantes el sexo seguro y la moderación sexual.

La profesión es el principal titular del mes. Continúas en una cima profesional y haces mucho progreso; cuentas con ayuda en la profesión, pero te ganas el éxito como verdadero Capricornio. Lo bueno es que cuentas con el apoyo de la familia; tu éxito es similar a un proyecto familiar. Se eleva de categoría la familia en su conjunto.

Las finanzas son pasables hasta el 23; Urano continúa en movimiento retrógrado pero los aspectos que recibe no son adversos; después del 23 es otra historia; enfrentas más dificultades o retos; en los asuntos financieros no hay acuerdo entre tú y tu pareja, socios, hijos, y figuras filiales; estos no son desastres sino simplemente más trabajo y dificultades; si pones el trabajo extra prosperarás; digamos que la frase clave es «trabajo extra».

Lo bueno es que la salud mejora después del 23; siguen siendo potentes los regímenes de desintoxicación.

Aun cuando el amor y el romance no son prioridades, el mes es social, especialmente después del 23; pero va más de amistades, grupos y actividades de grupo, no de romance. Está vacía tu séptima casa, la del amor; sólo la Luna transita por ella los días 19 y 20. Con este aspecto las cosas tienden a seguir como están. De todos modos, este mes la Luna, tu planeta del amor, viaja dos veces con Júpiter, el doble de lo normal, de modo que si estás sin compromiso hay oportunidades románticas; me parece que las encuentras en ambientes de tipo espiritual: la sala de yoga, el seminario de meditación o la charla espiritual, la función benéfica o la reunión de oración. Además, atraes a personas espirituales, sobre todo los días 2, 3, 4, 30 y 31.

Noviembre

Mejores días en general: 1, 2, 11, 12, 20, 21, 28, 29, 30
Días menos favorables en general: 8, 9, 10, 16, 17, 22, 23
Mejores días para el amor: 6, 7, 8, 9, 16, 17, 18, 19, 26, 29
Mejores días para el dinero: 1, 3, 4, 5, 8, 9, 10, 11, 18, 19, 20, 26, 27, 28
Mejores días para la profesión: 8, 9, 18, 19, 22, 23, 29

Hasta el 19 Marte continúa en la cumbre de tu carta, tu décima casa, por lo que la profesión sigue ajetreada. Necesitas osadía y agresividad, pues me parece que tienes que defenderte de competidores, o personales o de la industria. La familia sigue apoyando tu profesión, así que no hay problema en desatender los asuntos familiares. Tienes un conflicto con un progenitor o figura parental (esto viene del mes pasado), pero este se resolverá después del 19. Se eleva de categoría la familia en su conjunto. Tu planeta de la profesión, Venus, está «fuera de límites» del 15 al 30; esto indica que la profesión te lleva fuera de tu esfera normal; también podría indicar que en la consecución de tus objetivos profesionales adoptas métodos nuevos, no convencionales. Venus pasa la mayor parte del mes en tu espiritual casa doce; esto indica que adelantas en la profesión participando en causas benéficas y altruistas. Del 22 al 24 Venus viaja con Júpiter, y esto te trae elevación y éxito profesional; también te trae éxito en tu práctica espiritual. El 26 Venus entra en tu signo, tu primera casa, por segunda vez este año. Esto trae felices oportunidades profesionales y el favor de padres, figuras parentales y jefes.

El poder planetario está principalmente en el sector oriental de tu carta, el del yo, y Saturno está en movimiento directo. Así pues, día a día van siendo más fuertes la independencia y la iniciativa personales; tienes seguridad en ti y buena autoestima; ya no necesitas adaptarte a los demás ni ponerlos en primer lugar; puedes y debes crear tu felicidad. Ahora y en los próximos meses haz los cambios que es necesario hacer. Crea las condiciones para tu felicidad; el mundo finalmente dará su aprobación.

Tu casa once continúa fuerte hasta el 22, de modo que el mes sigue siendo social; el romance no es muy importante, pero sí lo son las amistades, los grupos y las actividades de grupo. Muchas personas se hacen hacer el horóscopo cuando está fuerte su casa once; es fuerte el interés por las ciencias, la alta tecnología, la astrología y la astronomía.

La salud va mucho mejor que el mes pasado; en realidad es buena, y después del 19 mejora más aún. Tu planeta de la salud pasa el mes en Escorpio, una buena parte en movimiento retrógrado, de modo que, como el mes pasado, fortalece la salud con un régimen de desintoxicación y más atención al colon y la vejija; siguen siendo importantes el sexo seguro y la moderación sexual.

El 22 y el 23 Marte está en oposición con Urano; este es un aspecto dinámico; podría haber un trastorno financiero de corta duración, tal vez un gasto repentino en la casa. Hay desacuerdo financiero con un progenitor o figura parental. Los familiares deberán tener más cuidado en el plano físico estos días.

Diciembre

Mejores días en general: 8, 9, 17, 18, 26, 27
Días menos favorables en general: 6, 7, 13, 14, 19, 20
Mejores días para el amor: 6, 7, 8, 9, 13, 14, 15, 16, 17, 18, 26, 28, 29
Mejores días para el dinero: 1, 2, 8, 17, 26, 28, 29
Mejores días para la profesión: 8, 9, 17, 18, 19, 20, 28, 29

Este es un mes muy interesante y fundamentalmente feliz. Saturno y Plutón viajan juntos, muy cerca, más cerca de lo que han estado en lo que va de año. Es posible que consideres la idea de hacerte una cirugía plástica. Hay intimidad con las personas amigas; tal vez entra una nueva amistad en el cuadro. Júpiter entra en tu signo el 3 y esto inicia un ciclo de prosperidad de muchos años.

Más importante aún, Júpiter te «alegrará» un poco; has estado demasiado serio los dos años pasados; tal vez eso ha afectado a la vida amorosa. Júpiter te trae alegría y optimismo.

El 26 hay otro eclipse solar en tu signo, así que, aunque tu salud es buena, te conviene reducir tus actividades durante el periodo del eclipse. Nuevamente, por tercera vez este año, te ves obligado a redefinirte, a redefinir tu imagen y tu concepto de ti mismo. A veces este tipo de eclipse produce una desintoxicación del cuerpo, que no hay que confundir con enfermedad; podría ocurrirte esto, sobre todo si no has tenido cuidado en los asuntos dietéticos. Este eclipse hace impacto en Júpiter, tu planeta de la espiritualidad; por lo tanto hay cambios en esta faceta, tal vez cambio de maestro, de enseñanza, de actitud y de práctica. Hay drama en la vida de gurús y figuras de gurús. Como todo los eclipses solares este provoca cambios importantes en las finanzas del cónyuge, pareja o ser amado actual; trae dramas relacionados con impuestos, seguros y propiedades. Si estás en edad, harás más cambios en tu testamento; al parecer no está escrito en piedra; esta es la tercera vez que haces cambios. Además, como con todos los eclipses solares, hay enfrentamiento psíquico con la muerte; necesitas profundizar tu comprensión de la muerte.

Este año ha sido muy espiritual, pues Júpiter lo ha pasado en tu casa doce; aunque este mes sale de ella, continúa la atención a la espiritualidad, y hasta bien entrado 2020. En realidad, se te considera persona espiritual y filantrópica; das esa imagen.

Las finanzas son excelentes todo el mes, pero en especial después del 22. La autoestima, la seguridad en ti y la independencia son aún más fuertes que el mes pasado. Pues coge el toro por los cuernos y crea las condiciones para tu felicidad. Si las condiciones te irritan, cámbialas a tu gusto.

La combinación de un eclipse en tu primera casa y la presencia de muchos planetas en ella (el 70 por ciento de los planetas o están en tu primera casa o transitan por ella) hace de este un mes excelente para dar a tu cuerpo y tu imagen la forma que deseas que tengan. Gozarás de la buena vida hasta bien avanzado el próximo año, pero especialmente este mes.

La salud es buena, pero hasta el 4 puedes mejorarla más aún con un régimen de desintoxicación, del 4 al 24 con masajes en los muslos, y después con masajes en la espalda y las rodillas.

Acuario

El Aguador

Nacidos entre el 20 de enero y el 18 de febrero

Rasgos generales

ACUARIO DE UN VISTAZO

Elemento: Aire

Planeta regente: Urano
  Planeta de la profesión: Plutón
  Planeta de la salud: la Luna
  Planeta del amor: el Sol
  Planeta del dinero: Neptuno
  Planeta del hogar y la vida familiar: Venus

Colores: Azul eléctrico, gris, azul marino
  Colores que favorecen el amor, el romance y la armonía social: Dorado, naranja
  Color que favorece la capacidad de ganar dinero: Verde mar

Piedras: Perla negra, obsidiana, ópalo, zafiro

Metal: Plomo

Aromas: Azalea, gardenia

Modo: Fijo (= estabilidad)

Cualidades más necesarias para el equilibrio: Calidez, sentimiento y emoción

Virtudes más fuertes: Gran poder intelectual, capacidad de comunicación y de formar y comprender conceptos abstractos, amor por lo nuevo y vanguardista

Necesidad más profunda: Conocer e introducir lo nuevo

Lo que hay que evitar: Frialdad, rebelión porque sí, ideas fijas

Signos globalmente más compatibles: Géminis, Libra

Signos globalmente más incompatibles: Tauro, Leo, Escorpio

Signo que ofrece más apoyo laboral: Escorpio

Signo que ofrece más apoyo emocional: Tauro

Signo que ofrece más apoyo económico: Piscis

Mejor signo para el matrimonio y/o las asociaciones: Leo

Signo que más apoya en proyectos creativos: Géminis

Mejor signo para pasárselo bien: Géminis

Signos que más apoyan espiritualmente: Libra, Capricornio

Mejor día de la semana: Sábado

La personalidad Acuario

En los nativos de Acuario las facultades intelectuales están tal vez más desarrolladas que en cualquier otro signo del zodiaco. Los Acuario son pensadores claros y científicos; tienen capacidad para la abstracción y para formular leyes, teorías y conceptos claros a partir de multitud de hechos observados. Géminis es bueno para reunir información, pero Acuario lleva esto un paso más adelante, destacando en la interpretación de la información reunida.

Las personas prácticas, hombres y mujeres de mundo, erróneamente consideran poco práctico el pensamiento abstracto. Es cierto que el dominio del pensamiento abstracto nos saca del mundo físico, pero los descubrimientos que se hacen en ese dominio normalmente acaban teniendo enormes consecuencias prácticas. Todos los verdaderos inventos y descubrimientos científicos proceden de este dominio abstracto.

Los Acuario, más abstractos que la mayoría, son idóneos para explorar estas dimensiones. Los que lo han hecho saben que allí hay poco sentimiento o emoción. De hecho, las emociones son un estorbo para funcionar en esas dimensiones; por eso los Acuario a veces parecen fríos e insensibles. No es que no tengan sentimientos ni profundas emociones, sino que un exceso de sentimiento les nublaría la capacidad de pensar e inventar. Los demás signos no pueden tolerar y ni siquiera comprender el concepto de «un exceso de sentimientos». Sin embargo, esta objetividad acuariana es ideal para la ciencia, la comunicación y la amistad.

Los nativos de Acuario son personas amistosas, pero no alardean de ello. Hacen lo que conviene a sus amigos aunque a veces lo hagan sin pasión ni emoción.

Sienten una profunda pasión por la claridad de pensamiento. En segundo lugar, pero relacionada con ella, está su pasión por romper con el sistema establecido y la autoridad tradicional. A los Acuario les encanta esto, porque para ellos la rebelión es como un juego o un desafío fabuloso. Muy a menudo se rebelan simplemente por el placer de hacerlo, independientemente de que la autoridad a la que desafían tenga razón o esté equivocada. Lo correcto y lo equivocado tienen muy poco que ver con sus actos de rebeldía, porque para un verdadero Acuario la autoridad y el poder han de desafiarse por principio.

Allí donde un Capricornio o un Tauro van a pecar por el lado de la tradición y el conservadurismo, un Acuario va a pecar por el lado de lo nuevo. Sin esta virtud es muy dudoso que pudiera hacerse algún progreso en el mundo. Los de mentalidad conservadora lo obstruirían. La originalidad y la invención suponen la capacidad de romper barreras; cada nuevo descubrimiento representa el derribo de un obstáculo o impedimento para el pensamiento. A los Acuario les interesa mucho romper barreras y derribar murallas, científica, social y políticamente. Otros signos del zodiaco, como Capricornio, por ejemplo, también tienen talento científico, pero los nativos de Acuario destacan particularmente en las ciencias sociales y humanidades.

Situación económica

En materia económica, los nativos de Acuario tienden a ser idealistas y humanitarios, hasta el extremo del sacrificio. Normalmente son generosos contribuyentes de causas sociales y políticas. Su modo de contribuir difiere del de un Capricornio o un Tauro. Estos esperarán algún favor o algo a cambio; un Acuario contribuye desinteresadamente.

Los Acuario tienden a ser tan fríos y racionales con el dinero como lo son respecto a la mayoría de las cosas de la vida. El dinero es algo que necesitan y se disponen científicamente a adquirirlo. Nada de alborotos; lo hacen con los métodos más racionales y científicos disponibles.

Para ellos el dinero es particularmente agradable por lo que puede hacer, no por la posición que pueda implicar (como en el caso de otros signos). Los Acuario no son ni grandes gastadores ni tacaños; usan su dinero de manera práctica, por ejemplo, para facilitar su propio progreso, el de sus familiares e incluso el de desconocidos.

No obstante, si desean realizar al máximo su potencial financiero, tendrán que explorar su naturaleza intuitiva. Si sólo siguen sus teorías económicas, o lo que creen teóricamente correcto, pueden sufrir algunas pérdidas y decepciones. Deberían más bien recurrir a su intuición, sin pensar demasiado. Para ellos, la intuición es el atajo hacia el éxito económico.

Profesión e imagen pública

A los Acuario les gusta que se los considere no sólo derribadores de barreras, sino también los transformadores de la sociedad y del mundo. Anhelan ser contemplados bajo esa luz y tener ese papel. También admiran y respetan a las personas que están en esa posición e incluso esperan que sus superiores actúen de esa manera.

Prefieren trabajos que supongan un cierto idealismo, profesiones con base filosófica. Necesitan ser creativos en el trabajo, tener acceso a nuevas técnicas y métodos. Les gusta mantenerse ocupados y disfrutan emprendiendo inmediatamente una tarea, sin pérdida de tiempo. Suelen ser los trabajadores más rápidos y generalmente aportan sugerencias en beneficio de su empresa. También son muy colaboradores con sus compañeros de trabajo y asumen con gusto responsabilidades, prefiriendo esto a recibir órdenes de otros.

Si los nativos de Acuario desean alcanzar sus más elevados objetivos profesionales, han de desarrollar más sensibilidad emocional, sentimientos más profundos y pasión. Han de aprender a reducir el enfoque para fijarlo en lo esencial y a concentrarse más en su tarea. Necesitan «fuego en las venas», una pasión y un deseo arro-

lladores, para elevarse a la cima. Cuando sientan esta pasión, triun-
farán fácilmente en lo que sea que emprendan.

Amor y relaciones

Los Acuario son buenos amigos, pero algo flojos cuando se trata
de amor. Evidentemente se enamoran, pero la persona amada tiene la impresión de que es más la mejor amiga que la amante.

Como los Capricornio, los nativos de Acuario son fríos. No
son propensos a hacer exhibiciones de pasión ni demostraciones
externas de su afecto. De hecho, se sienten incómodos al recibir
abrazos o demasiadas caricias de su pareja. Esto no significa que
no la amen. La aman, pero lo demuestran de otras maneras. Cu-
riosamente, en sus relaciones suelen atraer justamente lo que les
produce incomodidad. Atraen a personas ardientes, apasionadas,
románticas y que demuestran sus sentimientos. Tal vez instintivamente saben que esas personas tienen cualidades de las que ellos
carecen, y las buscan. En todo caso, al parecer estas relaciones
funcionan; la frialdad de Acuario calma a su apasionada pareja,
mientras que el fuego de la pasión de esta calienta la sangre fría
de Acuario.

Las cualidades que los Acuario necesitan desarrollar en su vida
amorosa son la ternura, la generosidad, la pasión y la diversión.
Les gustan las relaciones mentales. En eso son excelentes. Si falta el
factor intelectual en la relación, se aburrirán o se sentirán insatisfe-
chos muy pronto.

Hogar y vida familiar

En los asuntos familiares y domésticos los Acuario pueden tener
la tendencia a ser demasiado inconformistas, inconstantes e inestables. Están tan dispuestos a derribar las barreras de las restricciones familiares como las de otros aspectos de la vida.

Incluso así, son personas muy sociables. Les gusta tener un hogar agradable donde poder recibir y atender a familiares y amigos.
Su casa suele estar decorada con muebles modernos y llena de las
últimas novedades en aparatos y artilugios, ambiente absolutamente necesario para ellos.

Si su vida de hogar es sana y satisfactoria, los Acuario necesitan inyectarle una dosis de estabilidad, incluso un cierto conservadurismo. Necesitan que por lo menos un sector de su vida

sea sólido y estable; este sector suele ser el del hogar y la vida familiar.

Venus, el planeta del amor, rige la cuarta casa solar de Acuario, la del hogar y la familia, lo cual significa que cuando se trata de la familia y de criar a los hijos, no siempre son suficientes las teorías, el pensamiento frío ni el intelecto. Los Acuario necesitan introducir el amor en la ecuación para tener una fabulosa vida doméstica.

Horóscopo para el año 2019*

Principales tendencias

La espiritualidad ha sido una faceta importante desde hace muchos años; tu casa doce está fuerte desde 2008; el año pasado se hizo más fuerte y este año, después del 3 de diciembre, estará más fuerte aún. Es con mucho la casa más fuerte del horóscopo. Por lo tanto, este año es muy espiritual; es un año para crecimiento interior. Esto no sólo aumenta tu bienestar general sino que también genera más prosperidad; Neptuno, el más espiritual de los planetas, sigue en tu casa del dinero y continuará en ella muchos años más. Volveremos a este tema.

Júpiter pasa la mayor parte del año en tu casa once; este es un tránsito muy feliz para ti; indica una vida social activa; indica que entran nuevas e importantes amistades en el cuadro. Aumentan tu pericia en alta tecnología y tu habilidad natural para las redes de comunicación. Tal vez lo más importante, te incita a hacer las cosas que más te gusta hacer. Hacia fin de año, cuando Júpiter entra en tu casa doce, harás más amistades de tipo espiritual.

Las amistades son activas y felices este año, pero el amor se ve algo turbulento. Es posible que esto no sea un problema muy importante para ti. Además, cuatro de los cinco eclipses que tenemos este año afectan a tu vida amorosa. Hablaremos más sobre esto.

---

* Las previsiones de este libro se basan en el Horóscopo Solar y todos los signos que derivan de él; tu Signo Solar se convierte en el Ascendente, y las casas se numeran a partir de él. Tu horóscopo personal, el trazado concretamente para ti (según la fecha, hora y lugar exactos de tu nacimiento) podrían modificar lo que decimos aquí. Joseph Polansky

Este año Urano hace un tránsito importante; sale de Aries y entra en Tauro; el año pasado coqueteó con Tauro, y este año entra para quedarse ahí los próximos siete años. Esto tiene importantes consecuencias en el hogar y la familia, de las que hablaremos más adelante. Además, indica un alejamiento del desarrollo intelectual en favor del desarrollo emocional; habrá un inmenso interés en la psicología los próximos años.

Sales de un año profesional muy fuerte y exitoso. Este año la profesión no se ve tan importante; tal vez debido a que has conseguido los objetivos principales y deseas centrar más la atención en las amistades. Hablaremos más sobre esto.

Las facetas de mayor interés para ti este año son: las finanzas; la comunicación y las actividades intelectuales (hasta el 7 de marzo); el hogar y la familia (a partir del 7 de marzo y muchos años por venir); las amistades, los grupos y las actividades de grupo (hasta el 3 de diciembre); la espiritualidad.

Los caminos hacia tu mayor satisfacción o realización este año son: las amistades, los grupos y las actividades de grupo (hasta el 3 de diciembre); la espiritualidad (después del 3 de diciembre).

Salud

(Ten en cuenta que esta es una perspectiva astrológica de la salud, no una médica. Antaño no había ninguna diferencia, ambas eran idénticas, pero en esta época podrían diferir muchísimo. Para una perspectiva médica, por favor, consulta a tu médico o a otro profesional de la salud.)

Este año se ven muy buenas la salud y la energía. Hasta el 7 de marzo ningún planeta lento te forma aspectos desfavorables, y después de esta fecha sólo será uno. Todos los demás planetas lentos o bien están en alineación armoniosa o te dejan en paz.

Así pues, la energía es elevada y el cuerpo es resistente a la enfermedad. Sin duda a lo largo del año habrá periodos (cuando los planetas rápidos formen aspectos desfavorables) en que la salud y la energía sean menos buenas, y tal vez incluso fastidiosas, pero estas son cosas temporales, no tendencias para el año; cuando los planetas rápidos acaben su tránsito, volverán la energía y la buena salud.

Por buena que sea tu salud, siempre puedes fortalecerla. Da más atención a las siguientes zonas, que son las vulnerables en tu carta.

El estómago y los pechos (si eres mujer). Estas zonas son siempre importantes para ti pues los rige la Luna, que es tu planeta de la salud. Te irán bien sesiones de reflexología para trabajar sus puntos reflejos. Cuando te des masajes en los pies no olvides darlo en el empeine y la planta; en el empeine, bordeando los dedos, están los puntos reflejos de los pechos. La dieta es siempre importante para ti; lo que comes es importante, pero cómo comes es igualmente importante. El acto de comer debe elevarse de apetito animal a un acto de culto, un rito, si quieres. Has de bendecir la comida; da las gracias (con tus palabras) antes y después de la comida. Si es posible pon música apacible de fondo (música yoga, música clásica o incluso música ambiental). Cuando elevas el acto de comer cambias realmente la estructura molecular del alimento (como lo ha demostrado Masaru Emoto*) y, más importante aún, cambias la química corporal y el sistema digestivo. Obtienes sólo lo mejor del alimento que comes y lo digieres mejor.

Los tobillos y las pantorrillas. Estas dos zonas son siempre importantes para ti pues las rige Acuario. Masajes periódicos en los tobillos y las pantorrillas deberán formar parte de tu programa de salud. También te conviene proteger bien los tobillos cuando hagas ejercicio.

Tu planeta de la salud, la Luna, es el más rápido de todos los planetas; mientras los demás planetas rápidos tardan un año o menos en transitar por el horóscopo, la Luna tarda un mes. Además, cada mes forma aspectos buenos y malos a todos los demás planetas. Así pues, gran parte de tu sensación de bienestar depende de dónde está la Luna en el momento y de los aspectos que recibe. Lo bueno es que aun cuando el aspecto sea desfavorable, el efecto es de corta duración. De estas tendencias de corto plazo hablaremos en las previsiones mes a mes.

En general podemos decir que la salud y la energía estarán más fuertes los días de Luna nueva y de Luna llena, cuando está más poderosa; también cuando la Luna está en fase creciente; los días de Luna menguante son buenos para regímenes de desintoxicación.

La entrada de Urano en Tauro, tu cuarta casa, el 7 de marzo indica que tu estado anímico y emocional determina más o me-

---

* *Mensajes ocultos del agua*. Es maravilloso cómo confirma lo que los antiguos sabían desde hace miles de años. A esto se debe que casi todas las religiones tienen ritos para comer. Antes estas cosas no se podían demostrar, pero ahora sí.

nos tu apariencia. Hasta cierto punto esto es válido para todo el mundo, pero en ti es sensacional. Mantenerte en buen estado anímico, de buen humor, hace más por tu apariencia que montones de lociones y pociones.

Normalmente tu planeta de la salud, la Luna, es eclipsada dos veces al año; es decir, dos veces al año tienes la oportunidad de tomar medidas correctivas en tu programa de salud. El cuerpo es dinámico y cambiante; necesita cambios periódicos, por lo que estas medidas correctivas, estos cambios, son buenos. Pero este año tenemos otro eclipse que afecta a la salud, el eclipse solar del 2 de julio. Esto quiere decir que este año habrá más medidas correctivas. Muchas veces este tipo de eclipse produce «sustos» acerca de la salud, pero dado que tu salud es esencialmente buena, no es probable que estos sustos sean algo más; sólo un susto, no una realidad.

Siendo la Luna tu planeta de la salud, tu estado anímico no sólo afecta a tu apariencia sino también a tu salud general. Así pues, repito, haz todo lo posible por mantenerte en buena salud o armonía emocional. Esto no es fácil, pero la meditación lo hace posible.

Hogar y vida familiar

Los asuntos familiares y domésticos no han sido importantes desde hace muchos años; este año comienzan a ser importantes. Urano, el señor de tu horóscopo, entra en tu cuarta casa el 7 de marzo, y continuará en ella, como hemos dicho, los próximos siete años. Es una tendencia de larga duración.

Lo bueno es que Urano, planeta importante en tu carta, el señor de tu horóscopo, indica con su presencia una gran atención personal a esta faceta. Ahora la familia es ultraimportante y esta atención tiende al éxito. Pareces dispuesto a hacer lo que haga falta, a arreglártelas con cualquier reto o dificultad para asegurar el éxito.

El reto es que la situación familiar y doméstica se vuelve muy inestable; podría haber rupturas o casi rupturas en la unidad familiar; podría haber muchas «explosiones» emocionales. Los familiares podrían pasar de un estado de ánimo a otro repentinamente, con una rapidez asombrosa. Nunca sabes en qué situación estás con ellos, en especial con un progenitor, de día en día e incluso de hora en hora. Es como si tu historia o relación no existiera y tuvieras que hacer una nueva cada día.

Dado que Urano es tu regente, podría ser que tu presencia, tu actitud, tu manera de presentarte en general, enciende las chispas de estas reacciones (tal vez es la explicación que dan). Algo de tu personalidad las desencadena; y puede que no sea un defecto tuyo sino sólo cómo ellos lo perciben.

También tus estados de ánimo podrían ser inestables en este periodo. Ten presente que la estabilidad y armonía emocionales son muy importantes para la salud, así que debes controlar esto.

Este aspecto nos da otros mensajes también. Sientes la necesidad de modernizar o perfeccionar constantemente la casa; cada vez que piensas que tienes el ideal, tienes las cosas como las deseas, te viene una nueva idea y comienzas nuevamente la tarea. Modernizas la casa de la misma forma que se actualizan los programas informáticos y los ordenadores; es algo continuado.

Este año y los venideros podría haber mudanzas, y muchas. Pareces estar desasosegado en tus gustos domésticos. A veces este aspecto no indica exactamente mudanza, sino arreglos, modernización o renovaciones; a veces ocurren ambas cosas.

El matrimonio de un progenitor o figura parental se vuelve muy inestable después del 7 de marzo; pasa por pruebas; su supervivencia es incierta. Uno de los progenitores o figuras parentales prospera este año y estás en una relación más o menos armoniosa con él o ella. Lo intentas con el otro, al que le tienes mucho afecto, pero resulta más complicado; este progenitor o figura parental desea más libertad y es posible que viaje muchísimo y viva en diferentes lugares durante largos periodos. Tal vez no hay mudanza formal, sino simplemente idas y venidas.

Los hermanos y figuras fraternas han pasado por pruebas en su matrimonio los siete últimos años; podría haber habido un divorcio. Este año se estabiliza la vida amorosa; podría haber romance. Pero en la faceta hogar y vida familiar las cosas continúan como están.

Los hijos y figuras filiales tienen un año familiar sin cambios ni novedades.

Las obras de renovación en la casa podrían ocurrir en cualquier periodo del año, y tal vez muchas veces. Si puedes elegir, del 14 de febrero al 31 de marzo y del 18 de agosto al 4 de octubre son buenos periodos.

Si tienes planes para redecorar la casa o comprar objetos bellos para adornarla, buenos periodos son del 15 de mayo al 19 de junio, del 21 de agosto al 14 de septiembre y del 26 de noviembre al 20 de diciembre.

Profesión y situación económica

Este año se ve próspero; es posible que tengas que trabajar más arduo, pero si pones el esfuerzo hay prosperidad. El año pasado contaste con el favor financiero de amistades, sin esfuerzo; este año cuentas con menos. De todos modos, los altibajos de tu vida siguen siendo favorables a tus objetivos financieros. El dinero procede de tu buena fama profesional y tal vez de un aumento de sueldo, sea oficial o no oficial.

Después del 3 de diciembre, las amistades te apoyan más; mientras tanto tendrás que transigir y buscar alguna especie de acuerdo con ellos.

Neptuno es tu planeta del dinero y, como hemos dicho, ocupa tu casa del dinero desde hace varios años; esto es un fabuloso punto positivo para las finanzas; Neptuno está en su signo y casa; ahí se siente a gusto y actúa con poder. Esto tiende a aumentar el poder adquisitivo.

Neptuno como planeta del dinero (y continuará en tu segunda casa muchos años más) favorece las industrias relacionadas con el agua: servicios de agua, empresas embotelladoras, transporte en barco, astilleros, la industria pesquera y mariquera; también favorece los sectores petróleo, gas natural, residencias para jubilados, hospicios, y ciertos laboratorios farmacéuticos como los que fabrican anestésicos y ansiolíticos; el alcohol también está bajo la influencia de Neptuno. Todas estas industrias son favorables como trabajo, negocio o inversión. Personas de estas industrias podrían tener un papel importante en tus finanzas.

Neptuno, como saben nuestros lectores, es el más espiritual de los planetas. Por lo tanto, la intuición es tal vez el factor más importante en los ingresos. La intuición financiera es buena y fiable.

La información financiera te llega en sueños, corazonadas, a través de adivinos o videntes, lectores de tarot, astrólogos, pastores religiosos o canalizadores espirituales; generalmente de fuentes distintas a la prensa financiera normal.

El año es esencialmente próspero, como hemos dicho, pero habrá periodos en que los ingresos llegarán con menos facilidad y tal vez incluso con contratiempos; esto se debe a los tránsitos de

AÑO 2019: TU HORÓSCOPO PERSONAL

los planetas rápidos y sus efectos son temporales; cuando acaba el tránsito vuelve el buen poder adquisitivo.

Neptuno como planeta del dinero indica que hay mucha «actividad oculta» en tu vida financiera, y con las personas involucradas en tus finanzas; por lo tanto deberás estudiar y analizar detenidamente las compras e inversiones importantes; las cosas no son lo que parecen. Podría haber escándalos o revelaciones desagradables relacionadas con las personas adineradas de tu vida.

La profesión, como hemos dicho, es menos importante este año. El año pasado tuviste mucho éxito y progreso y este año no hace falta prestarle mucha atención a esta faceta. Lo más probable es que mantengas el progreso o éxito del año pasado y no avances más necesariamente; la atención no está ahí. De todos modos, después de un buen año debe considerarse bueno que las cosas sigan como están.

Plutón, tu planeta de la profesión, lleva muchos años en tu casa doce, la de la espiritualidad, y continuará en ella varios años más. Esto nos da muchos mensajes. Avanzas en tu profesión participando en obras benéficas y actividades altruistas. Los jefes y figuras de autoridad parecen más altruistas en este periodo (o intentan dar esa imagen). Tu crecimiento y comprensión espirituales te son útiles en la profesión.

Amor y vida social

Tu séptima casa, la del amor, no es casa de poder este año, así que, como hemos dicho, el romance no es asunto muy importante. Algunos años son así. Generalmente, con este aspecto la tendencia es continuar como se está; indica satisfacción con las cosas como están; no hay ninguna necesidad de hacer cambios drásticos.

Sin embargo, este año las cosas son algo diferentes. Cuatro de los cinco eclipses afectan a tu vida amorosa, lo que indica trastornos y cambios. Puede que te sientas a gusto con las cosas como están, pero los eclipses te obligarán a hacer cambios.

Por lo general, sacan a la luz agravios reprimidos, el bagaje psíquico que se ha metido debajo de la alfombra. Esto produce crisis en la relación; normalmente la crisis es sanadora. Si la relación es buena la crisis mejora las cosas una vez que se asienta el polvo; pero si la relación es defectuosa, podría disolverse.

Muchas veces los eclipses producen cambio en el estado civil; puede actuar en ambos sentidos; la persona casada podría decidir divorciarse, la persona soltera podría decidir casarse; pero este año no es probable que ocurra esto; los eclipses (son cuatro) obligan a tomar medidas correctivas en la vida amorosa.

Lo bueno de los eclipses es que te obligan a dar atención al amor; estando vacía la séptima casa, la falta de atención podría ser la causa del problema. Comienza a prestar más atención y el problema se solucionará.

A veces los trastornos no están causados por la relación en sí; es posible que los eclipses sean causa de un drama (de esos que cambian la vida) en la vida del cónyuge, pareja o ser amado actual, y esto ponga a prueba la relación.

Mientras la vida amorosa se ve problemática, propensa a trastornos, la faceta de la amistad se ve muy feliz. Como hemos dicho, Júpiter estará casi todo el año en tu casa once, la de las amistades. Júpiter en su signo y casa se siente muy a gusto y actúa con el máximo de su poder. Así pues, haces nuevas amistades, y buenas; conoces a todo tipo de personas. Se expande tu círculo de amigos. Me parece que te involucras más de lo habitual con organizaciones profesionales y comerciales. Es decir, vas a ser un verdadero Acuario, con enorme poder.

Siendo el Sol tu planeta del amor, hay muchas tendencias de corto plazo en el amor, las que dependen de dónde está el Sol y de los aspectos que recibe. Es un planeta de movimiento rápido; cada 30 días cambia de signo. A lo largo del año transita por todos los sectores del horóscopo e influye en todos los planetas. De estas tendencias de corto plazo hablaremos en las previsiones mes a mes.

Progreso personal

La espiritualidad es realmente la historia de este año. Tu casa doce, la de la espiritualidad, es con mucho la más fuerte del horóscopo. Y estará aún más fuerte después del 3 de diciembre, cuando entra Júpiter en ella. Por lo tanto, este año va de crecimiento y práctica espirituales. Si estás bien espiritualmente tendrás éxito profesional y financiero, como felices efectos secundarios.

Plutón, tu planeta de la profesión, lleva muchos años en tu décima casa, desde 2008. En el plano mundano esto indica que participar en actividades espirituales y altruistas da impulso a la profesión, como hemos dicho. Indica la necesidad de una profesión de tipo espiritual y favorece las organizaciones no lucrativas y las benéficas; estas cosas producen una inmensa satisfacción. A veces la persona Acuario opta por una profesión de tipo espiritual, una misión pastoral, astrología, curación y similares. A veces opta por una profesión mundana y además trabaja en algo no lucrativo; siente la necesidad de fusionar estas dos facetas.

También podría indicar que tu práctica espiritual, tu crecimiento espiritual, es tu profesión, es tu misión cósmica. Hemos escrito acerca de esto en previsiones anteriores, pero la tendencia continúa muy en vigor, e incluso más fuerte que en los años pasados. Este año viajan juntos Saturno, tu planeta de la espiritualidad, y Plutón, tu planeta de la profesión; una se fusiona con la otra.

¿Cómo puede ser una profesión la práctica espiritual? El mundo se reiría de esto. Sin embargo, es viable. Un adelanto espiritual, por un mediador solitario, lejos de los focos de los medios y del mundo, puede cambiar el mundo. Llega una nueva percepción, un descubrimiento interior, se ve una solución y el mundo cambia para siempre. Finalmente se hace público; la comunión con lo Divino es el más elevado acontecimiento en la Naturaleza.

Tu comprensión y crecimiento espiritual no sólo es útil en la profesión sino que además aumenta tus ingresos. Esto no debería ser la motivación, pero es un efecto secundario maravilloso.

Neptuno lleva muchos años en tu casa del dinero y continuará en ella muchos años más. Muchas personas temen seguir el camino espiritual por motivos económicos. Pero esto no es así en este caso. Tu camino espiritual será remunerativo; nunca te faltará nada; siempre será satisfecha la necesidad del momento.

Continúa leyendo todo lo que puedas acerca de las dimensiones espirituales de la riqueza. Ya has llegado a una fase de buena comprensión; pero siempre hay más por aprender. Niégate a reconocer cualquier fuente de aprovisionamiento que no sea lo Divino. Pero ¿y mi trabajo? ¿Mis padres? ¿Mi marido? ¿Mi esposa? ¿Mis fondos de fideicomiso? Estos sólo son los vehículos usados para aprovisionarte; nunca han sido la verdadera fuente ni la verdadera causa.

Te veo muy generoso en tus donaciones benéficas en este periodo. Y esto también forma parte de la ley espiritual del aprovisionamiento. La riqueza se mide en lo que podemos dar; das más y recibes más (lo contrario de la perspectiva material).

Si te encuentras en dificultades económicas, «pon esta carga» en manos de lo Divino. Haz esto con sinceridad, de corazón, no sólo con los labios. Y luego observa cómo se disuelven dichas dificultades. Entra el Poder Superior, el Genio interior, y comienza a arreglar las cosas.

La solución para los problemas profesionales y financieros son de naturaleza espiritual. Primero consulta ahí y luego toma las medidas adecuadas.

Este año tres eclipses ocurren en tu casa doce; estos van a producir trastornos y cambios en tu práctica, actitud y enseñanza espirituales. Por lo general esto ocurre debido al crecimiento interior, a revelaciones interiores; en esencia es algo bueno, pero no siempre agradable mientras ocurre. En las previsiones mes a mes hablaremos de esto con más detalle.

Previsiones mes a mes

Enero

Mejores días en general: 7, 8, 17, 18, 25, 26
Días menos favorables en general: 15, 16, 21, 22, 27, 28
Mejores días para el amor: 1, 5, 6, 12, 13, 16, 21, 22, 25, 30, 31
Mejores días para el dinero: 1, 2, 3, 10, 11, 12, 13, 19, 20, 21, 22, 27, 28
Mejores días para la profesión: 1, 5, 6, 15, 16, 23, 24, 27, 28

El sector oriental de tu carta está extraordinariamente fuerte este mes, tal vez más fuerte de lo que estará nunca en el futuro; todos los planetas están en tu sector del yo; la única excepción es la Luna, que estará en el sector occidental del 15 al 26. Te encuentras, pues, en un periodo de máxima independencia; son fuertes la autoestima y la seguridad en ti mismo. Es un mes tipo «yo primero»; de ti se espera que crees tu felicidad y hagas los cambios que es necesario hacer; depende de ti, no puedes echarle la culpa a nadie en este periodo.

Hay dos eclipses este mes que apresuran los cambios que es necesario hacer.

El eclipse solar del 6 (el 5 en Estados Unidos) ocurre en tu casa doce y hace impacto en Saturno, el señor de esta casa; es un golpe doble a los asuntos de la casa doce. Por lo tanto, este eclipse anuncia cambios importantes en tu vida espiritual; pasa por pruebas tu actual programa espiritual y el eclipse te revela sus defectos para que puedas hacer ajustes o correcciones, tal vez cambio de enseñanza, de maestro, de práctica. Hay trastornos en una organización espiritual o benéfica a la que perteneces o con la que te relacionas, y hay drama en la vida de gurús o figuras de gurús. Todos los eclipses solares afectan a tu vida amorosa y este no es diferente; pasa por pruebas el matrimonio o la relación amorosa; salen a la luz viejos agravios, reales o imaginados, para que se resuelvan o limpien; si la relación es buena sobrevive a estas cosas (pasas por ellas dos veces al año); si la relación es defectuosa está en peligro. A veces hay drama en la vida del ser amado y este es causa del problema; ten más paciencia con tu pareja en el periodo del eclipse.

El eclipse lunar del 21 es algo más fuerte en ti que el solar; si naciste en los primeros días de tu signo (20 a 22 de enero) lo sentirás con más intensidad, pero todos los nativos de Acuario lo sentiréis. Este eclipse ocurre en tu séptima casa, la del amor, así que nuevamente pone a prueba el amor; este mes tienes un doble reto en tu vida amorosa. El ser amado deberá tomarse las cosas con calma y reducir sus actividades durante los periodos de los dos eclipses. La Luna es tu planeta de la salud y el trabajo, por lo que todos los eclipses lunares afectan a estas dos facetas. Así pues, habrá cambios laborales; el cambio podría ser dentro de la misma empresa o un cambio a otra; cambian las condiciones laborales. Si eres empleador, podría haber cambios de personal o drama en la vida de empleados. Con este tipo de eclipse a veces hay un susto relativo a la salud, pero tu salud se ve muy buena, así que es probable que sólo sea eso, un susto. A lo largo de los próximos meses harás cambios importantes en tu dieta y en tu programa de salud.

Febrero

Mejores días en general: 3, 4, 5, 13, 14, 21, 22
Días menos favorables en general: 11, 12, 17, 18, 24, 25
Mejores días para el amor: 3, 4, 11, 14, 17, 18, 19, 20, 24, 28
Mejores días para el dinero: 9, 10, 17, 18, 26, 27
Mejores días para la profesión: 1, 2, 11, 12, 19, 24, 25, 26, 28

El amor fue puesto a prueba el mes pasado, pero se ve muy bien. El Sol, tu planeta del amor, está en tu signo. Si estás soltero o soltera las oportunidades amorosas se te presentan casi sin esfuerzo por tu parte. Si estás en una relación, tu pareja está muy consagrada a ti. Tienes el amor según tus condiciones.

Continúas en el periodo de independencia, no tan fuerte como el mes pasado (el 14 Marte pasa a tu sector occidental) pero todavía fuerte. Así pues, toma la iniciativa y haz esos cambios que necesitas hacer, pues más adelante será más difícil.

La salud es excelente. El 14 Marte sale de su aspecto adverso, y antes es el único planeta en aspecto desfavorable, aparte de la Luna, cuyos aspectos adversos son ocasionales y de corta duración. Puedes fortalecer más la salud de las maneras explicadas en las previsiones para el año. La súper Luna llena del 19 (la Luna está en su perigeo) verdaderamente mejora la salud. Tu apariencia resplandece.

El 20 del mes pasado el Sol entró en tu primera casa y comenzaste una de tus cimas de placer personal, que continúa hasta el 19. Este es un periodo fabuloso para recompensar al cuerpo por su leal servicio y ponerlo en forma.

Este mes es próspero. El 10 entra Mercurio en Piscis, tu casa del dinero; el 19 entra el Sol, y comienzas una cima financiera anual. Mercurio en la casa del dinero indica suerte en las especulaciones y buena intuición financiera; la presencia del Sol en la casa del dinero indica el favor financiero del cónyuge, pareja o ser amado actual y de las conexiones sociales. Muchas veces, cuando está el planeta del amor en la casa del dinero hay oportunidades para formar una sociedad de negocios o una empresa conjunta. Importante información financiera te llegará en sueños o corazonadas y a través de un vidente, lector del tarot, astrólogo o canalizador espiritual. A veces, cuando la persona sabe interpretarlo, la propia Naturaleza envía mensajes financieros a través de animales e insectos. Presta atención a los sueños los días 18 y 19, tienen importancia para las finanzas.

Del 11 al 14 Marte viaja con Urano; conduce con más prudencia estos días; esto vale también para los hermanos y figuras fraternas.

La presencia de Marte en tu cuarta casa a partir del 14 es excelente para hacer reparaciones o renovaciones en la casa; tu planeta de la familia viaja con Plutón la mayor parte del mes, y los días 22 y 23 están muy cerca; esto refuerza lo dicho. Un progenitor o figura parental tiene una experiencia social muy buena. Se te podría presentar una feliz oportunidad profesional.

Marzo

Mejores días en general: 3, 4, 13, 14, 21, 22, 30, 31
Días menos favorables en general: 10, 11, 17, 18, 23, 24
Mejores días para el amor: 3, 4, 8, 9, 15, 16, 17, 18, 23, 24, 25, 26
Mejores días para el dinero: 5, 6, 7, 8, 9, 15, 16, 17, 18, 23, 24, 25, 26
Mejores días para la profesión: 1, 2, 10, 11, 19, 20, 23, 24, 27, 28, 29

Del 5 al 28 Mercurio hace movimiento retrógrado, así que evita las especulaciones en ese periodo; y ten más paciencia con los hijos y figuras filiales ya que les falta orientación. Hasta el 20 continúas en una cima financiera anual, que es más fuerte que el mes pasado; el 15 y el 16 el Sol viaja con Neptuno, tu planeta del dinero, y esto estimula los ingresos; tu pareja y tus contactos sociales te apoyan; podría presentarse la oportunidad de formar una sociedad de negocios o una empresa conjunta; si eres inversor te beneficias de acciones de empresas fusionadas.

Del 24 al 31 Mercurio permanece detenido, acampa sobre tu planeta del dinero; esto debería traer suerte en las especulaciones, pero hasta el 28 sé cauteloso. Si estás en el mundo de las artes creativas, estos días recibes inspiración artística comerciable.

Ahora está dominante la mitad inferior de tu carta, el lado noche; el 7 el señor de tu horóscopo entra en tu cuarta casa, por la que transitará los próximos siete años. Marte está en tu cuarta casa desde el 14 del mes pasado y continúa en ella todo este mes. En cambio, tu décima casa, la de la profesión, está vacía, sólo la visita la Luna los días 23 y 24. Este es, pues, un periodo para centrar la atención en el hogar, la familia y tu salud y bienestar emocional. Tu planeta de la familia, Venus, y el señor de tu horóscopo, Urano, están en «recepción mutua», es decir, cada uno es huésped en la casa del otro, por lo que hay buena comunicación con los familiares y haces mucho progreso en esta faceta. Teniendo a Marte en tu cuarta casa, es un buen mes para hacer obras de reparación y renovación en la casa.

El amor es feliz este mes. Venus está en tu signo hasta el 26, aportando belleza y encanto a tu imagen; tu apariencia resplandece. Tu planeta del amor en tu casa del dinero hasta el 20 indica que la riqueza es un atractivo romántico; también es importante la conexión espiritual. Te gustan personas de tipo espiritual, pero también deben estar bien aprovisionadas en lo material. Las oportunidades románticas y sociales se presentan cuando estás atendiendo a tus objetivos financieros y espirituales y con personas relacionadas con estas cosas. El 20 tu planeta del amor entra en Aries; entonces eres persona de «amor a primera vista»; tiendes a saltar antes de mirar; el amor está cerca de casa, en el barrio y tal vez con personas vecinas. Te seduce el don de labia; te atraen personas con las que te resulta fácil comunicarte; las oportunidades amorosas y sociales se presentan en ambientes de tipo educacional, en el colegio, en charlas, seminarios, talleres, bibliotecas y librerías.

Abril

Mejores días en general: 9, 10, 17, 18, 26, 27
Días menos favorables en general: 6, 7, 8, 13, 14, 19, 20
Mejores días para el amor: 2, 3, 4, 5, 11, 12, 13, 14, 21, 24
Mejores días para el dinero: 1, 2, 3, 4, 5, 11, 12, 13, 14, 19, 20, 22, 23, 29, 30
Mejores días para la profesión: 7, 8, 15, 16, 19, 20, 24, 25

Hay muchos cambios en la vida familiar y doméstica. El solsticio de Venus, del 22 al 25, sugiere la necesidad de una pausa y un cambio de dirección; esto es lo que hace este planeta en el firmamanto. A partir del 20 estás en la medianoche de tu año, de modo que la profesión no es muy importante; pero la conjunción este mes de Saturno con tu planeta de la profesión, Plutón, sugiere la necesidad de adelantar en la profesión participando en causas benéficas que responden a tus ideales; también favorece el adelantar en la profesión por medios espirituales: visualización, meditación, entrar en el ánimo (el estado psíquico) de la posición en que deseas estar, no con actos físicos, externos. Y esto está en armonía con el poder que hay en tu cuarta casa; estás en una fase de preparación en la profesión; la estás forjando en el plano interior.

Desde el 20 la salud necesita más atención; no ocurre nada grave, es simplemente un periodo de energía más baja, lo que podría hacerte más vulnerable a problemas. Así pues, como siempre, procura descansar lo suficiente; fortalece la salud de las maneras indicadas en las previsiones para el año. Los periodos de Luna menguante, del 1 al 5 y del 19 en adelante, favorecen los regímenes de desintoxicación.

El 20 del mes pasado se hizo poderosa tu tercera casa, que continúa aún más poderosa hasta el 20 de este mes. Este es buen aspecto si eres estudiante pues indica concentración en los estudios. La mente está más aguda y mejoran las dotes de comunicación. Cuando está fuerte la tercera casa todos nos convertimos en estudiantes; leemos más, hacemos cursos y aumentamos nuestros conocimientos; la mente está activa y anhela el ejercicio. A veces se vuelve demasiado activa y se descontrola; esto podría agotar la energía y ser causa de todo tipo de problemas nerviosos e insomnio. Por lo tanto, usa la mente pero desconéctala cuando no la estés usando; la meditación te será muy útil para esto.

El amor continúa feliz este mes. Del 21 al 23 tu planeta del amor viaja con Urano; esto indica encuentros románticos si estás soltero o soltera. Y si estás casado o casada o en una relación tendrás más romance y probablemente experiencias sociales felices. Hasta el 20 el amor continúa en el barrio y en ambientes educacionales. Después del 20, cuando tu planeta del amor entra en tu cuarta casa, se hace importante la intimidad emocional; demuestras el amor ofreciendo apoyo emocional, y así es como te sientes amado. A veces con esta posición reaparecen viejos amores en el cuadro; podría ser una persona que te recuerda a un viejo amor. Por lo general, esto sirve para resolver viejos problemas, para despejar el camino al amor del futuro.

Mayo

Mejores días en general: 6, 7, 15, 16, 24, 25
Días menos favorables en general: 4, 5, 10, 11, 17, 18, 31
Mejores días para el amor: 2, 3, 4, 5, 10, 11, 13, 14, 21, 23, 24, 31
Mejores días para el dinero: 2, 3, 8, 9, 10, 11, 17, 18, 19, 20, 26, 27, 29, 30
Mejores días para la profesión: 4, 5, 13, 14, 17, 18, 21, 22, 31

Desde el 21 del mes pasado Marte está «fuera de límites» y continuará así todo el mes (hasta el 12 del mes que viene). Así pues, sales de tu esfera normal en tus gustos intelectuales, en tus lecturas; tal vez asistes a charlas o clases en lugares remotos o extraños, y sobre temas muy diferentes a los habituales. Los hermanos y figuras fraternas también salen a lugares que normalmente no frecuentan. Mercurio, el planeta genérico del intelecto, también está «fuera de límites» a partir del 28, y esto refuerza lo dicho. Los hijos y figuras filiales de tu vida también salen de su esfera normal.

Hasta el 21 es necesario estar atento a la salud; como siempre, procura descansar lo suficiente. Cuando la Luna está creciente, del 4 al 18, conviene dar al cuerpo lo que necesita: vitaminas, minerales u otros suplementos; el periodo de la Luna menguante, del 1 al 4 y del 18 en adelante, favorece los regímenes de desintoxicación, para liberar al cuerpo de lo que no le corresponde estar en él. Después del 21 mejora la salud, y de modo espectacular; es posible que el mérito se lo lleve alguna píldora, terapia o suplemento, pero la verdad es que se debe a que la energía planetaria se ha vuelto a tu favor.

Hasta el 21 sigue poderosa tu cuarta casa, la del hogar y la familia, así que continúa dejando la profesión en un segundo plano y centra la atención en los asuntos familiares y domésticos y, muy importante, en tu bienestar emocional.

El 15 el poder planetario pasa al sector occidental o social de tu carta; llega, pues, el periodo para mejorar y perfeccionar tus dotes sociales. Son más importantes los demás, sus necesidades y sus intereses. Se debilita la independencia personal, por designio cósmico. Consigues las cosas mediante colaboración y consenso, no por tus actos; deja que los demás hagan su voluntad mientras esto no sea destructivo.

Las finanzas van bien este mes, en especial hasta el 21; tu planeta del dinero, Neptuno, recibe buenos aspectos; los ingresos deberían ser fuertes. Después del 21 tienes que trabajar más para conseguir tus objetivos financieros; si pones el esfuerzo extra (esta es la frase clave) prosperarás; evita las especulaciones en este periodo.

Hasta el 21 tu planeta del amor continúa en tu cuarta casa, así que repasa lo que hablamos el mes pasado. Hay más reuniones sociales en la casa y con familiares, en especial del 17 al 19. A los familiares y conexiones familiares les gusta hacer de casamenteros y te presentan personas. En los asuntos amorosos procura vivir el momento; hay una tendencia a revivir o recordar experiencias del pasado. Siempre has de preferir la experiencia del momento presente, del ahora.

El 21 tu planeta del amor entra en tu quinta casa, la de la diversión, la creatividad y los hijos; entonces comienza una de tus cimas de placer personal anuales. El amor va de diversión, no de compromiso ni responsabilidad; el amor es otra forma de diversión, como ir al cine o al teatro.

Junio

Mejores días en general: 2, 3, 11, 12, 20, 21, 30
Días menos favorables en general: 1, 7, 8, 13, 14, 27, 28, 29
Mejores días para el amor: 1, 2, 3, 7, 8, 11, 12, 20, 21, 22
Mejores días para el dinero: 5, 6, 7, 8, 13, 14, 15, 16, 23, 24, 25, 26
Mejores días para la profesión: 1, 9, 10, 13, 14, 18, 19, 27, 28, 29

Los dos planetas intelectuales de tu carta, Mercurio (el regente genérico) y Marte (el regente de tu tercera casa) están «fuera de límites». Repasa lo que dijimos acerca de esto el mes pasado. La tendencia continúa en vigor. Marte vuelve a sus límites el 12 y Mercurio el 16.

La salud mejora mucho en relación al mes pasado; es muy buena. Después del 9, cuando Venus sale de su aspecto desfavorable, sólo habrá un planeta lento en alineación adversa contigo; esto durará hasta el 27, cuando Mercurio entra en alineación desfavorable; los demás planetas o bien te forman buenos aspectos o te dejan en paz. Te veo muy atento a la salud; Marte está en tu sexta casa todo el mes; Mercurio entra en ella el 4 y el Sol el 21. Dado que la salud es buena esta atención tal vez entraña cambio en el estilo de vida o medidas preventivas; a veces esta atención indica hipocondría, la tendencia a dar excesiva importancia a problemas insignificantes; ten cuidado en esto. Tu salud es buena, y, como reza el dicho: «Si no está roto no hace falta repararlo».

Hasta el 21 continúas en una cima de placer personal, la segunda del año. Es el periodo para explorar las muchas alegrías de la vida; la alegría es en realidad una opción, una decisión espiritual que tomamos; está a nuestro alrededor y no depende de condiciones físicas. Si estás en el camino espiritual entenderás lo que quiero decir. La alegría no es solamente una fuerza curativa en sí y de por sí, sino que además relaja la mente para que puedan entrar las soluciones a los problemas; a veces los problemas más complicados se resuelven mirando una buena película o haciendo algo creativo y agradable; cuando vuelves a pensar en el problema, te llega la solución. La ansiedad y la atención al problema era lo que impedía que llegara la solución.

El amor sigue siendo asunto de diversión; te atraen personas que saben hacerte pasar un buen rato. No te lo tomas en serio, y tal vez atraes a personas no serias. La entrada de Mercurio en tu séptima casa el 27 refuerza esto (Mercurio es el regente de tu quinta casa, la de la diversión). Esto favorece las aventuras amorosas, no el romance serio. El 21 tu planeta del amor entra en tu sexta casa y entonces te vuelves más serio; se hace importante la intimidad emocional; también los valores familiares; el amor se expresa con servicios prácticos, que, como decían los antiguos, son «amor en acción». Las cenas a la luz de la luna en la playa son agradables, encantadoras, pero te gusta la persona que sabe arreglarte el ordenador o el teléfono inteligente.

Julio

Mejores días en general: 1, 8, 9, 17, 18, 19, 27, 28
Días menos favorables en general: 4, 5, 10, 11, 25, 26, 31
Mejores días para el amor: 1, 2, 3, 4, 5, 10, 11, 20, 21, 31
Mejores días para el dinero: 2, 3, 4, 5, 10, 11, 13, 14, 20, 21, 22, 23, 24, 29, 30, 31
Mejores días para la profesión: 6, 7, 10, 11, 15, 16, 25, 26

Este mes hay dos eclipses que, con ciertas diferencias, son casi repeticiones de los eclipses de enero. Por fortuna estos no son tan fuertes en ti.

El eclipse solar del 2 ocurre en tu sexta casa y anuncia cambios laborales, ya sea cambio de puesto en la misma empresa o cambio a otra empresa; hay trastornos en el lugar de trabajo. Si eres empleador podría haber cambios de personal y drama en la vida de empleados. Lo bueno es que tu sexta casa está muy fuerte y hay muchas buenas oportunidades de trabajo. Este tipo de eclipse podría producir sustos en la salud; tu salud general es buena, tu constitución está fuerte y es resistente a la enfermedad, por lo tanto lo más probable es que sólo sea un susto (eso sí, después del 23 la salud necesitará más atención); en los próximos meses harás cambios drásticos en tu programa de salud. El planeta eclipsado, el Sol, es tu planeta del amor, así que nuevamente es puesto a prueba el amor; tu pareja o ser amado podría tener dramas personales que no tienen nada que ver con la relación, pero la afecta; ten más paciencia con esta persona en este periodo.

El eclipse lunar del 16 ocurre en tu casa doce, la de la espiritualidad, el segundo del año en esta casa. Así pues, como en enero, nuevamente es necesario tomar medidas correctivas en la vida y la práctica espiritual; hay más trastornos, tal vez crisis, en una organización espiritual y benéfica, y más drama en la vida del gurú o figura de gurú. Las amistades tienen problemas financieros y deben hacer cambios en sus finanzas. Este eclipse lunar anuncia cambios laborales también, como todos los eclipses lunares, y puesto que hace impacto en Plutón, tu planeta de la profesión, podría haber cambios en tu profesión también; hay trastorno o reorganización en la empresa o la industria en que trabajas; hay drama en la vida de jefes, padres, figuras parentales, las figuras de autoridad de tu vida.

Los eclipses son el principal titular del mes, pero segunda en importancia es la vida amorosa; el 23 se hace muy poderosa tu séptima casa y comienzas una cima amorosa y social; la vida amorosa es muy activa. Si estás soltero o soltera tienes muchas oportunidades románticas, tal vez demasiadas. Pero dado que los planetas que están en tu séptima casa te forman aspectos desfavorables, tendrás que trabajar más para mantener la unión con tu pareja; también tienes que trabajar más en tu vida social. La vida social es activa, pero no hay probabilidades de boda. El mes que viene se ve mejor para el amor.

Del 9 al 12 reduce tu programa de actividades y conduce más a la defensiva; ten más paciencia con los hermanos y figuras fraternas, pues tienen sus problemas; también los vecinos.

Agosto

Mejores días en general: 4, 5, 14, 15, 23, 24, 25
Días menos favorables en general: 1, 7, 8, 21, 22, 28, 29
Mejores días para el amor: 1, 9, 10, 20, 21, 28, 29, 30, 31
Mejores días para el dinero: 1, 7, 8, 9, 10, 16, 17, 19, 20, 26, 27, 28, 29
Mejores días para la profesión: 2, 3, 7, 8, 11, 12, 21, 22, 30, 31

Hasta el 23 continúas en una cima amorosa y social; la vida social es hiperactiva; entre el 40 y el 50 por ciento (alto porcentaje) de los planetas o están en tu séptima casa o transitan por ella. Haces vida social con muchos tipos diferentes de personas; pero todo esto es exploratorio. En realidad el romance irá mejor después del 23 que antes; entonces habrá más armonía. Los días 29 y 30 me parecen los mejores para un romance o relación seria; hasta entonces estás más o menos explorando el campo para hacer la elección.

La salud necesita más atención este mes, sobre todo hasta el 23; procura descansar lo suficiente, esto es siempre lo primero y principal. Los periodos en que la Luna está en fase creciente, del 1 al 15 y el 30 y 31, son buenos para añadir cosas al cuerpo: vitaminas, minerales, suplementos, etcétera. Del 15 al 30 es buen periodo para desintoxicar el cuerpo, liberarlo de lo que no debe estar en él. Fortalece la salud de las maneras explicadas en las previsiones para el año; además, hasta el 23 da más atención al corazón; irá bien dar masajes en el pecho y trabajar los puntos reflejos. Después del 23 la salud mejora espectacularmente.

El 11 el poder planetario ya se ha trasladado a la mitad superior de tu carta, el lado día. Estás en la mañana de tu año; periodo para estar en pie y ocuparse de las actividades del día; es el periodo para atender a tus objetivos con actos físicos, externos. Tu planeta de la profesión, Plutón, está en movimiento retrógrado desde el 24 de abril y continúa así este mes; sin embargo, después del 23 comienza a recibir aspectos muy positivos, por lo que ocurren cosas felices en la profesión, aunque con reacción retardada.

El elemento tierra es muy fuerte este mes, en especial después del 18. Las personas están pragmáticas, les interesan las cosas prácticas. Es probable que no se valore o aprecie mucho tu gran inteligencia y elevadas ideas; pero estas son necesarias, pues un exceso de tierra podría apagar el pensamiento abstracto; si comunicas tus ideas procura hacer ver su lado práctico.

Las finanzas se ven difíciles después del 23; esta es una situación temporal causada por los planetas rápidos; simplemente tienes que trabajar más para conseguir tus objetivos financieros. El movimiento retrógrado de tu planeta del dinero desde el 21 de junio complica más las cosas. Tu tarea, especialmente este mes, es conseguir claridad mental respecto a tus finanzas; esto es el 90 por ciento de la batalla.

Septiembre

Mejores días en general: 1, 2, 10, 11, 20, 21, 28, 29
Días menos favorables en general: 3, 4, 17, 18, 19, 24, 25, 30
Mejores días para el amor: 7, 8, 9, 20, 21, 24, 25, 28, 29
Mejores días para el dinero: 3, 4, 5, 6, 12, 13, 14, 15, 16, 22, 23, 24, 25
Mejores días para la profesión: 3, 4, 8, 9, 18, 19, 26, 27, 30

La salud está mucho mejor este mes; mejora más después del 14, ya que Mercurio y Venus comienzan a formarte aspectos armoniosos; y después del 23 mejora más aún.

Tu octava casa se hizo fuerte el 23 del mes pasado y sigue muy fuerte hasta el 23 de este mes. Este es, pues, un periodo para expandirte «recortando», lo que es muy cierto, aunque parezca contradicción. Se podan las plantas para que den mejores flores o frutos. Se elimina aquello que desvía la energía e impide que vaya donde debe ir; esto es una actividad de la octava casa; hay quienes la llaman desintoxicar, desatascar, o despejar; una palabra mejor sería «simplificar»; simplificamos la vida y el entorno liberándonos de lo que no necesitamos ni usamos. Te sorprenderá la cantidad de energía que se libera con esto. Haz, pues, una revisión de tus pertenencias y elimina las que no necesitas ni usas; véndelas o dónalas a una obra benéfica. También conviene hacer revisión o balance de la vida mental y emocional, para eliminar las ideas y sentimientos que no te sirven; la meditación es muy útil para hacer esto. En el plano mundano, el poder que hay en la octava casa indica que el cónyuge, pareja o ser amado actual prospera, tiene un mes financiero fabuloso. Este es un buen periodo para contraer y para pagar deudas, según sea tu necesidad; es bueno para planificar el pago de impuestos, seguros y, si estás en edad, hacer planes testamentarios. Además, está fuerte la libido.

La profesión es importante este mes, pero Plutón continúa en movimiento retrógrado y después del 14 recibe aspectos desfavorables; hay, pues, más dificultades o retos en la profesión; si pones el trabajo extra tendrás éxito; la principal dificultad es saber actuar en el sentido correcto; esto llegará el mes que viene. Los asuntos profesionales van mucho mejor antes del 14 que después.

Las finanzas continúan difíciles; tu planeta del dinero continúa en movimiento retrógrado y recibe aspectos adversos; tendrás que trabajar más en la consecución de tus objetivos financieros;

las deudas podrían ser una carga en este periodo; después del 23 verás mejoría.

El amor sigue feliz; hasta el 23 lo más importante es el magnetismo sexual. Las oportunidades amorosas se presentan en funerales, velatorios, inauguración de un monumento o cuando vas a ofrecer tus condolencias. También se presentan cuando estás trabajando en tus objetivos de reinvención y transformación personal.

El 23 tu planeta del amor entra en tu novena casa; entonces te atraen personas de orientación religiosa: pastores o líderes religiosos, profesores universitarios y personas muy cultas; también te atraen personas extranjeras. Te gustan las personas de las que puedes aprender. Funciones religiosas o de la universidad son lugares para el romance, como también otros países. Las diferencias filosóficas son tal vez la principal causa de rupturas conyugales, aunque esto no es bien sabido. Por lo tanto, en el amor es muy importante que haya armonía filosófica, una visión del mundo similar.

Octubre

Mejores días en general: 7, 8, 17, 18, 26, 27
Días menos favorables en general: 1, 15, 16, 21, 22, 28, 29
Mejores días para el amor: 7, 8, 10, 11, 17, 18, 19, 20, 21, 22, 28, 29
Mejores días para el dinero: 1, 2, 3, 4, 10, 11, 12, 13, 19, 20, 21, 22, 28, 29, 30, 31
Mejores días para la profesión: 1, 5, 6, 15, 16, 23, 24, 28, 29

Hay muchas novedades positivas en la profesión; este mes hay éxito. En primer lugar, el 3 retoma el movimiento directo tu planeta de la profesión, Plutón. Llega la claridad acerca de los asuntos profesionales, hay más confianza. Tu décima casa se hace más poderosa día a día; el 3 entra en ella Mercurio; el 8 entra Venus, y el 23 entra el Sol; entonces comienzas una cima profesional anual. Normalmente, cuando es importante la profesión se desatienden los asuntos familiares y domésticos, pero esto no ocurre ahora pues tu planeta de la familia también está en tu décima casa; tu familia te apoya y alienta en la profesión; tu éxito es su éxito. Mercurio en tu décima casa indica que cuentas con el apoyo de los hijos y figuras filiales, se ven muy interesados. Este mes se elevan en categoría los hijos, las figuras filiales y la familia en su conjunto. El Sol en tu décima casa indica que cuentas con el apoyo de tu pareja y de tus conexiones sociales. Después del 23 gran parte de tu vida social está relacionada con la profesión; la actividad social es uno de los modos de adelantar en la profesión.

La salud necesita más atención después del 23; las exigencias de la profesión son fuertes pero no debes permitir que afecten a tu salud; procura programar más ratos de descanso; deja estar las cosas menos importantes y programa más sesiones de masaje u otro tratamiento. Fortalece la salud de las maneras indicadas en las previsiones para el año. En los periodos de Luna creciente, del 1 al 13 y del 28 al 31, va bien añadir al cuerpo cosas que necesita: vitaminas, minerales u otros suplementos. El periodo de Luna menguante, del 13 al 28, es bueno para hacer un régimen de desintoxicación.

El amor es feliz hasta el 23; después se complican las cosas. Hasta el 23 tu planeta del amor está en tu novena casa, de modo que te atraen personas extranjeras, o personas de orientación religiosa o muy cultas; personas de tipo mentor; las oportunidades románticas se presentan en ambientes educacionales o en funciones religiosas; en tu lugar de culto les gusta presentarte a personas por si resulta un romance; también podrías encontrar romance en otro país. Si estás en una relación, después del 23 tú y tu pareja estáis en lados opuestos, distanciados, no necesariamente en el sentido físico, sino mental y emocionalmente; estáis en oposición en vuestra manera de ver las cosas y en vuestras opiniones. El reto es salvar las diferencias, más fácil decirlo que hacerlo. Pero si lo lográis, la relación será fuerte; el 27 y el 28 son los más problemáticos; afortunadamente es un problema de corta duración. A partir del 23 tu planeta del amor estará en tu décima casa; si estás soltero o soltera esto indica que te atraen personas prósperas, poderosas, personas que han conseguido algo en su vida, personas que te pueden ayudar en la profesión. Y vas a conocer a este tipo de personas; también indica la oportunidad de romance de oficina.

Noviembre

Mejores días en general: 3, 4, 5, 13, 14, 22, 23
Días menos favorables en general: 11, 12, 18, 19, 24, 25
Mejores días para el amor: 6, 7, 8, 9, 16, 17, 18, 19, 26, 29

Mejores días para el dinero: 6, 7, 8, 9, 10, 16, 17, 18, 19, 24, 25, 26, 27

Mejores días para la profesión: 1, 2, 11, 12, 20, 21, 24, 25, 28, 29, 30

Después del 23 del mes pasado mejoraron las finanzas, y continúan bien hasta el 22; Neptuno está a punto de acabar su movimiento retrógrado; el 27 retoma el movimiento directo; entonces vuelven la confianza y la claridad a la vida financiera. Además, hasta el 22 Neptuno recibe buenos aspectos. Mercurio hace movimiento retrógrado del 2 al 20; por fuerte que sea la tentación, evita las especulaciones en este periodo. Después del 22 hay desacuerdo con tu pareja en las finanzas; es un problema de corta duración. No hagas ninguna gestión financiera importante hasta después del 27.

Hasta el 22 continúas en una cima profesional, así que hay éxito. Marte entra en tu décima casa el 19, y anuncia la necesidad de acción osada, agresiva, tal vez una especie de guerra o conflicto con competidores. Los hermanos y figuras fraternas se involucran en tu profesión. Tus buenas dotes de comunicación y tus conocimientos contribuyen a tu éxito.

Tu planeta del amor está en tu décima casa hasta el 22, de modo que, como el mes pasado, prefieres personas poderosas, personas de categoría o posición superior a la tuya; adelantas en la profesión por medios sociales, asistiendo a, y tal vez ofreciendo, fiestas y reuniones; tu buen talante social, tu simpatía, tiene un papel importante en tu profesión.

El 22 tu planeta del amor entra en tu casa once, con lo que las oportunidades amorosas se encuentran en las redes sociales de Internet y cuando participas en actividades de grupo o en organizaciones profesionales. Tu planeta del amor está en el fogoso Sagitario, cuya energía es de «amor a primera vista»; te precipitas a entablar una relación, tal vez con demasiada rapidez; personas amigas podrían desear ser algo más que amigas; tus amistades disfrutan presentándote personas con las que pudiera surgir un romance.

La salud mejora después del 22; del 22 al 25 ten cuidado o prudencia en el plano físico y conduce más a la defensiva; comprueba que tu coche está en buena forma; estos días la comunicación podría ser errática; no te llevas bien con un hermano, figura fraterna o vecino; esto se solucionará el próximo mes.

Del 22 al 24 Venus viaja con Júpiter; un progenitor o figura parental prospera; los hijos y figuras filiales tienen una relación romántica o felices experiencias sociales (mucho depende de su edad).

El 19 el poder planetario se traslada al sector oriental de tu carta, el del yo. La independencia personal va aumentando día a día; ahora te es más fácil hacer tu voluntad, las cosas a tu manera; la única dificultad es saber cuál es tu manera, pues el señor de tu horóscopo, Urano, continúa en movimiento retrógrado.

Diciembre

Mejores días en general: 1, 2, 11, 12, 19, 20, 28, 29
Días menos favorables en general: 8, 9, 15, 16, 21, 22
Mejores días para el amor: 6, 7, 8, 9, 15, 16, 17, 18, 26, 28, 29
Mejores días para el dinero: 3, 4, 5, 8, 13, 14, 17, 21, 22, 26, 31
Mejores días para la profesión: 8, 9, 17, 18, 21, 22, 26, 27

Desde hace dos años tu práctica espiritual ha ido de disciplina, ha sido un esfuerzo; hacías tu práctica con los dientes apretados y los hombros hundidos; lo soportabas; mucho de esto es bueno; es la disciplina diaria, nos sintamos como nos sintamos, bien o mal, la que nos lleva al objetivo. Ahora entra un elemento de alegría en el cuadro; el benévolo y jovial Júpiter entra en tu casa doce el 3, y continúa en ella hasta bien avanzado el año que viene. Tu práctica será más placentera; no la harás por un sentido del deber sino porque la disfrutas; el progreso será mucho más rápido; dado que Júpiter rige tu casa once, se te hace interesante y se te revela el lado espiritual de la astrología; este es un camino espiritual válido este mes y el próximo año.

Este mes es feliz, aun cuando tenemos otro eclipse solar. Después del 9 sólo hay dos planetas en alineación desfavorable contigo, aparte de la Luna, cuyos efectos son temporales; por lo tanto, la salud es relativamente buena. Además, la entrada de Júpiter en Capricornio trae aumento de los ingresos, en especial del 13 al 17. El poder planetario está casi en su totalidad en el sector oriental de tu carta, por lo que la independencia personal es fuerte. Puedes hacer tu voluntad, tener las cosas a tu manera, pero necesitas claridad respecto a cuál es tu manera; Urano continúa en movimiento retrógrado.

El eclipse solar del 26 ocurre en tu casa doce, la de la espiritualidad; este es el tercer eclipse del año en esta casa. Así pues, hay más cambios en la espiritualidad, y buenos. Con frecuencia estos cambios ocurren debido a una revelación interior, no debido a un desastre; cuando llega esta revelación es normal cambiar de práctica y de enseñanza; claro que a veces ocurren debido a algo que causa conmoción, un golpecito afectuoso de lo alto. Nuevamente, como en enero y en julio, hay trastornos en una organización espiritual o benéfica a la que perteneces o con la que te relacionas; el gurú o figura de gurú tiene dramas personales. Además, dado que este eclipse hace impacto en Júpiter, pasa por pruebas tu equipo de alta tecnología: ordenador, programas informáticos y demás artilugios. Hay drama en la vida de personas amigas, y se pone a prueba la amistad. Y nuevamente pasa por pruebas el matrimonio o la relación amorosa actual; si la relación ha sobrevivido a los eclipses de enero y de julio, sobrevivirá a este también. Hay drama en la vida de tu pareja o ser amado, así que debes tener paciencia.

Piscis

Los Peces

Nacidos entre el 19 de febrero y el 20 de marzo

Rasgos generales

PISCIS DE UN VISTAZO

Elemento: Agua

Planeta regente: Neptuno
  Planeta de la profesión: Júpiter
  Planeta del amor: Mercurio
  Planeta del dinero: Marte
  Planeta del hogar y la vida familiar: Mercurio

Colores: Verde mar, azul verdoso
  Colores que favorecen el amor, el romance y la armonía social: Tonos ocres, amarillo, amarillo anaranjado
  Colores que favorecen la capacidad de ganar dinero: Rojo, escarlata

Piedra: Diamante blanco

Metal: Estaño

Aroma: Loto

Modo: Mutable (= flexibilidad)

Cualidad más necesaria para el equilibrio: Estructura y capacidad para manejar la forma

Virtudes más fuertes: Poder psíquico, sensibilidad, abnegación, altruismo

Necesidades más profundas: Iluminación espiritual, liberación

Lo que hay que evitar: Escapismo, permanecer con malas compañías, estados de ánimo negativos

Signos globalmente más compatibles: Cáncer, Escorpio

Signos globalmente más incompatibles: Géminis, Virgo, Sagitario

Signo que ofrece más apoyo laboral: Sagitario

Signo que ofrece más apoyo emocional: Géminis

Signo que ofrece más apoyo económico: Aries

Mejor signo para el matrimonio y/o las asociaciones: Virgo

Signo que más apoya en proyectos creativos: Cáncer

Mejor signo para pasárselo bien: Cáncer

Signos que más apoyan espiritualmente: Escorpio, Acuario

Mejor día de la semana: Jueves

La personalidad Piscis

Si los nativos de Piscis tienen una cualidad sobresaliente, esta es su creencia en el lado invisible, espiritual y psíquico de las cosas. Este aspecto de las cosas es tan real para ellos como la dura tierra que pisan, tan real, en efecto, que muchas veces van a pasar por alto los aspectos visibles y tangibles de la realidad para centrarse en los invisibles y supuestamente intangibles.

De todos los signos del zodiaco, Piscis es el que tiene más desarrolladas las cualidades intuitivas y emocionales. Están entregados a vivir mediante su intuición, y a veces eso puede enfurecer a otras personas, sobre todo a las que tienen una orientación material, científica o técnica. Si piensas que el dinero, la posición social o el éxito mundano son los únicos objetivos en la vida, jamás comprenderás a los Piscis.

Los nativos de Piscis son como los peces en un océano infinito de pensamiento y sentimiento. Este océano tiene muchas profundidades, corrientes y subcorrientes. Piscis anhela las aguas más puras, donde sus habitantes son buenos, leales y hermosos, pero a veces se ve empujado hacia profundidades más turbias y malas. Los Piscis saben que ellos no generan pensamientos sino que sólo sintonizan con pensamientos ya existentes; por eso buscan las aguas más puras. Esta capacidad para sintonizar con pensamientos más elevados los inspira artística y musicalmente.

Dado que están tan orientados hacia el espíritu, aunque es posible que muchos de los que forman parte del mundo empresarial lo oculten, vamos a tratar este aspecto con más detalle, porque de otra manera va a ser difícil entender la verdadera personalidad Piscis.

Hay cuatro actitudes básicas del espíritu. Una es el franco escepticismo, que es la actitud de los humanistas seculares. La segunda es una creencia intelectual o emocional por la cual se venera a una figura de Dios muy lejana; esta es la actitud de la mayoría de las personas que van a la iglesia actualmente. La tercera no solamente es una creencia, sino una experiencia espiritual personal; esta es la actitud de algunas personas religiosas que han «vuelto a nacer». La cuarta es una unión real con la divinidad, una participación en el mundo espiritual; esta es la actitud del yoga. Esta cuarta actitud es el deseo más profundo de Piscis, y justamente este signo está especialmente cualificado para hacerlo.

Consciente o inconscientemente, los Piscis buscan esta unión con el mundo espiritual. Su creencia en una realidad superior los hace muy tolerantes y comprensivos con los demás, tal vez demasiado. Hay circunstancias en su vida en que deberían decir «basta, hasta aquí hemos llegado», y estar dispuestos a defender su posición y presentar batalla. Sin embargo, debido a su carácter, cuesta muchísimo que tomen esa actitud.

Básicamente los Piscis desean y aspiran a ser «santos». Lo hacen a su manera y según sus propias reglas. Nadie habrá de tratar de imponer a una persona Piscis su concepto de santidad, porque esta siempre intentará descubrirlo por sí misma.

Situación económica

El dinero generalmente no es muy importante para los Piscis. Desde luego lo necesitan tanto como cualquiera, y muchos consiguen amasar una gran fortuna. Pero el dinero no suele ser su objetivo principal. Hacer las cosas bien, sentirse bien consigo mismos, tener paz mental, aliviar el dolor y el sufrimiento, todo eso es lo que más les importa.

Ganan dinero intuitiva e instintivamente. Siguen sus corazonadas más que su lógica. Tienden a ser generosos y tal vez excesivamente caritativos. Cualquier tipo de desgracia va a mover a un Piscis a dar. Aunque esa es una de sus mayores virtudes, deberían prestar más atención a sus asuntos económicos, y tratar de ser más selectivos con las personas a las que prestan dinero, para que no se aprovechen de ellos. Si dan dinero a instituciones de beneficencia, deberían preocuparse de comprobar que se haga un buen uso de su contribución. Incluso cuando no son ricos gastan dinero en ayudar a los demás. En ese caso habrán de tener cuidado: deben aprender a decir que no a veces y ayudarse a sí mismos primero.

Tal vez el mayor obstáculo para los Piscis en materia económica es su actitud pasiva, de dejar hacer. En general les gusta seguir la corriente de los acontecimientos. En relación a los asuntos económicos, sobre todo, necesitan más agresividad. Es necesario que hagan que las cosas sucedan, que creen su propia riqueza. Una actitud pasiva sólo causa pérdidas de dinero y de oportunidades. Preocuparse por la seguridad económica no genera esa seguridad. Es necesario que los Piscis vayan con tenacidad tras lo que desean.

Profesión e imagen pública

A los nativos de Piscis les gusta que se los considere personas de riqueza espiritual o material, generosas y filántropas, porque ellos admiran lo mismo en los demás. También admiran a las personas dedicadas a empresas a gran escala y les gustaría llegar a dirigir ellos mismos esas grandes empresas. En resumen, les gusta estar conectados con potentes organizaciones que hacen las cosas a lo grande.

Si desean convertir en realidad todo su potencial profesional, tendrán que viajar más, formarse más y aprender más sobre el mundo real. En otras palabras, para llegar a la cima necesitan algo del incansable optimismo de Sagitario.

Debido a su generosidad y su dedicación a los demás, suelen elegir profesiones que les permitan ayudar e influir en la vida de otras personas. Por eso muchos Piscis se hacen médicos, enfermeros, asistentes sociales o educadores. A veces tardan un tiempo en saber lo que realmente desean hacer en su vida profesional, pero una vez que encuentran una profesión que les permite manifestar sus intereses y cualidades, sobresalen en ella.

Amor y relaciones

No es de extrañar que una persona tan espiritual como Piscis desee tener una pareja práctica y terrenal. Los nativos de Piscis prefieren una pareja que sea excelente con los detalles de la vida, porque a ellos esos detalles les disgustan. Buscan esta cualidad tanto en su pareja como en sus colaboradores. Más que nada esto les da la sensación de tener los pies en la tierra.

Como es de suponer, este tipo de relaciones, si bien necesarias, ciertamente van a tener muchos altibajos. Va a haber malentendidos, ya que las dos actitudes son como polos opuestos. Si estás enamorado o enamorada de una persona Piscis, vas a experimentar esas oscilaciones y necesitarás mucha paciencia para ver las cosas estabilizadas. Los Piscis son de humor variable y difíciles de entender. Sólo con el tiempo y la actitud apropiada se podrán conocer sus más íntimos secretos. Sin embargo, descubrirás que vale la pena cabalgar sobre esas olas, porque los Piscis son personas buenas y sensibles que necesitan y les gusta dar afecto y amor.

Cuando están enamorados, les encanta fantasear. Para ellos, la fantasía es el 90 por ciento de la diversión en la relación. Tienden a idealizar a su pareja, lo cual puede ser bueno y malo al mismo tiempo. Es malo en el sentido de que para cualquiera que esté enamorado de una persona Piscis será difícil estar a la altura de sus elevados ideales.

Hogar y vida familiar

En su familia y su vida doméstica, los nativos de Piscis han de resistir la tendencia a relacionarse únicamente movidos por sus sentimientos o estados de ánimo. No es realista esperar que la pareja o los demás familiares sean igualmente intuitivos. Es necesario que haya más comunicación verbal entre Piscis y su familia. Un intercambio de ideas y opiniones tranquilo y sin dejarse llevar por las emociones va a beneficiar a todos.

A algunos Piscis suele gustarles la movilidad y el cambio. Un exceso de estabilidad les parece una limitación de su libertad. Detestan estar encerrados en un mismo lugar para siempre.

El signo de Géminis está en la cuarta casa solar de Piscis, la del hogar y la familia. Esto indica que los Piscis desean y necesitan un ambiente hogareño que favorezca sus intereses intelectuales y mentales. Tienden a tratar a sus vecinos como a su propia familia, o como a parientes. Es posible que algunos tengan una actitud doble hacia el hogar y la familia; por una parte desean contar con el apoyo emocional de su familia, pero por otra, no les gustan las obligaciones, restricciones y deberes que esto supone. Para los Piscis, encontrar el equilibrio es la clave de una vida familiar feliz.

Horóscopo para el año 2019*

Principales tendencias

Teniendo al espiritual Neptuno en tu primera casa desde hace muchos años (y continuará en ella muchos más), tu principal reto es mantener los pies en el suelo y no elevarte a algún espacio de ensueño, sobre todo cuando conduces o estás haciendo tu trabajo en el mundo. Permanece en tu cuerpo; practica el estar atento, consciente. Concéntrate en lo que haces. En este periodo tu cuerpo se está volviendo muy refinado y sensibilizado, y esto lleva mucho tiempo. Volveremos a este tema.

Júpiter pasa casi todo el año en tu décima casa, lo que significa que estás en un año muy potente en la profesión; hay mucho éxito. Hablaremos más sobre esto.

Los siete últimos años Urano ha transitado por tu casa del dinero, en la que continúa hasta el 7 de marzo. Has pasado por grandes cambios financieros y por muchos altibajos extremados (más de lo que son los altibajos normales). Esto comienza a estabilizarse este año; los ingresos serán más uniformes; Urano entra en tu tercera casa y estará en ella los próximos siete años.

Urano en tu tercera casa indica muchos cambios de colegio si eres estudiante aún no universitario; esta es una faceta muy inestable. Tus gustos en la lectura se inclinan siempre hacia lo espiritual, pero pronto encontrarás más interesante las ciencias y la tecnología.

---

* Las previsiones de este libro se basan en el Horóscopo Solar y todos los signos que derivan de él; tu Signo Solar se convierte en el Ascendente, y las casas se numeran a partir de él. Tu horóscopo personal, el trazado concretamente para ti (según la fecha, hora y lugar exactos de tu nacimiento) podrían modificar lo que decimos aquí. Joseph Polansky

Tu casa once, la de las amistades, ha estado poderosa desde hace muchos años, desde 2008. A fines del año antepasado entró Saturno en esta casa, y a fines de este año, el 3 de diciembre, entrará Júpiter en ella. Tu casa once es con mucho la más fuerte del horóscopo. Así pues, este año es muy social. Más adelante continuaremos con este tema.

El amor y el romance no se ven muy importantes este año; la tendencia será a dejar las cosas como están. Volveremos a esto.

Este año tenemos cinco eclipses; normalmente sólo son cuatro. Cuatro de estos cinco eclipses afectan a la salud y al trabajo. Por lo tanto habrá cambios laborales y cambios en el programa de salud. Hablaremos más de esto.

Tres de los cinco eclipses afectan a las amistades, por lo que hay mucha turbulencia en esta faceta. Volveremos a este tema.

Los principales intereses para ti este año son: el cuerpo y la imagen; las finanzas (hasta el 7 de marzo); la comunicación y las actividades intelectuales (a partir del 7 de marzo y por muchos años); la profesión (hasta el 3 de diciembre); las amistades, los grupos y las actividades de grupo.

Los caminos hacia tu mayor satisfacción o realización este año son: los hijos, la diversión y la creatividad; la profesión (hasta el 3 de diciembre); la amistades, los grupos y las actividades de grupo (a partir del 3 de diciembre).

Salud

(Ten en cuenta que esta es una perspectiva astrológica de la salud, no una médica. Antaño no había ninguna diferencia, ambas eran idénticas, pero en esta época podrían diferir muchísimo. Para una perspectiva médica, por favor, consulta a tu médico o a otro profesional de la salud.)

La salud es buena este año, aun cuando vas a hacer muchos cambios en tu programa y tal vez pases unos cuantos sustos. Gran parte del año sólo hay un planeta lento en aspecto desfavorable para ti; los demás o bien están en aspectos armoniosos o te dejan en paz; a fin de año, después del 3 de diciembre, no habrá ningún planeta en alineación desfavorable contigo; todos estarán en aspectos armoniosos. Por lo tanto, la salud y la energía son súper e irán mejorando a medida que avance el año.

Ten presente que a lo largo del año habrá periodos en que la salud será menos buena, tal vez incluso habrá algún malestar;

esto se debe a los tránsitos temporales de los planetas rápidos; no son tendencias para el año; cuando acaba el tránsito vuelven la buena salud y la energía.

Si has tenido alguna enfermedad o malestar, lo más probable es que ahora mejore o atenúe y te dé menos problemas. Tu mayor energía te hace resistente a la enfermedad.

Tu salud es buena, pero siempre puedes mejorarla o fortalecerla; da más atención a las siguientes zonas, que son las vulnerables en tu carta.

Los pies. Estos miembros son siempre importantes para ti, pues los rige tu signo. Masajes periódicos en los pies deberán formar parte de tu programa de salud. Ir a un masajista o reflexólogo profesional podría resultar caro, así que tal vez te convenga invertir en alguno de esos muchos artilugios que dan masaje a los pies automáticamente; puedes darte los masajes mientras miras la televisión o estás ante el ordenador. Hay aparatos para darse baños de pies con agua arremolinada; también son buenos. En invierno mantén los pies abrigados. Usa zapatos que te calcen bien y no te hagan perder el equilibrio. La comodidad es mejor que la elegancia, pero a veces se pueden tener ambas cosas.

El corazón. Este órgano también es siempre importante para Piscis pues lo rige el Sol, que es tu planeta de la salud. Te iría bien trabajar sus puntos reflejos. Muchos terapeutas espirituales afirman que la preocupación y la ansiedad son las principales causas de los problemas cardiacos. Evita, pues, estas emociones, que por desgracia se han hecho tan habituales que se consideran normales. Reemplázalas por fe.

Neptuno, como hemos dicho, lleva muchos años en tu primera casa. Si bien este aspecto da belleza y atractivo al cuerpo, también lo hace mucho más sensible; tu cuerpo se está refinando y espiritualizando. Muchas de las cosas que sientes en el cuerpo no provienen de ti; se deben a que captas energías del entorno y de personas con las que te compenetras. No te identifiques con esas sensaciones, simplemente obsérvalas. Considera al cuerpo un «instrumento de medición», como un voltímetro u otro aparato de medición. Simplemente indica las energías que hay en el entorno; con esta comprensión se pueden evitar muchas experiencias desagradables.

Año a año vas adquiriendo más control de tu cuerpo; año a año vas comprendiendo cómo el espíritu controla absolutamente al cuerpo. Aumenta muchísimo tu capacidad para modelar tu cuerpo.

El Sol, tu planeta de la salud, es de movimiento rápido; en un año transita por todos los signos y casas del horóscopo. Además, forma aspectos a todos los demás planetas. Por lo tanto, hay muchas tendencias de corto plazo en la salud, de las que es mejor hablar en las previsiones mes a mes.

Siendo el Sol tu planeta de la salud, tu salud necesita cambios mes a mes.

Como hemos dicho, cuatro eclipses afectan a tu salud y programa de salud, y esto lo trataremos con más detalle en las previsiones mes a mes.

Hogar y vida familiar

Este año está prácticamente vacía tu cuarta casa, la del hogar y la familia; sólo transitan por ella los planetas rápidos y su efecto es temporal. Con este aspecto se tiende a dejar las cosas como están; el Cosmos no te impulsa en uno ni otro sentido; tienes mucha libertad en esta faceta, pero te falta interés. Este año la profesión es mucho más importante que los asuntos familiares y domésticos.

Si surgieran problemas en la familia lo más probable es que se deban a tu falta de atención; así pues, los solucionarás prestando más atención.

Mercurio es tu planeta del amor y de la familia. Esto nos indica diversas cosas. Te gusta organizar reuniones y fiestas en casa con los familiares, y esto es gran parte de tu vida social. También indica la necesidad de tener hermosa la casa u hogar. No hace falta que sea ostentosa ni grandiosa, pero sí te agrada que tenga belleza. Tal vez la casa podría parecerse a una galería de arte o un museo, llena de hermosos cuadros y objetos. También podría haber necesidad de libros; libros y librerías podrían ser otra forma de decoración.

Mercurio es un planeta de movimiento rápido, el más rápido de los planetas a excepción de la Luna. A lo largo del año transita por todos los signos y casas del horóscopo, a veces más de una vez, y forma aspectos, buenos o malos, a todos los planetas. Hay, entonces, muchas tendencias de corto plazo en la vida familiar que dependen de dónde está Mercurio y de los aspectos que recibe. De estas hablaremos en las previsiones mes a mes.

Siendo Mercurio el planeta de la familia, los fenómenos familiares, los altibajos en la vida familiar, tienden a ser de corta duración. Vienen y van.

Un progenitor o figura parental prospera muchísimo este año, y su prosperidad será más fuerte aún el año que viene; esta persona viaja más y debe estar atento a su peso; si está en edad de concebir, es posible un embarazo; la fertilidad es mayor en este periodo; podría haberse mudado el año pasado, este año no se ven probabilidades.

El otro progenitor o figura parental tiene un año social maravilloso; si está soltero o soltera, hay romance; su vida social es mucho más activa de lo habitual; en cuanto a mudanza, hay más probabilidades el próximo año que en este. Esta persona está pasando por profundos cambios espirituales, y esto es una tendencia de largo plazo.

Los hermanos y figuras fraternas se ven inquietos en este periodo; desasosegados, rebeldes. Hay trastornos y crisis en sus familias; su vida amorosa pasa por dificultades. Podría haber mudanza, pero es más probable que viajen de lugar en lugar.

Los hijos y figuras filiales tienen un año familiar sin novedades ni cambios.

Si tienes pensado hacer obras importantes de renovación en la casa, del 31 de marzo al 16 de mayo es buen periodo. Si quieres redecorar o embellecer la casa, del 9 de junio al 3 de julio es buen periodo.

Profesión y situación económica

Como hemos dicho, este año viene un gran cambio en la vida financiera; probaste algo de esto el año pasado cuando Urano salió de Aries, tu casa del dinero, estuvo unos meses en Tauro y luego volvió a Aries; este año sale decididamente de Aries y entra en Tauro para quedarse varios años.

Urano en tu casa del dinero durante los siete años pasados te hacía más especulador y arriesgado que de costumbre; favorecías las empresas nuevas, recién establecidas; favorecías el campo de la alta tecnología y el mundo online; tal vez ganaste dinero por Internet. La vida financiera era emocionante, sin duda; el dinero y las oportunidades podían llegar en cualquier momento y en cualquier lugar, a veces de repente, en los momentos más negros; cuando ocurría esto las alturas eran muy altas, pero los golpes al caer eran dolorosos. «Extremada volatilidad» sería una buena descripción de las finanzas en estos siete años. Es posible que cambiaras de agencia bursátil, de banco y de planificadores financieros, y tal vez muchas veces; hacías experimentos en tu vida financiera. Dejando de lado los libros de reglas exploraste para saber qué te daba buen resultado a ti. No olvides que los libros de reglas tratan de «promedios» y tú no eres un promedio; eres un ser único, una ley en ti mismo. Ya has aprendido estas lecciones y necesitas menos experimentación. Más o menos conoces tu estrategia y método.

Así pues, las finanzas son menos importantes después del 7 de marzo. Sigues siendo arriesgado, pero menos; eres más moderado en estos asuntos.

Tu planeta del dinero es Marte, el que si bien no es el más rápido de los planetas, lo es relativamente. Este año transita por ocho signos y casas del horóscopo. Por lo tanto, hay muchas tendencias de corto plazo en las finanzas que debemos tratar en las previsiones mes a mes.

Siendo Marte tu planeta del dinero, en esta vida debías desarrollar valentía financiera; la superación del miedo es lo más importante. Es mejor dar un golpe financiero y superar el miedo que ganar de formas supuestamente seguras y sin riesgo. No hay nada malo en la seguridad ni en no arriesgarse, pero esto no te lleva a tu mayor potencial financiero. Marte favorece los deportes y el atletismo y a las empresas que proveen a los atletas y deportistas; favorece a los militares y policía y a las empresas que los proveen. También favorece las industrias del acero y de sombreros.

Cuando Urano salga de tu casa del dinero el 7 de marzo ya deberías haber conseguido tus objetivos financieros de corto plazo y no necesitas prestar mucha atención a tus finanzas; el resto del año será más o menos sin novedades ni cambios.

El verdadero titular del año es la profesión; se ve súper. Ves mucho éxito. Como hemos dicho, Júpiter ocupa tu décima casa casi todo el año. Esto significa ascenso y aumento de sueldo, sea oficial o no oficial. Hay éxito, reconocimiento e incluso honores. Se eleva tu categoría pública y profesional; según la edad que tengas, este podría ser el periodo cumbre de tu vida. Si eres mayor, será uno de tus periodos cumbres.

No sólo se trata de que Júpiter está transitando por tu décima casa, sino también de que en ella es inmensamente poderoso, pues está en su signo y casa; se encuentra en su «zona de agrado»: es extraordinariamente poderoso ahí. Además, no olvidemos que el medio cielo, el punto cima de tu carta, es una posición potente de suyo, sea cual sea el signo.

Con un magnífico perfil público y profesional te atraes felices oportunidades profesionales.

Claro que ni el poderoso Júpiter en la décima casa hace presidente a un secretario, pero el secretario se eleva de categoría; un vicepresidente puede llegar a ser presidente o gerente general o asumir más responsabilidades en la organización. Siempre debemos mirar las cosas en su contexto.

Hacia fin de año es probable que ya hayas conseguido tus objetivos profesionales de corto plazo y tu atención pasará a las amistades y grupos; este es el fruto, la consecuencia, del éxito profesional. Conoces a personas importantes; tienes mejores amigos.

Este año habrá cambios laborales, tal vez unos cuantos. Como hemos dicho, cuatro de los cinco eclipses afectan al trabajo. El cambio podría ser de puesto en la misma empresa, o tal vez te cambias a otra. Este aspecto también indica cambio en la condiciones laborales y en el lugar de trabajo. Dado que la profesión va tan bien, lo más probable es que estos cambios sean positivos.

Amor y vida social

Tu casa del amor, la séptima, no es casa de poder este año. Está prácticamente vacía, sólo transitan por ella los planetas rápidos y sus efectos son de corta duración. Y no sólo eso sino que no hay ningún planeta lento en el sector occidental de tu carta. Así pues, el amor no es un centro importante de atención este año. La tendencia es dejar que las cosas sigan como están. Ya sea que estés casado o casada, soltero o soltera, es probable que continúes como estás. Ten presente que no hay nada en contra de un romance serio, pero tampoco hay nada que lo favorezca.

Me parece que estás satisfecho con las cosas como están y no tienes ninguna necesidad de hacer cambios importantes.

Estás en una fase de más independencia; estás más interesado en ti y en tus objetivos; esto suele ir en contra del romance.

Tu periodo más activo en tu vida amorosa y social será del 23 de agosto al 22 de septiembre.

Si estás con miras a un segundo matrimonio, el año pasado tenías buenos aspectos y buenas oportunidades. Este año se ve sin novedades. Si estás con miras a un tercer matrimonio, este año tienes muchas oportunidades; pero a fin de año hay más probabilidades de romance serio, después del 3 de diciembre; el año que viene también será bueno para el romance.

Aunque en el amor las cosas siguen como están, las amistades son importantes, mucho más que el amor; este es un año activo en la amistad. Este año hay tres eclipses que ocurren en tu casa once, por lo tanto hay mucho drama en la amistad; la amistad pasa por pruebas; algunas llegan a su fin, las buenas continúan. Muchas de estas pruebas no tienen nada que ver contigo; son dramas personales en la vida de personas amigas, dramas de aquellos que cambian la vida. Dado que tu casa once está tan fuerte, tu atención está centrada en la amistad, es importante para ti, y esto tiende al éxito a pesar de todas las pruebas y dificultades. Vemos por lo menos tres amistades importantes este año. Esta faceta será mucho más feliz después del 3 de diciembre, cuando Júpiter entra en tu casa once. En realidad, es posible que consideres tu misión estar presente para tus amigos.

Este año te atraen personas extranjeras, muy cultas y religiosas. Haces amistades por Internet, en otros países cuando viajas y en ambientes educacionales y religiosos. Más avanzado el año te atraen personas de elevada categoría profesional y social; y conocerás a este tipo de personas.

Tu planeta del amor es Mercurio, que es de movimiento muy rápido; a lo largo del año transita por todos los sectores del horóscopo y forma aspectos con todos los planetas. Hay, pues, muchas tendencias de corto plazo en el amor, que dependen de dónde está Mercurio y de los aspectos que recibe; estas tendencias es mejor tratarlas en las previsiones mes a mes.

Este año Mercurio hace movimiento retrógrado tres veces: del 5 al 28 de marzo; del 7 de julio al 2 de agosto, y del 2 al 20 de noviembre. Estos son periodos para hacer revisión de la vida amorosa y evitar tomar decisiones importante en uno u otro sentido.

Progreso personal

Urano es tu planeta de la espiritualidad, así que su salida de Aries y su entrada en Tauro el 7 de marzo indica cambios importantes en tu vida espiritual. Por naturaleza tiendes a ser experimentador en la espiritualidad y durante los siete últimos años lo has sido más; ahora, con tu planeta de la espiritualidad en Tauro te vuelves algo más conservador. Supongo que has aprendido de tus experimentos y ahora puedes adoptar un camino más estable.

En los siete últimos años has hecho también mucho progreso en la comprensión de las dimensiones espirituales de la riqueza, y ahora estás más o menos establecido en tu comprensión.

El año pasado has sido bastante activista en tu vida espiritual; deseabas expresar tus ideales en actos físicos; tal vez has sido demasiado militante; tal vez has obligado a otras personas a entrar en tu molde (porque lo considerabas corrcto); ahora esta tendencia se calma.

El tránsito de Urano por tu tercera casa es muy positivo si eres profesor, escritor, periodista, publicista, llevas un blog o trabajas en relaciones públicas. Eres más inspirado e intuitivo en tu trabajo; tu trabajo es más creativo.

Hemos hablado de las consecuencias de la presencia de Neptuno en tu primera casa. El cuerpo se vuelve mucho más sensible; eres más Piscis que de costumbre. Todas las características de tu signo, positivas y negativas, se refuerzan, son más fuertes, más prominentes. Tienes la imagen de un gurú; es posible que para muchas personas de tu círculo seas un gurú. Incluso niños nativos de Piscis serán maestros espirituales de otros niños. Se te considera así.

Es necesario entender bien la sensibilidad del cuerpo. Esto es un importante abridor de ojos, cuando lo ves y lo entiendes. Por ejemplo, si estás con alguien que tiene un problema cardiaco, esto lo sientes en tu corazón; te parece algo físico, pero no lo es. Si estás con una persona que tiene problemas de estómago, también lo sientes. No te ocurre nada malo, pero sientes estas energías. Debido a esto muchas personas recurren a prodecimientos innecesarios y a veces peligrosos. Considera tu cuerpo un instrumento psíquico de medición, no sólo un conjunto de carne y huesos, una fábrica o maquinaria química. Sé objetivo con el cuerpo. Que un instrumento de medición capte una energía inusual no significa que haya algo malo en el instrumento, simplemente hace su trabajo.

La sensibilidad psíquica es una fabulosa bendición, pero a veces puede ser dolorosa. Procura rodearte de personas positivas, que te contagien de optimismo.

El cuerpo no tiene voluntad propia; tiene hábitos y apetitos (podemos llamarlos impulsos kármicos), pero no voluntad independiente. Tarde o temprano debe adoptar la imagen que tú le

das. Vas a aprender esto en este periodo; tus resultados serán muy
rápidos; modela tu cuerpo de la forma que te vaya bien. El espíritu te enseñará.

Previsiones mes a mes

Enero

> *Mejores días en general:* 1, 10, 11, 19, 20, 27, 28
> *Días menos favorables en general:* 2, 3, 17, 18, 23, 24, 30, 31
> *Mejores días para el amor:* 1, 4, 5, 12, 13, 15, 16, 21, 22, 23, 24,
> 25, 30, 31
> *Mejores días para el dinero:* 2, 3, 12, 13, 21, 22, 30, 31
> *Mejores días para la profesión:* 2, 3, 12, 13, 21, 22, 30, 31

Tu cima profesional fue el mes pasado, pero la profesión continúa
fuerte este mes, y con mucho éxito. El poder planetario está principalmente sobre el horizonte de tu carta, en el lado día. Tu décima casa está fuerte, mientras que tu cuarta casa, la del hogar y la
familia, está vacía; sólo la Luna transita por ella los días 17 y 18.
La familia apoyaba tus objetivos profesionales el mes pasado y
continúa apoyándolos este mes hasta el 5. Continúa centrando la
atención en tu profesión.

Los dos eclipses que tenemos este mes son relativamente suaves en ti, pero no te hará ningún daño reducir tus actividades de
todos modos. Claro que podrían ser potentes si tocaran un punto
sensible de tu horóscopo personal, el hecho con la fecha y la hora
exactas de tu nacimiento.

El eclipse solar del 6 (el 5 en Estados Unidos) ocurre en tu casa
once y hace impacto en Saturno, el señor de esta casa; doble golpe
en los asuntos de esta casa. Pasan por pruebas las amistades; las
defectuosas llegan a su fin o pierden importancia; hay drama en
la vida de personas amigas, drama de aquellos que cambian la
vida. Se pone a prueba el equipo de alta tecnología, ordenadores,
programas informáticos, etcétera; funcionan de modo irregular
en este periodo; la tecnología es maravillosa cuando funciona
bien, pero cuando no, es una pesadilla, es como si se detuviera la
vida; así pues, comprueba que tienes copias de seguridad de los
documentos importantes y están actualizados los programas an-

tivirus y antipiratería. Padres, figuras parentales y jefes tienen trastornos financieros y deben hacer cambios. Dado que el Sol rige tu sexta casa, todos los eclipses solares afectan al trabajo y al programa de salud; hay cambios laborales; podría haber trastorno o reorganización en el lugar de trabajo. Si eres empleador tal vez habrá cambios de personal y drama en la vida de empleados. En general tu salud es buena, pero a lo largo de los próximos meses harás cambios importantes en tu programa de salud.

El eclipse lunar del 21 ocurre en tu sexta casa, por lo que nuevamente hay cambios laborales y trastornos en el lugar de trabajo. Con ciertas diferencias, este eclipse es una repetición del eclipse solar. Ves la necesidad de hacer cambios importantes en tu programa de salud, tal vez debido a un susto en la salud. Todos los eclipses lunares afectan a los hijos y figuras filiales de tu vida y este no es diferente; pasan por dramas personales y financieros; decididamente deben tomarse las cosas con calma y reducir sus actividades durante el periodo del eclipse. Si estás en el mundo de las artes creativas (muchos nativos de Piscis lo están) este eclipse indica cambios importantes en tu creatividad, que comenzará a tomar una nueva dirección.

Febrero

Mejores días en general: 6, 7, 15, 16, 24, 25
Días menos favorables en general: 13, 14, 19, 20, 26, 27
Mejores días para el amor: 3, 4, 11, 15, 16, 19, 20, 24, 25, 28
Mejores días para el dinero: 8, 9, 10, 17, 18, 19, 26, 27, 28
Mejores días para la profesión: 9, 10, 17, 18, 26, 27

Este es un mes feliz y próspero, Piscis, que lo disfrutes.

A excepción de la Luna, y sólo parte del mes, todos los planetas están en el sector oriental de tu carta; esto es excepcional; la independencia personal es extraordinariamente fuerte; al Cosmos le importa tu felicidad y te respalda; la autoestima y la seguridad en ti mismo también están más fuertes de lo habitual. La salud es buena, puedes hacer lo que sea que te propongas. Si no eres feliz, no le eches la culpa a los demás; tu felicidad depende de ti. Haz los cambios necesarios y crea las condiciones que te hagan feliz; tienes el poder. Todos los planetas están en movimiento directo este mes así que verás avance rápido hacia tus objetivos.

Tienes un mes muy espiritual; tu casa de la espiritualidad, la doce, está poderosa hasta el 19, pero teniendo a Neptuno en tu signo, desde hace muchos años, continuarás sintiendo las influencias espirituales después de esta fecha.

La salud es buena; después del 3 sólo hay un planeta lento, Júpiter, en relación adversa contigo, pero los aspectos desfavorables de este planeta tienden a ser moderados; ocasionalmente la Luna te formará aspectos adversos. Hasta el 19 puedes fortalecer más la salud con masajes en los tobillos y pantorrillas, y después con masajes en los pies. Las técnicas espirituales de curación son siempre buenas para ti, pero este mes lo son más aún; si te sientes indispuesto (lo que no es probable) visita a un terapeuta de orientación espiritual.

El amor es feliz este mes; el 10 entra en tu signo tu planeta del amor. Si estás sin compromiso esto te trae felices oportunidades amorosas, y si estás en una relación te trae felices oportunidades sociales. También aporta donaire a tu apariencia. El 18 y el 19 son días especialmente buenos para el romance pues tu planeta del amor viaja con Neptuno. No es mucho lo que tienes que hacer, el amor te encuentra.

Tu planeta del dinero, Marte, estuvo todo el mes pasado en tu casa del dinero y continúa en ella hasta el 14; ahí está en su signo y casa y por lo tanto es más poderoso por ti; los ingresos son fuertes, con unos pocos baches en el camino; del 11 al 14 Marte viaja con Urano, y esto provoca cambios repentinos en las finanzas; podría llegar dinero o una oportunidad inesperados; o podría haber un gasto repentino inesperado, pero el dinero para cubrirlo también llega de modo inesperado. Las personas adineradas de tu vida podrían pasar por dramas estos días.

Marzo

Mejores días en general: 5, 6, 7, 15, 16, 23, 24
Días menos favorables en general: 13, 14, 19, 20, 25, 26
Mejores días para el amor: 3, 4, 5, 6, 7, 15, 16, 19, 20, 23, 24
Mejores días para el dinero: 1, 2, 8, 9, 10, 11, 17, 18, 19, 20, 25, 26, 28, 29
Mejores días para la profesión: 8, 9, 17, 18, 25, 26

Tienes un mes feliz y próspero, Piscis, disfrútalo. Cuando el Sol entró en tu primera casa el 19 del mes pasado comenzaste una de tus cimas anuales de placer personal, que continúa hasta el 20. Estás, pues, en el periodo para tratar bien al cuerpo, mimarlo, recompensarle sus servicios de todos estos años. Las personas rara vez dan las gracias a sus cuerpos; el cuerpo es una inteligencia, un imperio de billones de células; simplemente tomarse el tiempo para agradecerle sus servicios y dar las gracias a cada órgano, en especial a los que nos causan molestia, hace muchísimo para mejorar la salud y la apariencia personal.

Este es un mes fabuloso si buscas trabajo; se presentan oportunidades felices con poco esfuerzo de tu parte, sólo tienes que aceptar o rechazar. El 15 y el 16 son días especialmente fuertes para esto; también son días excelentes para la curación espiritual.

El amor sigue feliz, pero le falta orientación. Mercurio, tu planeta del amor, continúa en tu signo, y esto indica que el amor y las oportunidades amorosas te persiguen. Del 5 al 28 Mercurio hace movimiento retrógrado, y esto podría enlentecer las cosas, pero no las detiene ni impide; la confianza social no está a la altura que debiera. Del 24 al 31 se presentan felices oportunidades románticas ya que esos días tu planeta del amor acampa sobre Neptuno.

La salud es excelente este mes; están fuertes la seguridad en ti mismo y tu autoestima; también tu independencia. Como el mes pasado, todos los planetas (con la excepción de la Luna, a veces) están en tu sector oriental, el del yo. Tu primera casa está llena de planetas, y benéficos, mientras que tu séptima casa está vacía; sólo la Luna la visita los días 19 y 20. Es un mes de tipo «yo primero». Si tú no estás por ti, ¿quién lo estará? Tu felicidad es tu responsabilidad. Da los pasos necesarios para crear cosas según tus especificaciones; si creas bien verás los resultados en los próximos meses; si cometes errores, tendrás la oportunidad de corregirlos cuando llegue tu siguiente ciclo de independencia personal.

Hasta el 20 puedes fortalecer tu salud ya buena con masajes en los pies y técnicas espirituales; después serán potentes los masajes en el cuero cabelludo y la cara, la terapia sacro-craneal y el ejercicio físico.

En las finanzas también hay buenas novedades; Urano sale de tu casa del dinero el 7 y ya no vuelve a ella hasta dentro de muchísimos años; habrá, pues, más estabilidad en las finanzas; el 20 entra el Sol en tu casa del dinero y comienzas una cima financiera anual. El dinero procede del trabajo, y hay oportunidades para hacer horas extras o trabajos secundarios. Si eres inversor, el campo de la salud se ve interesante; Marte entró en tu tercera casa el 14 del mes pasado y estará en ella todo este mes; Marte en Tauro da buen juicio financiero e indica la importancia de las ventas, mercadotecnia y buenas relaciones públicas en los ingresos.

Abril

Mejores días en general: 1, 2, 3, 11, 12, 19, 20, 29, 30
Días menos favorables en general: 9, 10, 15, 16, 22, 23
Mejores días para el amor: 2, 3, 11, 12, 13, 14, 15, 16, 21, 22, 23
Mejores días para el dinero: 4, 5, 9, 10, 13, 14, 17, 18, 22, 23, 26, 27
Mejores días para la profesión: 4, 5, 13, 14, 22, 23

Marte, tu planeta del dinero, pasa el mes en tu cuarta casa, la del hogar y la familia. Es posible que gastes más en la casa; este es buen mes para hacer reparaciones o renovaciones en la casa si lo necesitas; el apoyo de la familia es bueno; gastas en la casa pero también puedes ganar; la familia y las conexiones familiares tienen un importante papel en las finanzas. Marte está en aspecto desfavorable con Júpiter, así que podría haber desacuerdos con los padres o figuras parentales respecto a las finanzas. Este mes el éxito profesional podría entrañar ciertos sacrificios financieros.

Los ingresos continúan buenos; hasta el 20 estás en una cima financiera. El trabajo sigue siendo la principal fuente de ingresos; tu trabajo genera buena suerte. Los días 13 y 14 el Sol forma buenos aspectos con Júpiter, y esto trae oportunidades laborales felices y éxito financiero; también estimula el progreso en la profesión.

La salud es buena aunque un poco menos que en los últimos meses; ahora hay dos planetas en alineación desfavorable contigo; esto no basta para causar problemas, pero lo sentirás en la energía. Hasta el 20 fortalece la salud con masajes en el cuero cabelludo y la cara y con ejercicio físico; después irán bien los masajes en el cuello. La terapia sacro-craneal es buena todo el mes.

El amor va mejor que el mes pasado pues Mercurio está en movimiento directo; hasta el 17 sigue persiguiéndote el amor; simplemente ocúpate de tus asuntos cotidianos, y el amor te encontrará. El 17 Mercurio entra en tu casa del dinero; esto indica que cuentas con el favor financiero de tu pareja y de tus contactos sociales; apoyan tus objetivos financieros. Las oportunidades amorosas se presentan cuando estás atendiendo a tus objetivos financieros y con personas relacionadas con tus finanzas. El planeta del amor en Aries a partir del 17 te hace precipitado en el amor; tiendes a zambullirte en la relación demasiado pronto; cuando está conectada la intuición esto da resultados y te ahorra mucho tiempo de cortejo, vas a lo esencial con rapidez; pero si falta la intuición podría estallarte en la cara. De todos modos, el planeta del amor en Aries indica la necesidad de ser osado en los asuntos amorosos y sociales. Si superas el miedo, has triunfado.

El poder planetario está ahora bajo el horizonte de tu carta; el lado noche de tu horóscopo domina al lado día. Tienes un año profesional exitoso, pero en este periodo te conviene centrar más la atención en el hogar, la familia y tu bienestar emocional. Además, tu planeta de la profesión, Júpiter, inicia movimiento retrógrado el 10; así pues, muchos asuntos profesionales necesitan tiempo para resolverse; no hay ningún riesgo en pasar la profesión a un segundo plano.

Mayo

Mejores días en general: 8, 9, 17, 18, 26, 27
Días menos favorables en general: 6, 7, 13, 14, 19, 20
Mejores días para el amor: 2, 3, 13, 14, 21, 23, 24, 31
Mejores días para el dinero: 1, 2, 3, 6, 7, 10, 11, 17, 19, 20, 26, 27, 29, 30
Mejores días para la profesión: 2, 3, 10, 11, 19, 20, 29, 30

Va disminuyendo la atención a las finanzas; el 15 ya estará vacía tu casa del dinero; esto lo interpreto como algo positivo. Más o menos has conseguido los objetivos financieros y tienes la libertad para dedicarte a otros intereses, intelecuales, familiares y psíquicos. Esa es la finalidad del dinero, en realidad; no es un fin en sí mismo, aun cuando muchas personas se comporten como si lo fuera; el dinero sólo es el medio por el cual podemos crecer los seres humanos, nos compra la libertad para el desarrollo personal.

Tu tercera casa se hizo poderosa el 20 del mes pasado, y continúa poderosa hasta el 21; este es un periodo maravilloso si eres estudiante universitario; te concentras en los estudios y por lo tanto tienes más éxito. Además, esta energía mejora las facultades intelectual y de comunicación; retienes la información con más facilidad, el aprendizaje es más rápido. Cuando está fuerte la tercera casa todos nos volvemos estudiantes; la mente está ávida, anhela el conocimiento y la información. Además, las personas tienden a hablar más. Este es, pues, un buen mes para asistir a clases en temas que te interesan, y también es bueno para enseñar acerca de los temas que conoces.

Después del 21 adquieren fuerza los intereses familiares, domésticos y psíquicos, dado que tanto el Sol como Mercurio entran en tu cuarta casa. Tu planeta de la profesión continúa en movimiento retrógrado, así que da la atención al hogar y la familia. La cuarta casa está opuesta a la décima casa, la de la profesión, y por lo tanto se considera su complemento; la una va con la otra; se apoyan mutuamente. La profesión se forja sobre una base hogareña y familiar estable, y una profesión exitosa favorece una vida familiar y doméstica estable. Desde el punto de vista astrológico, se trata simplemente de a cuál se da más importancia en un determinado periodo. Ahora es el periodo para construir la infraestructura psíquica y emocional, los cimientos sobre los cuales se forja la profesión. No podrás eludir las exigencias profesionales, pero sí puedes pasar más energía al hogar, darle más importancia.

La salud necesita más atención después del 21; no ocurre nada grave, sino que es sencillamente un periodo de energía baja; como siempre, procura descansar lo suficiente. Hasta el 21 fortalece la salud con masajes en el cuello y terapia sacro-craneal; después serán buenos los masajes en los brazos y hombros; también es importante tomar aire fresco y cuidar la dieta.

Desde el 21 del mes pasado está «fuera de límites» tu planeta del dinero, Marte, y esto continúa este mes. Esto significa que para conseguir tus objetivos financieros necesitas probar métodos o ideas nuevos, salir de tu esfera normal. El 16 Marte entra en tu quinta casa, la de la diversión, la creatividad y los hijos. Este es un tránsito feliz; el dinero te llega con facilidad y lo gastas con facilidad; hay suerte en las especulaciones; gastas en cosas felices y en actividades de ocio, en diversión; tienes una actitud despreocupada hacia el dinero.

Junio

Mejores días en general: 5, 6, 13, 14, 23, 24
Días menos favorables en general: 2, 3, 9, 10, 15, 16, 30
Mejores días para el amor: 1, 3, 4, 9, 10, 11, 13, 14, 20, 21, 24
Mejores días para el dinero: 4, 5, 7, 8, 13, 14, 15, 16, 23, 24, 25, 26
Mejores días para la profesión: 7, 8, 15, 16, 25, 26

El poder planetario está principalmente bajo el horizonte de tu carta; sigue poderosa tu cuarta casa, la del hogar y la familia, y sigue en movimiento retrógrado tu planeta de la profesión; por lo tanto, como el mes pasado, da más atención a los asuntos familiares y domésticos y, especialmente, a tu bienestar emocional. Los asuntos profesionales necesitan tiempo para resolverse, y se resolverán de modo positivo.

Hasta el 21 sigue siendo necesario estar atento a la salud; como siempre, lo más importante es descansar lo suficiente. Necesitas mantener elevada la energía, que es la principal defensa; la dieta es importante todo el mes; también la buena salud emocional. Los problemas familiares pueden ser causa de problemas de salud, por lo que si, no lo permita Dios, hubiera algún problema, restablece la armonía familiar lo más pronto posible. Hasta el 21 fortalece la salud con masajes en los brazos y hombros y aire fresco; después son buenas las hidroterapias, un baño en la bañera o en agua de manantial; en este periodo también son más potentes las técnicas espirituales de curación. Después del 21 habrá gran mejoría.

Tu planeta de la salud entra en tu quinta casa el 21 y entonces te enteras de primera mano del poder de la alegría. La alegría, simplemente ser feliz, cura muchos males. Este tránsito también te introduce en una cima de placer personal.

Tu planeta del dinero, Marte, ha estado «fuera de límites» desde el 21 de abril, y esto continúa hasta el 12 de este mes. Como el mes pasado, sales de tu esfera normal en busca de ingresos; podría ocurrir que tu trabajo o empresa te lleva fuera de tu esfera normal, y me parece que esto da resultados; no encontrabas soluciones de las maneras «normales» y era necesario buscarlas de otra forma. El planeta del dinero en la quinta casa es una señal financiera esencialmente feliz; ganas el dinero de modos felices, agradables, placenteros. Gastas, y tal vez en exceso, en cosas placenteras. Eres más especulador, pero evita esto del 13 al 15 y del 18 al 20. Estos últimos días no es aconsejable viajar al extranjero; si debes hacerlo, programa el viaje o antes o después.

El amor se ve feliz este mes. Y, como ha ocurrido en tus finanzas, sales de tu esfera social normal; tu planeta del amor está «fuera de límites» hasta el 16. Alternas con personas que no pertenecen a tu círculo, pero esto es lo que debes hacer en este periodo. El amor es feliz; Mercurio avanza rápido y esto indica confianza social. Si estás soltero o soltera, tienes más citas y cubres más terreno. Mercurio está en tu quinta casa del 4 al 27, así que no te tomas muy en serio el amor; sólo deseas diversión; esto favorece las aventuras amorosas, no el amor serio, comprometido.

El mensaje del horóscopo este mes es: relájate, disfruta de tu vida, sé feliz, y las finanzas, el amor y la salud cuidarán de sí mismos.

Julio

Mejores días en general: 2, 3, 10, 11, 20, 21, 29, 30
Días menos favorables en general: 1, 6, 7, 13, 14, 27, 28
Mejores días para el amor: 1, 4, 5, 6, 7, 10, 11, 14, 20, 21, 29, 30, 31
Mejores días para el dinero: 4, 5, 13, 14, 22, 23, 24, 31
Mejores días para la profesión: 4, 5, 13, 14, 22, 23, 24, 31

Este mes hay dos eclipses cuyos efectos son casi una repetición (con ciertas diferencias) de los eclipses de enero. Afortunadamente, son bastante amables contigo.

El eclipse solar del 2 ocurre en tu quinta casa, la de los hijos, la diversión y la creatividad. Así pues, los hijos y figuras filiales pasan por dramas personales y trastornos financieros; deberán reducir sus actividades durante el periodo del eclipse, unos cuantos días antes y otros tantos después; los trastornos en las finanzas indican que es necesario hacer cambios en el planteamiento y la estrategia financieros. Para ti indica cambios laborales y trastornos o disturbios en el lugar de trabajo; hay drama en la vida de compañeros de trabajo y cambios en las condiciones laborales. También podría haber un susto en la salud, pero puesto que tu salud es buena, es probable que sólo sea eso, un susto; de todos modos, a lo largo de los próximos meses vas a hacer más cambios en tu programa de salud.

El eclipse lunar del 16 ocurre en tu casa once (segundo eclipse del año en esta casa). Pasan por pruebas las amistades, las defectuosas podrían llegar a su fin; hay drama en la vida de personas amigas, y en algunos casos tal vez de aquellos que cambian la vida. Pasan por pruebas el equipo de alta tecnología, ordenadores, programas informáticos, el acceso a Internet; estos aparatos podrían funcionar de modo extraño; salen a la luz defectos ocultos para que se puedan corregir. Como en enero, comprueba que tienes copias de seguridad de los documentos importantes y están actualizados tus programas antivirus y antipiratería. Todos los eclipses lunares afectan a los hijos y figuras filiales, así que este los afecta; durante el periodo del eclipse deberán reducir sus actividades y evitar situaciones o actividades que entrañen riesgo; nuevamente tendrán que redefinirse, actualizar su manera de considerarse a sí mismos y el modo como desean ser considerados; cambiarán su imagen y su manera de vestirse. Los hermanos y figuras fraternas se ven obligados a hacer cambios importantes en sus finanzas.

La salud es buena este mes, pero si quieres, hasta el 23 puedes fortalecerla más cuidando la dieta, manteniendo una buena salud emocional y con hidroterapias; después con masajes en los puntos reflejos del corazón; también serán buenos los masajes en el pecho.

El eclipse solar provoca dramas y tal vez cambios en el trabajo, pero no tienes por qué preocuparte; hay muchas oportunidades de trabajo en este periodo. Y si eres empleador, lo mismo, hay muchos buenos solicitantes.

Tu planeta del dinero entra en tu sexta casa el 1 y pasa en ella el resto del mes. Por lo tanto el dinero se gana con trabajo, a la manera anticuada; si estás empleado, es probable que tengas oportunidades de hacer horas extras o trabajos secundarios. Los hijos y figuras filiales tienen trastornos financieros causados por el eclipse, pero este mes se ve próspero para ellos, en especial después del 21.

Agosto

Mejores días en general: 7, 8, 16, 17, 26, 27
Días menos favorables en general: 2, 3, 9, 10, 23, 24, 25, 30, 31
Mejores días para el amor: 1, 2, 3, 8, 9, 10, 19, 20, 21, 30, 31

Mejores días para el dinero: 1, 9, 10, 19, 20, 21, 28, 29, 30, 31
Mejores días para la profesión: 1, 9, 10, 19, 20, 28, 29

Aunque está muy fuerte el sector oriental de tu carta, el sector occidental está todo lo fuerte que estará este año; no pierdes de vista tus propios intereses, pero te conviene cultivar las dotes sociales. La independencia personal continúa muy fuerte, aunque no tanto como en los primeros meses del año; además, el amor adquiere importancia después del 23 pues tu séptima casa se hace poderosa. El exceso de interés propio e independencia no favorecen mucho al amor. El amor no sólo es importante en sí sino que después del 23 pasa a ser un asunto de salud; para ti buena salud significa una vida amorosa sana. Cultivar tus dotes sociales favorece también tus finanzas; la simpatía es un factor importante en los ingresos.

La salud es buena hasta el 23; después necesita más atención; tu intensa atención a la salud hasta el 23 (tu sexta casa está llena de planetas) te mantendrá en buen pie para más adelante. El programa de salud y la mayor atención es como depositar dinero en una cuenta de ahorros de la salud; acumulas más energía y resistencia. De todos modos descansa más después del 23, no hagas de la noche día. Te irán bien masajes en el abdomen y trabajar los puntos reflejos del intestino delgado.

Estando tan fuerte tu sexta casa hasta el 23 (lo está desde el 23 del mes pasado), es buen periodo para hacer todas esas tareas aburridas y detallistas que siempre vas dejando para después; ahora irán bien, estás con más ánimo para hacerlas.

Este mes la vida amorosa es muy activa pero complicada; con tu pareja estáis en polos opuestos, enfrentados en todo, en opiniones, interpretaciones, visión de las cosas, etcétera. Esto no es agradable, pero si lográis salvar las diferencias, transigiendo mutuamente en vuestras perspectivas, la relación podría ser más fuerte aún. En astrología al opuesto se lo considera la pareja natural, el complemento. Para comprender esto hay que elevarse a un plano superior.

Este mes avanza raudo tu planeta del amor, Mercurio; transita por tres signos y casas, va a su velocidad máxima. Esto significa que cubres mucho terreno. Si estás soltero o soltera sales más en citas. El único problema es que cambian rápido tus gustos y necesidades en el amor y a la otra persona le cuesta entenderlo. Hasta el 11 quieres diversión e intimidad emocio-

392 AÑO 2019: TU HORÓSCOPO PERSONAL

nal; del 11 al 28 te gusta la diversión pero también quieres servicio práctico; te atrae la persona que «hace» algo por ti, que sirve a tus intereses prácticos. Hasta el 11 las opoortunidades amorosas se presentan en lugares de diversión o a través de conexiones familiares; después del 11 se presentan cuando estás atendiendo a tus objetivos de salud, tal vez en el gimnasio, en la consulta del médico, y con personas relacionadas con tu salud. El 29 tu planeta del amor entra en Virgo, tu séptima casa; entonces las oportunidades se presentan en los lugares corrientes: fiestas y reuniones sociales. Cuida de no caer en un exceso de perfeccionismo y críticas.

Septiembre

Mejores días en general: 3, 4, 12, 13, 14, 22, 23, 30
Días menos favorables en general: 5, 6, 20, 21, 26, 27
Mejores días para el amor: 8, 9, 20, 21, 26, 27, 28, 29
Mejores días para el dinero: 5, 6, 7, 8, 9, 15, 16, 17, 18, 19, 24, 25, 26, 27
Mejores días para la profesión: 5, 6, 15, 16, 24, 25

El poder planetario continúa muy fuerte en el sector occidental o social de tu carta; este sector está en la posición de máximo poder del año. Tu séptima casa no volverá a estar tan fuerte, al menos este año. Por lo tanto, deja de lado el interés propio y cultiva tus dotes sociales. Y esto entraña beneficios financieros, pues Marte, tu planeta del dinero, pasa todo el mes en tu casa del amor; tus dotes sociales son como dinero en el banco en este periodo; y por motivos financieros podrías tener que ceder ante los demás.

Con esta larga permanencia del planeta del dinero en la séptima casa (está en ella desde el 18 del mes pasado), se presentan oportunidades de formar una sociedad de negocios o una empresa conjunta; si eres inversor te beneficias de acciones de empresas fusionadas.

El mes pasado el poder planetario comenzó a trasladarse a la mitad superior de tu carta y este mes ya está establecido sobre el horizonte de tu carta; Júpiter, tu planeta de la profesión, retomó el movimiento directo el 11 del mes pasado; esto es bellamente oportuno. Ahora se resuelven muchos asuntos; tienes claridad respecto a tu profesión y puedes comenzar a centrar la atención en ella. Después del 23 las cosas serán más fáciles; mientras tanto tienes que trabajar más arduo, pero ya vas a comenzar el empuje profesional anual; es el día en tu año.

Hasta el 23 es necesario estar atento a la salud; como siempre, lo importante es no cansarte demasiado, mantener elevada la energía. Hasta el 23 fortalece la salud con masajes en el abdomen y trabajando los puntos reflejos del intestino delgado; después te irán bien masajes en las caderas y trabajar los puntos reflejos de los riñones; además, respondes bien a los regímenes de desintoxicación. Después del 23 verás una gran mejoría en la salud y la energía.

El planeta del amor en Virgo te vuelve demasiado cerebral y analítico en el amor; usas más la cabeza que el corazón. El romance es un 90 por ciento magia y sólo el 10 por ciento lógica. Llévalo más al corazón. Evita las críticas y el análisis en los momentos románticos; si debes criticar procura que la crítica sea constructiva; después llegará el momento para el análisis.

Plutón, el señor de tu novena casa, recibe buenos aspectos este mes. Del 5 al 7 Venus forma un trígono; del 8 al 10 Mercurio forma un trígono (aspecto armonioso), y del 12 al 14 el Sol forma trígono. Así pues, es probable que te llegue una oportunidad de viaje y podrías aprovecharla. Estos aspectos son maravillosos si eres estudiante universitario, indican éxito.

Octubre

Mejores días en general: 1, 10, 11, 19, 20, 28, 29
Días menos favorables en general: 2, 3, 4, 17, 18, 23, 24, 30, 31
Mejores días para el amor: 10, 11, 19, 20, 23, 24, 28, 29
Mejores días para el dinero: 2, 3, 4, 7, 12, 13, 17, 18, 21, 22, 26, 27, 30, 31
Mejores días para la profesión: 2, 3, 4, 12, 13, 21, 22, 30, 31

Este mes mejora mucho la salud; después del 4, cuando Marte sale de su aspecto adverso, sólo queda un planeta, Júpiter, en alineación desfavorable contigo, y sus efectos suelen ser moderados; del resto, sólo la Luna te forma aspecto desfavorable de vez en cuando. Por lo tanto, la salud es buena; tienes muchísima energía para realizar lo que sea que desees o te propongas. Hasta el 23 puedes fortalecer aún más la salud con masajes en las caderas; después da más atención al colon y la vejiga. Todo el mes son importantes los regímenes de desintoxicación, el sexo seguro y la moderación sexual.

Tu octava casa se hizo poderosa el 23 del mes pasado y continúa fuerte hasta el 23 de este mes. Esto nos da muchos mensajes. Es un periodo sexualmente activo; la libido está elevada; es un periodo bueno para proyectos relativos a la transformación y reinvención personal; también es bueno para estudiar las ciencias herméticas u ocultas. Es el periodo para simplificar tu vida, para expandirte eliminando lo innecesario, ya sean posesiones o pautas mentales o emocionales. Es un mes para aprender el arte de la renovación; hay cosas en tu vida que podrían parecer «muertas» o «casi muertas»; estas cosas se pueden resucitar en este periodo; se te revelará la manera. De esto va la octava casa.

Marte, tu planeta del dinero, entra en tu octava casa el 4 y pasa en ella el resto del mes. Así pues, prosperas haciendo prosperar a otros; la atención debe estar en los intereses financieros de los demás, la pareja, el socio, las amistades, los inversores. Por la ley kármica, tu prosperidad te vendrá en la medida que tengas éxito en hacer prósperos a los demás. Este es un periodo para hacer los planes de pagos de impuestos, ser más eficiente en esto, y planes de seguros; si estás en edad, es buen periodo para hacer testamento o planes testamentarios. Si tienes buenas ideas, es buen mes para encontrar inversores; también es bueno para pagar deudas, y solicitar o refinanciar préstamos; tienes buen acceso a capital ajeno en este periodo.

Tu planeta del dinero, Marte, tiene su solsticio del 4 al 11, justo cuando cambia de signo (pasa de Virgo a Libra); esos días permanece detenido en el mismo grado de latitud; hace una pausa en su movimiento latitudinal y luego cambia de dirección. Esta es una pausa, buena, cósmica, una pausa saludable. Así pues, habrá una breve pausa en tu vida financiera y luego un cambio de dirección, que será bueno.

El amor es feliz este mes, en especial después del 3. Lo más importante parece ser el magnetismo y la química sexuales; pero no olvides la compatibilidad filosófica y religiosa; son igualmente importantes. Del 14 al 16 son días especialmente potentes para el romance.

Noviembre

Mejores días en general: 6, 7, 16, 17, 24, 25
Días menos favorables en general: 13, 14, 20, 21, 26, 27

Mejores días para el amor: 6, 7, 8, 9, 16, 17, 18, 19, 20, 21, 24, 25, 29

Mejores días para el dinero: 3, 4, 5, 8, 9, 10, 17, 18, 19, 26, 27

Mejores días para la profesión: 8, 9, 10, 18, 19, 26, 27

Este es un mes feliz y exitoso, Piscis, disfrútalo.

Con diversos grados de intensidad, ha habido éxito profesional todo el año, y este més es mejor aún. El Sol entra en tu décima casa el 10 y comienzas una cima profesional anual. Tu buena ética laboral impresiona a tus superiores.

La entrada de Marte en tu novena casa el 19 indica prosperidad; la novena casa es benéfica y expansiva; además, a partir del 19 Marte le forma muy buenos aspectos a Neptuno, el señor de tu horóscopo. Aumentan los ingresos y llegan felices oportunidades financieras. Hasta el 19 Marte está en tu octava casa, así que repasa lo que hablamos el mes pasado; este es periodo para eliminar el derroche y lo superfluo en las finanzas. ¿Tienes muchas cuentas bancarias? ¿Servicios que se sobreponen entre sí? Consolida; libérate de las posesiones que no necesitas ni usas; reduce, desatasca, simplifica las finanzas. Después del 19 verás los beneficios de esto.

Tu planeta del amor, Mercurio, pasa el mes en tu novena casa, y en buen aspecto para ti. El amor es, pues, feliz y armonioso; la única complicación es que del 2 al 20 Mercurio está en movimiento retrógrado; esto no obstaculiza el amor, pero enlentece las cosas; el ardor amoroso, la pasión, son menos intensos de lo que debieran; si estás en una relación, a tu pareja le falta dirección; tu confianza social no está a la altura acostumbrada; pero esto es un problema de corta duración, acaba el 20. Las oportunidades amorosas se presentan en el extranajero, en el lugar de culto, en el colegio o en funciones del colegio. Te atraen personas extranjeras, personas religiosas o muy cultas, sobre todo si es fuerte la química sexual. Este mes tienes los aspectos de la persona que se enamora del profesor o del líder del lugar de culto; te gusta la persona de la que puedes aprender, la persona tipo mentor.

La salud es fabulosa hasta el 22; después necesita más atención; no ocurre nada grave, sólo es un periodo de energía baja. Procura, pues, descansar lo suficiente. Hasta el 20 es potente la desintoxicación. Como el mes pasado, da más atención al colon y la vejiga; después te irán bien masajes en los muslos; también te irá bien trabajar los puntos reflejos del hígado; después del 22 son potentes las termoterapias; los rayos del sol son un tónico curativo; son buenas las saunas y los baños calientes. Si vives en clima frío necesitas abrigarte más.

Diciembre

Mejores días en general: 3, 4, 5, 13, 14, 21, 22, 31
Días menos favorables en general: 11, 12, 17, 18, 24, 25
Mejores días para el amor: 6, 7, 8, 9, 15, 16, 17, 18, 25, 28, 29
Mejores días para el dinero: 3, 4, 5, 6, 7, 8, 13, 14, 17, 21, 22, 26, 31
Mejores días para la profesión: 8, 17, 24, 25, 26

Hasta el 22 sigue siendo necesario estar atento a la salud; procura descansar más, dar masajes a los muslos y a los puntos reflejos del hígado. Después son importantes la columna, la espalda y las rodillas; serán potentes los masajes en la espalda y las rodillas. Pero después del 22 llegará la mejoría de forma natural; la energía planetaria general es más armoniosa para ti y el cuerpo refleja eso naturalmente.

La profesión es el principal titular este mes. Estás en una cima profesional (que igual para ti podría ser la cima de toda la vida), y a eso se suma un eclipse solar que hace impacto en tu planeta de la profesión y anuncia muchos cambios importantes. Mi impresión es que has conseguido los objetivos profesionales de corto plazo y por lo tanto se hace necesario un cambio de actitud y de dirección.

El eclipse solar del 26 ocurre en tu casa once; este es el tercer eclipse solar del año y el tercero que ocurre en esta casa. Es una réplica (aunque no exacta) del eclipse solar de enero. Dado que hace impacto en Júpiter, tu planeta de la profesión, y el Sol (el planeta eclipsado) es tu planeta del trabajo, hay cambios laborales y profesionales; cambian las condiciones del trabajo y de la profesión. Nuevamente pasan por pruebas las amistades y hay drama en la vida de personas amigas. Hay trastorno en una organización profesional o comercial a la que perteneces. Si eres empleador habrá cambio de personal; muchas veces el empleado se marcha no porque esté insatisfecho con el trabajo sino debido a dramas en su vida personal. Nuevamente vas a hacer cambios drásticos en tu programa de salud; podría haber un susto en la salud, pero puesto que tu salud es buena, seguro que sólo es eso, un susto. Otra vez pasa por pruebas tu equipo de alta tecnología, ordenador, programas informáticos y otros artilugios; en este periodo podrían funcionar de forma irregular. A veces es necesario repararlos, reemplazarlos o modernizarlos. Haz copia de seguridad de tus documentos importantes y presta mucha atención a la posibilidad de virus y piratería.

A partir del 3 tu planeta de la profesión, Júpiter, está en tu casa once, de modo que es buen periodo para trabajar en los objetivos profesionales mediante la red de contactos y una mayor participación en actividades de grupo y en organizaciones; los conocimientos de alta tecnología favorecen el adelanto en la profesión.

Después del 9 el amor va más complicado. Tu pareja apoya tus objetivos profesionales pero al mismo tiempo está en desacuerdo contigo; hay conflicto. Esto se resolverá solo después del 29. El planeta del amor en la décima casa indica el adelanto en la profesión por medios sociales; además, y esto no es sorpresa, gran parte de tu actividad social está relacionada con tu profesión. Si estás soltero o soltera tienes oportunidades de romance de oficina; te atraen personas de éxito, personas que han realizado o conseguido algo en su vida. El poder es un excitante romántico.